国家社科基金后期资助项目

湘西乡话语音层次及演变研究

李姣雷　著

商务印书馆
The Commercial Press

图书在版编目(CIP)数据

湘西乡话语音层次及演变研究/李姣雷著.—北京：
商务印书馆,2021
ISBN 978-7-100-20346-3

Ⅰ.①湘… Ⅱ.①李… Ⅲ.①湘语—语音—方言
研究 Ⅳ.①H174

中国版本图书馆 CIP 数据核字(2021)第 181898 号

湘西乡话语音层次及演变研究
李姣雷 著

商 务 印 书 馆 出 版
(北京王府井大街36号 邮政编码100710)
商 务 印 书 馆 发 行
北京虎彩文化传播有限公司印刷
ISBN 978-7-100-20346-3

2021 年 11 月第 1 版 开本 710×1000 1/16
2021 年 11 月北京第 1 次印刷 印张 15¼
定价:88.00 元

国家社科基金后期资助项目
出版说明

后期资助项目是国家社科基金设立的一类重要项目,旨在鼓励广大社科研究者潜心治学,支持基础研究多出优秀成果。它是经过严格评审,从接近完成的科研成果中遴选立项的。为扩大后期资助项目的影响,更好地推动学术发展,促进成果转化,全国哲学社会科学工作办公室按照"统一设计、统一标识、统一版式、形成系列"的总体要求,组织出版国家社科基金后期资助项目成果。

全国哲学社会科学工作办公室

序

　　乡话是一种很引人注目的汉语方言，主要分布在湖南省西部的沅陵以及与沅陵交界的溆浦、辰溪、泸溪和古丈等县，《中国语言地图集》把它列为归属未明的方言。由于受到周边湘语和西南官话、普通话等的多重影响，乡话的使用人口越来越少，语言功能越来越弱，已经成为高度濒危的方言。说乡话的人基本都会讲"客话"（一种带辰溆片湘方言色彩的西南官话），有些曾经讲乡话的地方，乡话已经基本消失。2012—2013 年期间，我带领清华大学中文系的部分研究生几次调查沅陵、泸溪、古丈等县的乡话，这的确是特别过瘾的一种调查经历。乡话有很多古老和特殊的词语，例如清水坪：豆_{鱼~、}、鱼篓、履_鞋、裈_{裤子}、薪稿_{柴火}、鼎_{铁~；做米饭的锅}、室_{房子}、面_脸、脑毛_{头发}、舓_舔、犬_狗、啼_{哭；鸡~、}、澡_洗、是_在、讲事_{说话}，等等。古今音类对应关系复杂，给本字考证带来很大的困难。调查过程中，发音人经常说"这个字 / 词没有乡话"，意思是提到的字 / 词乡话没有固有说法，只能直接借用周边"客话"，乡话人要完成交际，光靠乡话已经不敷使用了。

　　乡话早期研究的重点是讨论乡话是少数民族语言还是汉语方言。上世纪 80 年代初，王辅世先后发表《湖南泸溪瓦乡话语音》（《语言研究》1982 年第 1 期）、《再论湖南泸溪瓦乡话是汉语方言》（《中国语文》第 3 期），认定乡话是一种汉语方言。文章以举例的方式介绍了乡话的声母、韵母和声调的复杂读音情况，并将乡话中的一些比较特殊的现象与相关方言进行比较分析。此后，乡话逐渐引起学界的重视，曹志耘、鲍厚星、伍云姬、杨蔚、陈晖、郑焱霞、彭建国、瞿建慧、邓婕等相继发表论著，既有单点的精到描写，又有综合的比较研究，对乡话的语音特点及其性质进行了较为充分的讨论。

　　姣雷是湖南省冷水江人，硕士、博士期间曾跟随我做方言调查研究。她天资聪颖，博闻强记，博士论文选题时，我本有意让她做一做包括她母语在内的老湘语，她却对远在湘西的乡话产生了浓厚的兴趣，在调查了沅陵县太常、清水坪、用坪等地的乡话之后，便决定以乡话语音研究作为博士论文的选题。

乡话语音复杂，研究难度很大。姣雷的研究以乡话的语音演变和语音层次为主要内容，语音层次分析是最大的亮点。纵观全书内容，有两大特色。一是比较法的充分运用，既有同一个乡话点内部不同声母、韵摄和声调之间的比较，有乡话各点之间的比较，也有跟周边汉语方言特别是辰溆片湘语和西南官话的比较，从而为确定乡话语音层次的来源、先后、层次的匹配等提供依据；还有跟与乡话具有不少共同特点的闽语的比较，乡话闽语共同保存的古音现象可以为构拟古音提供参考，而共同创新的语音现象则可以为语音演变规律提供丰富的材料。二是语音层次的精到分析。姣雷从国际通行的语言层次指"本语（方言）成分与外语（方言）成分成规模的共存"这一定义出发，根据乡话的语音特点，制定了处理乡话语音层次的原则。

通过乡话与周边方言或语言以及具有很多共同特点的闽语比较，本书对乡话的性质有了更清晰的认识：乡话最早的层次是与闽语上古层相对应；不同时期的湘语对乡话产生影响形成多个层次，早期湘语对乡话的影响除了强势方言对弱势方言影响形成的层次外，唐宋以后湘语地区的移民进入乡话地区也带去了湘语的成分；现被辰溆片湘语包围中的乡话受辰溆片湘语影响出现新文读层。

据王洪君先生《兼顾演变、推平和层次的汉语方言历史关系模型》（《方言》2009 年第 3 期）一文，湘语处于汉语方言历史关系模型的第 IV 阶，"湖南南及周边地区虽然早在战国时期就已经是独立的大方言，但由于早在中唐以前湖北湖南广西就一直是中原下来的主要通道，所以这一地区受历代北京话的影响很大。……今湘方言（老湘语）与北方通语不一致的特征能够追溯到的最早起点仅在宋代，且只有保留全浊声母这一条，其他变化均同宋代通语。"湘语音韵特征除了全浊声母演变之外明显偏新，其中一个重要的原因很可能跟对湘语的早期音韵现象挖掘不深有关。作者在研究乡话语音层次过程中，发现乡话的层次主要来源于湘语，而这些成分在湘语中已经保存甚少。与乡话进行比较，对湘语本字考证、"例外"现象分析都有重要价值，这些现象极有可能是早期湘语的残留，通过这些残留现象可以重构建早期湘语的面貌，从而进一步深化湘语的研究。这也可以算是乡话研究的另一层重要意义。

因为所据材料翔实可靠，方法运用科学稳妥，所以作者对乡话语音演变、语音层次的研究多能发前人所未发，新见迭出，大大深化了乡话研究，将乡话语音研究提升到了一个新的水平。

2014 年，姣雷从清华大学博士毕业后，入职天津师范大学工作。几年来，我见证了她的长足进步：发现问题目光敏锐，分析问题能抓住关键，条理清晰，从容妥帖，系统缜密，真所谓"以无厚入有间"，切中肯綮，游刃有余；语言表达也越来越纯熟老练。特别是在乡话、湘语研究等方面取得一系列令人瞩目的创新性成果，在《中国语文》《方言》《语言学论丛》《语言科学》等期刊发表一系列重要学术成果，成为年轻一辈学者中的翘楚。

本书初稿是姣雷的博士论文。获得博士学位后，姣雷在原稿的基础上认真反复地进行了修改增订，拓展了广度和深度，使书稿更为厚重。后出转精，2017 年书稿以"乡话语音层次及演变研究"为题获得国家社科基金后期资助项目的立项支持，足见姣雷在这方面的研究是有突出贡献的。

本书的部分内容和观点，曾作为单篇论文发表，引起学界重视。如今，该书稿作为国家社科基金项目成果在商务印书馆出版，姣雷要我写几句话，我自然是很乐意的。

是为序。

2021 年 3 月 28 日

目　　录

第1章 绪论

1.1 "乡话"的名称、分布

1.1.1 "乡话"的名称

《中国语言地图集》（1987）把湖南湘西地区一种未分区的非官话方言，称作"乡话"或"瓦乡话"。其中"瓦"本字是"话"，即"说"的意思。根据我们的调查，其实当地人并没有"乡话"或"瓦乡话"的说法。据当地一位研究乡话的学者刘昌林（2010）介绍，称说乡话为"瓦乡话"，称乡话人为"瓦乡人"，是前些年人们为了强化乡话人的"民族特征"而产生的说法。大多数乡话人将说话叫做"讲事"或"话事"，讲乡话叫做"讲乡""话乡""仡熊"或"果熊"，称乡话人为"仡熊翁"或"果熊翁"等。非乡话人是"讲客的"或"话客的"。"仡""果"应该都是"讲"字在不同点读音不同的表现，"熊"是"乡"的同音（或音近）字，"翁"是"人"的同音字。"乡话"是学界的称法。根据鲍厚星（2011），"乡话"这个提法来源于《沅陵县志》（民国十九年石印本）："县南如舒、杨、荔三溪，县西如石岗界、棋坪、芦坪，县北如深溪口、爆木堡一带，各有一种乡话，聱牙诘屈，不知其所自，大约当时土人所遗传至于今者也。"《沅陵县志》第一次用"乡话"这个名称概括了这种方言。除了"乡话"，王辅世（1982、1985）、伍云姬（2010）等习惯用"瓦乡话"的叫法。我们根据通行说法，使用"乡话"这种称法。

1.1.2 乡话的分布

根据《中国语言地图集》（1987），乡话主要分布在沅陵县西南以及溆浦、辰溪、泸溪、古丈、永顺、大庸等与沅陵交界的地区，面积约6000平

1

方千米，人口约 40 万。其中，沅陵约占一半。

根据杨蔚（2010a：8-9）的调查，乡话在沅陵县的分布为：麻溪铺镇全区大部分地区，包括麻溪铺社区居委会、龙岩头社区居委会、千丘田村、肖家坳村；筲箕湾镇的大部分村镇，包括筲箕湾社区居委会、舒溪坪村、大坪头村、洞底村等村组；荔溪乡、太常乡、二酉苗族乡全乡；凉水井镇的部分村落；沅陵镇、深溪口乡、明溪口镇的少部分村组。辰溪县分布在船溪乡的大部分村组，如黄泥溪村、来溪村、桐木冲村、兵马冲大队、小溪河村等，伍家湾、谭家场乡东北角与沅陵交界的个别自然村组。在溆浦县的分布为：县北部与沅陵交界的让家溪乡、大渭溪乡、木溪乡等的大部分村组。在泸溪县主要分布在八什坪乡的梯溪口村、大村塘村、李仕坪村等；上堡乡的侯家村、红土溪村、辛女溪村、铁山河村等；白沙镇的白沙居委会、岩头河村、白沙村；李家田乡的红岩村、朱食洞村等；梁家潭乡的拖船坡村、芭蕉坪村、红岩排村等。在古丈县主要分布在高峰乡、岩头寨、山枣乡、草潭乡全乡，高望界林场的大部分村寨，以及罗依溪镇的坳家湖。

曹志耘（2007）详细地介绍了部分县的乡话具体分布情况和使用人口数量。永顺县：王村镇里明村有一部分老年人会讲乡话，年轻人不会讲；靠近沅陵县的镇溪、小溪两个乡也有几个村讲乡话。古丈县：乡话分布在县东部与沅陵县交界的高望界林场、高峰乡、岩头寨乡、草潭乡、山枣乡，以及野竹乡的部分村，河蓬乡的苏家寨、沙平二村，罗依溪镇的坳家湖村，人口大约有 3 万人。辰溪县：分布在县北端与沅陵、泸溪交界的船溪乡，船溪乡共有 13 个行政村，11000 人，其中讲乡话的有 9 个村，8000 多人。溆浦县：县北端与沅陵交界的大渭溪乡的三个村子：罗山溪村有 700 多人，宋家村约 100 人，冰冷溪村 300 多人。

伍云姬、沈瑞清（2010）比较详细地介绍了乡话的主要分布区域：沅陵的清水坪、麻溪铺、太常、乌宿、凉水井，泸溪的八什坪、上堡、梁家潭、白沙镇，古丈的高望界林场、高峰、岩头寨、山枣、野竹、何蓬、草潭，辰溪的田湾、板桥、船溪驿、谭家坊，溆浦县的让家溪、大渭溪、木溪等。

根据郑焱霞（2010），城步苗族自治县和广西境内与城步相邻的龙胜各族自治县也有乡话分布。据这两县的乡话人族谱记载，他们是 200 多年前从沅陵县迁徙而来。乡话在城步和龙胜的分布情况是：城步五团镇的巡头村、木瓜村，南山镇的蕨枝坪村，龙胜县伟江乡甘甲村的蕨枝坪、双坪、玉河、长塘坪、黄家、新屋等小组，共 1100 多人。

此外，重庆西阳土家族苗族自治县木叶乡大坂营村小咸井曾经也有乡话，现在已经没有人使用，只有个别老人知道一些乡话的词汇，但已经不说了。这些说乡话的人是300多年前从"辰州"（清朝时辰州府辖沅陵、溆浦、泸溪、辰溪四县）迁入的。

这是我们目前掌握的乡话分布情况，可能还有尚未发现的乡话。尽管乡话分布范围较分散，但沅陵、泸溪、古丈三县交界处是乡话的核心分布区。

1.2 研究缘起和研究意义

1.2.1 研究缘起

乡话是一种濒临消失的汉语方言。在城镇化飞速发展的今天，乡村正以每天一个村庄的速度在消失，而通过村庄所维系的语言或方言也随之消失。特别是使用人口比较少、经济处于弱势地位的语言或方言消失得更快。乡话就是一种即将消失的汉语方言。我们在调查过程中能非常明显地感觉到这一点：年轻人常年外出务工，能听懂部分乡话，只会说极少的乡话；小孩在学校接受的是普通话教育，只会说西南官话。也就是说，现在只有中老年人会讲乡话，慢慢地随着这些人的离世，乡话也就会消失。我们对乡话的调查研究，对乡话材料的搜集保存有非常重要的意义。

乡话是一种非常有特色、目前研究还很不充分的汉语方言。由于分布范围小、使用人口少等原因，直到二十世纪八十年代，才开始被关注。到现在，乡话的研究已经有三十多年的时间，但乡话的研究基础还很薄弱，以往的研究主要集中在描写方面，对乡话的深入分析比较少。乡话中一对多的现象很普遍（同一中古来源对应多个今读音类）；异读现象比较少，与层次非常丰富的闽语相比，有自己独特的特点。乡话保存了不少古老的语音现象，而这些古老的语音特征与地理上不相连、移民史没有关系的闽语相同。因此，我们对乡话语音层次和语音演变的研究有助于更好地认识汉语方言的演变和接触。

1.2.2 研究意义

1. 对乡话自身研究的意义

乡话的性质、形成问题一直没有得到解决。杨蔚（2010a：193）曾尝试探讨乡话的性质："湘西乡话是一种保留着古湘楚语的许多特点，兼具现

3

代湘语的一些特点，同时杂糅客赣等方言成分的特殊汉语方言。"我们赞同乡话中保留有古湘楚语的特点，也兼具现代湘语的一些特点，但我们不认同杨蔚得出这个结论的依据，即主要根据乡话与湘语同样具有"支微入鱼"和蟹假果遇四摄元音推链这两个特征。首先，这两项特征是比较晚出现的现象，不能代表古楚语。其次，根据李姣雷《湘语蟹假果遇摄字元音推链之反思》（2016）的研究，湘语不存在蟹假果遇摄字元音推链现象，乡话也不存在蟹假果遇摄字元音推链。因此，通过"支微入鱼"和蟹假果遇四摄元音推链这两项特征来证明乡话保留有古湘楚语的许多特点是不合适的。其实，乡话的性质和形成问题得不到解决的根源是乡话的语音层次很复杂，乡话声韵调一对多的现象非常普遍，没有离析出哪些成分是乡话固有的成分，哪些成分是从外方言借入的成分。因此，我们希望通过方言内部比较和外部比较，采用层次分析法厘清乡话声母、韵母和声调的层次关系，确定哪些是乡话的固有成分，哪些是外来成分，最后讨论乡话的性质及其形成过程。

2. 对湘语研究的意义

由于记录湘语的历史文献材料比较少，湘语受西南官话的影响又非常深，湘语本身的特点已经很不明显，这造成学界认为湘语特点不突出、形成比较晚的错觉。但根据我们对乡话的了解，乡话的层次很丰富，其外来层次主要来源于不同时期的湘语。我们发现一些在湘语中即将消失的现象却在乡话中保存较多，如湘语果摄一等今主要读 [u]，但其实果摄一等除了读 [u] 外，还有白读读 [u] 的现象，因保留很少，以至于以往研究湘语的学者都忽略了这一现象。但湘语果摄一等读 [u] 的现象对乡话产生过影响，使乡话果摄一等出现了读 [u] 的层次，是乡话果摄一等的主体层次。如清水坪乡话果摄一等主要读 [u]：大 [nu³³]、笋罗锣 [nu⁵⁵]、左 [tsu³³]、搓 [tsʰu⁵⁵]、哥歌 [ku⁵⁵]、鹅 [ŋu⁵⁵]、我 [u³⁵]、磨 [mu⁵⁵]、骡胭 [nu⁵⁵]、襄 [su⁵⁵]、锁 [su³⁵]、过 [ku³³]、窠 [kʰu⁵⁵]、货 [xu³³]、和～面 [xu²¹²]、窝 [u⁵⁵]。据此，我们认为可以通过对乡话语音层次的分析，确定哪些是乡话固有成分，哪些是外来成分，并与湘语做比较，确定这些外来层次是否是受湘语影响出现的。通过乡话与湘语的比较，能够加深我们对湘语的认识，对湘语本字考证、"例外"现象的分析都有重要价值。湘语中一些目前被认为是"例外"的现象极有可能是早期湘语的残留，我们可以通过这些残留现象来构建早期湘语的面貌。

3. 对汉语语音史研究的意义

从文献材料中只能归纳出不同的音类，而对这些音类音值的拟测主要来源于现代汉语方言材料和域外汉字音材料以及佛经对音等。乡话中保存了不少比较古老的语音现象，如开口四等读洪音、支脂之三分、鱼虞有别等，对乡话中这些语音现象的分析研究，可以为古音构拟提供重要的参考。

1.3 乡话研究现状

1.3.1 乡话定性研究阶段

早期乡话研究的重点是讨论乡话是少数民族语言还是汉语方言。1982年，王辅世发表《湖南泸溪瓦乡话语音》一文，认定乡话是一种汉语方言。文章以举例的方式介绍了乡话的声母、韵母和声调的复杂读音情况，并将乡话中一些比较特殊的现象与相关方言进行比较分析。

1984年张永家、侯自佳发表《关于"瓦乡人"的调查报告》一文，认为瓦乡人是少数民族，瓦乡话是一种少数民族语言。文章列举了瓦乡人一些比较特殊的风俗、信仰、服饰等来证明其少数民族身份。语言方面主要列举了作者认为与汉语没有对应关系的词语，并由此认为瓦乡话是一种不同于汉语方言的少数民族语言。

1985年，中央民族大学的石如金教授到泸溪县的八什坪、古丈县的山枣和沅陵县的麻溪铺进行调查，收集了1424个词和相邻的少数民族语言进行对比。通过比较发现：乡话与湖南通道的侗语相同或有对应关系的有25个词，占总数的1.75%；与湖南龙山的土家族语相同或有对应关系的有44个词，占总数的3.03%；与广西全州的瑶语相同或有对应关系的词有125个，占总数的8.77%；与湖南花垣的苗语相同或有对应关系的有368个词，占总数的25.84%。[①]我们没有见到石如金收集到的1424个词是哪些词，以及对比的具体情况。

1985年，王辅世发表《再论湖南泸溪瓦乡话是汉语方言》一文，驳斥张永家、侯自佳认为瓦乡话是少数民族语言的观点。文章首先列举了很多瓦乡话与普通话对应关系的基本词，证明瓦乡话与普通话属于同一来源。并对瓦乡话中与现代汉语相差很大、比较特别的语音现象一一进行分析，证明这些现象在汉语范围之内是可以解释的。最后对张永家、侯自佳两位提到的瓦乡话中的特殊现象一一进行了反驳。

---

① 石如金教授的研究数据转引自杨蔚（2010b）。

自此，学界基本确定乡话为一种汉语方言，开始更多地关注乡话本身的语言特点。

1.3.2　乡话描写分析阶段

鲍厚星、伍云姬1985年在《湖南师范大学学报（增刊）》发表《沅陵乡话记略》一文。文章以麻溪铺区乡话为代表介绍了乡话的语音情况，将每一个声母、韵母和声调与中古音进行比较，分别总结了声母、韵母和声调的重要特点，最后记录了一些词汇和语法例句。该文第一次给我们呈现了乡话的大致轮廓。

1996年，杨蔚的硕士学位论文《沅陵乡话若干音韵现象的比较研究》就沅陵乡话中一些特殊的音韵现象与闽语、吴语、湘语等方言进行比较，认为沅陵乡话中一些古老的音韵现象与闽语的白读系统有些相似，由此推断沅陵乡话形成的历史年代最迟在唐代。

1999年，杨蔚的《沅陵乡话研究》第一次对沅陵麻溪铺乡话进行了全面的描写。该书介绍了沅陵境内乡话的分布、分区、特点等，并从乡话的语音、词汇和语法三方面全面描绘了乡话的面貌，第一次为乡话研究提供了一份比较翔实的材料。

2002年、2003年杨蔚先后发表了《沅陵乡话、湘南几种土话的韵母研究》《沅陵乡话、湘南土话、粤北土话的韵母演变》《沅陵乡话声母的历史语音层次》等文章，分别探讨了沅陵乡话声母、韵母的历史演变问题，并与湘南土话、粤北土话进行比较，总结它们的共同点，寻找它们之间的历史联系。

杨蔚以博士学位论文《湘西乡话音韵研究》（2004）为基础，改名为《湘西乡话语音研究》（2010a）出版，并在原文的基础上增加了"湘西乡话与湘吴闽赣客语的比较"和"湘西乡话代表点方言字音对照表"两章内容。后来杨蔚陆续发表的多篇文章，如《湘西乡话韵母的存古现象》（2009a）、《湘西乡话的分布与分片》（2009b）、《湘西乡话的语音特点》（2009c）、《湘西乡话古心生书邪禅母读塞擦音擦音现象探析》（2010b）、《湘西乡话韵母的动态演变》（2011a），等等，这些文章基本上出自《湘西乡话语音研究》一书。

《湘西乡话语音研究》是目前为止研究乡话最重要的著作之一。该书以作者田野调查所获得的十个点的乡话材料为基础，第一次比较全面地对湘西乡话中一些重要的声母、韵母、声调特点进行了分析研究。声母方面，主要探讨了"轻唇读如重唇""知组读如端组""来母读塞擦音擦音""心生书禅邪读塞擦音"等现象的性质，分析了全浊声母、见组、精庄章组的演变。韵母方面,分别探讨了湘西乡话"鱼虞分立""支脂之三分""纯四等韵读洪音""蟹假果遇高化链""支微入鱼"等特殊韵母现象。声调方面,分析归纳了古浊平字、古浊上字、古浊去字和入声字的演变特点以及全浊声母送气与否同今调类的关系。最后将乡话中一些特殊的语音现象与相关方言如湘吴闽赣客家方言进行比较,认为湘西乡话是一种保留着古湘楚语的许多特点,兼具现代湘语的一些特点,同时杂糅客赣等方言成分的特殊汉语方言。

曹志耘《湘西方言概述》(2007)一文详细介绍了永顺县、古丈县、辰溪县、溆浦县乡话的分布情况和使用人口情况,以及乡话的主要特点。

伍云姬《湘西瓦乡话风俗名物彩图典》(2007)收录了389幅关于瓦乡人生活、风俗、建筑等的图片。每张图片都有注释,并用国际音标标注名称。《湘西瓦乡话风俗名物彩图典》用图片记录了瓦乡人的风土人情。

伍云姬、沈瑞清《湘西古丈瓦乡话调查报告》(2010)介绍了湘西古丈乡话的情况。该书分为三部分,第一部分介绍古丈乡话的音韵特点,并将其中的特殊现象与相关方言进行比较,寻找相互间的异同点,如乡话与吴闽语都存在知彻澄母读为塞音 [t、tʰ、d] 的现象。第二部分介绍古丈乡话的词汇。作者把古丈乡话的常用词汇分为六类(作者并未注明分类的标准),将这六类与古汉语、白语、蔡家话(蔡家话是居住在贵州西部和云南东北部交界地区的"蔡家"人所使用的语言,目前系属分类不明)和其他汉语方言(指七大汉语方言)进行比较。并以性别标记的位置和"子"尾为例,分析了古丈乡话的构词特点。第三部分简单介绍了古丈乡话的语法情况。重点介绍了代词、空间和方位的表达方式、动态助词、介词、连词以及表否定的副词。

瞿建慧发表了一些有关乡话的性质、乡话的语言面貌和乡话语音层次的文章,例如:《湖南泸溪(白沙)乡话的性质和归属》(2007)、《湖南泸溪(白沙)乡话音系》(2008)、《泸溪乡话与泸溪湘语的语音比较及语音演变》(2012)、《湘西乡话声调的特殊演变》(2015)、《湘西乡话古全浊声母今读塞音、塞擦音的类型和层次》(2016)、《湘西乡话来母读擦音塞擦音的研究》(2016)、《湘西乡话遇摄字的历史层次》(2017)。这些文章主要以泸溪乡话为例,描写了泸溪乡话的语音情况,并与泸溪湘语进行比较,认为泸溪乡话是一种具有混合色彩的湘语,它与泸溪湘语都孕育于同一母体——古楚语。文章同时分析了乡话中古全浊声母的层次、来母读擦音塞擦音现象性质、遇摄的历史层次。我们也分析了乡话古全浊声母、遇摄的语音层次和来母读擦音塞擦音现象的性质和演变,但结论与瞿的不同。主要是瞿对层次的界定以及使用的层次分析方法与我们不同，具体不同详见相关章节的分析。

湘西地区是乡话的集中分布地，但在湘西以外的地区也有零星的乡话分布。如湘桂边界的城步和龙胜就有乡话分布。郑焱霞以分布在湘桂边界的乡话为研究对象，与湘西乡话进行对比，写成博士论文《湘桂边界南山乡话研究》（2010）。

《湘桂边界南山乡话研究》以南山乡话蕨枝坪、巡头两个点为基础，并与湘西沅陵县的用坪乡话、泸溪县的白沙乡话、沅陵县的麻溪铺乡话比较，对乡话的声韵调进行了比较全面的分析研究。声母方面，对乡话的古全浊声母、非组读重唇和帮组读轻唇、定母读边音、知组读如端组、精庄组的今读、心生书邪禅母字读塞擦音、泥来母的今读以及以母、日母的读音等现象进行了分析，并与汉语方言中类似现象进行对比。该研究对声母的关注点、研究的方法和思路基本与杨蔚相同，结论也未超出杨蔚的研究。韵母方面，杨蔚涉及的比较少，特别是同一个韵摄对应多个今读音类的情况，杨蔚基本没有涉及。郑焱霞在韵母研究方面做了很多工作，对每一个韵摄的每一个读音都进行了分析。她的分析以韵母在语音上的相似度为标准，把具有可能存在演变关系的音归为一类。如对乡话果摄的分析，把果摄字的今读分为［o］类音、［u］类音、［ɯi/ɯ/ui/yi/y］类音、［ye/ie/ue］类音四类。认为［o］类音包含两个层次，一个是以中古［a］为起点高化而来，一个是受周边方言影响形成；［u］类音是由［o］高化而来；ɯi/ɯ/ui/yi/y类音是在［u］类音的基础上演变而来；ye/ie/ue类音是由早期的［uo］变化而来。郑焱霞认为第一类的［o］类音包含两个层次，一个是固有层，一个是外来层，其他三类音都是从演变的角度来解释的。解释主要以中古拟音为参照，根据语音演变的规律，对所有音类进行解释。第一类音［o］在中古［a］音的基础上高化而来，第二类音由第一类音演变而来，第三类音由第二类音变化而来，第四类音由第一类音变化而来。作者认为果摄字这四类音都是乡话内部"自变"的结果，但是作者没有分析同一果摄字为什么会演变出四类不同的音。作者认为是内部变化，但是没有提供演变的条件。郑焱霞对乡话韵母的研究基本都采取这种模式。声调方面，郑焱霞根据平、上、去、入字声母的全清、次清、全浊、次浊的今读做了数据上的统计。以去声字为例，如蕨枝坪乡话共调查460个去声字，其中今读去声的有181个，约占40%，今读阳平的有51个，约占11%，今读入声的有32个字，读上声的有172个字，读阴平的有24个字。其他四个点的处理与蕨枝坪相同，但是未对古去声字今读不同调类现象做出解释。

陈晖的《湖南泸溪梁家潭乡话研究》(2016)详细描写了泸溪梁家潭乡话的语音、词汇和语法的面貌。

邓婕的博士学位论文《泸溪李家田乡话研究》(2017)详细描写了泸溪李家田乡话的语音、语法和词汇面貌,并介绍了李家田乡话人的民俗情况。

以往的研究主要是对乡话语言面貌的描写和对乡话中一些比较有特色的语言现象进行分析,而我们是首先使用层次分析法系统地分析乡话声韵调的语音层次。近几年来发表了一些分析乡话语音层次的单篇论文(严格来说这些有关乡话语音层次的文章都晚于我们的研究,本书稿的初稿完成于2014年6月),但在对层次的界定以及分析方法上均与本书不同,结论自然也与本书不同。

1.4　研究方法

本文的研究在田野调查获得第一手材料的基础上,主要采用比较法和层次分析法分析乡话的语音层次及其演变情况。

1.4.1　比较法

比较分内部比较和外部比较两种。内部比较指乡话各点之间的比较,或同一个乡话点内部不同韵摄之间的比较。

外部比较指与其他汉语方言比较,与周边汉语方言、与具有类似现象的方言比较,寻找层次的可能来源。乡话周围主要是湘语、苗语和土家语,由于目前没有在乡话中发现明显的苗语和土家语的影响痕迹,因此,我们主要通过与周边湘语比较来确定乡话各层次的来源。如乡话不常用的古浊平字都有读浊音的现象,这就是受周围辰溆片湘语影响出现的。辰溆片湘语[①]古全浊声母平声字今主要读浊音。辰溆片湘语对乡话有很大的影响,乡话中不常用字的读字音就是受辰溆片湘语影响产生。

---

① 沅陵、古丈、泸溪等县市汉语方言的属性是辰溆片湘语还是西南官话,存在分歧。《中国语言地图集》(1987)把沅陵、古丈、泸溪等8县市的汉语方言划分为湘语,称之为吉溆片;鲍厚星、陈晖(2005)把泸溪、溆浦、辰溪归为湘语,称之为辰溆片,其他归属于西南官话。根据我们的了解,沅陵、古丈、泸溪的主要汉语方言都有一个共同的特点,即古浊平字今读浊音,与鲍厚星、陈晖划分出的辰溆片湘语同。我们认为沅陵、古丈等地的方言处于由辰溆片湘语向西南官话的变化过程中,是一种带有辰溆片湘语色彩的西南官话,也可以说是一种西南官话化的辰溆片湘语,我们暂称辰溆片湘语。

除了直接与乡话接触的辰溆片湘语对乡话有重大影响之外，乡话中不少语音现象还可以从老湘语中找到解释，如清水坪乡话支脂之开口有读 [ɐ] 的现象，而以冷水江方言为代表的老湘语支脂之三韵也有读中低元音的现象，如"糜支, 烂"读 [mɐ³³]、"嬉之"读 [xɐ³³]、"指脂, 手~"读 [tsɐ⁴⁵]、"畀脂, 给予"读 [pɐ³³]、"酾支（所绮切：斟酒）"读 [sɐ²¹]。清水坪乡话支脂之读 [ɐ] 的现象来源于早期湘语的情况，具体分析见 4.3.1.4。

外部比较的另一个方面是与闽语比较。不管是历史移民上还是地域上，闽语都与乡话没有直接的关系，但在很多语音现象上，这两种汉语方言有很多共同点，如来以母读擦音的现象，知组字大量保存读同端组的现象，开口四等韵读洪音的现象，虞韵与尤韵相混的现象，等等。这些现象有的是共同保存，有的是平行创新。共同保存的古音现象可以为构拟古音提供参考，平行创新的语音现象，可以为语音演变规律提供丰富的佐证材料。

1.4.2　层次分析法

关于汉语方言"层次"的问题讨论很多，对"层次"的界定也不同。我们选取几种代表性的观点简单介绍。王福堂（2005）指出"层次一般指来自异方言（语言）的语言成分，和本方言的语言成分相区别"，并把语音层次分为同源层次和异源层次，异源层次一般是文读音，是外来的，底层也是一种异源层次。潘悟云（2006，2010）把汉语方言中的历史层次主要分为两种类型：外来借用层和本体层，本体层中又分为主体层、超前层和滞后层。王洪君（2011a：666）所用的"层次"概念对应于国际语言学界对 strata 的定义，限指语言接触造成的"本语成分与外语成分成规模的共存"，而由单音系自发演变造成的先后阶段不算作层次。我们使用的"层次"概念与王洪君的相同。

在层次的判定方法上，很多学者做过不少探索，总结出了一些判定方法。陈忠敏（2007：136）提出语音层次具备三个属性，分别是：第一，在一个语言（方言）内部，一个语音层次所具有的语音特征在相同语音条件或来源于相同的音类条件下会重复出现；第二，在同类或邻近方言里可以找到对应的语音层次；第三，语音层次变异属于纯语音范畴，所以语音层次变异跟一切非语音因素无涉。据此，我们先梳理单点的层次，然后根据层次关系特字由近及远地对邻近方言作层次比较和层次对应。

在具体分析层次的过程中，王洪君（2006）将"析层拟测法"总结为三大五小步骤。第一步，确定"有（文白）异读音类"的读音条件和有异读音类所有字音的文白层次，然后把"有异读音类"与"无异读音类"配合成几套字音分合关系，从而离析单点方言的层次。第二步，通过对单点方言运用内部拟测法和多点方言运用历史比较法，分层重建区域方言原始语。第三步则确定各层次原始语在汉语中的历史方言支派。

本文在吸取以往研究成果的基础上，根据乡话自身的语音特点，以清水坪乡话为例分析乡话的语音层次，具体的分析步骤为：

第一步，利用文白异读来分层。利用文白异读材料来分层是最简单的方法。通常来源于权威方言影响的成分是文读，比白读出现晚。因此，根据文白异读，可以确定层次的先后顺序。在分析乡话层次时，我们通过与周围辰溆片湘语比较，确定最新的文读层，也就是最晚的层次。

第二步，处理没有异读现象的白读音类之间的关系。对于同一中古来源对应乡话今读多个白读音类且无异读的情况，需要判断这些白读音类之间是层次关系还是演变关系。如何判断这些白读音类之间的关系，是我们重点处理的问题。同一来源的字今读不同音类，根据王洪君（2012：29）的观点，常见的有两种可能，一种是扩散式音变中断，一种是方言或语言接触的结果。我们对乡话中同一来源且没有异读现象的多个音类是处理为演变关系还是层次关系，根据如下几点：

（1）我们在确定不同音类之间是演变关系时，需要有音理及类型学上的支持。如我们认为乡话古全浊声母定澄母今读 [l] 与定澄母常用字今读浊音 [d] 之间属于演变关系，理由是 [d] 与 [l] 之间的相互转变在音理上是可以解释的，具体见 3.1。另外，现代方言可以提供类型上的支持，在湘语和赣语中都有类似现象发生。在判断不同音类是层次关系时，基于一点：如果是外方言影响出现的成分，要能找到影响源，如果不能找到直接的影响源，也需要有类型上的支持，也就是在现代方言或者历史上曾经存在过这种现象，这样才有可能对乡话产生影响。如 3.1 我们在确定乡话古全浊声母常用字今读浊音属于乡话固有的层次而不是外来的层次时，考虑了周围方言没有与乡话古全浊声母今读类型相同的强势方言。

（2）利用同一方言内部平行现象来证明。如果认定某两个音类是演变关系，同一方言内部同样条件下的音都应该发生同样的演变，如果没有，则应该是层次关系。如我们认为咸山摄开口一等的今读 [əŋ] 和 [oŋ] 不是演变关系（郑焱霞 2010：150 认为 [əŋ] 和 [oŋ] 是演变关系，[oŋ] 由 [əŋ] 演变而来）而是层次关系的理由，除了读 [əŋ] 的字比读 [oŋ] 的字更常用外，还有一条非常重要的证据是同样有读 [əŋ] 韵母的宕摄一等，没有出现读 [oŋ] 的现象。如果 [əŋ] 和 [oŋ] 是演变关系，宕摄也应该有读 [oŋ] 的现象，即存在由 [əŋ] 变为 [oŋ] 的现象。

（3）利用音系内部音节组合规则来证明。如清水坪乡话果摄一等［iɛ］与［əɯ］（拼帮组时读［ɤ］）的出现条件是互补的，［iɛ］只出现于端组，［əɯ］只出现于帮组和见组。［əɯ］有没有可能是由［iɛ］演变而来的呢？也就是［iɛ］与见组（［k］组声母）和帮组（［p］声母）相拼时丢失介音演变为［əɯ］？从清水坪乡话整个语音系统来看，这种可能不存在。清水坪乡话语音系统中，［p］组声母是可以与［iɛ］相拼的，如：边［piɛ⁵⁵］、偏［pʰiɛ⁵⁵］、骗［pʰiɛ³³］等；见组（［k］组声母）也是可以与［iɛ］相拼的，如疑母的"银"读［n̠iɛ⁵⁵］（［ŋ］声母在与细音相拼时变为［n̠］，［n̠］属于［ŋ］的变体形式），而同属于疑母的"饿"读［ŋəɯ³³］。也就是从清水坪乡话音节的拼合规则来看，［iɛ］可以与［k］组和［p］组声母相拼。利用音系内部音节组合规则证明［iɛ］与［əɯ］之间不是演变关系。具体分析见 4.1。

在分析乡话的语音层次时，需要强调孤字的处理问题。中古同一来源的字对应乡话多个今读音类，不乏辖字只有一个字的音类情况。我们根据乡话的实际情况，把辖字为单字或少数几个字的音类处理为一个层次。这样处理的理由是，从乡话的词汇和自身的语音特点来看，乡话是一种历史很悠久的方言。如词汇上保留了一些古老的词汇：履_{鞋子}、甘_甜、字_{喜欢}、豆_{装饭等的容器}、薪_{柴火}、鼎_锅等；语音上，支脂之三分，鱼虞分韵，四等读洪音现象，歌戈不混，知组读同端组，等等。历史悠久的乡话在与其他方言长期的接触过程中，有些现象保留很少是比较正常的。

第三步，对于确定为不同层次的多个白读音类，根据音类的分合关系来确定层次的先后顺序。我们主要通过乡话音类与《切韵》相比，在《切韵》中属于有别的韵，而在乡话中合并了的音类，属于后起的现象。在根据音类分合关系确定层次先后时，需要判断不同来源的同一今读音类性质是否相同，如果性质不同，不能用来判断层次的早晚。

第四步，层次的匹配。有些古音类今读多个音类，对应多个层次，有些古音类今读只有一个音类。这些古音类的层次如何匹配呢？根据王洪君（2006：24）："从历时的角度看，'无异读音类'是本地音系和外来音系音类分合关系相同且音值大致匹配的部分，也即无异读音类在文读传入之前就在本地存在，在文读替换白读后也依然在本地存在。"王洪君对于"无异读音类"与"有异读音类"之间的匹配公式如下：

有异读白读音类 +（有同音关系的）无异读音类 = 白读层音类

有异读文读音类 +（有同音关系的）无异读音类 = 文读层音类

我们在处理"无异读音类"的层次时，也采取王洪君（2006）的方法，如庄组字今读只有一个音类 [ts]，而知组字今读有三个音类，也就是三个层次，分别是：[t]、[tɕ]、[ts]。我们认为庄组字也有三个层次，只是不同层次语音形式同形。

层次分析法既要确定层次的性质，又要确定层次的时间先后顺序。对于异读很少的方言主要依靠音类的分合来确定层次的先后顺序，但由于外来的语言成分对固有成分的不断侵蚀，有些固有成分或许已经彻底消失，最早的层次也并不一定是固有的成分，因此，本文在分析层次时，按分析出每个层次的大致先后顺序排列为第一层、第二层、第三层……需要说明的是，对每个古音类层次分析的结果不具有匹配关系，如果摄一等字的第一层与止摄开口支脂之韵的第一层并不是同一时间的层次。

乡话是一种内部一致性比较强的方言，虽然不同乡话点音值差异比较大，但不同乡话点音类之间保持着比较整齐的对应。因此，本文在分析乡话的语音层次时，以受客话①影响较小的清水坪乡话②为例，同时列出其他乡话点的读音供参考以及辅助解释清水坪乡话的语音现象，当其他乡话点的读音情况与清水坪乡话不同时，我们对这种差异做出解释。

1.5　研究难点

第一，考本字。这是方言研究中经常碰到的问题，也是非常关键的问题，有些本字关系到该方言的历史，是方言研究中的难点。吴语、闽语、粤语等南方方言研究得比较深入充分，很多日常用语中的词已经得到了很好的考证。而乡话由于研究得不够充分，不少很常用的词却不明本字，而这些词关系到某些音类的性质和历史。如清水坪乡话"拜年、磕头"叫 [tsʰəŋ³³dzuo³⁵]，这两个音是哪两个字呢？我们发现湘语冷水江方言称"拜年"为 [tʃʰõ²⁴io²¹]，具体表现是"在神龛前双手抱拳作揖、同时口中念敬辞"。通过查阅历史文献，我们发现汉语史上有"唱喏"这个词，表示的意思是"一边拱手、一边说恭敬的话"，意义与冷水江方言接近。冷水江方言的第一个音节 [tʃʰõ²⁴] 与"唱"同音，[io²¹] 也符合"喏"的尔者切音韵地位。因此，我们确定该词就是"唱喏"。再来看乡话，第一个音节也与

_____

① 乡话人把分布在乡话周围的其他汉语方言统称为客话。
② 清水坪村位于乡话的核心区，是一个纯乡话村，清水坪村周围也都是乡话分布区，受客话影响相对较小。

"唱"同音，第二个音节声母读塞擦音比较特殊。现代汉语方言中闽语有日母读塞擦音声母的现象，乡话日母也有个别读塞擦音的情况，如清水坪乡话"热"读［dzɤ³⁵³］，且［dzuo³⁵］的韵母［uo］是符合假开三的音韵地位的。因此，确定第二个音节就是"喏"字。这个音本字的确定，可以确定乡话日母有读塞擦音的现象，在确定该本字前，只有一个"热"字读塞擦音声母，属于孤例，不好定性，但确定了"喏"也读塞擦音后，乡话日母有读塞擦音声母的性质就可以确定了。乡话中类似的现象很多，清水坪乡话中最常用的表示"打"义的动词［kʰuɑ³⁵］，本字不明。可以说乡话本字的考证任重而道远。

第二，如何辨别同一中古来源的不同音类之间是层次关系还是音变关系。这是本文研究的重点，也是本文最大的难点，也是汉语方言层次研究过程中的大难题。对同一方言中同一现象的研究，不同研究者的研究结果有时完全不同。如吴语处衢方言中鱼韵字的层次问题，同样是鱼韵字读［ɑ］音类，梅祖麟（2001）认为处衢片吴语"猪锄梳女"读［ɑ］韵母是保存了秦汉时代的读音；而秋谷裕幸（2002a）则不认同梅祖麟的观点，认为梅祖麟所说的［ɑ］层次都来源于知庄组字，没有其他声母的例子，［ɑ］韵母可能是以声母为条件的读音。

类似的情况在乡话研究中很常见，如乡话古全浊声母有今读浊音、不送气清音和送气清音三类，此外定母和澄母有读［n］、并母有读［f］的现象，杨蔚（2010：43、49）认为古全浊声母平声字今读不送气清音与今读浊音是演变关系，由浊音清化而来；古全浊上去入字今读送气清音与今读浊音也属于演变关系。但我们认为古全浊平常用字今读浊音与不送气清音之间是层次关系；古全浊上去入字今读浊音与今读送气清音也是层次关系，具体分析见3.1。乡话咸山摄开口一二等都有读［oŋ］和［əŋ］的现象，郑焱霞（2010：150）认为这两个音类是演变关系，我们认为是层次关系（具体见4.4）。

1.6　材料来源、材料使用说明及发音人情况

乡话主要分布在沅陵、泸溪、古丈等县市，沅陵为主要分布区，因此本书稿选择了两个沅陵县的乡话点，泸溪和古丈的乡话分布在与沅陵交界处，每个县分别选择了一个乡话点，分别是沅陵二酉乡清水坪村乡话、沅陵太常乡栗坡村乡话、古丈岩头寨镇湾坪溪村乡话、泸溪白沙镇红土溪村

乡话（泸溪白沙镇的两位发音人来源于不同的村，在语音上略有不同，本书以红土溪村的张胜辉发音人的材料为主），这四个点的材料均来自于本人的调查。沅陵清水坪乡话和古丈岩头寨乡话差异很小，泸溪红土溪乡话与其他三个乡话点的差异最大，另外，我们还参考了鲍厚星、伍云姬的《沅陵乡话记略》中记录的麻溪铺乡话。麻溪铺乡话最大的特点是声调变韵现象丰富。此外，我们也利用了杨蔚《湘西乡话语音研究》、伍云姬、沈瑞清《湘西古丈瓦乡话调查报告》和瞿建慧的《湖南泸溪（白沙）乡话音系》等著作中收录的乡话材料。

需要说明的是，在本书分析过程中我们只有部分地方使用了鲍厚星、伍云姬（1985）调查的麻溪铺乡话的材料。这是因为麻溪铺乡话的材料只收集了乡话常用字的白读音，收字较少，不方便使用。但麻溪铺乡话作为受客话影响比较深的一种乡话类型，声调变韵现象很丰富，且主要集中在阴声韵部分。因此，本文只在分析果摄、遇摄、蟹摄、止摄、流摄时使用了麻溪铺乡话材料。

文中所使用的湘语冷水江方言、涟源方言等未特别说明的材料都来自本人的调查。

发音人情况：
沅陵县清水坪
张远良，生于 1937 年 10 月，沅陵县二酉苗族乡清水坪村人，高中文化，退休教师
张良培，生于 1937 年 5 月，沅陵县二酉苗族乡清水坪村人，小学文化，务农
张良棍，生于 1951 年，沅陵县二酉苗族乡清水坪村人，初中文化，务农
粟光旺，生于 1950 年，沅陵县二酉苗族乡清水坪村人，小学文化，务农
沅陵县太常
刘安喜，生于 1943 年 8 月，沅陵县太常乡栗坡村寿山人，中学文化，务农
刘安海，生于 1940 年 6 月，沅陵县太常乡栗坡村寿山人，中学文化，务农
古丈县岩头寨
胡德泉，生于 1948 年 3 月，古丈县岩头寨镇湾坪溪村人，高中文化，退休干部
泸溪县白沙镇
张胜辉，生于 1947 年 3 月，泸溪县白沙镇红土溪村人，中师文化，退休教师
张大山，生于 1945 年 7 月，泸溪县白沙镇屈望社区人，高中文化，退休教师

第 2 章　乡话代表点音系

本章介绍本书主要使用的四个乡话方言点的音系情况及语音特点。文字下的双下画线"＿"表示该音为文读音，文字下的单下画线"＿"表示该音为白读音，不明本字的音用"□"代替。

2.1　沅陵清水坪乡话音系

1. 声母 29 个，包括零声母在内[①]

p 拜盘笔冰	pʰ 破票辫白	b 婆贫旁赔	m 马埋米晚	f 皮飞罚蜂	v 雨雾维壶
t 多猪队赚	tʰ 土抽垫独	d 提甜坛铜	n 楼年嫩六		
ts 主床灶智	tsʰ 在千超窗	dz 成字绸船		s 锁沙笑刷	z 来神园融
tɕ 醉酒书穷	tɕʰ 七件轻刺	dʑ 袖齐群桥	ȵ 女鱼月肉	ɕ 四手乡晓	ʑ 药钥食
k 鸡舅甘脚	kʰ 溪黑去困	g 葵逵魁逛	ŋ 鹅爱牛安	x 虾限欢瞎	ɣ 晏　　ɦ 学号
∅ 哑烟厚院					

说明：（1）[n]、[l] 自由变读，以读 [l] 为主，我们处理为 [n]。

（2）发音人张远良发的浊塞音声母有时有很强的送气。

2. 韵母 41 个，包括自成音节

ɿ 知诗识拾颈	i 履刺七名请	u 箩脚过族租	yi 鬼居菊醉芋
ɑ 排火抬街蜡	iɑ 佳驾恰涯峡	uɑ 对瓜捉催艾	yɑ 娘
ɤ 破土枝粗来			
o 白波麦马百		uo 腊尺夜河价	yo 栗却写约略
ɐ 有梯树师择	iɐ 抽柱六酒件	ɐu 说国或惑获	
ɐe 盆晚点深爱	iɛ 多变啼金死	ɐuɐ 准穿嫩外温	yɛ 赚军吹雪烟

[①]　受版面限制，四个乡话点的声母代表字只列 4 个例字。

ei 煤飞悲味赔　　　　　　　uei 内吕岁龟位

ʌɯ 棚风冬笼用

əɯ 兔去牛饿记

ɔu 宝脑嫂早摇　　iɔu 标筒轿晓嚼

　　　　　　　iou 猪直留手力

ã 办贪参艰晏　　iɛ̃ 电甜欠闲艳　　uã 专酸缓管段　　yɛ̃ 捐全怨铅卷

ẽ 笨张粮城林　　iẽ 冰墙进让抢　　uẽ 存损婚昆盾　　yẽ 均倾群营永

ɑŋ 帮饮层升讲　　iɑŋ 凉刚奖像枪　　uaŋ 装闯爽旺框

əŋ 搬床痒炭乱

oŋ 柄柑农栋硬　　ioŋ 恐熊容凶勇

ŋ̍ 二人日

说明：

（1）韵母［ɛe］拼舌根音时有不太明显的过渡音，张远良的舌位较高，实际音值近于［ɛɪ］。

（2）韵母［ei］与［uei］中的［e］舌位较高。

（3）［ʌɯ］韵母逢 33 调时，主元音舌位略高；［əɯ］韵母逢 33 调时，主元音不明显；［ɔu］韵母逢 33 调时主元音舌位略高。

（4）韵母［ã］和［uã］中的［a］张良培实际舌位略高。

（5）［ẽ］韵母有不太明显的［n］尾，张良培略有动程，有一个不太明显的［ĩ］尾。在拼［t］、［tʰ］、［n］、［ts］、［tsʰ］和［s］时，中间有一个不太明显的过渡音。

（6）［iɛ］、［yɛ］韵母介音比较长。

（7）［iou］中的［o］有时候不太明显。

（8）［ɔu］主要元音舌位略低，位于［ɑ］和［ɔ］之间，韵尾［u］也略低。

（9）［ɚ］韵母只出现在个别客话儿化词中，如：□□儿［iɛ̃³⁵tɚ⁵⁵］踢毽子、眉儿［miɚ⁵⁵］眉毛，未列入韵母表和同音字汇。

（10）［ei］、［iɑ］、［uɐ］、［ioŋ］、［ã］、［iɛ̃］、［uã］、［uẽ］、［yɛ］和［yẽ］十个韵母基本只见于文读。

3. 声调 5 个

阴平 55　　歌梯三牙白

阳平 212　皮来糖拳羊

上声 35　　口我柱紧壮

去声 33　　兔棍料旧硬

入声53　　　接挖骨力<u>孔</u>

说明：（1）53调逢浊声母有读为353调的现象，我们按实际情况记录为353调，但没有处理为一个单独的调类。

（2）声调33发音人之一张远良末尾略有上扬。

2.2　沅陵太常乡话音系

1. 声母26个，包括零声母在内

p 排鼻板粉	pʰ 破稗辫白	b 婆篦贫旁	m 麻米晚麦	f 皮飞坟反	v 雨雾壶远
t 多住逗抬	tʰ 土抽垫独	d 提淡洞场	n 楼年大六		
ts 主床尖竹	tsʰ 在取窗十	dz 盛字罪曾		s 锁笑刷扇	z 来园用养
tɕ 醉酒穷餐	tɕʰ 七件轻刺	dʑ 袖茄群球	n̠ʲ 女鱼月肉	ɕ 四乡晓血	
k 鸡架敢脚	kʰ 溪黑起困	g 葵逵逛锯	ŋ 鹅牙额安	x 虾限谎瞎	
ø 禾厚院约					

说明：［n］和［l］自由变读，我们记为［n］。

2. 韵母39个，包括自成音节

ɿ 声赢翅十瓷	i 多死接棉闭	u 水我布雾输	yei 嘴雪喂脆贵
a 梯树梨字豆	ia 柱六酒绸求	ua 说国或惑获	
ɑ 被八代街火	iɑ 甲驾恰雅峡	uɑ 瓜骨腿乖猜	
o 帕麻麦马百		uo 腊搭石加车	yo 鲇谢鹊写约
ɛɐ 万垫点深疹	iɛ 变啼紧金镰	uɛɐ 砖滚魂顺泉	ye 轮圈愿运选
ei 世纸赤舌味		uei 锤吕最龟悔	
ʌɯ 风桶用充红	iʌɯ 中虫浓雄弓		
ɤɯ 腐去牛饿簸			
ou 桃罩交壳摇	iou 飘料轿晓苗		
ou 锣带脚渴凿	iou 猪直礼鱼絮		
ẽ 文衬邓丁甚	ĩ 冰兵请进林	uẽ 吞论存损捆	yẽ 均倾群孕允
aŋ 办蒸成讲掌	iaŋ 电欠鹰想炎	uaŋ 缓壮光关余	yaŋ 绢全铅悬缘
əŋ 胆浪算谎双	iəŋ 丈肠让秧腔		
oŋ 盘命弯生网	ioŋ 容勇拥雍泳		
ɻ 二人日午			

说明：

（1）［ioŋ］、［yẽ］、［uẽ］、［yaŋ］、［uaŋ］、［iɑ］和［ẽ］七个韵母是

文读韵母。

（2）［o］与［uo］是两个互补的韵母。［o］韵母只出现在帮组声母后，［uo］韵母出现在非帮组声母后。

（3）［ɤɯ］韵母有些字的动程不明显，如："饿"的韵母音值近于［ɤ］。

3. 声调 5 个

阴平 33　　歌梯三牙白

阳平 213　　皮来糖拳羊

上声 35　　口我柱紧壮

去声 55　　兔棍料旧硬

入声 42　　接挖骨力孔

说明：

（1）上声字文读调读同入声 42 调。

（2）去声字文读调读同上声 35 调。

（3）有独立的入声调，没有入声尾。

2.3　古丈岩头寨乡话音系

1. 声母 28 个，包括零声母在内

p 排鼻板粉	pʰ 破稗票白	b 婆篦贫薄	m 麻米晚麦	f 皮飞坟罚	v 雨闻远房
t 多住逗抬	tʰ 土抽垫独	d 提淡洞场	n 楼年大六		
ts 主床尖罩	tsʰ 在取超十	dz 字舐懒		s 沙笑刷扇	z 来园用养
tɕ 醉酒穷睿	tɕʰ 七件轻刺	dʑ 谢茄群球	ȵ 女鱼月肉	ɕ 四乡晓血	
k 鸡架敢脚	kʰ 溪黑起困	g 葵遗逛渠	ŋ 鹅牙额安	x 虾限谎祸	ɦ 害汗碗黄
q 药钥食					
ø 禾哑厚院					

说明：［n］、［l］自由变读，我们记为［n］。

2. 韵母 38 个，包括自成音节

ɿ 声赢正十成	i 算清履刺睿	u 笋葛渴镯苦	yi 跪嘴喂贵醉
ʌ 赔被害街代	iʌ 甲治雅亚峡	uʌ 瓜对挂腿捉	
o 白野架尺腊			yo 黏写约历脊
ɐ 梯树有厚丝	iɐ 柱六九抽秋		
ɤ 破土枝来黑			
ɛe 盆枕真田盐	iɛ 啼紧多染面	ɜʊ 春笋船稳困	ye 轮选云雪脆

ei 杯美肥陪费   uei 锤吕最龟回

ʌɯ 风冻用笼棚

əɯ 喜去牛饿独

ɔu 桃罩交壳摇   iɔu 虫尿龙舀锹

                    iou 猪直力袖女

ã 盼摊闪雁参   uã 酸籴暖窜管

                 iɛ̃ 莲欠店显绵   yɛ̃ 权捐悬渊铅

ɛ̃ 张场丈邓丁   ĩ 让墙秧<u>想香</u>   uẽ 吞论存损捆   yẽ 军倾群永寻

ɑŋ 梦饮蒸讲掌   iɑŋ 项向香<u>想</u>阳   uɑŋ 壮闯狂匡爽

əŋ 盘放糖算双

oŋ 病听南生慢   ioŋ 凶勇拥雍庸

ɻ̩ 二人日五碗

说明：

（1）〔iɑŋ〕、〔uɑŋ〕、〔iʌ〕、〔uã〕、〔ã〕、〔yɛ̃〕、〔iɛ̃〕、〔ioŋ〕、〔yẽ〕和〔uẽ〕十个韵母为纯粹的文读韵母。

（2）〔iɛ〕和〔yɛ〕韵母中的〔ɛ〕有时舌位略高，接近〔e〕。

（3）〔ɔu〕韵母主元音〔ɔ〕有时舌位略低，逢33调和轻声时，主元音比〔ɔ〕略高。

（4）〔əɯ〕中的〔ə〕有时不明显。

（5）〔ʌ〕和〔uʌ〕韵母中的主元音〔ʌ〕舌位略后，对应于太常等地乡话的〔ɑ〕。

（6）韵母〔o〕除了拼〔p〕、〔pʰ〕、〔m〕和〔f〕外，与其他声母相拼时，有 -u- 介音。

（7）〔əe〕韵母实际音值为〔ɛI〕。

（8）〔əŋ〕主元音比〔ə〕略低。

3. 声调5个

阴平 55 歌梯三牙白

阳平 213 皮来糖拳羊

上声 35 口我柱紧壮

去声 33 兔棍料旧硬

入声 42 接挖骨力孔

说明：（1）去声33调，末尾略有上升。

（2）上声35调，末尾比5略低。

2.4　泸溪红土溪乡话音系 [①]

1.声母 28 个，包括零声母在内

p 排鼻百粉	pʰ 破稗票白	b 袍篦贫薄	m 麻米晚麦	f 皮飞坟罚	v 雨闻远房
t 多住逗抬	tʰ 土抽垫独	d 提淡洞场	n 楼年大六		z 来园用养
ts 主床尖罩	tsʰ 在取超窗	dz 盛字懒裁		s 沙笑刷醒	
tɕ 醉酒穷睿	tɕʰ 七件轻刺	dʑ 舐球像舌	ȵ 女鱼愿肉	ɕ 四乡晓血	ʑ 食
k 鸡架敢脚	kʰ 溪黑起困	g 葵逛锯渠	ŋ 鹅牙额安	x 虾限谎瞎	ɣ 人碗厚陷
ø 禾哑二院					

说明：

（1）[n]、[l] 自由变读，我们记为 [n]。

（2）"还～有"字有一个明显的喉塞成分；有些有 -i- 介音的零声母，-i- 介音的摩擦成分比较明显，如"噎"字前有一个 [j] 成分。

2.韵母 38 个

ɿ 十屎瓷紫志	i 棉篦死室纸	u 布露读水苦	yi 脆月围嘴贵
ʌ 妇梯口丝雨	iʌ 绸六九秋柱	uʌ 蜗乖快挖瓦	
ɔ 排皮腿插开			
o 菠盒裂鸽扩			
ʊ 锣渴错脚祸	iʊ 猪直理熟袖		
oɤ 麻车百押价			ioɤ 筒共雄虫历
æɜ 林新碾田点	iɐ 啼枕印辫镰	ɜæɜ 笋犬穿魂准	yɛ 龟裙劝运选
ɐɜ 讲动秤聪问			
ei 簸锄菜喜黑		uei 锤最亏归吕	
ɔu 报早摇照交	iɔi 舀锹桥晓料		
ou 炮抱灶笑告	iou 票庙钓礼又		
ã 班贪陕颜参		uã 端管环涮酸	
ẽ 正请星赢名	iẽ 炎念电迁简	uẽ 昆存尊吞论	yẽ 君俊永荣营
	ĩ 寝巾冰井净		
õ 柄成柑生兰			

---

①　红土溪乡话的两位发音人存在差异，韵母的差异尤其明显，本音系以一直居住在红土溪的张胜辉发音人的口音为准。

Aŋ 嗓缸樟港项　　iaŋ 相奖祥降今　　uaŋ 壮爽狂旺匡　　　yaŋ 悬渊缘怨卷

oŋ 放烫官胆栏　　ioŋ 张丈场匠秧

说明：

（1）[ã]、[uã]、[Aŋ]、[iAŋ]、[uAŋ]、[iɛ̃]、[yɛ̃]、[uɛ̃]、[yẽ]和[ĩ]十个韵母是文读韵母。

（2）[oɤ]韵母中[o]的实际音值介于[u]与[o]之间。

（3）[yi]韵母的动程不明显，有些[i]基本脱落。

（4）[yɛ]韵母有时读为[yɛe]。

（5）有些摄的韵母逢33调时，舌位偏高，如[ou]、[iou]和[uæɐ]逢33调时，分别变为[ou]、[iou]和[uɐe]；有些摄的韵母逢13调时舌位偏低，如[oŋ]韵母逢13调时主元音实际音值为[ɔ]。

3．声调 5 个

阴平 55　　歌梯三牙白

阳平 13　　皮来糖拳羊

上声 53　　口我柱紧壮

去声 33　　兔棍料旧硬

入声 42　　接挖骨力竹

说明：声调为 53、42 调的字，逢声母为浊音时，有读为 353 的现象，我们按照实际音值记录为 353，但没有处理为一个独立的调类。

2.5　乡话语音特点简介

乡话内部差异比较小，沅陵清水坪乡话是目前我们所掌握的材料中受客话影响比较小、最能反映乡话特点的方言。因此，下面以清水坪乡话为例，对乡话的语音特点做一个简单的介绍。

1．声母的特点

（1）古全浊平字今读分为两类：一类读不送气清音，如：抬[tɑ²¹²]、牌[pɑ²¹²]、檀[toŋ²¹²]、盆[pɛe²¹²]；另一类读浊音声母，但古全浊平字今读浊音声母分为两种情况，一种情况是文读，读不送气清音的浊平字大部分有读浊音的文读音，如"瓶"文读[biɛ̃³³]，白读[pi²¹²]，不常用字都读浊音声母，如：持[dʐʅ³³]、才[dzɛe³³]、酬[dzɯ³³]、琵[bi³³]，另一种情况是常用字读浊音声母，如：簰[bɐ²¹²]、缝~衣服[bʌɯ²¹²]、成[dzɑŋ²¹²]、潭[dəŋ²¹²]。古全浊上字大部分读清音声母，分送气清音和不送气清音两种，以读送气清音为多，如：道稻［tou³⁵］、柱［tʰiɐ³⁵］、是［tsʰɿ³⁵］；少数字仍读浊音，如：淡［dən³⁵］、象［dʑiẽ³⁵］、罪［dzua³⁵］。古全浊去字大部分读清音，分送气清音和不送气清音两种，如：住［tiou³³］、渡［tɤ³³］、稗［pʰa⁵⁵］、轿［tɕʰiou³⁵］，部分常用字仍读浊音，如：豆［dɐ³³］、定［doŋ³³］、袖［dziou³³］、匠［dʑiẽ³³］。古全浊入基本都读清音，常用字都读送气清音，如：十［tsʰɿ⁵⁵］、侄［tʰi⁵⁵］、凿［tsʰu⁵⁵］、着［tʰu⁵⁵］、贼［tsʰɤ⁵⁵］、直值［tʰiou⁵⁵］、白［pʰo⁵⁵］、择［tsʰɐ⁵³］、石［tsʰuo⁵⁵］、独［tʰɯ⁵⁵］、熟［tɕʰiou⁵⁵］，有个别入声字仍读浊音，如：舌［dzɤ³³］、勺［dʑyɛ³³］、逐［dzou³⁵³］。

并母字有读［f］、定澄母字有读［n］的现象，如：坪平［foŋ²¹²］、病［foŋ³³］、被［fa³⁵］、皮［fa²¹²］、啼［niɛ²¹²］、虫［niɐiɯ²¹²］、大［nu³³］、地［niɛ³³］、桃［nɔu²¹²］、田［nɛɛ²¹²］、簟［nɛɛ³⁵］、肠［nẽ²¹²］、糖［nəŋ²¹²］、读［nəɯ³³］。

（2）古知组字读如端组，如：猪［tiou⁵⁵］、柱［tʰiɐ³⁵］、池［tiɛ²¹²］、椽［tiɛ²¹²］。

（3）泥来母字在洪音前相混，在细音前对立。如：龙［niɐiɯ⁵⁵］≠浓［n̠iɐiɯ⁵⁵］、料［niɔu³³］≠尿［n̠iɔu³³］；日母字与泥母字相混读［n̠］，如：肉［n̠iou⁵³］。

（4）来母定母字有读擦音、塞擦音的现象，如：来［zɤ²¹²］、淋［zɛɛ²¹²］、梨［zɐ²¹²］、漏［zɐ³³］、李［dzɐ³⁵］、乱［dzəŋ³³］、懒［dzəŋ³⁵］、聋［tsɐiɯ⁵⁵］、道［sou³⁵］、动［dzɅiɯ³⁵］。

（5）书母字有读塞擦音的现象，如：书［tɕiou⁵⁵］、守［tɕiou³⁵］、少［tsou³⁵］、升［tsaŋ⁵⁵］、室［tɕi⁵³］、湿［dʑiɛ³³］。

（6）精组三四等字既有读洪音的，也有读细音的。读洪音的如：醒［sɛɛ⁵³］、榫［suɛɛ³⁵］、签［tsʰɛɛ⁵⁵］、字［dzɐ³³］、娶［tsʰɐ³⁵］，读细音的如：粟［ɕiou⁵³］、清青［tɕʰi⁵⁵］、抢［tɕʰiẽ³⁵］、薪［ɕiɛ⁵⁵］、选［ɕyɛ³⁵］、醉［tɕyi³³］、死［ɕiɛ³⁵］、刺［tɕʰi³³］、脆［tɕʰyɛ³³］。

（7）以母常用字基本都读擦音、塞擦音声母，如：园羊［zəŋ²¹²］、扬样［zəŋ³³］、养［zəŋ³⁵］、油［zɐ⁵⁵］、移［dzɤ²¹²］。

（8）古庄章组字都有读［ts］、［tsʰ］、［dz］、［s］、［z］的情况，如：床［tsəŋ²¹²］、尚［tsʰəŋ³⁵］、成［dzaŋ²¹²］、豺［dzɛɛ²¹²］、馊收［sɐ⁵⁵］、生［soŋ⁵⁵］、神［zɛɛ²¹²］。

（9）日母字今读有四类：一类读［z］，基本都是不常用字，如"如［zu²¹²］、乳［zu⁵³］、然［zã³³］、仍［zẽ³⁵］、茸［zoŋ³³］"等；一类读

[n̠]，都是常用字，如"染［n̠iɛ³³］、燃［n̠i⁵⁵］、让［n̠iẽ³³］、认［n̠iɛ³³］、润［n̠yɛ³³］、肉［n̠iou⁵³］"等；一类读自成音节［ŋ̍］，也都是常用字，如"人［ŋ̍⁵⁵］、二［ŋ̍²¹²］、日［ŋ̍⁵³］"；一类是读［dʐ］，如"喏［dʐuo³⁵］、热［dʐɤ³⁵³］"。

（10）见组字白读三四等既有读洪音的，也有读细音的，不同的摄表现不同，同一摄既有读洪音也有读细音的现象。读细音如：鳜［tɕyɛ³³］、跪［tɕʰyi³⁵］、鬼［tɕyi³⁵］、轿［tɕʰiou³⁵］、九［tɕiɐ³⁵］、怯［tɕʰyɛ⁵³］、今［tɕi⁵⁵］、恐［tɕʰioŋ⁵³］；读洪音如：去［kʰəɯ³³］、鸡［kɐ⁵⁵］、起［kʰəɯ³⁵］、犬［kʰuɛe³⁵］、脚［ku⁵³］。

（11）晓组字在读洪音与细音上与见组表现相同，晓母有读同溪母的现象，如：黑［kʰɤ⁵³］、虎［kʰu³⁵］、喜［kʰəɯ³⁵］、香［tɕʰiẽ⁵⁵］。匣母字有读零声母的现象，如：侯［ɐ²¹²］、汗［əŋ³³］、还［ɐ²¹²］、魂［uɛe²¹²］、红［ʌɯ²¹²］。

（12）疑母字主要读［ŋ］（洪音前）或［n̠］（细音前），如：鹅［ŋu⁵⁵］、饿［ŋəɯ³³］、伢芽［ŋuo⁵⁵］、牛［ŋəɯ⁵⁵］、鱼［n̠iou⁵⁵］、孽［n̠iɛ²¹²］、月［n̠yɛ⁵³］、银［n̠iɛ⁵⁵］。也有读零声母的，如：我［u³⁵］、瓦［ua³⁵］、艾［ua³³］。

（13）影母字多读零声母，如：哑［uo³⁵］、饮［aŋ³⁵］、碗［əŋ³⁵］、印［iɛ³³］、约［yo²¹²］、瓮［ʌɯ³³］，少数字读［ŋ］，都是乡话中不常用的字，如：爱［ŋee³⁵］、安［ŋã⁵⁵］、恩［ŋẽ⁵⁵］。

（14）［v］声母与合口呼零声母对立，如：远［vɛe³⁵］≠稳［uɛe³⁵］、和～尚［vu²¹²］≠和～面［u²¹²］、学［vu³³］≠禾［u³³］。

（15）个别清声母字有读浊音的现象，有些是区别词性，动词读浊音，名词读清音，有些只有一个浊音的读法，如：坡［bu³⁵³］、锯动作［gəɯ³³］、带动词［du³³］、湿［dʑiɛ³³］、堆～～［dua³³］、跌［dɐ³⁵³］、扯［dʐɐ³⁵］、索［zuo²¹²］。

2. 韵母特点

（1）止摄开口支、脂、之三韵分立。支韵字读［ɤ］，如：枝［tsɤ⁵⁵］、纸［tsɤ³⁵］、舐［dzɤ³⁵］；脂韵常用字读［i］，如：履［ni³⁵］、四［ɕi³³］；之韵读［əɯ］（见组）或［iou］（泥组），如：喜［kʰəɯ³⁵］、起［kʰəɯ³⁵］、里～子［niou³⁵］。止摄合口字和蟹摄合口三等字有读［yi］和［yɛ］韵母的现象，如：跪［tɕʰyi³⁵］、醉［tɕyi³³］、鬼［tɕyi³⁵］、吹［tɕʰyɛ⁵⁵］、脆［tɕʰyɛ³³］。

（2）齐、支、脂、之韵都有读［ɐ］韵母的现象。齐韵如：梯［tʰɐ⁵⁵］、剃［tʰɐ³³］、鸡［kɐ⁵⁵］、溪［kʰɐ⁵⁵］；支韵如：批［pʰɐ⁵⁵］；脂韵如：狮师［sɐ⁵⁵］、梨［zɐ²¹²］，之韵：使［sɐ³⁵］、李［dzɐ³⁵］、丝［sɐ⁵⁵］、字［dzɐ³³］。

（3）鱼虞韵有不混层，虞韵有读［ɐ］或［iɐ］的现象，与尤韵相混，鱼韵没有读该音类的现象。虞韵如：取娶［tsʰɐ³⁵］、柱［tʰiɐ³⁵］、数［sɐ³⁵］、主［tsɐ³⁵］、树［tsɐ³³］、雨［vɐ³⁵］；尤韵如：抽［tʰiɐ⁵⁵］、收［sɐ⁵⁵］、久［tɕiɐ³⁵］、有［vɐ³⁵］、油［zɐ⁵⁵］。

（4）鱼韵、虞韵、尤韵三韵有相混的情况，相混为［iou］。鱼韵如：女［ȵiou³⁵］、猪［tiou⁵⁵］、箸［tiou³³］；虞韵如：蛛［tiou⁵⁵］、住［tiou³³］；尤韵如：袖［dʑiou³³］、守［tɕiou³⁵］。

（5）阳声韵只有［ŋ］尾，除了宕、江、曾摄外，其他摄都有读同阴声韵的现象。如咸摄：三［suo⁵⁵］、杉［suo⁵⁵］、碱［tɕiɛ³⁵］、盐［zɛɛ²¹²］、点［tɛɛ³⁵］；深摄：心［ɕiɛ⁵⁵］、针［tsɛɛ⁵⁵］、金［tɕiɛ⁵⁵］；山摄：山［sɛɛ⁵⁵］、盏［tsɛɛ³⁵］、眼［ŋɛɛ³⁵］、浅［tsʰɛɛ³⁵］、辫［pʰiɛ³⁵］、选［ɕyɛ³⁵］、远［vɛɛ³⁵］；臻摄：真［tsɛɛ⁵⁵］、神［zɛɛ²¹²］、春［tsʰuɛɛ⁵⁵］、闰［zuɛɛ³³］；梗摄：耕［kɛɛ⁵⁵］、清［tɕʰi⁵⁵］、声［sɿ⁵⁵］、星［ɕi⁵⁵］；通摄：东［tʌɯ⁵⁵］、送［sʌɯ³³］、公［kʌɯ⁵⁵］、风［fʌɯ⁵⁵］、龙［niɔɯ⁵⁵］。

（6）咸摄开口三等、山摄开口三等、深摄开口三等、臻摄开口三等相混读［iɛ］和［ɛɛ］。咸摄：镰［niɛ⁵⁵］、尖［tsɛɛ⁵⁵］；山摄：棉［miɛ⁵⁵］、浅［tsʰɛɛ³⁵］；深摄：淋［zɛɛ²¹²］、枕［tsɛɛ³⁵］、金［tɕiɛ⁵⁵］；臻摄：新［ɕiɛ⁵⁵］、真［tsɛɛ⁵⁵］、近［tɕʰiɛ³⁵］。

（7）咸摄开口四等和山摄开口四等有读洪音的现象。咸摄：点［tɛɛ³⁵］、簟［nɛɛ³⁵］；山摄：天［tʰɛɛ⁵⁵］、田［nɛɛ²¹²］。

（8）山摄合口三等与臻摄合口三等相混读［uɛɛ］或［yɛ］。山摄：选［ɕyɛ³⁵］、转［tyɛ³³］、砖［tsuɛɛ⁵⁵］、船［dzuɛɛ²¹²］、院［yɛ³³］；臻摄：轮［nyɛ⁵⁵］、笋［suɛɛ³⁵］、春［tsʰuɛɛ⁵⁵］、菌［tɕʰyɛ³⁵］、军［tɕyɛ⁵⁵］、云［yɛ²¹²］。

（9）咸摄开口一等、山摄开口一二等、合口一二三等、宕摄一等都有读［əŋ］韵母的现象。咸开一：胆［təŋ³⁵］、淡［dəŋ³⁵］、甘［kəŋ⁵⁵］；山开一二：摊［tʰəŋ⁵⁵］、炭［tʰəŋ³³］、懒［dzəŋ³⁵］、板［pəŋ³⁵］；山合一二三：搬［pəŋ⁵⁵］、断［tʰəŋ³⁵］、乱［dzəŋ³³］、欢［xəŋ⁵⁵］、还～去：回去［vəŋ³³］、园［zəŋ²¹²］；宕开一：当［təŋ⁵⁵］、糖［nəŋ²¹²］、桑［səŋ⁵⁵］、谎［xəŋ³⁵］。

（10）咸摄开口一等、山摄开口二等、合口一二三、梗摄开口二三四等都有读［oŋ］韵母的现象。咸开一：耽［toŋ⁵⁵］、南［noŋ⁵⁵］、柑［koŋ⁵⁵］；山开二：攀［pʰoŋ⁵⁵］；山合一二三：唤［xoŋ³³］、豌［oŋ⁵⁵］、闩［soŋ⁵⁵］、弯［oŋ⁵⁵］、饭［moŋ⁵⁵］、晚［moŋ³⁵］；梗开二三四：樘［tsʰoŋ³³］、生［soŋ⁵⁵］、硬［ŋoŋ³³］、柄［poŋ³⁵］、平［foŋ²¹²］、钉［toŋ⁵⁵］、听［tʰoŋ⁵⁵］、停［doŋ³³］、零［noŋ⁵⁵］。

3. 声调特点

（1）古平声字大致根据古声母的清浊分阴平和阳平两个调。清平字都归阴平 55 调，全浊平字都归阳平 212 调，次浊平字部分归阴平、部分归阳平。归阴平的次浊平字如：栏拦［nən⁵⁵］、棉［miɛ⁵⁵］、门［mee⁵⁵］、聋［tsʌɯ⁵⁵］，归阳平的次浊平字如：来［zɤ²¹²］、移［dzɤ²¹²］、梨［zɐ²¹²］、围［yi²¹²］、羊［zəŋ²¹²］；全浊平字的文读调为去声 33 调，如：时 ＝ 试［sʅ³³］、奴 ＝ 大［nu³³］。

（2）古全浊上白读层与清上、次浊上同读上声，如：柱［tʰiɛ³⁵］、舐［dzɤ³⁵］、赵［tsou³⁵］、丈［tʰẽ³⁵］。上声调文读同入声，如：可［kʰuo⁵³］、姐［tɕiɛ⁵³］、使［sʅ⁵³］、语［yi⁵³］、董［toŋ⁵³］、掌［tsɑŋ⁵³］。

（3）全浊去字今读送气清音的字大部分读同上声调，如：轿［tɕʰiɔu³⁵］、殿垫［tʰee³⁵］、尚［tsʰəŋ³⁵］。

（4）有独立的入声调，没有入声韵尾。全浊入字大部分清化后读阴平 55 调。受周围方言影响，大量入声字文读阳平 212 调。

第 3 章　乡话声母的语音层次及演变

乡话声母的今读很有特点，例如：古全浊声母今读有浊音、送气清音、不送气清音和［n］（定澄母）/［f］（並母）四类，知组字读同端组字，定母与来母大量相混，来母以母云母等次浊声母都有读擦音塞擦音的现象，非组字有读重唇音的现象，晓母读同溪母等。其中一些现象和地理上完全不相连、没有历史材料证明两者有关系的闽语类似，如闽语也有知组读同端组、来以母读擦音现象、古全浊声母读送气清音和不送气清音两种情况（闽北也有读浊音的现象）。乡话与闽语共有的这些语音现象之间是什么关系呢？对乡话这些现象的研究能否为闽语相关现象的研究提供佐证或思路？本章我们分析乡话这些声母现象的层次及演变，并与闽语的相关现象进行比较。

3.1　古全浊声母的语音层次[①]

《中国语言地图集》介绍乡话的主要特点时最重要的一条是：古全浊声母今读塞音、塞擦音时，平声为不送气浊音，仄声多数为送气清音。就总体古今演变规律而言，这样的概括是适当的，不过根据我们调查所得的材料，乡话古全浊声母今读塞音、塞擦音时，情况并不是如此简单。古全浊声母在今乡话中的读音分为四类，以沅陵清水坪乡话为例：（1）今读浊音，如：泅［dʑiɐ²¹²］、潭［dən²¹²］、储［dzu³³］、罪［dzua³³］、字［dzɿ³³］、豆［dɤ³³］、湿［dʑi³³］；（2）今读送气清音，如：柱［tʰiɐ³⁵］、是［tsʰɻ³⁵］、稗［pʰa³³］、轿［tɕʰiɔu³⁵］、垫［tʰee³⁵］、直值［tʰiou⁵⁵］、拾［tsʰɿ⁵⁵］；（3）今读不送气清音，如：抬［ta²¹²］、睿［tɕi²¹²］、痰［tɔŋ²¹²］、舅［kɯ³⁵］、箸［tiou³³］、毒［tu²¹²］；（4）今读［n］（定母和澄母）和［f］（並母）声

---

①　本节已在《语言学论丛》第 53 辑上发表（2016）。

母，如：啼［niɛ²¹²］、篹［nɛe³⁵］、大［nu³³］、读［nɯ³³］、肠［nẽ²¹²］、虫［niɔu²¹²］、平［foŋ²¹²］、病［foŋ³³］。其中全浊平声字没有读送气清音的类型，其他三个调类浊音、送气清音、不送气清音和［n］/［f］四种类型都有。

对于乡话中古全浊声母今读音的现象，以往一些学者也做过相关的分析。杨蔚（2010a：43、49）对乡话古全浊声母今读浊音、送气清音和不送气清音的现象进行了分析，认为平声字大部分读浊音是古音的保留，一部分读不送气清音是自身清化的结果；仄声字读浊音与读送气清音也属于演变关系，是古全浊声母自身在清化为送气音的过程中受其他方言的影响被中断的残留，而读不送气清音是较晚近的层次，送气清音比读不送气清音早一个层次，因为送气清音总是与老的声韵特征相联系，如读送气声母的"跪"①在各点都一致的读为［tɕʰy］，反映了"支微入鱼"现象，是较早的层次。郑焱霞（2010：57）认为乡话古全浊声母有三个语音层次：第一层次是浊声，反映在现代乡话中一部分字（特别是平声）现在还保留浊音的读法，这也是辰溆片方言的区域性特征；第二层次是弛声，初期"漏气"的特征后来演变为清送气音，对应现代乡话中的清送气音的层次，这个层次是南山乡话也是湘西乡话自己的特色层，因为辰溆片方言仄声多为不送气；第三层次是普通清声，即"漏气"的特征逐渐消失，转变为普通的不送气清声，对应现代乡话中的清不送气音的层次。郑焱霞把乡话古全浊声母今读分为三个层次，但却是通过演变关系来解释的。通常中古同一音类的字在现代方言中应该有相同的变化，如果无条件地变为不同的音类，根据王洪君（2012：29），常见的有两种可能，一种是扩散式音变中断，一种是方言或语言接触的结果。乡话中古全浊声母今读分为四类，其中有些音类很明显是受其他方言影响出现的结果。如"瓷餈"在清水坪乡话读为不同的声母，"瓷"读［dʐ̩³³］，"餈"读［tɕi²¹²］，这两个全浊平字今读声母不同，就是方言接触的结果："瓷"属于读字音，"餈"则是白读音。类似的现象在乡话中比比皆是。因此，乡话古全浊声母今读浊音、不送气清音、送气清音和［n］/［f］，这四类音之间的关系如何，需要详细分析。

3.1.1 乡话古全浊声母今读浊音和［n］/［f］的性质

古全浊声母在乡话中的今读，各调类表现不一，但每个调类都存在今读浊音和［n］/［f］的现象，在分析每个调类的层次之前，我们先分析今

---

① "跪"有"渠委切""苦委切"两个反切，杨蔚举"跪"字是不太合适的。

读浊音和 ［n］/［f］的性质。

古全浊声母今读浊音的性质在现代方言分为两类：一类是古浊音的保留，如吴语；一类是后起的现象，如鄂东南和闽北的一些方言，鄂东南的通城等地方言读浊音的字来源于古全浊声母和次清声母，属于古全浊声母清化后与次清声母一起浊化的结果，而闽北的建阳等方言古全浊声母今读浊音则是受邻近吴语的影响出现。乡话古全浊声母今读浊音的现象（部分不常用的古全浊平字今读浊音很明显是文读音的情况单独讨论）是存古还是受其他方言影响出现的？我们认为这种现象是乡话的固有成分，理由如下：

（1）乡话古全浊声母平上去入字都有读浊音的现象（具体例字详见后文各调类的例字），而乡话周围的湘语古全浊声母今读主要分为两种情况，一种是古全浊入字已经清化，其他调类还读浊音，如娄邵片湘语；一种是古全浊上去入声字已经清化，平声字今读浊音，如辰溆片湘语。乡话周围并没有一种强势方言古全浊平上去入字都读浊音的现象。有没有可能乡话今读浊音是受娄邵片湘语的影响，只是后来娄邵片湘语的古全浊入清化了？我们认为这种假设不成立，理由是乡话古全浊声母常用字今读浊音的数量远远少于还有浊音的娄邵片湘语。娄邵片部分有浊音的方言，凡全浊平上去字，大部分读浊音，而乡话只有少数常用字读浊音，这不符合语言接触规律。因此，乡话读浊音的现象不可能是受湘语的影响。

（2）通过乡话一些特字的读音情况也可以证明乡话古全浊声母今读浊音不是受其他方言影响出现的，而是本方言的固有成分。"豆"的本义"盛肉或其他食品的器皿，形状像高脚盘"还在乡话中使用，且声母读浊音 ［d］。乡话称用来装饭、装筷子的器具为"豆"，"鱼篓"也叫"鱼豆"。"豆"的本义目前我们发现只在乡话中还使用，周边方言的"豆"未见"盛肉或其他食品的器皿"这个意义。既然周边方言的"豆"都不存在该意义，那就不可能对乡话产生影响。虽然我们这里列举的特字只有浊去字，并没有平上入字，但现代方言古全浊声母的演变类型中并没有一种属于古浊去字读浊音，古平上入字读清音的类型。

据此，我们认为乡话古全浊平上去入的常用字今读浊音声母是固有成分，也是乡话最早的层次。

乡话存在定澄母读 ［n］（乡话 ［n］［l］不分，我们记为 ［n］）、并母读 ［f］的现象。关于乡话定澄母读 ［l］的现象，William H. Baxter & Laurent Sagart（2014：109-110）认为属于上古的音韵现象，而早期的来母读 ［*r］，后来演变为 ［z］。我们赞同定澄母读 ［l］是一种早期的语音现象，但我们认为其由 ［d］演变而来，理由是：乡话定澄母与来母除了都有读［l］的现象外，还都有读擦音塞擦音的现象（目前没有发现澄母有读擦音塞擦音的现象），定母如："道₍路₎"读［sou³⁵］，"动"读［dzʌɯ³⁵］，来母如："来"读［zɤ²¹²］、"李₍～子₎"读［dze³⁵］、"淋"读［zee²¹²］、"聋"读［tsʌɯ⁵⁵］等。这说明来母和定母读擦音塞擦音的现象是定澄母变为［l］与来母相混后一起发生的演变（详细分析见3.2.2）。另外，来母读擦音塞擦音的字在数量上多于定母，我们认为这可能是因为乡话［l］向擦音塞擦音演变时，定澄母读［l］的现象还不普遍，所以参与的字比较少。乡话定澄母读［n］是一种比较早的语音现象，这可以通过一些异读现象来证明，定澄母读［n］或擦音塞擦音声母的现象出现在基本义或常用义中。如沅陵太常乡话"荡"表示"水晃动"意义时读［n］，在"荡刀布₍鞶刀布₎"中读［tʰ］；"道"在表示"道路"意义时读［s］，在"道场"一词中读［tʰ］。更多的例字详见后文。同时，我们认为定澄母读［l］是浊音声母弱化的结果，与古全浊声母今读浊音属于演变关系。古定澄母弱化为［l］的现象除了乡话外，在一些湘方言中也不是个例，如根据陈蒲清（1981）的研究，益阳方言读［l］声母的字，除了来母外，49.7%来源于定从邪澄崇船禅七个古全浊声母。老湘语冷水江方言，也存在定母字在语流中弱化为［l］的现象，如"弟"在"老弟"中读［li⁰］，"大"在"英大爷₍·英·为名₎"中读［lʌ⁻⁴⁵］，"簟"在"晒簟₍竹篾编的晒谷子的大席子₎"中读［lĩ⁰］。［d］与［l］的发音部位相同，只是发音方法上存在差异，很容易发生［d］与［l］相互转变的现象，［d］容易弱化为［l］，［l］也可以塞化变为［d］，如根据孙宜志（2007：97-100），赣语星子、修水、湖口等方言，来母在细音前都读为［d］。

乡话并母弱化为［f］，如清水坪乡话：皮［fa²¹²］、被［fa³⁵］、平［foŋ²¹²］、病［foŋ³³］。这种演变在历史上发生过，非敷奉母今天读［f］声母，就是由重唇音演变而来。湘语冷水江方言并母、群母、船母等也存在弱化为唇齿音的现象，如：船［fĩ¹³］、秤［fʌ¹¹］、裙［fin¹³］。

虽然类似的弱化现象在湘语中都存在，但我们认为乡话定澄母弱化为［l］和并母弱化为［f］的现象并不是湘语影响出现的。首先定澄母弱化为［l］的现象，在湘语中并不是一种主流现象，其发生的时间也相对较晚，从分布上和时间上都不大可能对乡话产生影响。其次，湘语冷水江方言弱化为［f］的古声母来源比乡话更多。也就是说虽然两者都属于弱化，但具体弱化所包含的内容和过程并不相同。

既然乡话古浊音声母自身的演变路线是弱化，发生弱化演变后的古全浊声母不可能再变为不送气清音或送气清音。因此，我们不赞同杨蔚的观点，我们认为古平声字读清不送气、仄声字读清送气音与今读浊音声母不是演变关系。乡话中一些异读现象也可以证明古平声今读不送气清音、仄声读送气清音是乡话中较晚的层次，除上文举的"道"的例子之外，清水坪乡话"地"在"旱地"一词中读 [ni]，在"地方"一词中读 [tʰi]，在"地主"一词中读 [ti]；太常乡话"啼"在表示"哭"的意义时读 [niɛ]，在表示"鸡叫"意义时读 [tiɛ]。从这些异读情况来看，基本义或者更常用义读 [n] 或 [s]，而派生义或不那么常用的意义读送气清音（仄声）或不送气清音（平声）。我们推测乡话内部古全浊声母的自身变化路线是弱化，但受外部方言影响被中断。

3.1.2　古全浊声母平声字的语音层次

古全浊平字在今乡话中的读音情况见表 3.1（表中个别字有两个读音，都是白读音）。

表 3.1　乡话古全浊平字的今读

例字	沅陵清水坪	沅陵太常	古丈岩头寨	泸溪红土溪
茄	[dʑyɛ²¹²]	[dʑyɛ²¹³]	[dʑye²¹³]	[dʑyɛ¹³]
蒲	[bu³³]	[bu³³]	[bu³³]	[pu³³]
其	[dʑi³³]	[dʑi²¹³]	[dʑi²¹³]	[dʑi¹³]
群	[dʑyẽ³³]	[dʑyẽ³³]	[dʑyẽ³³]	——
狂	[guaŋ³³]	[guaŋ³³]	[guaŋ³³]	[guʌŋ³³]
裁	[dzɤ²¹²]	[dzɤɯ²¹³]	[dzɤ²¹³]	[dzee¹³]
长	[dẽ²¹²]	[diəŋ²¹³]	[dẽ²¹³]	[dioŋ¹³]
场	[de²¹²]	[diəŋ²¹³]	[dẽ²¹³]	[dioŋ¹³]
成	[dzaŋ²¹²]	[dzaŋ²¹³][sʐ³³]	[dzaŋ²¹³][tsʐ²¹³]	[dze³³]
桐	[dʌɯ²¹²]	[dʌɯ²¹³]	[dʌɯ²¹³]	[dee¹³]
抬	[tɑ²¹²]	[tɑ²¹³]	[tʌ²¹³]	[tɔ¹³]
池	[tiɛ²¹²]	[ti²¹³]	[ti²¹³]	[ti¹³]
求	[tɕiɐ²¹²]	[tɕia²¹³]	[tɕiɛ²¹³]	[tɕiʌ¹³]
盘	[pəŋ²¹²]	[poŋ²¹³]	[pəŋ²¹³]	[poŋ¹³]
橡	[tiɛ²¹²]	[tiɛ²¹³]	[tiɛ²¹³]	[tiɛ¹³]
裙	[tɕyɛ²¹²]	[tɕyɛ²¹³]	[tɕye²¹³]	[tɕyɛ¹³]
筒	[tiɔɯ²¹²]	[tiʌɯ²¹³]	[tiɔɯ²¹³]	[tioɤ¹³]
肠	[nẽ²¹²]	[niəŋ²¹³]	[nẽ²¹³]	[nioŋ¹³]
啼	[niɛ²¹²]	[niɛ²¹³][tiɛ²¹³]	[niɛ²¹³][tiɛ²¹³]	[niɛ¹³][tiɛ¹³]
皮	[fɑ²¹²]	[fɑ²¹³]	[fʌ²¹³]	[fɔ¹³]
平	[foŋ²¹²]	[foŋ²¹³]	[foŋ²¹³]	[fõ¹³]
虫	[niɔɯ²¹²]	[niʌɯ²¹³]	[niɔɯ²¹³]	[nioɤ¹³]

表 3.1 列举了乡话具有代表性的浊平字的今读音，分为三类：一类今读浊音声母，一类读不送气清音，一类读［n］（定、澄母字）或［f］（并母字）声母。

今读浊音声母的字分为两类：一类是乡话中不常用的字，读字音基本都读浊音，如"蒲、其、群、狂"等；另一种是常用字，字数较少，如"长、场、成"等。以往介绍和研究乡话全浊声母平声字读音规律的学者，认为乡话全浊平字今读浊音现象属于古浊音声母的保留，并没有意识到只有很少一部分是浊音声母的保留，而大部分是文读音。我们在调查时发现，凡乡话中不用的全浊平字，发音人会用浊音声母来读，这明显是受周围辰溆片湘语全浊平字保留浊音声母的影响。辰溆片湘语与其他片湘语相比最显著的特点是古平声字读浊音，其他调类的浊声母字清化。如表 3.2[①]。

表 3.2　辰溆片湘语古全浊声母字今读举例

	婆平	茶平	提平	盘平	裙平	肠平	淡上	豆去	佺入
武溪	［bəɯ²］	［dzo²］	［di²］	［be²］	［dʑyẽ²］	［dʑiaŋ⁴］	［ta⁵］	［tei⁵］	［tʂʰɿ⁴］
浦市	［bɤ²］	［dzɔ²］	［di²］	［be²］	［dʑyẽ²］	［dzaŋ⁴］	［te⁵］	［tei⁵］	［tʂʰɿ⁴］
解放岩	［bo²］	［dza²］	［di²］	［bã²］	［dʑyẽ²］	［dzaŋ²］	［tã⁴］	［təɯ⁴］	［tsʅ²］
辰阳	［bo²］	［dzo²］	［di²］	［be²］	［dʑyei²］	［dzaɯ⁴］	［te⁵］	［tei⁵］	［tʂʰɿ⁴］
黄溪口	［bɤ²］	［dzɒ²］	［di²］	［be²］	［dʑyei²］	［dzaɯ⁴］	［te⁵］	［tai⁵］	［tʂʰɿ⁴］
大水田	［bo²］	［dza²］	［dia²］	［be²］	［dʑyẽ²］	［dzɤ̃⁴］	［tʰɐ³］	［tʰi¹］	［tʂɿ⁴］
卢峰	［bɤ⁴］	［dzɒ²］	［diɒ²］	［be²］	［dʑyẽ²］	［dzaŋ²］	［te⁵］	［tei⁵］	［tʂʰɿ⁴］
江口	［bɤ²］	［dzɒ²］	［di⁴］	［be²］	［dʑyei²］	［dzaŋ⁴］	［te⁵］	［tei⁵］	［tʂʰɿ⁴］

乡话处于辰溆片湘语的包围之中，显而易见，乡话不常用的古全浊平字读浊音声母是受辰溆片湘语的影响。因此，可以确定不常用的全浊平字读浊音声母属于最晚的文读层次。

上文我们已经分析确定乡话常用字读浊音和［n］/［f］属于演变关系，是乡话的固有成分，不常用浊平字读浊音是最晚的文读层，我们还需要判断古全浊平读不送气清音的性质。今读不送气清音的全浊平字都是乡话中常用的字，属于白读。因此，今读不送气清音的层次比不常用字今读浊音的层次早。上文已经确定常用字今读浊音是最早的层次，今读不送气清音的层次晚于这个层次。上文列举的全浊平字"啼"的异读情况，也能说明全浊平字读不送气清音比今读浊音的层次晚。

经过上述分析，我们确定古全浊平字有三个层次，分别是：常用字读

———————————

① 表 3.2 所用语料来源于瞿建慧《湘语辰溆片语音研究》（2010）第七章。

浊音（今读［n］和［f］声母与今读浊音属于演变关系）是最早的层次，不送气清音属于第二层，非常用字读浊音属于最晚的文读层。

根据全浊平字今读有三个层次，我们认为全浊上、去、入字也有三个层次。理由是强势方言对地方方言的影响是以词汇扩散的方式进行，而不是以某个声韵调为条件对地方方言产生影响。也就是说强势方言对乡话的古全浊平产生影响，出现两个外来层次，同时也会对上去入的全浊声母字产生影响，产生两个外来层次。乡话古全浊上、去、入字除了今读浊音的固有层外，确实也都存在有清送气和清不送气两种读音，也就是有两个外来层次。这两个外来层次的先后关系如何？下文详细分析。下文分析乡话全浊上、全浊去和全浊入的层次时，以全浊平的今读层次作为参考。

3.1.3　古全浊声母上、去、入字的语音层次

全浊上字的读音情况见表 3.3。

表 3.3　乡话古全浊上字的今读

例字	沅陵清水坪	沅陵太常	古丈岩头寨	泸溪红土溪
舐	［dzɤ³⁵］	［dzei³⁵］	［dzɤ³⁵］	［dʑiɛ⁵³］
罪	［dzua³⁵］	［dzua³⁵］	［tsuA³⁵］	［dzɔ³⁵³］
像	［dʑiaŋ³⁵³］	［dʑia⁴²］	［dʑiaŋ⁴²］	［dʑiA⁴²］
淡	［dəŋ³³］	［dəŋ⁵⁵］	［dəŋ³³］	［doŋ³³］
是	［tsʰɤ³⁵］	［tsʰɤɯ³⁵］	［tsʰɤ³⁵］	［tɕʰi⁵³］
妇	［pʰɐ⁵⁵］	［pʰa⁵⁵］	［pʰɐ³³］	［pʰA³³］
上动词	［tsʰəŋ³⁵］	［tsʰəŋ³⁵］	［tsʰəŋ³⁵］	［tsʰoŋ⁵³］
重	［tʰiou³⁵］	［tʰiʌɯ³⁵］	［tʰiou³⁵］	［tʰioɤ⁵³］
柱	［tʰiɐ³⁵］	［tʰia³⁵］	［tʰiɐ³⁵］	［tʰiA³⁵］
肚	［təɯ³⁵］	［tɤɯ³⁵］	［təɯ³⁵］	［tu⁵³］
舅	［kəɯ³⁵］	［kɤɯ³⁵］	［kəɯ³⁵］	——
道	［sou³⁵］［tʰou³⁵］	［sou³⁵］［tʰou⁰］	［sou³⁵］［tʰou³⁵］	［sou⁵³］［tʰou⁵³］
荡	［tʰəŋ³⁵］	［nəŋ³⁵］［tʰaŋ³⁵］	［nəŋ³⁵］［tʰaŋ³⁵］	［noŋ⁵³］［tʰoŋ⁵³］
被	［fa³⁵］	［fa³⁵］	［fA³⁵］	［fɔ⁵³］
簟	［nɛɛ³⁵］	［nɛɛ³⁵］	［nɛɛ³⁵］	［nɐɛ⁵³］
技	［tɕi³⁵］	［tɕi³⁵］	［tɕi³⁵］	［tɕi⁵³］
稻	［tou³⁵］	——	［tou³⁵］	［tou⁵³］

乡话古全浊上字今读分为三类：一种是送气清音，一种是浊音声母（包括弱化为［n］或［f］的声母），一种是不送气清音，常用字今读以送气清音为主。上文我们已经证明了乡话古全浊声母今读有三个层次，且读

浊音是最早的层次。我们还需要确定古全浊上今读不送气清音和送气清音之间的层次关系。从表3.3的例字可以看到，读送气清音的都是乡话中常用的字，也都是白读，毫无例外；而读不送气清音的，大部分都是乡话中不常用的字。从送气清音和不送气清音出现的字频来看，可以判断送气清音比不送气清音的层次早。其实，乡话中不常用的全浊上字都读不送气清音，那些读送气清音的全浊上字，同时有读不送气清音的文读。一些字的异读现象也可以证明读送气清音比不送气清音早，如"道"在"道场"中读［tʰ］，在"道理"一词中读［t］。"道场"一词在乡话地区的传统活动中经常用到，而"道理"一词乡话中本来没有，借自外方言。此外，乡话古全浊上今读不送气清音的情况与周围辰溆片湘语情况同。周围辰溆片湘语全浊上字清化后读不送气清音。因此，我们认为乡话全浊上字读不送气清音是受辰溆片湘语影响的结果，是最晚的层次。

　　乡话全浊上字的今读层次是：第一层浊音声母，第二层送气清音，第三层不送气清音。

　　全浊去字今读分为三类：一是读浊音，二是读不送气清音，三是读送气清音，与全浊上字同。具体情况见表3.4。

表3.4　乡话全浊去字的今读

例字	沅陵清水坪	沅陵太常	古丈岩头寨	泸溪红土溪
谢	［dʐyo³³］	［dʐyo⁵⁵］	［dʐyo³³］	［ɕiɛ⁵³］
射	［dzuo³³］	——	［dzuo³³］	［dzuɔ¹³］
字	［dzɐ³³］	［dza³³］	［dzɐ³³］	［dzʌ³³］
豆	［dɤ³³］［ta³³］	［da³³］［ta⁵⁵］	［dɤ³³］［ta³³］	［dɛe³³］［tʌ³³］
袖	［dʑiou³³］	［dʑiou⁰］	［tɕiou³³］	［dʑiou³³］
旋	［dʐyɛ³³］	［dʐyɛ³³］	［dʐyɛ³³］	［dʐyɛ³³］
箸	［tiou³³］	——	［tiou³³］	——
住	［tiou³³］	［tiou³³］	［tiou³³］	［tiou³³］
树	［tsɐ³³］	［tsa⁵⁵］	［tsɐ³³］	［tsʌ³³］
稗	［pʰa³³］	［pʰa⁵⁵］	［pʰʌ⁻⁵⁵］	——
败	［pʰa³³］	［pʰa⁵⁵］	［pʰʌ⁻⁵⁵］	［pʰɔ⁵³］
殿	［tʰɛe³⁵］	［tʰɛe³⁵］	［tʰɛe³⁵］	［tʰæɛ⁵³］
垫	［tʰɛe³⁵］	［tʰɛe³⁵］	［tʰɛe³⁵］	［tʰæɛ⁵³］
大	［nu³³］	［nou⁵⁵］	［nu³³］	［nu³³］
地	［niɛ³³］	［ni⁵⁵］［tʰi⁵⁵］	［nie³³］	［ni³³］［tʰi³³］
病	［foŋ³³］	［foŋ⁵⁵］	［foŋ³³］	［fõ³³］

乡话全浊去字的今读情况与全浊上字基本相同，最早的层次是今读浊音声

母，上文已经证明过。"字"在乡话除了表示"汉字"的意思外，还有表示"喜欢"的意思。"字"表示"喜欢"义时读浊音声母。根据我们所掌握的材料，目前该义只发现在乡话中使用，这也可以证明古全浊去字今读浊音为最早的层次。古全浊去今读送气清音的现象只出现在常用字中，也都是白读，毫无例外。今读不送气清音的字大部分是不常用的字，少数较常用的字也有读不送气清音的。我们可以通过一些异读现象来判断不送气清音和送气清音之间的层次先后。如上文提到"地"有 [n]、[tʰ]、[t] 三读，表示"土地"意义时读 [n]，在"地方"一词中读 [tʰ]，"地主"一词中读 [t]，从词语的出现环境来看，基本可以确定读送气清音的 [tʰ] 比读不送气清音的 [t] 层次更早。另外，乡话中不常用的全浊去字读字音都读不送气清音，与周围辰溆片湘语古全浊去今读的情况同，是受辰溆片湘语影响出现的。也就是说古全浊去今读不送气清音是最晚的文读层。

　　因此，古全浊去的层次是：第一层今读浊音，第二层今读送气清音，第三层今读不送气清音。

　　全浊入字今读情况，见表 3.5。

表 3.5　乡话古全浊入字的今读

例字	沅陵清水坪	沅陵太常	古丈岩头寨	泸溪红土溪
舌	[dzɤ³³]	[dzei³³]	[dzɤ³³]	[dʑi¹³]
勺	[dʑyE³³]	[dzou⁵⁵]	[dʑye³³]	[dzu³³]
逐	[dzɔu³⁵³]	[tsʰou⁵⁵]	[dzou⁴²]	[dzou⁴²]
杂	[tsɑ²¹²]	[tsa²¹³]	[tsA²¹³]	[tsuɔ¹³]
闸	[tsɑ²¹²]	[tsa²¹³]	[tsA²¹³]	[tsA³³]
毒	[tu²¹²]	[tu²¹³]	[tu²¹³]	[tu¹³]
十	[tsʰʅ⁵⁵]	[tsʰʅ³³]	[tsʰʅ⁵⁵]	[tsʰʅ⁵⁵]
拾	[tsʰʅ⁵⁵]	[tsʰʅ³³]	[tsʰʅ⁵⁵]	[tsʰʅ⁵⁵]
绝	[tɕyE²¹²]	[tɕʰyei³³]	[tɕʰye⁵⁵]	[tɕʰyi⁵⁵]
着	[tʰu⁵⁵]	[tʰuo³³]	[tʰu³³]	[tʰʊ⁵⁵]
熟	[tɕʰiou⁵⁵]	[tsʰou³³]	[tɕʰiou⁵⁵]	[tɕʰiou⁵⁵]
读	[nəɯ³³]	[nɤɯ⁴²]	[nəɯ³³]	[nu³³]

　　全浊入字今读有浊音、不送气清音和送气清音三种，其中以送气清音最多，乡话中常用的全浊入字基本上都读送气清音，读不送气清音的字，基本都是乡话中不常用的字。

　　古全浊入今读不送气清音和送气清音之间的层次先后如何呢？全浊入在湘语中都已经清化，也存在今读送气清音和不送气清音两种情况，如老湘语冷水江方言，贼［tsʰe²⁴］、读［tʰəu²⁴］、绝［tsʰe²⁴］、择［tsʰɔ²⁴］、族［tsʰəu²⁴］等少数常用字读送气清音，只是在西南官话的侵蚀下，读送气清音的浊入字越来越少，而主要以读不送气音为主。我们认为乡话全浊入字读送气清音的现象是受湘语影响出现的，且随着湘语越来越多的古全浊入字受西南官话影响变成不送气清音，湘语的这种情况又对乡话产生新一轮的影响，使乡话古全浊入出现新的文读层——不送气清音。

通过上文对乡话全浊上去入字的分析，我们确定全浊上去入字读送气清音是比不送气清音更早的层次。全浊上去入读不送气音是受辰溆片湘语影响出现的，因为周围辰溆片湘语古全浊声母今读的主要类型是浊上去入（古入声除了几个很常用的字读送气清音外）字今读不送气清音。

有一点需要说明的是：从上文的分析可以发现，全浊平读不送气清音的都是常用字，毫无例外，全浊上去入读送气清音的也都是常用字，毫无例外。但全浊上去入字有少数较常用的字有读不送气清音的现象，如表3.3中的"舅"和"肚"、表3.4中的"树""住"等。为什么有些比较常用的字也读不送气清音呢？我们认为辰溆片湘语与乡话的接触有一定的历史。我们目前不能确定辰溆片湘语的形成时间，但这片区域在北宋期间就已经有汉语方言了。宋神宗熙宁年间派章惇"经制蛮事"，向沅水上游进兵，"平定"南北江蛮，此后在沅水中上游地区设置辰、沅、靖三州。乡话在与辰溆片湘语的长时间接触过程中，乡话中有些比较常用的字也受辰溆片湘语影响变成不送气清音了。

最后，我们确定乡话古全浊声母今读的层次如下：

	古全浊平	古全浊上	古全浊去	古全浊入
层次Ⅰ	常用字读浊音	浊音	浊音	浊音
层次Ⅱ	不送气清音	送气清音	送气清音	送气清音
层次Ⅲ（文读层）	不常用字读浊音	不送气清音	不送气清音	不送气清音

3.1.4 古全浊平读不送气清音、仄声读送气清音层次来源分析

上文在分析古全浊平上去入字今读音类的层次时，确定第一层为固有层，第三层是受辰溆片湘语影响出现的层次。第二层的来源在上文中并没有提到，第二层的类型在汉语方言中也是比较罕见的。下面我们主要从类型学上证明现代方言中存在古全浊平读不送气清音、古全浊上去入读送气清音的类型，并尝试找到其影响源。

古全浊声母在汉语方言中的演变类型主要有：官话主要是古全浊声母平声今读送气清音、仄声读不送气清音；吴语古全浊声母主要今读浊音；

客赣方言古全浊声母今读无论平仄都读送气清音；闽语古全浊声母今读部分送气部分不送气没有明显规律，但方言内部表现一致；古全浊声母新湘语今读一律为不送气清音，老湘语部分方言与新湘语同，部分方言古全浊平上去读浊音声母，全浊入字已经清化；粤语白读层平声和上声读送气清音、去声和入声读不送气清音。乡话浊音声母今读的第二层与其中上述任何一种类型都不相同，显得很特别。但是乡话的这种类型并不是独一无二的，据陈满华（1995：2），湖南安仁方言古全浊声母的今读情况也是如此，平声今读不送气清音、仄声读送气清音；据乔全生（2005：103），晋语汾城、翼城两点属于平声字今读不送气清音、仄声字读送气清音的类型；据庄初升、林立芳（2000：53），粤北地区南雄市西部的百顺方言古全浊声母今读塞音、塞擦音逢平声读不送气清音，逢仄声读送气清音；据黄群建（1994，转引自庄初升、林立芳 2000），鄂东南通山县杨芳话（包括三界话）也有这个特点。不管是安仁方言还是晋语中的汾城、翼城方言，以及粤北的百顺方言、湖北通山县的杨芳话，地理上都不相连，周围的语言环境不同，且没有异读现象，应该属于一种自身的语音现象。但乡话平声读不送气清音、仄声读送气清音的现象有异读，且根据我们上文分析认为这不是乡话固有的语音层次，属于外来的。乡话古全浊平读不送气清音、仄声字读送气清音的层次是如何形成的呢？历史文献中并没有记载有一种权威或某一大片方言古全浊声母有读这种类型的情况。但以往的历史文献主要记录北方方言的情况，南方方言特别是湖南江西地区的方言很少涉及。我们只能根据现有方言的材料来推测历史上可能存在某种方言现象。

我们注意到，很多南方方言第三人称单数用"渠"来表示，"渠"作第三人称代词的用法《集韵》有记载，记作"佢"："佢，吴人呼彼称，通作渠"，求於切。"渠"在现代方言的读音，除了吴语比较整齐地读浊音外，在客赣方言、徽语、粤语这些方言中，同一大方言内有些方言点读送气清音，有些方言点读不送气清音，例如，根据颜森（1986：33）的调查，江西境内 64 个赣方言点中，读不送气的有 44 个，读送气的只有 16 个；根据平田昌司（1998），徽语"渠"也既有读送气清音，又有读不送气清音的现象，如屯溪读［kʰɤ⁵⁵］、休宁读［kʰɤ⁵⁵］、婺源读［tɕʰie¹¹］、绩溪读［ki⁴⁴］，祁门则有送气和不送气两读［tɕi⁵⁵/tɕʰi⁵⁵］（其中，屯溪、休宁全浊声母今读是否送气没有规律，绩溪、祁门、婺源古全浊声母今读不论平仄均读为送气清音）；根据詹伯慧、张日昇（1994、1998），粤语"渠"也有读送气和不送气两种，读送气的比较多，读不送气的有：南海［ky⁴⁴］、顺德［ky⁴²］、高明［ky³³］、鹤山［kui³³］等（古全浊声母粤语今白读层平声和上声读送气清音）。

客赣方言古全浊声母今读一律变为送气清音，而来源于全浊平字的"渠"大部分方言点读不送气清音，这是比较特殊的。万波（2009：86）对"渠"读不送气清音现象做出过解释。他认为"渠"作为第三人称单数代词，属于封闭性词类，某种程度上带有虚词的性质，因此容易发生各种不规律的音变。比如三个人称代词声调上经常相互感染，许多客赣方言来自浊平字的第三人称代词并不一定读阳平调。因此，万波认为"渠"在客赣方言中既有读送气清音、又有读不送气清音的现象，是由代词易发生变化的特性导致的。

我们不认同万波的观点。以往关于"渠"的讨论中没有提及湖南境内的方言。湖南很多方言第三人称代词单数也用"渠"，如隆回罗白方言 [tɕi³¹]、绥宁 [kɤ]（伍云姬）、资兴 [kei²¹³]、桂东 [ki²⁴]（伍云姬），麻阳 [kio³³]、茶陵 [kɛ]、黔阳 [tɕi]、隆回 [tɕie]、邵阳 [tɕi⁴¹]、常宁 [ki⁴⁴]、永兴 [tsi⁴¹]、宜章 [kɤ⁴¹]、冷水江 [tɕi⁴¹]、攸县 [tɕi⁵¹]、绥宁 [tɕi³³]（曾常红）、邵东火厂坪 [tɕi³¹]、涟源桥头河 [ki⁴²]、新化 [tɕi²¹]、衡阳 [tɕi³³]、桂东 [kɤ⁴²]（邓永红、吴贤英）、怀化 [ki²²]、涟源蓝田 [tɕi²¹]、祁阳 [tʂ⁵⁴][1]。湖南境内方言"渠"很整齐地读不送气清音。如果根据万波的观点，代词的易变性导致客赣方言"渠"今读不整齐的现象，则湖南境内方言"渠"的读音无法得到解释。我们查检《客赣方言调查报告》中29个客赣方言点第三人称代词"渠"的读音情况，6个点读送气清音，21个点读不送气清音，南城和余干两个点"渠"在单复数中的读音不同，南城"渠"单数读 [kiɛ³]，复数中读 [kʰiɛ³]；余干单数读 [tɕiɛ²]，复数中读 [tɕʰiɛ²]。如果如万波解释的那样，"渠"读不送气清音是因为代词的易变性所致，那为什么在单复数中表现不一样呢？而且为什么在湖南方言中没有出现送气清音和不送气清音两读的情况？

我们认为，"渠"在客赣方言、徽语、粤语中读不送气清音是早期的读音，读送气清音是后来出现的层次。从南城、余干两点在单复数上的表现不同可以看出这一点，这还可以通过湖南境内方言"渠"的读音得到证明。湖南境内方言第三人称代词用"渠"来表示的有赣语、土话和湘语，这些方言有古全浊声母已经清化为送气清音（赣语）的，有仍读浊音（老

---

① 此处材料除了涟源蓝田方言来源于刘丽华（2001）、祁阳来源于李维琦（1998）外，其他均来源于伍云姬编著的《湖南方言的代词》一书中收录的各点材料。同一个点有不同调查者的，括号内注明材料调查者。没有标声调的音，原材料缺声调。

湘语，全浊入字已经清化）的，土话的古全浊声母大都清化，有多种类型。但不管是已经清化了的方言还是未清化的方言，"渠"一律读不送气清音。

古全浊声母今读浊音（除入声字外）的老湘语"渠"也读不送气清音，这很引人注目。或许有人认为这是江西移民带入湖南的成分，历史上湖南地区接收过大量江西移民。但如果湖南境内的"渠"是受赣语影响，那粤语的"渠"怎么解释呢？粤语区并没有接收大量的江西移民。如果湖南境内方言的"渠"是受赣语影响，为什么赣语有读不送气清音和送气清音两种情况，而湖南方言只有读不送气清音一种情况呢？此外，在湖南，"渠"所分布的区域与表示"儿子"义的"崽/仔"分布区域大致吻合。"崽"在湖南境内使用，扬雄《方言》中就有记载："崽者，子也，湘沅之会凡言是子者谓之崽，若东齐言子矣。"我们认为"崽"历史上扩展到了今江西、广东地区，"渠"也本来就分布在这个区域，并不是江西移民带入湖南的。

部分方言还保留有浊音的老湘语不仅"渠"字读清音，还有"盪"、表示"按、压"意义的词、"簿"和"垫"四个字也读清音，前三个字来源于古全浊上，一个来源于古全浊去。"盪"①字如：涟源桥头河 [tʰoŋ⁴²]（上声）、冷水江 [tʰõ²¹]（上声）、新化 [tʰõ²¹]（上声）、娄底 [tʰɔŋ⁴²]（上声）、衡山 [tʰõ¹³]（上声）、长沙 [tʰan⁴¹]（上声）。"盪"《广韵》上声徒朗切，注云："涤盪，摇动，《说文》曰，涤器也。"这个字在《方言调查字表》中没有收录，所以很多方言点没有调查这个音。我们所收集的材料中，涟源桥头河、衡山、长沙方言古全浊声母已经清化，除了全浊入字清化后部分读送气清音外，其他声调的字清化后都读不送气清音。冷水江、新化、娄底方言古全浊声母除了古全浊入清化外，其他声调的全浊声母字今仍读浊音。不管是古全浊声母已经清化还是未清化的方言，"盪"都读送气清音。

冷水江方言"簿账~"读 [pʰu²¹]，以前老的说法，作业本统称"簿子"，"簿"也读 [pʰu²¹]。

湘语中表示"按、压"意义的词，娄底方言读 [tsʰẽ⁴²]（上声）、新化方言读 [tsʰən²¹]（上声）、冷水江方言读 [tsʰʅ²¹]（上声）、长沙方言读 [tsən¹¹]（阳去）。虽然表示同样意义的词在不同的方言读音不同，但应该

---

① "盪"材料的来源分别是：陈晖的《涟源方言研究》（1999），罗昕如的《新化方言研究》（1998），刘丽华的《娄底方言研究》（2000），彭泽润的《衡山方言研究》（1999），鲍厚星等的《长沙方言研究》（1999）。

是同一个来源（南昌方言表示"按、压"意义的词也读 $[\text{ts}^{h}\text{ən}^{21}]$，声调为阳去）。我们推测这个词来源于全浊上，在老湘语中变为送气清音，在长沙方言中变为不送气清音。这个词在娄邵片湘语仍然读上声，这是因为冷水江等方言部分常用的古全浊上归上声，在长沙方言随着全浊上归去，变为阳去。在不同方言声母和声调的不同，是演变的结果。

"垫"字如冷水江方言在"垫钱"中读送气清音 $[\text{t}^{h}\text{ɿ}^{24}]$。

"渠"是古全浊平字，湘语读不送气清音；"盥""簿"和表示"按、压"意义的词，都属于古全浊上字，湘语读送气清音；"垫"古全浊去字，湘语冷水江方言读送气清音；湘语古全浊入清化后少数常用字还保留有送气清音的读法。由于除了古全浊入声字外，其他三个声调的例字都很少，平声和去声只有一个例字，上声三个例字。由于目前发现的例字数量过于少，我们暂时不能断定湘语中曾经存在过一个古全浊平字读不送气清音、仄声字读送气清音的层次，但湘语中这几个常用字今读的特殊表现足够引起我们的重视，考证湘语中更多不明本字的词，或许能找到更多的材料来证明我们的推测。

3.1.5　小结

本部分主要分析了乡话古全浊声母的语音层次，我们的分析结果与以往研究不同，我们认为不同看法的症结在于如何判断不同音类之间是演变关系还是层次关系。这也是在分析语音层次过程中经常碰到的问题。我们的判断原则总结如下。

如何判断哪些音类是本方言的固有成分，哪些音类是受外方言影响出现的成分？我们在确定不同音类之间是演变关系时，需要有音理及类型学上的支持，如我们认为乡话古全浊声母今读 $[\text{n}]/[\text{f}]$ 与（常用字）今读浊音属于演变关系，理由是同部位的塞音与边音的相互转换在音理上是可以解释的，两者发音部位相同。另外，现代方言可以提供类型支持，在湘语和赣语中都有类似现象发生。

我们在判断乡话古全浊声母的今读音类哪些是本方言的固有成分、哪些是外方言影响而出现的成分时，基于一点：如果是外方言影响而出现的成分，要能找到影响源，如果不能找到直接的影响源，也需要有类型学上的支持，也就是在现代方言或者历史上曾经存在过这种现象，这样才有可能对乡话产生影响。如我们上文在确定乡话古全浊声母常用字今读浊音属于乡话的固有层次而不是外来的成分时，考虑了周围方言没有与乡话古全浊声母今读类型相同的强势方言。

3.2 泥来母的语音层次及演变

3.2.1 泥来母的分混

泥来母字在现代方言的读音及两者之间的分混关系多种多样，根据孙越川（2011：31），四川境内的西南官话泥来母之间的关系就可以分为四大类：一类是泥来母无论洪细完全混读，无音位上的对立；一类是泥来母在开口、合口前完全混读，无音位对立，在齐齿、撮口前则有音位对立；一类是泥来母在开口、合口、齐齿前完全混读，无音位对立，在撮口前有音位对立；一类是泥来母在开口、合口、撮口前完全混读，无音位对立，在齐齿前有音位对立。乡话泥母与来母字有分也有混，下面我们详细分析乡话泥来母字的分混情况。

泥母字今读具体情况见表 3.6。

表 3.6　乡话泥母字的今读

例字	沅陵清水坪	沅陵太常	古丈岩头寨	泸溪红土溪
女	[ȵiou³⁵]	[ȵiou³⁵]	[ȵiou³⁵]	[ȵiu⁵³]
尿	[ȵiɔu³³]	[ȵuɔu⁵⁵]	[ȵiɔu³³]	[ȵiɔu³³]
浓	[ȵiɔu⁵⁵]	[ȵiʌɯ³³]	[ȵiɔu⁵⁵]	[ȵiɤʏ⁵⁵]
脑	[nɔu³⁵]	[nɔu³⁵]	[nɔu³⁵]	[nɔu⁵³]
南	[noŋ⁵⁵]	[nəŋ³³]	[noŋ⁵⁵]	[nõ³³]
年	[nɐe⁵⁵]	[nɐe³³]	[nɐe⁵⁵]	[nɐe⁵⁵]
嫩	[nuɛe³³]	[nuɐe⁵⁵]	[nuɐe³³]	[nuɛe³³]

泥母字在洪音前读[n]声母，在细音前读[ȵ]声母，无一例外。来母字不管在洪音前还是细音前都读[n]（来母读擦音塞擦音现象除外）。具体材料见表 3.7。

表 3.7　乡话来母字读[n]举例

例字	沅陵清水坪	沅陵太常	古丈岩头寨	泸溪红土溪
箩	[nu⁵⁵]	[nou³³]	[nu⁵⁵]	[nu⁵⁵]
露	[nəɯ³³]	[nɤɯ⁵⁵]	[nəɯ³³]	[nu³³]
楼	[nɐ⁵⁵]	[na³³]	[nɐ⁵⁵]	[nʌ⁵⁵]
腊	[nuo⁵³]	[nuo⁴²]	[nuo⁴²]	[noɤ⁴²]

续表

浪	[nəŋ³³]	[nəŋ⁵⁵]	[nəŋ³³]	[noŋ³³]
犁	[niɛ⁵⁵]	[ni³³]	[ni⁵⁵]	[ni⁵⁵]
礼	[niou³⁵]	[niou³⁵]	[ni⁴²]	[niou⁵³]
履鞋子	[ni³⁵]	[ni³⁵]	[ni³⁵]	[ni⁵³]
镰	[niɛ⁵⁵]	[nie³³]	[niɛ⁵⁵]	[niɛ¹³]
六	[niɐ⁵³]	[nia⁴²]	[niɐ⁴²]	[niʌ⁴²]

来母字在洪细音前都读[n]声母，与洪音前的泥母字相混。来母字与洪音前的泥母字相混是晚近的语音现象。得出这个结论我们有两个理由：一是泥母字在细音前变为[ȵ]，受[i]介音影响舌面化，但是来母字并没有参与其中，来母字在细音前仍读[n]，这说明泥母在细音前舌面化时泥来母还是不混的；二是来母字有读擦音塞擦音的现象，下文详细分析，但泥母字并没有读擦音塞擦音的现象，也就是来母字向擦音塞擦音演变时，泥来母字也是不混的，否则泥母字会参与到这种演变中。

3.2.2 来母读擦音塞擦音现象分析，兼论闽语来母读s声母的现象 [①]

3.2.2.1 来母读擦音塞擦音的性质

乡话来母主要读[n]，与泥母在洪音前混同。此外，来母还有一种特殊的语音现象，即读擦音和塞擦音，见表3.8。

表 3.8 乡话来母读擦音塞擦音现象

例字	沅陵清水坪	沅陵太常	古丈岩头寨	泸溪红土溪
来	[zɤ²¹²]	[zɤɯ²¹³]	[zɤ²¹³]	[zæɛ¹³]
梨	[zɐ²¹²]	[za²¹³]	[zɐ²¹³]	[zʌ¹³]
李~子	[dzɐ³⁵]	[dza³⁵]	[dzɐ³⁵]	——
漏	[zɐ³³]	[za⁵⁵]	[zɐ³³]	[zʌ³³]
流	[dʑiou²¹²]	[dzou²¹³]	[dʑiou²¹³]	[dʑiou¹³]
淋	[zɛɛ²¹²]	[zɛɛ²¹³]	[zɛɛ²¹³]	[zæɛ¹³]
乱	[dzəŋ³³]	[dzəŋ⁵⁵]	[dzəŋ³³]	[dzoŋ¹³]
懒	[dzəŋ³⁵]	[dzəŋ³⁵]	[dzəŋ³⁵]	[dzoŋ⁵³]
裂	[dzɑ³³]	[dzɑ³³]	[dzʌ³³]	[dzuo³³]
两	[tsuo³⁵]	[tsuo³⁵]	[tsuo³⁵]	[tsoɤ⁵³]
聋	[tsʌɯ⁵⁵]	[tsʌɯ³³]	[tsʌɯ⁵⁵]	[tsɛɛ⁵⁵]

乡话中基本能确定本字的来母读擦音、塞擦音现象的字都列于上表。

① 本小节曾在《中国语文》2016年第4期上发表。

从表 3.8 可以看到，来母读擦音、塞擦音的现象中，既有读浊音的，也有读清音的，以读浊音为主。

乡话来母读擦音塞擦音是一种什么性质的语音现象呢？王福堂（2005：143-144）在讨论闽语来母读［s］声母现象时，曾提到泸溪乡话来母读擦音塞擦音现象是边音［l］擦音化的结果，但没有进行具体的解释。杨蔚（2010a：68）根据来母读擦音、塞擦音不以开合四等、平仄为条件，认为应该是一种较早层面的读音。我们赞同王福堂的观点，并提出我们的解释。

乡话除了来母有读擦音、塞擦音的现象外，端组定母也有个别字读擦音或塞擦音，见表 3.9。

表 3.9 乡话定母字读擦音塞擦音现象

例字	沅陵清水坪	沅陵太常	古丈岩头寨	泸溪红土溪
道路	［sɔu³⁵］	［sɔu³⁵］	［sɔu³⁵］	［sɑ⁵³］
动	［dzʌɯ³⁵］	［dzʌɯ³⁵］	［dzʌɯ³⁵］	［dzɐe⁵³］

表 3.9 列举了两个定母字读擦音或塞擦音的现象。在分析端组定母读擦音塞擦音现象之前，我们有必要对表示"道路"意义的"道"字读音的演变规律进行分析。以往研究乡话的材料，一些材料没有收录表示"道路"意义的词，如杨蔚（2010a）所提供的材料中没有收录表示"道路"意义的词；一些材料则把表示"道路"意义的音标为不明本字，如鲍厚星、伍云姬（1985）、瞿建慧（2008）；只有曹志耘（2007：44）用"道"来记录表示"道路"意义的音［sɑ⁵³］。我们赞同曹志耘的观点，我们也认为乡话中表示"道路"意义的词本字既不是"路"，也不是"甬"①，而是"道"。为什么不是"路"呢？"路"属于来母，来母读［s］声母在乡话中符合其声母地位。但是来源于遇摄的"路"韵母不符合，遇摄一等模韵并没有读［uc］韵母的现象，乡话中读［ɔu］韵母的字主要来源于效摄一二等。且"路"的声调应该是去声 33 调，而乡话表示"道路"意义的词读上声。因此，乡话表示"道路"意义的音不符合"路"的音韵地位。从韵母声调来看，表示"道路"意义的字应该来自效摄上声，而"道"字正好属于效摄开口一等上声。"道"的本义就是"道路"的意思，只是后来被"路"所取代，但从并列复合词"道路"中还可以看到。表示"道路"意义的词声母读［s］也符合"道"的音韵地位，乡话定母有读擦音塞擦音的现象。因此，我们确定乡话表示"道路"意义的词本字就是"道"。

---

① 郑张尚芳（2012：146）认为乡话中表示"道路"意义的词本字是"甬"。

来源于定母的"道"读清擦音,"动"读浊塞擦音。定母读擦音塞擦音的情况与来母相同,既有擦音塞擦音,也有清音和浊音。定母字读擦音、塞擦音和来母读擦音、塞擦音有什么关系呢?端组字通常读[t]组声母,但是乡话端组的定母读同端组的澄母,有弱化为同部位的边音的现象(由于受外方言泥来母相混的影响,乡话定母、澄母读[l]的字也与泥母相混变为[n]),见表3.10。

表3.10 乡话定澄母读[n]现象

例字	沅陵清水坪	沅陵太常	古丈岩头寨	泸溪红土溪
大	[nu³³]	[nou⁵⁵]	[nu³³]	[nʋ³³]
啼	[niɛ²¹²]	[niɛ²¹³]	[niɛ²¹³]	[niɛ¹³]
地	[niɛ³³]	[ni⁵⁵]	[niɛ³³]	[ni³³]
迟	[niɛ²¹²]	[niɛ²¹³]	[ni²¹³]	[ni¹³]
桃	[nɔu²¹²]	[nɔu²¹³]	[nɔu²¹³]	[nɔu¹³]
簟	[nɛe³⁵]	[nɛɛ³⁵]	[nɛɛ³⁵]	[næɛ⁵³]
田	[nɛe²¹²]	[nɛɛ²¹³]	[nɛɛ²¹³]	[næɛ¹³]
甜	[nɛe²¹²]	[nɛɛ²¹³]	[nɛɛ²¹³]	[næɛ¹³]
糖	[nəŋ²¹²]	[nəŋ²¹³]	[nəŋ²¹³]	[noŋ¹³]
荡	[nəŋ³⁵]	[nəŋ³⁵]	[nəŋ³⁵]	[noŋ⁵³]
肠	[nɛ̃²¹²]	[niəŋ²¹³]	[nɛ̃²¹³]	[nioŋ¹³]
读	[nɯ³³]	[nɤɯ⁴²]	[nəɯ³³]	[nu³³]
虫	[niɔu²¹²]	[miʌin²¹³]	[niɔu²¹³]	[nioɤ¹³]

从表3.10可以看到定母和澄母都有读[n]的现象,与来母相混。这样我们就不难理解为什么定母字也存在读擦音塞擦音的现象了。部分定母、读同端组的澄母字弱化为[l],与来母混同。而乡话的[l](部分来源于来母字,部分来源于端组定母字)发生过向擦音塞擦音的演变(这种演变发生在来母与泥母混同之前,因为没有泥母字参与这种演变),这种演变受到泥来母相混为[n]的外方言影响被中断,从而留下部分定澄母字读[n]声母的现象。因此,我们认为乡话来母读擦音塞擦音的现象演变起点是[l]。前文我们提到王福堂(2005:143-144)在谈论闽语来母读[s]声母现象时,也提出泸溪乡话来母读擦音塞擦音现象是边音[l]擦音化的结果,但没有更具体的证明。我们通过乡话端组定母也有读擦音塞擦音的现象,与来母同,更好地证实了王福堂的推测。至于为什么定母读擦音塞擦音的现象远远少于来母?为什么定澄母平声字读[n]与来母平声字读[n]的声调不同?见5.1.2的分析。

对于乡话中为什么有些来母字读塞擦音，有些来母字读擦音，如同属于止摄开口三等的"梨"声母读 [z]，"李"声母读 [dz]，我们目前没有找到来母读擦音、塞擦音现象的条件。对来母读擦音与读塞擦音之间的关系问题，暂时无法给出合理的解释，但是可以确定乡话中来母读擦音、塞擦音的现象是一种后起的演变，是定母弱化为 [l] 与来母合流前后发生的一种演变现象。

3.2.2.2 从乡话来母读擦音塞擦音现象看闽语来母读 s 声母的来源

汉语方言中除了乡话外，合肥方言和闽语也有来母读擦音的现象。据孙宜志（2007：55-57），合肥方言来母字有读 [z] 声母的现象，如"李、梨"读 [zʅ]。但合肥方言除了来母读 [z] 外，泥母也有读 [z] 的现象，如"女"读 [zʮ]，与来母有相同的演变，且泥来母读 [z] 的现象只出现在蟹、止、遇三摄。孙宜志认为泥来母读 [z] 声母的原因是蟹止摄韵母 [i] 舌尖化为 [ʅ]，并带动 [y] 舌尖化为 [ʮ]，[ʅ] 和 [ʮ] 与 [n] 声母组合，在声母和韵母之间产生流音 [z]，流音 [z] 强化后，形成 [nzʅ]、[nzʮ] 的音节结构，但是这种音节结构与汉语的音节结构无复辅音的特点不协调，因此辅音 [n] 脱落，成为 [zʅ]。从合肥方言来母读 [z] 的情况及孙宜志的解释来看，性质与乡话不同，我们不予讨论。

闽语也有来母读擦音的现象，只分布在闽西北地区相毗连的 16 个县市，根据李如龙（1996）的考察，北片的建瓯、建阳、崇安、政和、松溪、浦城（南乡）六县，西片的邵武、光泽、泰宁、将乐、顺昌五县，南片的永安、三明、明溪、沙县四县（市）等有来母读清擦音的现象，累计有 31 个字。关于闽语来母读 s 声母的现象讨论比较多，下面我们选择三种代表性观点做简单介绍。李如龙（1996：114-115）认为来母读 s- 的现象是早期闽方言的特点，这一现象可以追溯到上古汉语的谐声时代，并根据沈兼士的《广韵声系》对《广韵》所收"来母"与"心邪生书禅"有谐声关系的字进行考察，最后统计出来母字中有 369 个与"心邪生书禅"等通谐，并认为这种相谐不是偶然的现象，闽方言中来母字读为清擦音正是这种通谐关系的直接继承。罗杰瑞（2005：1-2）根据来母闽语今读有 l-、t- 和 s- 三类音，为古闽语的来母构拟了两套边音：*l 和 *lh，前者一直保留为 *l，而后者在闽北方言变成了 s-（或 ʃ-），也即罗杰瑞认为闽语来母读擦音的现象由 *lh 演变而来。秋谷裕幸（2011：115-119）提出闽语来母读 [s] 源于 *r 和 r̥ 的新观点。理由是他根据朱口、将乐等方言来母读 [ʃ] 的情况，认为其实闽北区来母读擦音确切的音值是 *ʃ，读 [s] 是进一步的发展。秋谷裕幸根据闽北区来母读 *ʃ 的情况，推测闽语来母的古音值应该是

*r，在闽北、闽中、邵将区先变为 *ʒ，后清化为 *ʃ。闽中和邵将区的多数方言仍然保持这一阶段的读音，而在闽北区则进一步发展为 s。在闽南和闽东区 *r 则变成 *l。

从乡话来母定母今读擦音塞擦音的情况来看，我们不同意上述观点。虽然闽语来母读擦音的现象与乡话有所不同，闽语来母只读清擦音［s］，而乡话来母除了读擦音外，还有读塞擦音的现象，且既有读清音的，也有读浊音的。但从上文我们的分析情况来看，来母读擦音塞擦音的现象以［l］为演变起点是一种可能的演变，可以从端组定母同时有读［l］和擦音塞擦音现象得到证实。据此，我们认为闽语来母读［s］声母也可能是以［l］为演变起点演变而来。至于秋谷裕幸（2011：115-119）推测闽语中来母读［s］的现象是以［*r］为演变起点，不能从现代汉语方言中得到证实；而罗杰瑞（2005：1-2）为了解释闽北方言来母读［s］的现象，为古闽语的来母构拟了两套音，从乡话的情况来看，这也是没有必要的。

3.3 知庄章组的语音层次

中古知组、庄组、章组字在现代方言的分合类型多种多样。各大方言知庄章组字的主要读音类型为：北京官话知庄章组字合流读［tʂ］组声母；湘语知组按照等的不同分别与庄组和章组合流，大致是知二庄读［ts］组声母、知三章读［tɕ］组声母；赣语与湘语的分合类型相同，知二庄读［ts］组、知三章读［tɕ］组声母或［tʃ］组声母；吴语知二与庄组字合流读［ts］组声母，知三与章组字合流读［tɕ］组声母，少数点读［tʂ］组声母；客家话知庄章合一读［ts］组声母；粤语知庄章合一读［tʃ］组声母；闽语知组读［t］组声母，庄章组读［ts］组声母。乡话知、庄、章声母的今读情况比较复杂，知组有读同端组的类型，也有读［ts］和［tɕ］的现象，庄组只有一种读音类型［ts］，章组既有读［tɕ］的类型，也有读［ts］的类型。知庄章三组字这些今读类型之间的关系如何？下面详细分析。

3.3.1 知组读同端组的现象

乡话知组大部分字读同端组，具体读音情况见表 3.11。

表 3.11　乡话知组读同端组现象

例字	沅陵清水坪	沅陵太常	古丈岩头寨	泸溪红土溪
猪	[tiou⁵⁵]	[tiou³³]	[tiou⁵⁵]	[tiu⁵⁵]
箸	[tiou³³]	——	[tiou³³]	——
蛛	[tiou⁵⁵]	[tiou³³]	[tiou⁵⁵]	[tui⁵⁵]
柱	[tʰiɐ³⁵]	[tʰia³⁵]	[tʰiɐ³⁵]	[tʰiA⁵³]
住	[tiou³³]	[tiou⁵⁵]	[tiou³³]	[tiu³³]
池	[tiᴇ²¹²]	[ti²¹³]	[ti²¹³]	[ti¹³]
锤	[tuei²¹²]	[tuei²¹³]	[tuei²¹³]	[tui¹³]
朝今~	[tiɔu⁵⁵]	[tiɔu³³]	[tiɔu⁵⁵]	[tiɔu⁵⁵]
抽	[tʰiɐ⁵⁵]	[tʰia³³]	[tʰiɐ⁵⁵]	[tʰiA⁵⁵]
转~身	[tyᴇ³³]	[tyᴇ³³]	[tyᴇ³³]	[tyᴇ³³]
橼	[tiᴇ²¹²]	[tie²¹³]	[tie²¹³]	[tiᴇ¹³]
陈	[tiᴇ²¹²]	[tie²¹³]	[tie²¹³]	[tiᴇ¹³]
侄	[tʰi⁵⁵]	[tʰi³³]	[tʰi⁵⁵]	[tʰi⁵⁵]
张	[tẽ⁵⁵]	[tiəŋ³³]	[tẽ⁵⁵]	[tioŋ⁵⁵]
账	[tẽ³³]	[tiəŋ⁵⁵]	[tẽ³³]	[tioŋ³³]
场	[dẽ²¹²]	[diəŋ²¹³]	[dẽ²¹³]	[dioŋ¹³]
丈	[tʰẽ³⁵]	[tʰiəŋ³⁵]	[tʰẽ³⁵]	[tʰioŋ⁵³]
着	[tʰu⁵⁵]	[tʰuo³³]	[tʰu⁵⁵]	[tʰu⁵⁵]
直	[tʰiou⁵⁵]	[tʰiou³³]	[tʰiou⁵⁵]	[tʰiu⁵⁵]
重轻~	[tʰiɔu³⁵]	[tʰiʌɯ³⁵]	[tʰiɔu³⁵]	[tʰioɤ⁵³]

　　表 3.11 列举了乡话中知组字读同端组字的读音情况，且都是知组三等字，没有知组二等字。乡话知组三等绝大部分常用字都读同端组。以往关于乡话知组读同端组字现象的研究，基本都认为乡话知组字包括知组二等读同端组。鲍厚星、伍云姬（1985：56）指出，沅陵乡话"知彻澄三母的字一般读为 [t、tʰ、d]，反映了'古无舌上音'这个特征"。鲍厚星、伍云姬所调查的同音字汇中知组读同端组的字，绝大部分是三等字，只有"桌赚摘戳"四个字是二等字。伍云姬（2000：354）认为古丈乡话"知组和端组的词均为 [t][tʰ][d]，很少有例外"，其所列举的例字中只有"摘戳"两个二等字。杨蔚（2004：34）认为湘西乡话知组字读同端组字的现象与闽语相同，无论二等还是三等多读同端组，而且都是常用口语字，虽然二等字不多。其列举的例字中有"桌赚摘戳"四个二等字。庄初升、邹晓玲（2013：436-438）注意到了乡话知组读同端组现象只有知组三等字参与，并没有知组二等字。并对现有乡话材料中所记录的四个所谓的知组二等字读同端组一一进行了排除。具体分析过程如下（我们在介绍庄初升、邹晓

玲的分析时，提出自己的看法）。

桌 表示"桌子"意义的音与"抬"同音，本字不是"桌"，而是"枱"。我们认同表示"桌子"意义的本字是"枱"，很多湘语也把"桌子"称作"枱子"。

赚 对于"赚"声母读同端组的现象，庄初升、邹晓玲（2013）认为不是本字，理由是读［uε］韵的古咸、豏、陷韵字只有"赚"一个字。而瞿建慧（2008）调查的泸溪白沙乡话"赚"读［tsuǽ］，伍云姬、沈瑞清（2010）的字表中没有收录"赚"字。且即使是在保留"古无舌上音"的闽语中，"赚"也不读如端组，而读［ts］声母，如厦门［tsuan］、潮州［tsuaŋ］、福州［tsuaŋ］。

摘 乡话"摘"字的读音，与罗杰瑞记录的永安方言的"摘［ti。］"声母和韵母完全相同或非常相近。庄初升、万波（2012：200-201）论证这个"摘"不是来源于麦韵陟革切，而是来源于锡韵端母都历切，这可能是韵书落收的"摘"的异读形式。庄初升、邹晓玲（2013）也采取这个观点。

戳 庄初升、邹晓玲（2013）认为表示"戳"意义的本字应该是"筑"。"戳"字在《广韵》中有两读，一是觉韵敕角切："授也，刺也。"二是觉韵直角切："筑也，春也。""戳"字沅陵麻溪铺读［tiaʔ］，声母［t］、韵母［iaʔ］都与觉韵敕角切或直角切不合，而与"筑"音同。根据伍巍（2006：32）的研究，"筑"在古汉语中的基本意义是"捣"，此后引申出"建造""填塞""撞击""扎""捅刺""斩斫""击打"等义项。

我们所调查的乡话材料，表示"摘"和"赚"这两个意义的音也读同端组，具体读音情况如下：

例字	沅陵清水坪	沅陵太常	古丈岩头寨	泸溪红土溪
赚	［tyε³³］	［tyε³³］	——	——
摘	［tiε⁵³］	［ti⁴²］	［tie⁴²］	［ti⁴²］

对于"摘"字，我们同意庄初升、万波（2012）的观点。对于"赚"字，我们的观点与庄初升、邹晓玲（2013）不同。"赚"在《说文》中并没有出现。"赚"在《广韵》属于陷韵，佇陷切；《集韵》属于陷韵，直陷切。根据《广韵》和《集韵》本应读开口呼。"赚"在《中原音韵》中仍读开口呼，根据宁继福的《中原音韵表稿》（1985：147），"赚"的音韵地位是澄陷开二。在普通话里读合口呼，与"转"同音，这是很晚近才出现的读音。乡话只有部分点能读出"赚"的音。上表只有清水坪和太常能读出"赚"的音，岩头寨和红土溪不能读出这个字，而清水坪和太常这两个点的"赚"

读撮口呼，也与"转"（乡话里"转"只有去声一读）同音。湘语冷水江话"赚"读开口呼 [sã²²]，符合咸开二的音韵地位，与同韵的斩 [tsã²¹]、咸~淡 [xã¹³] 韵母相同。我们认为清水坪和太常乡话"赚"的读音是根据普通话"赚转"同音，乡话用"转"的读音来读"赚"的特殊读字音，并不是乡话固有的读音。通常乡话白读层的语音在各点有比较整齐的对应，而"赚"有些点能读出，有些点不能读出，是后来出现的语音现象。

因此，可以确定乡话知组读同端组的现象只有三等字。现代汉语方言中知组读同端组的现象分为两类，一类属于"古无舌上音"的保留；一种是后起的语音现象。知组字读同端组属于"古无舌上音"保留的现象，分两种情况：一种是知组二等和三等都读同端组，如闽南方言厦门话；一种是只有知组三等读同端组，如庄初升、万波（2012）所论证的闽中方言。知组读同端组（或其他塞音）在有些方言是一种后起的语音现象，湘语和赣语中都存在这样的现象，这些方言知组读同端组（或其他塞音）不仅包括知组三等字，还包括章组字，如湘语。[①]

	中知	畅彻	赵澄	真章	唱昌	城禅
湘乡	[tʌn]	[tʰaŋ]	[dao]	[tʌn]	[tʰaŋ]	[dʌn]
双峰	[tən]	[tʰɔ̃]	[də]	[tien]	[tʰɔ̃]	[dien]
邵东	[tuŋ]	[tʰaŋ]	[dau]	[tən]	[tʰaŋ]	[dən]
桃江	[tən]	[tʰoŋ]	[zɔ]	[tən]	[tʰoŋ]	[zən]
韶山	[tən]	[tʰaŋ]	[doo]	[tən]	[tʰaŋ]	[dən]
娄底	[tɤŋ]	[tʰoŋ]	[diɤ]	[tun]	[tʰoŋ]	[din]
涟源桥头河	[ʈaŋ]	[ʈʰoŋ]	[ʈə]	[ʈen]	[ʈʰoŋ]	[ʈen]
衡山	[tɕyn]	[ʈʰoŋ]	[ɻou]	[ʈən]	[ʈʰoŋ]	[ʈʰən]
衡东	[tɕyn]	[ʈʰoŋ]	[ɻou]	[ʈən]	[ʈʰoŋ]	[ʈʰən]
衡山夹山	[tən]	[tʰɔ̃]	[ʈau]	[ʈən]	[tʰɔ̃]	[tən]

表中所列举的例字既有知组字，也有章组字，属于知章组字合流后的演变现象。而乡话只有知组三等字读同端组，并没有章组字参与，且都是常用字，因此乡话知组三等读同端组的现象属于存古的语音现象。目前发现汉语方言中知组只有三等读同端组，没有知组二等参与的方言有赣语（庄初升 2007）、闽中方言（庄初升、万波 2012）。湘语一些方言也有知组三等字读同端组的现象，如新化方言（罗昕如 1998）：朝打三~。婴儿出生后的第三天举行的庆贺仪式 [tiə³³]、中 [tən³³]、筑 [tiəu³³]、粘 [tiɔ̃³³]、砧 [tin³³]；

---

① 下表材料来源于彭建国（2010）《湘语音韵历史层次研究》。

冷水江方言：朝_{打三~}[tø⁰]、中[tən³³]、竹筑[tiou³³]、粘[tiÃ³³]、砧[tin³³]、张_{~饭：盛饭}[tõ³³]①。新化和冷水江方言所列举的知组读同端组的字都属于三等字，有开口也有合口，有来自阴声韵的字，也有来自阳声韵和入声韵的字，都是很常用的字，且这两个方言点并没有章组字参与，证明新化和冷水江方言知组三等读同端组的现象也是属于存古的现象。娄底方言知组字也有读同端组的现象，但娄底方言不但知组字，还包括章组和见组都有读同端组的现象，例如（刘丽华 2001）：

知组三等：朝_{打三~}[tiɤ⁴⁴]、超[tʰiɤ⁴⁴]、赵兆召[diɤ¹¹]、朝_{~廷}潮[diɤ¹³]、珍中贞侦砧徵[tin⁴⁴]

章组：正_{~月}征针斟真蒸[tin⁴⁴]、诊整拯枕[tin⁴²]、专砖[tuĩ⁴⁴]、穿川[tʰuĩ⁴⁴]

见组：捐[tuĩ⁴⁴]、圈[tʰuĩ⁴⁴]、犬[tʰuĩ⁴²]、今斤金京惊经[tin⁴⁴]、锦颈景警谨境紧[tin⁴²]

娄底方言知组字也只有三等字读同端组，与新化和冷水江方言不同的是，还有章组和见组读同端组的现象。娄底方言知组三等字读同端组的现象可以分为两类，一类与新化、冷水江方言同，如朝_{打三~}[tiɤ⁴⁴]、中砧[tin⁴⁴]；一类属于后起的现象，是知组三等、章组和见组字合流后的现象。类似娄底方言知组读同端组的现象同时存在两种性质的情况，湘语其他方言点中也存在，只是以往并没有注意到这一点。彭建国（2010：116-126）把湘语中所有知组读塞音的现象都处理为后起的语音现象是不合适的。其实，不仅湘语，赣语中知组读同端组的现象两种性质共存的情况也有，如根据庄初升（2007：15-18），赣语中知组读如端组的现象分为两种类型，一种是知组三等读如端组而章组不读端组的类型；一种是知组三等、章组一并读如端组的类型。第一种类型是属于存古的性质，第二种类型是晚起的层次。

最后，我们确定乡话知组三等读同端组的现象，与湘语、赣语、闽中方言同，都属于存古的语音现象。

3.3.2 知庄章组字的分合层次关系

知组字除了读同端组外，还有部分文读[ts]组或者只有读[ts]/[tɕ]组一种声母的现象，见表 3.12。

---

① 庄初升（2007：18-20）论证了南方一些方言中表示"盛饭"意思的动作本字为"张"。

表 3.12 乡话知组字读塞擦音现象举例

例字	沅陵清水坪	沅陵太常	古丈岩头寨	泸溪红土溪
迟知三	[dzʅ³³]	[dzʅ²¹³]	[dzʅ³³]	——
痔知三	[tsʅ³³]	[tsʅ⁵⁵]	[tsʅ³³]	[tsʅ³³]
陈知三	[dzɐ̃³³]	[dzɐ̃²¹³]	——	——
椿知三	[tsʰuɛe⁵⁵]	[tsʰuɛe³³]	[tsʰuɛe⁵⁵]	[tsʰuæɛ⁵⁵]
竹知三	[tɕiou⁵³]	[tsou⁴²]	[tɕiou⁴²]	[tɕiu⁴²]
罩知二	[tsɔu³³]	[tsɔu⁵⁵]	[tsɔu³³]	[tsɔu³³]
桩知二	[tsən⁵⁵]	[tsən³³]	[tsən⁵⁵]	[tsoŋ⁵⁵]
撑知二	[tsʰən⁵⁵]	[tsʰɐ̃³³]	[tsʰoŋ³³]	[tsʰõ³³]

　　知组二等字只有[ts]组声母一种读法，而知组三等字绝大部分字都读
[t]组声母，读[ts]声母的通常都是文读音。此外，还有一个"竹"字读
[tɕ]。

　　庄组字的今读情况比较简单，只有一种读音，读为[ts]组，见表3.13。

表 3.13 乡话庄组字的今读

例字	沅陵清水坪	沅陵太常	古丈岩头寨	泸溪红土溪
榨	[tsuo³³]	[tsuo⁵⁵]	[tsuo³³]	[tsoɤ³³]
沙	[suo⁵⁵]	[suo³³]	[suo⁵⁵]	[soɤ⁵⁵]
初	[tsʰɤ⁵⁵]	[tsʰɤɯ³³]	[tsʰɤ⁵⁵]	[tsʰei⁵⁵]
使	[sɐ³⁵]	[sa³⁵]	[sɐ³⁵]	[sʌ⁵³]
吵	[tsʰɔu³⁵]	[tsʰɔu³⁵]	[tsʰɔu³⁵]	[tsʰɔu⁵³]
搜	[sɐ⁵⁵]	[sa³³]	[sɐ⁵⁵]	[sʌ⁵⁵]
杉	[suo⁵⁵]	[suo³³]	[suo⁵⁵]	[soɤ⁵⁵]
山	[sɛe⁵⁵]	[sɛɐ³³]	[sɛe⁵⁵]	[sæɛ⁵⁵]
床	[tsən²¹²]	[tsən²¹³]	[tsən³³]	[tsoŋ³³]
镯	[tsʰu⁵⁵]	[tsʰuo⁵⁵]	[tsʰu⁵⁵]	——
争	[tsoŋ⁵⁵]	[tsoŋ³³]	[tsoŋ⁵⁵]	[tsõ⁵⁵]

　　章组字有些韵摄读[tɕ]组声母，有些韵摄读[ts]声母，同一个韵
摄的字在有些点读[tɕ]组声母，在有些点读[ts]组声母，具体情况见表
3.14。

表 3.14 乡话章组字的今读

例字	沅陵清水坪	沅陵太常	古丈岩头寨	泸溪红土溪
车	[tsʰuo⁵⁵]	[tsʰuo³³]	[tsʰuo⁵⁵]	[tsʰoɤ⁵⁵]
煮	[tɕiou³⁵]	[tsou³⁵]	[tɕiou³⁵]	[tɕiu⁵³]

书	[tɕiou⁵⁵]	[tsou³³]	[tɕiou⁵⁵]	[tɕiu⁵⁵]
树	[tsɐ³³]	[tsa⁵⁵]	[tsɐ³³]	[tsʌ³³]
纸	[tsɤ³⁵]	[tsei³⁵]	[tsɤ³⁵]	[tɕi⁵³]
水	[tsu³⁵]	[tsu³⁵]	[tsu³⁵]	[tsu⁵³]
烧	[sɔu⁵⁵]	[sɔu³³]	[sɔu⁵⁵]	[sɔu⁵⁵]
守	[tɕiou³⁵]	[tsou³⁵]	[tɕiou³⁵]	[tɕiu⁵³]
针	[tsɐe⁵⁵]	[tsɐe³³]	[tsɐe⁵⁵]	[tɕiᴇ⁵⁵]
十	[tsʰ̩⁵⁵]	[tsʰ̩³³]	[tsʰ̩⁵⁵]	[tsʰ̩⁵⁵]
扇	[sɐe³³]	[sɐe⁵⁵]	[sɐe³³]	[ɕiᴇ³³]
砖	[tsuɐe⁵⁵]	[tsuɐe³³]	[tsuɐe⁵⁵]	[tsuæe⁵⁵]
真	[tsɐe⁵⁵]	[tsɐe³³]	[tsɐe⁵⁵]	[tɕiᴇ⁵⁵]
赤	[tsʰɤ⁵³]	[tsʰei⁴²]	[tsʰɤ⁴²]	[tɕʰi⁴²]
成	[dzaŋ²¹²]	[dzaŋ²¹³]	[dzaŋ²¹³]	[dzɐ̃³³]
熟	[tɕʰiou⁵⁵]	[tsʰou³³]	[tɕʰiou⁵⁵]	[tɕʰiu⁵⁵]

章组读［ts］组和［tɕ］组声母的字，都是常用字。读［ts］组声母还是读［tɕ］声母基本以韵摄为单位，如鱼虞韵和尤韵章组字通常都读［tɕ］组声母，山摄合口三等都读［ts］组声母。红土溪乡话章组读［tɕ］组声母的字最多，不少在其他点读［ts］组声母的字，红土溪也读［tɕ］组，如支韵真韵等。

中古章组学界比较统一的拟音为 *tɕ 组，乡话章组今读［tɕ］组比［ts］组声母早。

3.3.3　小结

综上分析，乡话知庄章三组字的层次为：

	知组	庄组	章组
层次Ⅰ	［t］组	［ts］组	［tɕ］组
层次Ⅱ	［tɕ］组		
层次Ⅲ	［ts］组		［ts］组

需要说明的是，知组字读同端组的只有三等字，没有二等字，读［tɕ］的也只有三等字，没有二等字。知二没有读同端组的现象，可能是二等常用字太少，"喝茶"的"茶"在乡话中为［tsʰuɐe³⁵］，声韵调都不符合"茶"的音韵地位，邓婕（2017）认为该音的本字为"荼"，我们赞成该观点。第二层知二组字和庄组合流，知三组字和章组合流，与老湘语的分合关系同，受湘语影响出现。

3.4　日母的语音层次及相关问题研究

乡话来、日、云、以母都有读擦音塞擦音的现象，日、疑、匣、影、云母在一些乡话方言点中都有读自成音节鼻音的现象。有关乡话来母读擦音塞擦音的现象，3.2.2 已经讨论过，本部分不再讨论。关于乡话中日母、云母和以母读擦音塞擦音的现象，相关研究较少。据我们所掌握的材料，杨蔚（2010a：84-86）介绍了乡话中以母读擦音塞擦音的现象，但没有具体分析其性质和演变情况。伍云姬、沈瑞清（2010：16）注意到乡话中云母和以母都有读擦音塞擦音的现象，并推测其是一种晚期的现象，但没有涉及日母，也没有具体分析其演变情况。对于一些乡话点中日、疑、匣、影、云母读自成音节鼻音的现象，目前我们还没有见到相关研究。因此，本部分主要分析乡话日母的语音层次及相关的语音现象。

3.4.1　日母的语音层次

乡话日母字的今读比较有特色，具体读音见表 3.15（有两读的字，"/"前白读，"/"后为文读）。

表 3.15　乡话日母字的今读

例字	沅陵清水坪	沅陵太常	古丈岩头寨	泸溪红土溪
惹	[zuo³⁵]	[zuo³⁵]	[zuo³⁵]	[zoɤ⁵³]
如	[zu²¹²]	[zu²¹³]	[zu²¹³]	[zu¹³]
汝	[zu⁵³]	[zu⁴²]	——	——
乳	[zu⁵³]	[zu⁴²]	[zu⁴²]	[zu⁵³]
柔	[zəɯ³³]	[zou³³]	[zəɯ³³]	[zu³³]
冉	[zã⁵³]	[zaŋ⁴²]	[zã⁴²]	[zʌŋ³³]
壬	[zẽ³³]	[zẽ³³]	[zẽ³³]	[zẽ⁴²]
任	[zẽ³⁵]	[zẽ³⁵]	[zẽ³⁵]	[zẽ⁴²]
纫	[zẽ³⁵]	——	[zẽ⁴²]	——
然	[zã³³]	[zaŋ³³]	[zã³³]	——
软	[zuã⁵³]	[zuaŋ⁴²]	[zuã⁴²]	——
仁	[zẽ³³]	[ŋ³³] / [zẽ²¹³]	[ŋ⁵⁵]	[zẽ¹³]
忍	[zẽ³⁵³]	[zẽ⁴²]	[zẽ⁴²]	[zẽ⁴²]
闰	[zuɛe³³]	[zuɛe³³]	[zuɛe³³]	[zuɛe³³]
瓤	[zaŋ³³]	——	——	[zʌŋ¹³]

壤	[zaŋ⁵³]	——	——	——
若	[zuo²¹²]	[zuo²¹³]	[zuo²¹³]	[zoɤ⁴²]
弱	[zuo²¹²]	[zuo²¹³]	[zuo²¹³]	[zoɤ⁴²]
仍	[zẽ³⁵]	[zẽ³⁵]	[zẽ³⁵]	[zẽ⁴²]
绒	[zoŋ³³]	[zoŋ³³]	[zoŋ³³]	[zoŋ³³]
茸	[zoŋ³³]	[zoŋ³³]	[zoŋ³³]	[zoŋ³³]
褥	[zu²¹²]	——	[zu²¹³]	——
染	[n̠iE³⁵]	[n̠ie⁵⁵]	[n̠ie³³]	[n̠iE³³]
燃	[n̠i⁵⁵]	[n̠i³³]	[n̠i⁵⁵]	[n̠i⁵⁵]
认	[n̠iE³³]	[n̠ie⁵⁵]	[n̠ie³³]	[n̠iE³³]
润	[n̠yE³³]	[n̠ye⁵⁵]	[n̠ye³³]	[n̠yE³³]
让	[n̠iẽ³³]	[n̠iəŋ⁵⁵]	[n̠ĩ³³]	[zɛe¹³]
肉	[n̠iou⁵³]	[n̠iou⁴²]	[n̠iou⁴²]	[n̠iu⁴²]
热	[dzɤ³⁵³]	[dzei⁴²]	[dzɤ⁴²]	[dʑi⁴²]
喏喃~	[dzuo³⁵]	[dzuo³⁵]	[dzuo³⁵]	[zoɤ⁵³]
二	[ŋ̍³³]	[ŋ̍⁵⁵]	[ŋ̍³³]	[oŋ³³]
人	[ŋ̍⁵⁵]	[ŋ̍³³]	[ŋ̍⁵⁵]	[oŋ⁵⁵]
日	[ŋ̍⁵³]	[ŋ̍⁴²]	[ŋ̍⁴²]	[oŋ⁴²]

以清水坪乡话为例，日母今读主要可以分为四类：一类读 [z]，基本都是不常用字的读字音，如"如、乳、然、仍、茸"等；一类读 [n̠]，都是常用字，如"染、燃、让、认、肉"等；一类读自成音节 [ŋ̍]，也都是常用字，如"人、二、日"；还有一类比较特殊的读音读 [dz]，如"热、喏"。

清水坪乡话日母读 [z] 的，属于文读音，以读字音为主。根据瞿建慧（2010：48），辰溆片湘语日母除止摄外，主要读 [z/ʐ]。乡话日母读字音读 [z] 是受辰溆片湘语的影响，属于最新的文读层。

清水坪乡话日母读 [n̠] 是最早的层次。大家对中古日母比较一致的拟音就是 *n̠，乡话日母读 [n̠]，正是中古音的保留。

清水坪乡话日母读自成音节 [ŋ̍] 的，是由 [n̠] 演变而来，与 [n̠] 属于同一层次。不少南方方言日母都有读自成音节 [n̠] 或 [ŋ̍] 的现象，如湘语冷水江方言"日"读 [ŋ̍³³]、"人"读 [ŋ̍¹³]。乡话读自成音节的 [ŋ̍]，是丢失韵母后发生了 n̠→ n →ŋ 的变化。n→ŋ 的演变不仅发生在日母字中，乡话的阳声韵尾 [n] 也都变成了 [ŋ]，今乡话中只有一个鼻音韵尾 [ŋ]。

清水坪乡话日母字"热、喏"读塞擦音 [dz] 声母，读音比较特殊。以往的乡话材料，日母读塞擦音的只记录了一个"热"字，并没有

"喏"字。这里有必要介绍一下"喏"的考证过程。"喏"清水坪乡话读
［dzuo³⁵］，只出现在"唱喏"一词中。"唱喏"在东晋时期就出现了，宋之
后广泛流行，意思是"一面作揖，一面出声致敬"，如元张国宾《合汗衫》
第一折："（邦老做拜旦儿科云）嫂嫂，我唱喏哩。"明吴承恩《西游记》第
五回："大圣欢喜谢恩，朝上唱喏而退。"清以后这个词在北方官话区慢慢不
再使用，但不少南方地区仍在使用。根据《现代汉语方言大词典》（2002：
3753），"唱喏"在崇明、上海、梅县、娄底等方言中都有使用，意思基本
相同，为"跪拜"或"作揖"义。

　　湖南境内一些地方也还在使用"唱喏"一词，如湘语冷水江方言"唱
喏［tʃʰɔ̃²⁴io²¹］"指在神龛前作揖，或向神灵、先人祈福保佑，或向神灵、
先人表达敬意等。乡话地区也有类似的现象，如清水坪乡话表达类似"唱
喏"的词读［tsʰən³³dzuo³⁵］，第一个音节与"唱"的读音同，第二个音节
从声调来看是一个上声字，清水坪乡话读［uo］韵母的字，除了部分来
源于入声韵外，主要来源于假开三，如：车［tsʰuo⁵⁵］、夜［zuo³³］、赊
［suo⁵⁵］。我们认为［dzuo³⁵］就是"喏"。《集韵》中收录的"喏"来源于
上声马韵尔者切，义为"应声"。也就是来源于日母假开三上声。乡话日母
有读擦音塞擦音的现象，如清水坪乡话"热"读［dzɤ³⁵³］。因此，可以确
定［dzuo³⁵］就是"喏"字。

　　上文我们确定了清水坪乡话日母最早的语音层次为［ȵ］/［ŋ］，最晚的
文读层为［z］，读［dz］的层次则早于［z］、晚于［ȵ］/［ŋ］，具体为：

层次 I	［ȵ］/［ŋ］
层次 II	［dz］
层次 III（文读层）	［z］

3.4.2　乡话日云以三母读擦音塞擦音现象分析

　　为什么日母在乡话中有读浊擦音塞擦音的现象呢？中古日母大致读
为［*ȵ］，但在现代方言中有些方言的日母与泥母相混，如项梦冰（2006：
84）提到部分客家话如河田、宁都、社溪等古日母字今读如泥母［n］。乡
话日母主要读［ȵ］，与细音前的泥母有相混的现象，如清水坪乡话"女泥"
读［ȵiou³⁵］，"肉日"读［ȵiou⁵³］，声母相同。但泥母没有读擦音塞擦音的
现象，泥母在乡话中的今读情况是：洪音前读［n］，与来母相混，细音前
读［ȵ］。据此，我们推测日母读擦音塞擦音的现象不是由［ȵ］演变而来，
如果日母读擦音塞擦音的现象由［ȵ］演变而来，泥母读［ȵ］的字应该参
与到该演变当中。乡话来母读擦音塞擦音的现象，我们在3.2.2详细分析过，

并认为该现象由边音［1］演变而来。也就是［1］可以擦化塞擦化变为浊擦音塞擦音的，但日母并没有与来母相混读［1］或［n］的现象。看来日母读擦音塞擦音的现象与来母也没有关系。除了来母日母外，乡话的以母也主要读擦音塞擦音，见表3.16。

表 3.16　以母读擦音塞擦音的现象

例字	沅陵清水坪	沅陵太常	古丈岩头寨	泸溪红土溪
野	［ zuo³⁵ ］	［ zuo³⁵ ］	［ zuo³⁵ ］	［ zoɤ⁵³ ］
夜	［ zuo³³ ］	［ zuo⁵⁵ ］	［ zuo³³ ］	［ zoɤ³³ ］
移	［ dzɤ²¹² ］	［ dzɤɯ²¹³ ］	［ dzɤ²¹³ ］	［ dziɛ¹³ ］
摇	［ zɔu²¹² ］	［ zɔu²¹³ ］	［ zɔu²¹³ ］	［ zɔu¹³ ］
窑	［ zɔu³³ ］	［ zɔu³³ ］	［ zɔu⁵⁵ ］	［ zɔu⁵⁵ ］
姚	［ zɔu³³ ］	——	［ zɔu⁵⁵ ］	——
油	［ zɐ⁵⁵ ］	［ za³³ ］	［ zɐ⁵⁵ ］	［ zA⁵⁵ ］
盐	［ zɜɛ²¹² ］	［ zɜɛ²¹³ ］	［ zɜɛ²¹³ ］	［ ʑiɛ¹³ ］
匀	［ zuɛe²¹² ］	［ zuɛe²¹³ ］	［ zuɛe²¹³ ］	
羊	［ zəŋ²¹² ］	［ zəŋ²¹³ ］	［ zəŋ²¹³ ］	［ zoŋ¹³ ］
洋	［ zəŋ²¹² ］	［ zəŋ²¹³ ］	［ zəŋ²¹³ ］	［ zoŋ¹³ ］
杨	［ zəŋ²¹² ］	［ zəŋ²¹³ ］	［ zəŋ²¹³ ］	［ zoŋ¹³ ］
阳	［ zəŋ²¹² ］	［ zəŋ³³ ］	［ zəŋ⁵⁵ ］	［ zoŋ⁵⁵ ］
扬	［ zəŋ³³ ］	［ zəŋ³³ ］	［ zəŋ⁵⁵ ］	［ zoŋ⁵⁵ ］
养	［ zəŋ³⁵ ］	［ zəŋ³⁵ ］	［ zəŋ³⁵ ］	［ zoŋ⁵³ ］
痒	［ dzəŋ³⁵ ］	［ dzəŋ³⁵ ］	［ dzəŋ³⁵ ］	［ dzoŋ⁵³ ］
样	［ zəŋ³³ ］	［ zəŋ⁵⁵ ］	［ zəŋ³³ ］	［ zoŋ³³ ］
药	［ ʑyɛ³³ ］	［ zou³³ ］	——	［ zu³³ ］
钥	［ ʑyɛ⁵³ ］	［ zou⁴² ］	——	［ zu³³ ］
赢	［ zʅ²¹² ］	［ zʅ²¹³ ］	［ zʅ²¹³ ］	［ zɐ̃¹³ ］
融	［ zʌɯ²¹² ］	［ zʌɯ²¹³ ］	［ zʌɯ²¹³ ］	［ zee¹³ ］
用	［ zʌɯ³³ ］	［ zʌɯ⁵⁵ ］	［ zʌɯ³³ ］	——

从表3.16可以看到，乡话以母常用字基本都读擦音或塞擦音，读零声母的都是乡话中不常用字，如：也［iɐ³⁵］、余［yi³³］、姨［i³³］、沿［yɐ̃³³］。汉语方言除了乡话外，闽语和南部吴语[①]的以母也有读擦音的现象，如"翼"在厦门话读［sit］、潮州读［sik］、福州读［siʔ］、建瓯读［siɛ］、南部吴语常山读［ɕiə］；"鳙"南部吴语金华读［zoŋ］、汤溪读［zɑo］、广丰读［zão］；"痒"厦门话读［tsĩũ］、潮州读［tsĩẽ］、福州读［suoŋ］、建

---

① 闽语的材料来源于《汉语方音字汇》（2008）、南部吴语的材料来源于曹志耘（2001）。

瓯读［tsioŋ］，在南部吴语常山读［zõ］、遂昌读［zioŋ］、庆元读［zĩõ］
等。对于闽语、南部吴语和乡话以母读擦音、塞擦音的现象，郑张尚芳
（2002：19-20）认为都发生了如下的演变，即 *lj > ʎj > ʑj。杨蔚（2010a：
85）认为南部吴语、闽语以母读擦音是上古音的残存，理由是以母字与章
系字、邪母字等有谐声关系。而乡话以母读擦音、塞擦音的现象，由于大量
存在，杨蔚认为不好断定是存古还是后来在 i 介音的作用下衍生出［j］，最
后演变为［z］/［ʑ］。我们认为，乡话以母读擦音塞擦音与闽语、南部吴语
以母读擦音二者性质不同。闽语、南部吴语以母读擦音，且保留有 -i- 介音，
如上面列举的"翼、痒"等字，但清水坪乡话以母今读擦音塞擦音声母的
都没有 -i- 介音（红土溪的"移、盐"有 -i- 介音，这两个字的主元音都是前
元音，应该是后来增生的）。我们也不赞成乡话以母读擦音的现象是由边音
［l］演变而来，虽然［l］变为擦音是一种可能的音变，乡话来母读擦音塞擦
音即由［l］演变而来，但我们并不认为乡话以母与来母发生了相同的演变。
理由是乡话云母也存在读擦音的现象，与以母相混，具体见表 3.17。

表 3.17　云母读擦音的现象

例字	沅陵清水坪	沅陵太常	古丈岩头寨	泸溪红土溪
友	［zɤ³⁵³］	［tsa³⁵］	［zɤ⁵⁵］	——
右	［zɤ³³］	［za⁵⁵］	［zɤ³³］	［zA³³］
园	［zəŋ²¹²］	［zɤŋ³³］	［zəŋ²¹³］	［zoɣ³³］

从表 3.17 可以看到，云母也有部分字读擦音的现象，与以母相混。我
们这里列举的云母字只有"友"在太常乡话读塞擦音，但杨蔚（2010a：
232）调查的深溪口、渭溪、木溪三个乡话点"右"读［dz］声母。关于乡
话中云以母读擦音塞擦音现象的性质，伍云姬、沈瑞清（2010：16）认为
是云、以母合并为喻母后再由［*j］演变而来，而不一定都是早期层次的反
映。我们赞同伍、沈的观点，云以母读擦音是由［*j］擦化而来，并不是一
种早期的语音现象，而且我们认为日母读擦音塞擦音的性质也与云以母字
同，理由如下：

（1）从日云以三母今读擦音塞擦音的字多读浊音的情况来看（只有个
别点的个别字读清擦音塞擦音），这是一种后起的语音现象。因为古全浊声
母今乡话虽然仍有读浊音的现象，但除了古全浊平字外（由于受古全浊声
母平声字今读浊音、古仄声字今读清音的辰溆片湘语影响，乡话古全浊平
字出现大量文读浊音的现象），其他古全浊声母今读浊音的现象已经很少，
读浊擦音的更少。而日云以母字，特别是以母常用字仍普遍读浊擦音。

（2）日云以母都有读浊擦音塞擦音的现象，说明这是三母合流后出现的现象，应该可以从日云以三母的共同特征中找到答案。日云以母都只见于三等，也就是说应该都有 -i- 介音，但日云以母字乡话今读擦音塞擦音的字都没有 -i- 介音（除红土溪乡话有个别字外），如"右"读［ʐɛ³³］，没有 -i- 介音，但同属于流摄尤韵的"久"读［tɕiɐ³⁵］、"抽"读［tʰiɐ⁵⁵］、"柳"读［niɐ³⁵］，都有 -i- 介音；"摇"读［zou²¹²］，没有 -i- 介音，但同属于宵韵的"桥"读［dʑiɔu²¹²］，"轿"读［tɕʰiou³⁵］、"朝〈~〉"读［tiou⁵⁵］都有 -i- 介音。虽然 -i- 介音丢失的现象并不少见，比如湘语冷水江方言 -i- 介音丢失的现象就比较普遍，如假开三 -i- 介音除在零声母中还保留外，其他声母后都已经丢失，如：车［tʂʰɔ³³］、舍［ʃɔ²¹］、夜［iɔ³³］。但从上述列举的乡话中同属三等的非日母、以母字的读音来看，清水坪乡话三等字并没有普遍丢失 -i- 介音的情况（除了一些受声母影响丢失 -i- 介音的现象外）。汉语方言中也不乏 -i- 介音擦化变为［z］的现象，如根据刘镇发（2007）的研究，广东新会、台山、开平、恩平、东莞等粤语方言点三四等影母、云母、以母、日母和部分匣母，均读［z］声母，对应于广州话的［j］声母。从广州话到新会、台山、开平、恩平、东莞等粤语发生了 j→z 的演变。根据项梦冰（2006）的研究，北方方言日母今读［z/ʐ］声母是 -i- 介音擦化的结果。我们认为乡话日云以母读擦音的现象也由 -i- 介音擦化而来，部分擦音甚至又塞擦化，变为塞擦音。不仅日母、云母和以母字擦音有塞擦化变为塞擦音的现象，来母也有擦音塞擦化变为塞擦音的现象，这是乡话中一种普遍的演变现象。

在汉语史上，云以母较早就合流变成了零声母，-i- 介音擦化变为擦音或塞擦音比较好解释；前文提到日母字的中古拟音为［*ȵ］，在有辅音声母的情况下，-i- 介音不可能擦化为辅音声母。其实，现代汉语方言中日母字不乏读零声母的现象，如湘语冷水江方言日母以读零声母为主，如：二［e⁴⁵］、让［iõ⁴⁵］、热［ĩ⁴⁵］、喏〈唱~〉［iɔ²¹］、弱［iu²⁴］、肉［iou³³］。从湘语冷水江方言日母读零声母的例字可以发现，"热、喏"读零声母。我们认为乡话日母读零声母的现象借自湘语，特别是比较有特色的"唱喏"一词，乡话从湘语中借入。前文我们提到"唱喏"一词宋之后广泛流行，根据《中国移民史》第四卷（1997：228）熙宁九年蒲宗孟在提到沅州垦荒情况时，便说"闻全、永、道、邵州人户往请射"。即宋之后，湖南境内其他地方的移民进入湘西地区，带入了这个词。读零声母的日母字进入乡话后，零声母音节中的 -i- 介音发生了擦化现象，有些甚至由擦音变成了塞擦音，也就出现了乡话日云以三母读浊擦音或浊塞擦音的现象。

3.4.3　乡话读自成音节现象分析

从表 3.15 可以看到在清水坪等乡话读自成音节［ŋ̍］的"二、人、日"三个日母字在红土溪乡话则都读为零声母［oŋ］。这种现象不只出现在日母字，其他声母的字也有类似的现象，下面一并讨论。表 3.18 列出相关现象的材料[①]。

表 3.18　乡话部分读自成音节的字

例字	泸溪白沙	泸溪红土溪	沅陵清水坪	沅陵麻溪铺	沅陵太常	古丈岩头寨
五疑	［ŋ^{35}］	［ɣoŋ^{53}］	［əŋ^{35}］	［ŋ̍^{35}］	［əŋ^{35}］	［ŋ̍^{35}］
午疑	——	——	［əŋ^{35}］		［əŋ^{35}］	［ŋ̍^{35}］
二日	［ŋ^{24}］	［oŋ^{33}］	［ŋ̍^{33}］	［ŋ̍^{22}］	［ŋ̍^{55}］	［ŋ̍^{33}］
日日	［ŋ^{24}］	［oŋ^{42}］	［ŋ̍^{53}］	［ŋ̍ʔ^{53}］	［ŋ̍^{42}］	［ŋ̍^{42}］
苋匣	——	［oŋ^{13}］	［əŋ^{33}］	［ŋ̍^{22}］		［ŋ̍^{33}］
岸疑	［ŋ^{24}］	［oŋ^{33}］	［əŋ^{33}］	［ŋ̍^{22}］	［əŋ^{55}］	［ŋ̍^{33}］
汗匣	［ŋ^{24}］	［oŋ^{33}］	［əŋ^{33}］	［ŋ̍^{22}］	［əŋ^{55}］	［ɦiəŋ^{33}］
旱匣	［ŋ^{35}］	［oŋ^{53}］	［əŋ^{35}］		［əŋ^{35}］	
晏影	［ŋ^{24}］	［oŋ^{33}］		［ŋ̍^{22}］	［əŋ^{55}］	［ɦiŋ^{33}］
人日	［ŋ^{35}］	［ɣoŋ^{55}］	［ŋ̍^{55}］	［ŋ̍^{55}］	［ŋ̍^{33}］	［ŋ̍^{55}］
碗影	［ŋ^{35}］	［ɣoŋ^{53}］	［əŋ^{35}］	［ŋ̍^{35}］	［əŋ^{35}］	［ɦiŋ^{35}］
黄匣	［ŋ^{214}］	［ɣoŋ^{13}］	［əŋ^{212}］	［ŋ̍^{13}］	［əŋ^{213}］	［ɦiŋ^{213}］
皇匣	［ŋ^{214}］	［ɣoŋ^{13}］	［əŋ^{212}］	［ŋ̍^{13}］	［əŋ^{213}］	［ɦiŋ^{213}］
蝗匣	——	［oŋ^{0}］	［əŋ^{212}］	［ŋ̍^{13}］	［əŋ$^{-55}$］	［ŋ̍^{55}］
王云	［ŋ^{214}］	［oŋ^{13}］	［əŋ^{212}］	［ŋ̍^{13}］	［əŋ^{213}］	

表 3.18 中所列举的例字分别来自日、疑、匣、影、云母，有古全浊声母、次浊声母，也有古全清声母；有阳声韵，也有阴声韵和入声韵。但这些不同来源的字在泸溪白沙乡话都读为自成音节的［ŋ̍］，而在红土溪乡话都读为零声母的［oŋ］韵母[②]，麻溪铺乡话除了"日"有一个喉塞尾外，其他也都读为自成音节的［ŋ̍］。清水坪和太常乡话的情况同，"二日人"三字读自成音节的［ŋ̍］，其他读［əŋ］。岩头寨乡话除了"汗"字读［əŋ］外，其他都读自成音节的［ŋ̍］[③]。

[①]　白沙乡话的材料来源于瞿建慧（2008），麻溪铺乡话来源于鲍厚星等（1985）。

[②]　部分字前面有一股浊流，我们记为［ɣ］，与零声母不对立。

[③]　岩头寨乡话［ŋ̍］前面的［ɦ］与红土溪乡话的［ɣ］性质同，是一股浊气流，从出现范围来看还包括影母字，应该是后来出现的，暂不予讨论。

这些中古来源不同的字，为什么会有相同的读音呢（不计声调）？我们把表 3.18 中的字分为两类：一类是来源于阴声韵和入声韵的字，如：五、午、二、日，这些字读同阳声韵是比较特殊的，但读成自成音节则是常见的；一类是来源于阳声韵的字，如：苋、岸、汗、碗、黄、王、人，这些字读成阳声韵属于规律性的读音，但读成自成音节则是比较特殊的。下面分别分析。

先看第一类。来源于阴声韵和入声韵的"五、午、二、日"本来都是读鼻音声母的。"二、日"属于日母字，从表 3.15 可以看到乡话日母常用字以读鼻音声母为主；"五、午"属于疑母字，乡话中疑母的今读分为两种情况：一种读 [ŋ] 声母，出现在洪音前；一种读 [ȵ] 声母，出现在细音前。为什么这些读鼻音声母的字都变成了自成音节呢？我们知道，通常 [m]、[n]、[ȵ]、[ŋ] 声母与高元音 [i] 或 [u] 相拼时，韵母容易脱落。根据谢栋元（2002）的统计，汉语方言读鼻音自成音节的字基本都来源于次浊声母如明母、日母、疑母，这三个声母的字在现代方言读为 [m]、[n]、[ŋ] 声母。谢栋元所统计的今读自成音节的字所在的韵摄主元音都是高元音 [i]、[u]。也就是说 [ŋ] 与 [u] 组合、[n]/[ȵ] 与 [i] 组合时，韵母容易脱落。对于 [ŋu] 音节容易脱落韵母 [u]，王力（2008：627）也有过论述："[ŋ] 与 [u] 发音部位相同，[ŋ] 受 [u] 的影响，于是元音化了，同时元音 [u] 脱落了"。

"五、午"属于模韵，乡话模韵见组字都读 [u] 韵母，如清水坪乡话：姑 [ku⁵⁵]、枯 [kʰu⁵⁵]、苦 [kʰu³⁵]、虎 [kʰu³⁵]、胡~子 [vu²¹²]。因此，"五、午"原本读 *ŋu，读自成音节的 [ŋ] 是脱落韵母 u 的结果。"二"属于止摄开口三等脂韵，"日"属于臻摄开口三等质韵，这些韵主要读 [i]，如清水坪乡话：鼻脂韵 [pi³³]、屁脂韵 [pʰi³³]、履脂韵 [ni³⁵]、瘁脂韵 [tɕi²¹²]、四脂韵 [ɕi³³]、侄质韵 [tʰi⁵⁵]、室质韵 [tɕi⁵³]、七质韵 [tɕʰi⁵³]。因此，"二、日"读自成音节的 [ŋ] 是经历了 ȵi→ȵ→n→ŋ 这样一个演变过程。"二、日"字 n→ŋ 的演变，也见于咸山摄。乡话没有 [n] 韵尾，咸山摄今在乡话中也都读 [ŋ] 韵尾，也经历了 n→ŋ 的演变。

但"五、午、二、日"四字在红土溪乡话都读 [oŋ]。红土溪乡话模韵除了"五、午"外，其他并没有读 [oŋ] 的现象，脂质韵除了"二"和"日"外，也没有读 [oŋ] 的现象，也即"五、午、二、日"读 [oŋ] 是不符合其音韵地位的。来源于阴声韵和入声韵的"五、午、二、日"为什么会读同阳声韵呢？汉语方言中存在阴声韵、入声韵读同阳声韵的现象，绝大部分是受声母影响的结果。红土溪乡话"五、午、二、日"四字读同阳声韵是不是也是受鼻音声母影响产生的呢？我们在前文提到，乡话中日母常用字和疑母今读鼻音声母。但红土溪读同阳声韵的"五、午、二、日"今不读鼻音声母，且模韵、脂韵和质韵都不存在读主元音［o］的现象。红土溪乡话模韵白读［u］和［ei］，脂韵白读［i］和［A］/［iA］，质韵白读［i］和［A］。我们认为红土溪乡话"五、午、二、日"的主元音［o］属于一种增生的现象，但不是直接增生［o］，而是增生［ə］，并演变为［o］。这种增生现象正处于变化当中。我们在调查清水坪、太常乡话时，"五、午、二、日"等字音不是很稳定，清水坪、太常乡话的"五、午"读［əŋ］，有时候不明显，需要发音人反复确认，而"二、日"这两个字的［ə］基本没有。红土溪乡话的"五、午、二、日"比清水坪乡话发展快，不但增生了［ə］，且都已经由［əŋ］变为［oŋ］。不仅"五、午、二、日"这四个字，凡是清水坪乡话读［əŋ］韵母的字，在红土溪乡话都变为［oŋ］。因此，红土溪乡话"五、午、二、日"分别经历了如下的演变：

　　ŋu → ŋ̍ → əŋ → oŋ（五午）

　　n̠i → n̠ → n → ŋ̍ → əŋ → oŋ（二日）

　　来自阳声韵的"黄、苋、汗、岸、旱"等字在白沙、麻溪铺等乡话中也读自成音节［ŋ̍］，这是主要元音脱落的结果，但脱落的不是高元音［i］或［u］[1]，而是［ə］。这可以通过红土溪乡话的材料来证明。这些在白沙、麻溪铺乡话读［ŋ̍］的字，在红土溪乡话都读［oŋ］。红土溪乡话宕摄合口字除了"黄、皇、王、蝗"读［oŋ］外，"慌、谎"也读［oŋ］韵母；与"碗"同属于山摄合口一等的"断、乱、钻、算、官、欢"等字也都读［oŋ］韵母；与"旱、汗、岸"同属山摄开口一等的"肝、伞、懒、炭"等字也读［oŋ］韵母；与"苋"同属山韵的"扮"字也读［oŋ］韵母。因此，红土溪乡话"黄、苋、汗、岸、旱"等字读［oŋ］符合其音韵地位，而这些字在白沙等乡话读［ŋ̍］，是脱落了主要元音。但脱落的主要元音不是［o］而是［ə］。前文介绍过，红土溪乡话的［oŋ］由［əŋ］演变而来。

　　在讨论阳声韵字读自成音节现象时，"人"字没有提到。"人"与"苋、黄、岸、汗、碗"等不同，来源日母，本应该有鼻音声母，又属于阳声韵。"人"应该归入第一类还是第二类呢？我们把"人"归为第一类，理由是：一是乡话臻摄开口三等字并没有读［oŋ］或［əŋ］的现象，不能证明白沙等地乡话"人"读［ŋ̍］是脱落元音［ə］变来；二是乡话臻摄开口三等字基本都读［iɛ］/［iɐ］，而乡话［iɛ］/［iɐ］的发展趋势是高化为［i］，

---

① 这些字所在的韵没有读［i］或［u］韵母的现象。

不少乡话方言点的"认"韵母已经高化为[i]。也就是说"人"字在变为[ŋ̍]之前已经没有鼻音韵尾了。因此，白沙等乡话"人"读自成音节是脱落韵母[i]演变而来，即：*n̠i → n̠ → n → ŋ̍。

3.4.4 小结

本部分分析了清水坪乡话日母的语音层次，日母最早的层次是中古音的保留，此外受不同时期湘语影响出现了两个外来层，其中读擦音塞擦音的层次来源于早期湘语影响下出现的日母读零声母现象，该现象进入乡话后发生了擦化塞擦化的演变。除了日母字参与了该演变外，云以母字也参与了该演变。此外，日母以及影母、匣母等有读自成音节的现象，这是丢失韵母的结果。但这些在清水坪乡话读自成音节的字在有些点都读零声母[əŋ]或[oŋ]，其中部分是增生主元音[ə]的结果。

3.5　晓匣母的语音层次

3.5.1　晓母的语音层次

晓母在汉语方言中通常读擦音，一般细音前读[ɕ]，洪音前读[x]。此外，不少方言有[f]和[x]相混的现象，以古音为条件或今音为条件大量相混。乡话晓母的今读分为三类：一类读[f]，一类读[x/ɕ]，一类读[kʰ/tɕʰ]。晓母在洪音前读[x]，在细音前读[ɕ]，属于现代方言规律性的变化，我们在此不作讨论。下面主要讨论晓母读[f]和[kʰ/tɕʰ]的现象。

晓母今读[f]声母的情况如表3.19所列。

表3.19　晓母读[f]声母现象

例字	沅陵清水坪	沅陵太常	古丈岩头寨	泸溪红土溪
火	[fɑ³⁵]	[fɑ³⁵]	[fᴀ³⁵]	[fɔ⁵³]
虵	[fei³⁵]	[fei³⁵]	[fei³⁵]	[fei⁵³]
兄	[foŋ⁵⁵]	[foŋ³³]	[fəŋ⁵⁵]	——

乡话晓母读为[f]声母的字都是乡话中很常用的字，但都来源于合口。"蛇"说"虵"，可以说是乡话的一个特征词，其他汉语方言并没有称"蛇"为"虵"的现象。据薄文泽（2004），蔡家话称"蛇"为[fei⁵⁵]。蔡家话的性质暂不明确，不知蔡家话称"蛇"为[fei⁵⁵]是对应"虵"字，还

是巧合。从乡话中晓母读同非组的例字来看，都是合口字，和 -u- 介音有关。很多南方方言中［x］与合口呼韵母相拼时，变为［f］。乡话中晓母读同非组的现象，也发生了相同的演变，由［x］演变而来。

晓母今读［kʰ/tɕʰ］声母的字如表 3.20。

表 3.20　晓母读［kʰ/tɕʰ］声母现象

例字	沅陵清水坪	沅陵太常	古丈岩头寨	泸溪红土溪
虎	［kʰu³⁵］	［kʰu³⁵］	［kʰu³⁵］	［kʰu⁵³］
喜	［kʰəɯ⁵⁵］	［kʰɤɯ⁻⁵⁵］	［kʰəɯ³⁵］	［kʰei⁵³］
香	［tɕʰiẽ⁵⁵］	［tɕʰiəŋ³³］	［tɕʰĩ⁵⁵］	［tɕʰioŋ⁵⁵］
黑	［kʰɤ⁵³］	［kʰɤɯ⁴²］	［kʰɤ⁴²］	［kʰei⁴²］

晓母读送气清塞音、塞擦音的现象在汉语方言中比较少见。据覃远雄（2005：211），融水"货"今读［kʰ］声母。此外，湘粤桂边界不少平话、土话"货"字都读［kʰ］声母，如桂北恭城直话（关英伟 2005）读［kʰy］；湖南（贺凯林 2003；张晓勤 1999；沈若云 1999）道县（寿雁）读［kʰu］、宁远读［kʰəu］、宜章读［kʰəɯ］；粤北（张双庆 2000、2004）乐昌长来读［kʰou］、北乡读［kʰeu］、黄圃读［kʰɤɯ］、皈塘读［kʰɔu］、三溪读［kʰo］、连州星子读［kʰʌu］、保安读［kʰuɔu］、连州读［kʰuʌu］、西岸读［kʰuɐɯ］、丰阳读［kʰeu］。[①] 此外，山区闽语和邵武地区也有晓母读［kʰ］的现象，如：豨、虎、熏、火。秋谷裕幸（2008：28）认为晓母读［kʰ］的现象以早期闽北区方言中的圆唇成分为条件，认为是一种后起的语音现象。伍云姬、沈瑞清（2010：25）指出乡话和闽语晓母读［kʰ］声母的条件不同，所以两者大概没有关系。不管是乡话"虎喜香黑"还是湘粤桂边界的平话土话等方言中"货"的声母以及闽北地区晓母读［kʰ］声母的现象，都读清送气声母。李新魁（1963）通过谐声系统、汉字假借、古书通假、汉字又音等证明上古音"晓匣"归"见溪群"，而晓匣两母与见溪群母的关系中，匣母与见母的关系极端密切，晓母与溪母的关系极端密切。乡话晓母今读［kʰ］或［tɕʰ］的现象，可以印证晓母与溪母极密切的关系。

前文提到来源于晓母的"齣"是乡话中的特征词，目前没有发现其他汉语方言中有用"齣"的现象。因此，"齣"读［f］声母，不可能是受其他方言影响出现的，应该属于乡话内部的演变。即晓母读［f］的现象是由［kʰ］/［tɕʰ］演变而来。确切地说应该是由［kʰ］演变而来，发生了［kʰ］

---

① 以上材料均转引自覃远雄（2005：211）。

→［x］→［f］的演变。［kʰ］变为擦音［x］的现象在粤语中很常见，湘南道县土话也发生了［kʰ］变为［x］的演变，如根据周先义（1994）：空［xiɛ²⁴］、肯［xiɛ⁴⁴］、开［xə²⁴］、枯［xo²⁴］、去［xə⁵³］、苦［xə⁴⁴］。

此外，乡话晓母有一个"向"字作为姓氏时的读音比较特殊，读同精组，如表3.21。

表 3.21　乡话"向"的读音

例字	沅陵清水坪	沅陵太常	古丈岩头寨	泸溪红土溪
向	［sɛ̃³³］	［səŋ⁵⁵］	［sɛ̃³³］	［soŋ³³］

"向"有两个反切：一个是许亮切，来源于晓母；一个是式亮切，来源于书母。《广韵》式亮切的"向"用于姓氏。乡话用于姓氏的"向"读同精组来源于书母。

综上所述，晓母的语音层次如下：

层次Ⅰ	［kʰ/tɕʰ］/［f］
层次Ⅱ	［x/ɕ］

3.5.2　匣母的语音层次

乡话匣母的今读有三类：一类为［v］，一类为［ø］，一类为［x/ɕ］，具体情况见表3.22。

表 3.22　乡话匣母的今读

例字	沅陵清水坪	沅陵太常	古丈岩头寨	泸溪红土溪
禾	［u³³］	［uo³³］	［u⁵⁵］	［ʊ³³］
下	［uo³⁵］	［uo³⁵］	［uo³⁵］	［oɤ⁵³］
害	［ɑ³³］	［ɑ⁵⁵］	［ɦʌ³³］	［ɔ³³］
厚	［ɐ³⁵］	［a³⁵］	［ɐ³⁵］	［ɣʌ³⁵³］
狭	［uo³³］	［uo³³］	［uo³³］	［oɤ³³］
红	［ʌɯ²¹²］	［ʌɯ²¹³］	［ʌɯ²¹³］	［ɣee¹³］
壶	［vu²¹²］	［vu²¹³］	［u²¹³］	［u²⁴］
还～去：回家	［vəŋ²¹²］	［vəŋ²¹³］	［vəŋ²¹³］	［voŋ¹³］
学	［vu³³］［ɦou³³］	［vu³³］［ou⁵⁵］	［vu³³］［ɦou³³］	［u¹³］
户	［xu³⁵］	［xu³⁵］	［xu³⁵］	［xu⁵³］
寒	［xã³³］	［xaŋ²¹³］	［xã³³］	［xã³³］
效	［ɕiou³⁵］	［ɕiou³⁵］	［ɕiou³⁵］	［ɕiou⁵³］
现	［ɕiɛ̃³⁵］	［ɕiaŋ³⁵］	［ɕiɛ̃³⁵］	——

匣母字今读主要以读零声母为主，读［x/ɕ］的基本属于口语不常用的字。
关于匣母在现代方言中读零声母的现象多有讨论，主要讨论匣母演变为零声
母的过程，是直接由浊擦音变来还是清化为擦音后再变为零声母。从乡话的
情况来看，应该是直接由浊擦音变来。因为乡话匣母常用字没有读擦音［x/
h］的现象。当然也有可能匣母清化为［x/h］的所有字都变为零声母了，所
以没有读清擦音［x/h］的现象。但乡话中晓母没有读零声母的现象。这也
说明匣母读零声母的现象并不是由清擦音［x/h］演变而来，否则晓母也应
该参与变为零声母的演变。我们推测其他汉语方言中匣母既有读零声母又有
读擦音［x/h］的情况，可能读擦音［x/h］与读零声母属于不同的层次。

匣母读［v］声母的字分为两类，一类韵母属于合口呼，有［u］介音
或［u］单独作韵母，一类韵母是非合口呼韵母。韵母为［u］或有［u］介
音的匣母字，其声母［v］是［u］摩擦加重变化而来，如"壶［vu²¹²］、
学［vu³³］"的［v］声母便是［u］介音的摩擦增强变化而来。而韵母不是
［u］或没有［u］介音的匣母字不可能发生这样的演变，如"还～去：回家"[①]。
除了匣母，云母也有读［v］声母的现象，见表 3.23。

表 3.23　乡话云母读［v］声母现象

例字	沅陵清水坪	沅陵太常	古丈岩头寨	泸溪红土溪
雨	［vɐ³⁵］	［va³⁵］	［vɐ³⁵］	［vʌ⁵³］
有	［vɐ³⁵］	［va³⁵］	［vɐ³⁵］	［vʌ⁵³］
远	［vɛɛ³⁵］	［vɛɛ³⁵］	［vɛɛ³⁵］	［væɛ⁵³］
熊	［vʌɯ²¹²］	［vʌɯ²¹³］	［vʌɯ²¹³］	——

云母字今读［v］声母的现象，也需要分为两类：一类和［u］有关，一类
和［u］无关。来源于合口字的"雨、远、熊"可能和［u］有关，而来
源于开口字的"有"和［u］介音没有关系。"雨、有"在麻溪铺乡话记为
［ua］，而其他所有乡话点这两个字都有［v］声母，没有［u］介音。我们
认为"雨、有"是有［v］声母的，并不是由［u］擦化而来，理由是虞韵
和尤韵有相混的现象，混为［ɐ］/［ɐi］，但虞韵和尤韵都没有读［uɐ］韵
母的现象。如果"雨、有"的［v］声母是由［u］擦化而来，虞尤两韵除
了"雨、有"外，应该其他字还有读［uɐ］韵母的现象，但事实是没有。
因此，我们认为"雨、有"的［v］是云母读［v］声母的体现，和［u］介
音没有关系。至于麻溪铺乡话"雨、有"记为［ua］，我们认为是一种处理

---

　　① 虽然"还"属于合口字，但同韵的字白读并没有［u］介音，如清水坪乡话"闩"读
［soŋ⁵⁵］、"涮"读［soŋ³³］、"弯"读［oŋ⁵⁵］。

方法的不同，但这种处理没有反映乡话云母读［v］声母的特点。我们确定云母个别读［v］声母的字和［u］介音有关系是根据王辅世（1982：143）所调查的泸溪红土溪乡话，"远"读［yɛ³⁵］，没有［v］声母，而其他点都读［vee］/［vɛ］（后文详细分析［vee］与［yɛ］的关系）。这说明"远"字读［v］声母的点是由［u］擦化而来。

经过上述分析，云母读［v］声母的现象和匣母读［v］声母的现象性质相同。曾运乾提出过喻三归匣之说。闽语中也确实存在云母读擦音［h/x］的现象，如厦门话"雨"读［hɔ］，"远"读［hŋ］；福州话"雨"读［xuɔ］，"远"读［xuɔŋ］。根据严修鸿（2002：207），连城方言有8个点"有"字声母读同匣母，如文亨：有 hɤ³、候 hɤ⁶；隔川：有 hai³、候 hai⁶；连罗：有 hao³、候 hao⁶。我们认为乡话云母读［v］（与［u］介音无关的部分）与匣母读［v］（与［u］介音无关的部分）的现象也属于喻三归匣的现象。

匣母今读的层次如下：

层次 I	［v］
层次 II	［ø］
层次 III（文读层）	［x/ɕ］

第4章 乡话韵母的语音层次及演变

乡话的韵母包括纯文读韵母在内有40个左右，只有一个鼻音韵尾 [ŋ]，没有入声韵尾。杨蔚所调查的个别点有入声韵尾，韵母数量比其他点多。乡话韵母从古至今的演变最明显的两个特点是：一是阳声韵阴声韵化很严重，除了宕江摄外，其他阳声韵摄都有阴声韵化的现象；二是合流现象特别严重，以红土溪乡话为例，读 [ei] 韵母的来源有：果摄、遇摄一三等、蟹摄开口一等和合口一等、止摄、流摄、深摄入声韵、曾摄入声韵、梗摄入声韵、通摄入声韵，涉及九个韵摄。不仅同一个今读韵母中古来源很多，同样每一个古韵，对应多个今读音类，如岩头寨乡话梗摄清韵字的今读除了文读音外，还有 [i]、[iɛ]、[ʅ]、[aŋ] 四个白读音。也就是说乡话韵母的层次比较多，且复杂。本章我们分析乡话韵母的层次及演变，前八节讨论阴声韵和阳声韵的层次及演变情况，第九节讨论入声韵的层次及演变。

4.1 果摄字的语音层次及演变 [①]

乡话的果摄一等字今读有多个音类，如沅陵清水坪乡话一等歌韵今白读有 [iɛ]、[u]、[ɯɛ] 三类，戈韵今白读有 [u]、[ɤ]、[ɑ] 三类，其中 [u] 是歌戈韵都有的音类。此外，歌戈韵都有读 [o]/[uo] 的文读（帮组后读 [o]，其他声母后读 [uo]），如表4.1中的"荷波课"都是文读音。但不同乡话点果摄一等的今读音数量不同，且相差悬殊，如沅陵麻溪铺乡话果摄一等今白读音有11类，具体是：[i]、[uɛ]、[uɪ]、[yɪ]、[u]、[yɛ]、[uæ]、[əɯ]、[ɛ]、[ɛɪ]、[o]。为什么不同乡话点果摄一

---

① 本部分内容曾在《语言学论丛》第57辑上发表（2018）。

等今读音类数量相差如此之大呢？乡话果摄一等不同音类之间的关系以及层次如何？本部分主要解决这两个问题。由于果摄三等字很少[①]，我们暂时不予讨论。

4.1.1 果摄一等的今读

乡话果摄一等的今读情况，见表4.1[②]。

表4.1 乡话果摄一等的今读举例

例字	沅陵清水坪	沅陵太常	沅陵麻溪铺	古丈岩头寨	泸溪红土溪
多_开	[tiε⁵⁵]	[ti³³]	[ti⁵⁵]	[tiε⁵⁵]	[ti⁵⁵]
拖_开	[tʰiε⁵⁵]	[tʰi³³]	[tʰi⁵⁵]	[tʰiε⁵⁵]	[tʰi⁵⁵]
舵_开	[tʰu³⁵]	[tʰou³⁵]	[tʰue³⁵]	——	[tʰʊ⁵³]
大[③]_开	[nu³³]	[nou⁵⁵]	[luɪ²²]	[nu³³]	[nu³³]
罗_开	[nu⁵⁵]	[nou³³]	[luɪ⁵⁵]	[nu⁵⁵]	[nʊ⁵⁵]
锣_开	[nu⁵⁵]	[nou³³]	[luɪ⁵⁵]	[nu⁵⁵]	[nʊ⁵⁵]
箩_开	[nu⁵⁵]	[nou³³]	[luɪ⁵⁵]	[nu⁵⁵]	[nʊ⁵⁵]
左_开	[tsu³³]	[tsou⁵⁵]	[tɕyɪ²²]	[tsu³⁵]	[tsʊ⁵³]
搓_开	[tsʰu⁵⁵]	[tsʰou³³]	[tɕʰyɪ⁵⁵]	[tsʰu⁵⁵]	[tsʰʊ⁵⁵]
歌_开	[ku⁵⁵]	[kou³³]	[kuɪ⁵⁵]	[ku⁵⁵]	[kʊ⁵⁵]
哥_开	[ku⁵⁵]	[kou³³]	——	[ku⁵⁵]	[kʊ⁵⁵]
个_开	[kəɯ³³]	[kɣɯ⁵⁵]	[kəɯ⁵⁵]	[kəɯ³³]	——
鹅_开	[ŋu⁵⁵]	[ŋou³³]	[ŋuɪ⁵⁵]	[ŋu⁵⁵]	[mʊ⁵⁵]
我_开	[u³⁵]	[vu³⁵]	[u³⁵]	[u³⁵]	[gʊ⁵³]
饿_开	[ŋəɯ³³]	[ŋɣɯ⁵⁵]	[ŋəɯ²²]	[ŋəɯ³³]	[ŋei³³]
河_开	[vu²¹²]	——	[uæ¹³]	——	[uæe¹³]
荷_{开, ～花}	[xuo³³]	[xuo²¹³]	——	[xuo²¹³]	——
波_合	[po⁵⁵]	[po³³]	——	[po⁵⁵]	——
簸_合	[pɣ³⁵]	[pɣɯ³⁵]	[pe³⁵]	[pɣ³⁵]	[pei⁵³]
破_合	[pʰɣ³³]	[pʰɣɯ⁵⁵]	[pʰeɪ²²]	[pʰɣ³³]	[pʰei³³]
磨_{动, 合}	[mu⁵⁵]	[mɣɯ³³]	[meɪ⁵⁵]	[mu⁵⁵]	[mʊ⁵⁵]

---

① 果摄三等字本来就很少，而比较常用的也就"茄靴瘸"三个字，但"瘸靴"二字在乡话中是很少用的，都只有读字音。这两个字不仅在乡话地区，在湘语里也很少用，本人的母语是老湘语，"靴"字是最近几十年随着"靴子"的流行，方言才借入了这个词；湘语也很少用"瘸"，本人的母语把"瘸子"称作 [pʌ⁵⁵ tsŋ⁰]，乡话的叫法与此同。

② 麻溪铺乡话材料没有记录文读的情况，红土溪乡话记录的文读材料也比较少，故缺。

③ "大"的韵母既符合果摄歌韵的地位，也符合蟹摄泰韵的地位。泰韵的"带"字在各乡话点与"大"的韵母同。

朵合	[tu³⁵]	[toʊ³⁵]	——	[tu³⁵]	[tʊ⁵³]
骡合	[nu⁵⁵]	[noʊ³³]	[luɪ⁵⁵]	——	[nʊ⁵⁵]
脶合	[nu⁵⁵]	[noʊ³³]	[luɪ⁵⁵]	[nu⁵⁵]	[nʊ⁵⁵]
蓑合	[su⁵⁵]	[sɤɯ³³]	——	[su⁵⁵]	[su⁵⁵]
梭合	[su⁵⁵]	[soʊ³³]		[su⁵⁵]	[sʊ⁵⁵]
锁合	[su³⁵]	[soʊ³⁵]	[ɕyɛ³⁵]	[su³⁵]	[sʊ⁵³]
过合	[ku³³]	[koʊ⁵⁵]	[kuɪ²²]	[ku³³]	[kʊ³³]
窠合	[kʰu⁵⁵]	[kʰoʊ³³]	[kʰuɪ⁵⁵]	[kʰu⁵⁵]	[kʰʊ⁵⁵]
课合	[kʰuo³⁵]	[kʰuo³⁵]		[kʰuo³⁵]	[kʰoɤ¹³]
货合	[xu³³]	[xoʊ⁵⁵]		[xu³³]	[xʊ³³]
禾合	[u³³]	——	——	[u⁵⁵]	[ei¹³][ʊ³³]
和合	[u²¹²]	——	[uæ¹³]	[u²¹³]	[ʊ¹³]
祸合	[xu³³]	[oʊ³⁵]	[ue³⁵]	——	[ɣʊ³⁵³]
窝合	[u⁵⁵]			[u⁵⁵]	
火合	[fɑ³⁵]	[fɑ³⁵]	[fo³⁵]	[fʌ³⁵]	[fɔ⁵³][xʊ⁵³]

从表 4.1 可以看到,果摄一等字在乡话各点的今读音类数量不等,且相差较大,我们先看各点的具体语音情况。

清水坪乡话果摄一等白读有五类(排列顺序按照在《方言调查字表》中的出现先后):第一类为 [iɛ],辖字有"多、拖";第二类为 [u],辖字主要有"大、笅、罗、锣、左、搓、哥、歌、鹅、我、磨、骡、脶、蓑、锁、过、窠、货、和~面、窝";第三类为 [əɯ],辖字有"个、饿";第四类为 [ɤ],辖字有"簸、破";第五类为 [ɑ],辖字有"火"。

太常乡话果摄一等字的白读有五类:第一类为 [i],辖字有"多、拖";第二类为 [oʊ],辖字主要有"大、罗、锣、笅、左、搓、哥、歌、鹅、骡、脶、梭、锁、过、窠、货、祸";第三类为 [u],辖字有"我";第四类为 [ɤɯ],辖字有"个、饿、簸、破、磨、蓑";第五类为 [ɑ],辖字有"火"。

麻溪铺乡话果摄一等字的白读有 11 类:第一类为 [i],辖字有"多、拖";第二类为 [uɛ],辖字有"舵、祸";第三类为 [uɪ],辖字有"大、罗、锣、笅、歌、鹅、骡、脶、过、窠";第四类为 [yɪ],辖字有"左、搓";第五类为 [u],只有一个"我"字;第六类为 [yɛ],只有一个"锁"字;第七类为 [uæ],辖字有"河、和";第八类为 [əɯ],辖字有"个、饿";第九类为 [ɛ],辖字有"簸";第十类为 [eɪ],辖字有"破";第十一类为 [o],辖字只有一个"火"。

岩头寨乡话果摄一等字的白读有五类：第一类为［iɐ］，辖字有"多、拖"；第二类为［u］，辖字有"大、罗、锣、笋、左、搓、歌、哥、鹅、我、磨、胴、蓑、梭、锁、过、窠、货、禾、和、窝"；第三类为［əɯ］，辖字有"个、饿"；第四类为［ɣ］，辖字有"簸、破"；第五类为［ʌ］，辖字有"火"。

红土溪乡话果摄一等字的白读有六类：第一类为［i］，辖字有"多、拖"；第二类为［ʊ］（这个音类由［oʊ］演变而来，有些字的［o］还比较明显，如"和"韵母的实际音值为［oʊ］），辖字有"大、笋、罗、锣、左、搓、哥、歌、鹅、我、贺、磨、骡、胴、梭、锁、过、窠、货、和、祸"；第三类为［u］，辖字有"笋、蓑"；第四类为［ei］，辖字有"饿、簸、破"；第五类为［ɔ］，辖字有"火"；第六类［uæ］，辖字有"河"。其中"火"有［fɔ⁵³］和［xʊ⁵³］两读，单说时读［fɔ⁵³］，在"扯火闪₍闪电₎"中读［xʊ⁵³］；"禾"有［ei¹³］和［ʊ³³］两读，表示"水稻"义时读［ei¹³］，在"麦禾₍麦秆₎"一词中读［ʊ³³］。

从读音数量上来看，清水坪、岩头寨和太常乡话为五类，红土溪乡话为六类，而麻溪铺乡话有十一类。对比五个点果摄一等字今读的数量，麻溪铺乡话远远多于其他四个点。对于麻溪铺乡话果摄一等字今读音类如此之多的现象，杨蔚做过解释。杨蔚（2010a：192）在提到乡话是整合力很弱的方言时，举麻溪铺乡话歌韵字为例，她认为麻溪铺乡话歌韵字有u/uɛ/uɪ/uæ/yɪ/yɛ等多种读法，是因为历史上移民时代不同、来源地区不同，加上自身的演变，诸多因素造成了语音杂糅的状况。我们认为麻溪铺乡话果摄一等字今读音类数量如此之多可能由其他原因造成。

为什么麻溪铺乡话果摄一等字白读音类数目远远多于其他乡话呢？我们参考清水坪乡话来看麻溪铺乡话果摄一等今读十一个音类的情况。麻溪铺乡话第一类［i］完全对应清水坪乡话第一类［iɐ］，所辖字都为"多、拖"；麻溪铺乡话第八类［əɯ］完全对应清水坪乡话的第三类［əɯ］，所辖字都是"个、饿"；第十一类［o］完全对应清水坪乡话的第五类［ɑ］，所辖字为"火"。而麻溪铺乡话的第二［uɛ］、三［uɪ］、四［yɪ］、五［u］、六［yɛ］、七［uæ］类所辖字，在清水坪乡话都归为第二类［u］；麻溪铺乡话的第九［ɛ］、十［eɪ］类与清水坪乡话的第四［ɣ］类相对应。为什么在清水坪乡话归为一类的字，在麻溪铺乡话分为两类甚至六类呢？我们检查麻溪铺乡话与清水坪乡话第二类所对应的第二、三、四、五、六、七类字，发现这些音类的韵母有一个特点是主要读合口呼韵母，只有第四类和第六类是撮口呼，而且这些韵母都只出现于特定的声调，如［uɛ］只出现于 35 调；［uɪ］只出现于 55 和 22 调；［uæ］只出现于 13 调；［yɪ］只出现于 55 调和 22 调，且只出现于［tɕ］组声母后；［yɛ］只出现于 35 调，也只出现于［tɕ］组声母后。我们认为第二类［uɛ］、三类［uɪ］、七类［uæ］是声调变韵关系，也就是逢 55 和 22 调读［uɪ］；逢 13 调读［uæ］；逢 35 调读［uɛ］。而同样只见于 55 和 22 调的［yɪ］与［uɪ］属于演变关系；也只见于 35 调的［yɛ］与［uɛ］也属于演变关系，［uɛ］和［uɪ］在与［tɕ］声母相拼时，分别变为［yɛ］和［yɪ］[①]。第五类的"我"与第二、三、四、六、七类音不同。我们认为这和"我"的语法性质有关。"我"作为第一人称代词，属于一个封闭的语法类，具有保守性，因而没有随其他字一起发生声调变韵现象。

第九类和第十类分别都只有一个字，是不是属于声调变韵关系，需要借助其他韵摄的字来验证。

表 4.2　麻溪铺乡话声调变韵举例

例字	沅陵清水坪	沅陵太常	沅陵麻溪铺	古丈岩头寨	泸溪红土溪
簸_戈	［pɤ³⁵］	［pɤɯ³⁵］	［pe³⁵］	［pɤ³⁵］	［pei⁵³］
破_戈	［pʰɤ³³］	［pʰɤɯ⁵⁵］	［pʰeɪ²²］	［pʰɤ³³］	［pʰei³³］
初_鱼	［tsʰɤ⁵⁵］	［tsʰɤɯ³³］	［tsʰeɪ⁵⁵］	［tsʰɤ⁵⁵］	［tsʰei⁵⁵］
锄_鱼	［tsɤ²¹²］	［tsɤɯ²¹³］	［dze¹³］	［tsɤ²¹³］	［tsei¹³］
梳_鱼	［sɤ⁵⁵］	［sɤɯ³³］	［seɪ⁵⁵］	［sɤ⁵⁵］	［sẽ⁵⁵］
符_虞	［fɤ²¹²］	［fɤɯ²¹³］	［fe¹³］	［fɤ²¹³］	［fei¹³］
腐_虞	［fɤ³⁵］	［fɤɯ³⁵］	［fe³⁵］	［fɤ³⁵］	［fei⁵³］
来_咍	［zɤ²¹²］	［zɤɯ²¹³］	［ze¹³］	［zɤ²¹³］	［zæe¹³］
菜_咍	［tsʰɤ³³］	［tsʰɤɯ⁵⁵］	［tsʰeɪ²²］	［tsʰɤ³³］	［tsʰei³³］
裁_咍	［dzɤ²¹²］	［dzɤɯ²¹³］	［dze¹³］	［dzɤ²¹³］	［dzee¹³］
背_灰	［pɤ³³］	［pɤɯ⁵⁵］	［peɪ²²］	［pɤ³³］	［pei³³］
灰_灰	［xɤ⁵⁵］	［xɤɯ³³］	［xeɪ⁵⁵］	［xɤ⁵⁵］	［xei⁵⁵］

表 4.2 列举了清水坪乡话来源于不同韵但都读［ɤ］的字，而这些字在麻溪铺乡话分为两类，逢 22 和 55 调读［eɪ］，逢 13 调和 35 调读［ɛ］。因此，可以确定麻溪铺乡话第九类［eɪ］和第十类［ɛ］是声调变韵关系。

---

① 更确切地说是［ue］和［uɪ］在与［ts］组声母相拼后变成了［tɕye］和［tɕyɪ］。我们认为［ue］和［uɪ］变为撮口呼是最先从读［ts］声母的精组字开始的，目前其他声母的字还没有涉及。有些乡话果摄一等读撮口韵母的现象更多，王辅世（1982）调查的泸溪乡话果摄一等主要读［y］，如：搓［tɕʰy⁵⁵］、左［tɕy⁵³］、哥歌［ky⁵⁵］、大［ly³³］、过［ky³³］、朵［ty⁵³］、火［hy⁵³］等。至于其演变音理，我们目前还不清楚。

为什么其他四个点果摄字没有声调变韵现象，而麻溪铺乡话声调变韵现象如此复杂呢？根据瞿建慧（2009），辰溆片湘语普遍存在声调变韵现象。麻溪铺乡话是乡话中受辰溆片湘语影响比较大的乡话点之一，受辰溆片湘语影响也产生了声调变韵现象。其实红土溪乡话也存在声调变韵现象，只是没有麻溪铺乡话这么明显和复杂。根据我们的调查，红土溪乡话有些韵母逢 33 调时，舌位偏高，如［ou］、［uci］、［ɜæu］韵母逢 33 调时分别为［ou］、［iou］和［uɛu］；而有些韵母逢 13 调时舌位偏低，如［oŋ］韵母逢 13 调时主元音实际音值为［ɔ］。根据瞿建慧（2008）调查的泸溪白沙乡话材料，我们发现也存在明显的声调变韵现象，如效摄字逢 24、42 调读［əu］或［iəu］（"小"字例外，42 调读［iau］韵母），逢 35、53、214 调读［au］或［iau］。

4.1.2　果摄一等的语音层次

清水坪乡话果摄一等今读这些白读音类之间的层次关系如何呢？

先看［iɛ］，这个音类的辖字是"多、拖"，也就是只见于歌韵端组，不见于戈韵。岩头寨乡话的今读与清水坪乡话相近，为［ie］；太常、麻溪铺和红土溪乡话读［i］。我们认为从岩头寨乡话的［ie］到太常、红土溪乡话的［i］发生了高化的演变，演变路径为：［ie］ → ［iɛ］ → ［ii］ → ［i］。这种演变在乡话中是比较普遍的，蟹摄开口四等、止摄开口三等、咸山摄开口三四等都有类似的演变。

［u］音类既见于歌韵，也见于戈韵，是歌戈合流后出现的音类，也是果摄一等的主体层。不仅乡话歌戈韵有读［u］及变化形式的现象，整个湘语区、湘南土话都有歌戈读［u］及其变化形式的现象，如我们调查的湘语冷水江方言：鹅歌［u¹³］、贺歌［u¹¹］、破戈［pʰu²⁴］、簸戈［pu⁴⁵］、过戈［ku⁴⁵］、禾戈［u¹³］。湘语果摄一等歌戈韵都有读［u］的现象，我们有专文《湘语蟹假果遇摄字元音推链之反思》（2016）详细论述，此处不赘。湘语的周边方言湘南土话也有果摄一等读［u］及其变化形式的现象，如东安花桥：箩歌［lu¹³］、歌歌［ku³³］、破戈［pʰu³⁵］、过戈［ku³⁵］；江永桃川：箩歌［ləɯ²¹］、歌歌［kəɯ³³］、破戈［pʰəɯ²⁴］、过戈［kəɯ²⁴］（材料来源鲍厚星2006）。我们认为不管是乡话果摄一等读［u］及变化形式的现象，还是湘南土话果摄一等读［u］及变化形式的现象，都来源于湘语的影响。但该现象在影响源——湘语中保留甚少，而在被影响方言乡话和湘南土话中保留较多。

清水坪乡话读［u］的字，在太常和红土溪分别读［ou］和［ʊ］。［u］

通常演变方向是裂化为复元音，太常的第二类［oʊ］是在清水坪［u］的基础上裂化而来。而红土溪乡话变为［ou］后，由于［o］与［ʊ］舌位接近，丢失［o］变为［ʊ］。我们在调查红土溪乡话时，发现这个韵母的演变在有些字中并未彻底完成，还有一点动程。其实太常和红土溪乡话也有［u］音类，太常的"我"、红土溪的"箩、蓑"都读［u］韵母。太常和红土溪乡话的［u］是还未参与到向［oʊ］/［ʊ］演变的滞留现象。此外，在清水坪乡话读［u］的"磨、蓑"二字在太常乡话读［ɤɯ］。我们认为太常乡话"磨、蓑"的［ɤɯ］是由［ou］失去圆唇特征演变而来。这种演变在泸溪白沙乡话更多更明显，如瞿建慧（2008）调查的泸溪白沙乡话材料显示，清水坪乡话果摄一等读［u］的字，在白沙乡话基本都读［ɯ］，个别读［u］，如：罗锣［lɯ］、箩［nu］、左佐［tsɯ］、搓［tsʰɯ］、歌哥［kɯ］、磨［mɯ］、索［sɯ］、过［kɯ］。白沙乡话果摄一等的［ɯ］由［u］失去圆唇特征演变而来，个别字如"箩"还未变，仍保留有［u］的读法。除了果摄一等外，白沙乡话假摄二等也发生过失去圆唇特征的演变。在其他乡话点假摄开口二等字读［o］，如清水坪：巴疤把［po］、麻马码［mo］、炸［tso］、差［tsʰuo］、假［kuo］；白沙乡话读［ɤ］，如：巴疤把［pɤ］、麻马码［mɤ］、炸［tsɤ］、差［tsʰɤ］、假［kɤ］。

［əɯ］音类只见于歌韵见组（今声母为［k］组），与只见于歌韵端组（今声母为［t］组）的［iɛ］出现互补。这两个音类是演变关系还是层次关系呢？通常属于同一中古来源且分布互补的两个音类很有可能是同一层次在不同声母条件下的变体形式，但根据乡话历史比较悠久、层次比较丰富、有些层次保留较少很容易与其他音类形成互补分布的特点，我们不能简单地根据互补分布来确定是同一层次。因此，我们需要更多的材料来证实［iɛ］与［əɯ］之间是不是条件变体关系。

［ɤ］只见于戈韵帮组，但太常、红土溪的情况与清水坪不同。清水坪乡话读为［ɤ］和［əɯ］两类的字，在太常和红土溪归为一类，分别是［ɤɯ］和［ei］。太常和红土溪的情况给我们提供了线索，清水坪乡话的［ɤ］和［əɯ］之间可能存在演变关系。从伍云姬、沈瑞清（2010）调查的古丈高峰乡话的材料来看，［ɤ］与［əɯ］的关系更明朗。古丈高峰乡话果摄的"个"读［əɯ］韵母，"饿"读［ɤ］韵母。从古丈高峰的材料来看，［ɤ］与［əɯ］是处于演变的不同阶段，帮组的［ɤ］还未开始向［əɯ］演变，见组的"个"已经由［ɤ］变成了［əɯ］，而"饿"还未变。因此，我们认为［ɤ］与［əɯ］属于同一层次的不同演变阶段，发生了［ɤ］→［ɯ］→［əɯ］/［ɤɯ］的演变，太常乡话不管见组还是帮组都

变为了［ɤɯ］，而红土溪乡话在太常乡话的基础上继续前化变为［ei］。因此，［ɤ］/［əɯ］也是歌戈相混层，但早于［u］层次。一些异读现象可以证明我们的推测，红土溪乡话"禾"有［ei］和［ʊ］两种读音，表示"水稻"时读［ei］韵母，在"麦禾_{麦秆}"一词中读［ʊ］韵母。从异读所出现的语义环境来看，"禾"表示"水稻"的意义更常用，而用来指称某些谷物类的植株义是在此基础上发展而来。据此，［ʊ］晚于［ei］（对应清水坪的［ɤ］/［əɯ］）。

上文提到［iɛ］与［ɤ］/［ɯ］的出现条件是互补的，它们之间的关系如何呢？有没有可能［ɤ］/［əɯ］是由［iɛ］演变而来的呢？也就是［iɛ］与［k］组和［p］组声母相拼时丢失介音演变为［ɤ］/［əɯ］？从清水坪乡话音节拼合规则来看，这种可能不存在。清水坪乡话语音系统中，［p］组声母是可以与［iɛ］相拼的，如：边［piɛ⁵⁵］、偏［pʰiɛ⁵⁵］、骗［pʰiɛ³³］等；［k］组声母也是可以与［iɛ］相拼的，如疑母的"银"读［n̠iɛ⁵⁵］（［ŋ］声母在与细音相拼时变为［n̠］，［n̠］属于［ŋ］的变体形式），而同属于疑母的"饿"读［ŋɯ³³］。有没有可能是［ɤ］/［əɯ］在端组声母后增生［i］介音变为［iɛ］？我们认为这种可能不成立。根据语音演变事实，容易增生［i］介音的是前元音前，而［ɤ］/［əɯ］属于舌位靠后的音。因此，我们认为［iɛ］与［ɤ］/［əɯ］不是演变关系，而是层次关系。［iɛ］只见于歌韵，而［ɤ］/［əɯ］同时见于歌戈韵，因此［iɛ］比［ɤ］/［əɯ］层次早。

读［ɑ］的只有一个"火"字，其他乡话点的情况也是如此。这个音类虽然只有一个字，但是"火"是非常常用的词，不能忽略。这个音类只见于戈韵，属于歌戈有别的层次。根据上文分析知道，同属于戈韵的［ɤ］和［u］属于与歌韵相混的层次，且［u］层次比［ɤ］层次晚，而［ɑ］属于歌戈有别的层次，因此，可以确定［ɑ］属于戈韵最早的层次。

除了"火"读［ɑ］韵母外，支韵的"皮、被"也读［ɑ］韵母，如表4.3。

表 4.3 乡话戈支相混的现象

韵	例字	沅陵清水坪	沅陵太常	沅陵麻溪铺	古丈岩头寨	泸溪红土溪
支	被	［fɑ³⁵］	［fɑ³⁵］	［fɔ³⁵］	［fʌ³⁵］	［fɔ⁵³］
	皮	［fɑ²¹²］	［fɑ²¹³］	［fɔ¹³］	［fʌ²¹³］	［fɔ¹³］
戈	火	［fɑ³⁵］	［fɑ³⁵］	［fɔ³⁵］	［fʌ³⁵］	［fɔ⁵³］

从表4.3可以看到，各点的"火、皮、被"韵母相同，声母都读［f］。为

什么"火"与"皮、被"韵母相同呢？"皮、被"上古属于歌部没有争议，"火"上古来源有不同的看法，王力《汉语语音史》（1985：56）、郭锡良《汉字古音手册》（2011：44）等认为"火"属于微部，郑张尚芳《上古音系》（2003：358）认为"火"属于歌部。中古支韵读 [ɑ] 韵母属于支脂之三分的层次。清水坪乡话支脂之三韵，支韵今读有 [ɤ]、[i]、[iɛ]、[ʅ]、[ɐ]、[ɑ] 六种，脂韵今读有 [i]、[ʅ]、[iɛ]、[ɐ] 四种，之韵有 [i]、[ʅ]、[ɐ]、[əɯ]、[iou]、[iɛ] 六种。[ɑ] 只见于支韵，是支韵有别于脂之的音类。单看清水坪乡话支韵的今读可能会怀疑 [ɐ] 与 [ɑ] 是不是同一层次的不同发展阶段？从麻溪铺乡话来看，这两个音的差别更加明显，不可能属于同一层次的不同演变阶段。清水坪的 [ɐ] 对应麻溪铺的 [a]，清水坪的 [ɑ] 对应麻溪铺的 [o]。"火"读 [ɑ] 属于戈韵最早的层次，"皮、被"读 [ɑ] 也属于支韵有别于脂之的语音现象，我们认为"火、皮、被"都读 [ɑ] 应该不是晚起相混的语音现象。从乡话的语言面貌来看，乡话中保留有上古的语言现象也是很正常的，如乡话把"鞋子"叫"履"，"甜"叫"甘"，盛食物的器皿叫"豆"，"饭锅"叫"鼎"，知组读同端组等等。

此外，有些点"脾、啤"二字也读 [ɑ] 韵母，如我们在调查太常乡话时，发音人甚至告诉我们"啤酒"也可以叫 [fɑ²¹³ tɕia³⁵]，这是乡话人根据权威方言中"皮、脾、啤"同音，用乡话常用的"皮"的读音来读乡话中不常用的"脾、啤"的结果。"脾、啤"与"火、皮、被"属于不同的层次，是乡话中特殊的读字音层。

有一点需要说明，"火、被、皮"三字都读 [f] 声母。"被、皮"来源于並母字，今读 [f]，由 [b] 弱化而来。"火"来源于晓母字，读 [f] 声母，应该是受 -u- 介音的影响发生了 x → f 的演变。虽然"被皮"和"火"的声母之前发生过的演变会对韵母有影响，但这种演变主要是针对韵母的介音，对主元音不会有太大影响。因此，"火、被、皮"声母的特殊性不会影响"火"与"被、皮"属于上古歌部的语音性质。

红土溪乡话"河"的读音为 [uæ]，单独为一类。"河"的读音在很多乡话点都调查不出来，乡话地区称呼小的水流为"溪"、大的水流为"江"。乡话地区很多地名里都用"溪"，如麻溪铺、荔溪、红土溪、渭溪、木溪、丑溪口、深溪口等，"河"不是乡话地区常用的词，是从其他方言借入的。伍云姬、沈瑞清（2010：99）记录有"河"读 [u]，与主体层一致，是受湘语影响出现的读音。红土溪的 [uæ] 音类应该和声调变韵有关，是 [u]/[ʋ] 的一种变体形式，和麻溪铺乡话"河"读 [uæ] 的性质相同，只是红土溪的声调变韵还处于变化初始阶段，规律还不明显。

　　果摄一等还有"坐、座"两个字需要交代一下。"坐、座"在所有乡话点都同音，读音如下，同时列出"多"以资对比：

	沅陵清水坪	沅陵太常	沅陵麻溪铺	古丈岩头寨	泸溪红土溪	泸溪白沙
坐	[tɕiɛ²¹²]	[tɕie²¹³]	[dʑie²²]	[tɕie²¹³]	[tsæɐ¹³]	[tsai²¹⁴]
多	[tiɛ⁵⁵]	[ti³³]	[ti⁵⁵]	[tie⁵⁵]	[ti⁵⁵]	[ti³⁵]

　　"坐"除了麻溪铺乡话声调读去声外，其他乡话点都读阳平。清水坪、岩头寨两点"坐"与"多"韵母相同，但其他点韵母不同。由于声调不符合"坐"的地位，我们暂且不考虑这个音类的层次。需要说明的是，有些乡话材料认为表示"坐"义的词是"骑"。我们不认同这种看法。从上表的材料可以看到，该音除了读 [tɕ] 声母外，还有读 [ts] 声母的情况，且读 [ts] 声母时，并不与 [ɿ] 相拼，也就是说这个音的声母来源应该是精组或知系字，不可能是见组字。乡话中见组除了"颈"读 [ts] 声母外，其他并没有读 [ts] 的现象。但"颈"读 [ts] 声母的乡话点，韵母都读 [ɿ]，也就是说"颈"读 [ts] 声母是由韵母引起的，其韵母 [i] 舌尖化为 [ɿ] 后，声母相应地变为 [ts]。

4.1.3　小结

　　根据上文的分析，我们确定清水坪乡话果摄一等歌戈韵的层次是：歌韵按层次先后为 [iɛ]、[əɯ]、[u]、[o] / [uo]；戈韵按层次先后为 [ɑ]、[ɤ]、[u]、[o] / [uo]。其中 [iɛ] 是歌韵独有的音类，[ɑ] 是戈韵独有的音类；[ɤ] / [əɯ]、[u] 和 [o] / [uo] 都是歌戈相混的层次。具体以表格的形式展现如下。

　　歌韵的层次：

层次 I	[iɛ]（歌戈有别层）
层次 II	[əɯ]（歌戈相混层）
层次 III	[u]（歌戈相混层，来源于湘语的影响）
层次 IV	[o] / [uo]（歌戈相混的文读层）

　　戈韵的层次：

层次 I	[ɑ]（歌戈有别层）
层次 II	[ɤ]（歌戈相混层）
层次 III	[u]（歌戈相混层，来源于湘语的影响）
层次 IV	[o] / [uo]（歌戈相混的文读层）

4.2　遇流摄字的语音层次 ①

遇摄只有合口一三等，流摄只有开口一三等。我们把遇摄和流摄放一起讨论是因为遇摄的鱼虞韵和流摄的尤韵有相混的现象。

4.2.1　模韵的语音层次

模韵的今读情况如表 4.4。

表 4.4　乡话模韵的今读举例

例字	沅陵清水坪	沅陵太常	沅陵麻溪铺	古丈岩头寨	泸溪红土溪
布	[pu³³]	[pu⁵⁵]	[pu²²]	[pu³³]	[pu³³]
普	[pʰu⁵³]	[pʰu⁴²]	——	[pʰu⁴²]	[pʰu⁴²]
模~范	[mo³³]	[mo³³]		[mo³³]	
土	[tʰɤ³⁵]	[tʰɤɯ³⁵]		[tʰɤ³⁵]	[tʰei⁵³]
兔	[tʰəɯ³³]	[tʰɤɯ⁵⁵]	[tʰu²²]	[tʰəɯ³³]	[tʰu³³]
露	[nəɯ³³]	[nɤɯ⁵⁵]		[nəɯ³³]	[nu³³]
做	[tsɤ³³]	[tsɤɯ⁵⁵]	[tsəu²²]	[tsɤ³³]	[tsei³³]
粗	[tsʰɤ⁵⁵]	[tsʰɤɯ³³]	[tsʰei⁵⁵]	[tsʰɤ⁵⁵]	[tsʰei⁵⁵]
苦	[kʰu³⁵]	[kʰu³⁵]	[kʰu³⁵]	[kʰu³⁵]	[kʰu⁵³]
五	[əŋ³⁵]	[əŋ³⁵]	[ŋ³⁵]	[ŋ³⁵]	[ɣoŋ⁵³]
午	[əŋ³⁵]	[əŋ³⁵]		[ŋ³⁵]	
虎	[kʰu³⁵]	[kʰu³⁵]		[kʰu³⁵]	[kʰu⁵³]
户	[xu³⁵]	[xu³⁵]		[xu³⁵]	[xu⁵³]

从表 4.4 可以看到，清水坪乡话模韵今读有五个音类，分别是 [u]、[o]、[ɤ]、[əɯ]、[əŋ]。[o] 是个文读音类，只见于"模、塑、措"等口语不常用字，其中"模、措"在普通话中的读音也与其他模韵字不同，"塑"字在普通话里与其他模韵同，但在湘语里"塑"的韵母与模韵其他字的韵母 [u]（有些湘语点 [u] 在端组、泥组、精组等声母后裂化为 [əu]）不同，如冷水江方言"塑~料"读 [su²⁴]，而冷水江方言其他模韵字基本都读 [u] / [əu]（端组、泥组和精组后读 [əu]，其他声母后读 [u]）。湘语地区把地方普通话叫"塑料普通话"，这个"塑"字在湘语地区的读音也很统一。[u] 音类的性质分为两种：一种见于乡话不常用字的读字音中，如"普"；

---

① 本节内容的 4.2.1、4.2.2 及第 3 章的 3.4.3 曾在《语言学论丛》第 62 辑上发表（2020）。

一种是常用字的白读，如"虎"，文读的［u］与［o］属于同一层次，来源于周围强势方言的影响。白读的［u］只见于帮组、见系和影组，与只见于端精组的［ɤ］和只见于端泥组的［əɯ］都处于互补分布的状态。［ɤ］与［əɯ］都见于端组，这两个音类是层次关系还是演变关系呢？乡话果摄一等也有读这两个音类的，我们在 4.1.2 详细论证了果摄一等的这两个音类属于演变关系。但模韵这两个音类的关系与果摄一等的情况不同，理由是清水坪乡话果摄一等读这两个音类的字在红土溪乡话都读为［ei］韵母，而清水坪乡话模韵读为这两个音类的字，在红土溪乡话也分为两类，对应很整齐：清水坪的［ɤ］对应红土溪的［ei］，清水坪的［əɯ］对应红土溪的［u］。据此，我们认为模韵的［ɤ］与［əɯ］属于层次关系。在清水坪乡话读为［ɤ］和［əɯ］韵母的字，在太常乡话都读为［ɤɯ］，这是因为清水坪乡话读［ɤ］的字，在太常乡话发生了［ɤ］→［əɤ］→［ɤɯ］的演变。太常乡话的鱼韵也发生了同样的演变，清水坪乡话鱼韵读为［ɤ］和［əɯ］的字，太常乡话都读为［ɤɯ］。而红土溪乡话在太常乡话的基础上发生了进一步的演变，由［ɤɯ］前化为［ei］，这种演变在红土溪乡话中也比较普遍，凡在太常乡话中读［ɤɯ］的，在红土溪乡话中都前化为［ei］，如太常乡话中鱼韵的"去许"等读［ɤɯ］，红土溪乡话读为［ei］。

清水坪乡话模韵的［əɯ］与［u］以及［ɤ］与［u］之间是什么关系呢？先看［əɯ］与［u］。上文提到［u］与［əɯ］呈互补分布，互补分布的两个音类有可能是以声母为条件分化形成的。从红土溪的情况来看，清水坪乡话的［əɯ］与［u］属于同一层次，［əɯ］是［u］与端系声母相拼发生裂化的结果。这种演变在红土溪乡话还未发生，即在清水坪乡话读［əɯ］的，在红土溪乡话仍读［u］。

再来看［ɤ］与［əɯ］/［u］的层次关系。乡话不仅模韵有读［ɤ］的，鱼韵的庄组、虞韵的非组也有读［ɤ］的（虞韵的庄组字没有变入模韵，是因为其保留有鱼虞有别的早期读音），具体材料可参看表 4.5 和表 4.6。鱼韵庄组和虞韵非组读［ɤ］的现象不是乡话鱼虞韵最早的层次（乡话鱼虞韵有不混层），而是来源于其他方言的影响（具体分析详见后文），与之平行的模韵读［ɤ］的现象也不应该是乡话最早的层次。因此，我们认为［ɤ］是比［əɯ］/［u］晚的层次。

模韵的"五、午"读［əŋ］，模韵读成阳声韵是比较特殊的。但"五、午"在岩头寨乡话中读［ŋ̩］。"五、午"读［ŋ̩］是汉语方言中一种比较常见的现象，是高元音［u］（模韵见组读［u］）与［ŋ］声母相拼时，丢失元音的结果。我们认为清水坪乡话模韵"五、午"等读［əŋ］的现象是由

[ŋ] 增生主要元音演变而来，具体分析见 3.4.3。

综上所述，清水坪乡话模韵的层次为：

层次Ⅰ	[u]/[əɯ]/[əŋ]
层次Ⅱ	[ɤ]
层次Ⅳ	[u]/[o]

4.2.2　鱼虞韵的语音层次

《切韵》序中有一句很有名的话"支脂鱼虞，共为不韵"。《颜氏家训·音辞篇》中提到"北人以庶为戍，以如为儒"，又说"北人之音，多以举、莒为矩"。这些说明当时的北方方言鱼虞相混，而南方方言鱼虞有别。鱼虞有别的现象在闽语中保存较多。近年来，随着各地方言材料的不断发表，方言研究的不断深入，陆续发现除闽语外，不少南方方言中都还保留着鱼虞有别的现象。张琨（1985：221）在讨论宁波话"苧煮"等鱼韵字的读音时指出："有些鱼韵的字读的与虞韵的字不同；这些字都读不圆唇的元音 [i] 或者 [ɿ]。这表示鱼虞有别。"梅祖麟（2001：3-14）利用吴语处衢片方言的材料全面论述了"支脂鱼虞，共为不韵"这种现象。秋谷裕幸（2002a：447-451）也利用吴语处衢方言的材料重新讨论了"支脂鱼虞，共为不韵"的现象。谢留文（2003：512-521）报道客家话存在"鱼虞"之别的现象。陆续发表的材料也发现徽语、湘语、赣语、粤语等方言存在鱼虞有别的现象。乡话中也有"鱼虞"有别的现象，如清水坪乡话虞韵有读 [iɐ] 音的现象，与鱼韵有别。乡话不管是鱼韵还是虞韵都有多个今读音类，鱼虞韵多个今读音类之间的分合关系，以及鱼虞韵与尤韵之间的分合关系比较复杂。下面具体分析乡话鱼韵和虞韵的语音层次。

4.2.2.1　鱼韵的语音层次

鱼韵在乡话中的读音情况见表 4.5。

表 4.5　乡话鱼韵的今读举例

例字	沅陵清水坪	沅陵太常	沅陵麻溪铺	古丈岩头寨	泸溪红土溪
吕	[nuei⁵³]	[nuei⁴²]		[nuei⁴²]	[nuei⁴²]
女	[ɲiou³⁵]	[ɲiou³⁵]	[liəɯ³⁵]	[ɲiou³⁵]	[ɲiu⁵³]
蛆	[tɕʰiou⁵⁵]	[tɕʰiou³³]	[tɕʰiəɯ⁵⁵]	[tɕʰiou⁵⁵]	[tɕʰiu⁵⁵]
猪	[tiou⁵⁵]	[tiou³³]	[tiəɯ⁵⁵]	[tiou⁵⁵]	[tiu⁵⁵]
煮	[tɕiou³⁵]	[tsou³⁵]	[tsəɯ³⁵]	[tɕiou³⁵]	[tɕiu⁵³]
所	[suo⁵³]	[so⁴²]		[suo⁴²]	[so⁵³]

书	[tɕiou⁵⁵]	[tsou³³]	[tsəɯ⁵⁵]	[tɕiou⁵⁵]	[tɕiu⁵⁵]
舒	[su⁵⁵]	[su³³]	——	[su⁵⁵]	[su⁵⁵]
鱼	[n̠iou⁵⁵]	[n̠iou³³]	[n̠iəɯ⁵⁵]	[n̠iou⁵⁵]	[n̠iu⁵⁵]
初	[tsʰɤ⁵⁵]	[tsʰɯ³³]	[tsʰeɪ⁵⁵]	[tsʰɤ⁵⁵]	[tsʰei⁵⁵]
锄	[tsɤ²¹²]	[tsɤɯ²¹³]	[dzɐ¹³]	[tsɤ²¹³]	[tsei¹³]
梳	[sɤ⁵⁵]	[sɯ³³]	[seɪ⁵⁵]	[sɤ⁵⁵]	[sẽ⁵⁵]
锯	[kəɯ³³]	[gɤɯ⁵⁵]	[kəɯ²²]	[kəɯ³³]	[gei³³]
去	[kʰəɯ³³]	[kʰɤɯ⁵⁵]	[kʰəɯ²²]	[kʰəɯ³³]	[kʰei³³]
许	[xəɯ³⁵]	[xɤɯ³⁵]	——	[xəɯ³⁵]	[xei⁵³]
语	[yi⁵³]	[yei⁴²]		[yi⁴²]	[yi⁵³]
虚	[ɕyi⁵⁵]	[ɕyei³³]	——	[ɕyi⁵⁵]	[ɕyi⁵⁵]

清水坪乡话鱼韵今读有七个音类，分别是 [iou]、[ɤ]、[əɯ]、[uei]、[u]、[uo]、[yi]，其中 [uei]、[u]、[uo]、[yi] 都只出现于不常用字的读字音中，属于同一层次。[iou]、[ɤ] 和 [əɯ] 都是白读音类，其中 [ɤ] 只出现于庄组字，[əɯ] 只出现于见组字，[iou] 出现于庄组以外的其他声母组。[iou] 与 [əɯ] 是层次关系，因为这两个音类同时见于见组，如"去"读 [kʰəɯ³³]，"鱼"读 [n̠iou⁵⁵]。"鱼"读 [n̠] 声母，其韵母与"去"不同是不是声母影响造成的呢？即 [iou] 与 [k] 组声母相拼时丢失 -i- 介音变为 [əɯ]，而 [iou] 与 [n̠] 相拼时没有发生相同的变化。实则不然。"鱼"韵母读 [iou] 而不读 [əɯ] 与声母无关。"鱼"属于疑母字，疑母在乡话中的今读分为两类，分别是 [ŋ] 和 [n̠]，在洪音前读 [ŋ]，在细音前读 [n̠]，即如果韵母是洪音，则读 [ŋ] 声母；如果韵母是细音，则读 [n̠] 声母。因此，"鱼"读 [n̠] 声母，是因为韵母为细音 [iou]，而不是因为"鱼"的声母为 [n̠]，韵母 [iou] 没有变为 [əɯ]。和尤韵相比，鱼韵 [iou] 与 [əɯ] 的层次关系更加明显。清水坪乡话尤韵白读也有 [iou] 和 [əɯ] 两个韵母，如：救 [kəɯ³³]、舅 [kəɯ³⁵]、牛 [ŋəɯ⁵⁵]、流 [dziou²¹²]、袖 [dziou³³]、守 [tɕiou³⁵]。尤韵的 [iou] 与 [əɯ] 呈互补分布：[əɯ] 只见于见组，[iou] 只出现于见组以外的其他声母组字。也即尤韵见组字只读 [əɯ]，没有读 [iou] 的现象。尤韵同属于疑母的"牛"韵母读 [əɯ]，与其他见组字韵母同，而不读 [iou]，与鱼韵的疑母字"鱼"的韵母不同。因此，尤韵的 [iou] 和 [əɯ] 为互补的两个音类，属于同一个层次，而鱼韵的 [iou] 与 [əɯ] 是层次关系。

再来看 [ɤ] 与 [iou]、[ɤ] 与 [əɯ] 的关系。从出现条件来看，[iou] 与 [ɤ]、[əɯ] 与 [ɤ] 都是互补的，但 [əɯ] 与 [ɤ] 不属于演

变关系。鱼韵读［əɯ］属于鱼虞有别的现象（虞韵有一个"瞿"字也读［əɯ］，但性质与鱼韵读［əɯ］不同，具体分析见后文）。清水坪乡话鱼韵读［əɯ］的字主要有"锯、去、许、渠_{小水沟}"四字，而这几个字在一些南方地区的方言中属于鱼虞有别层次的特征词。

至于［ɤ］与［iou］的关系，我们认为这两个音类属于同一层次，是根据声母分化的结果。不少方言中鱼韵的庄组字与非庄组字（除了庄组以外的其他组声母字）的读音不同，如根据彭建国（2010），大部分湘语鱼韵的庄组字与模韵同，而与鱼韵其他声母字的韵母不同。据陈忠敏（2013：220），闽语闽东片、莆仙片、闽北片和闽中片鱼韵的文读层庄组字读［u］（ɑu），非庄组字读［y］（øy），闽南片最晚的文读层庄组字读［ɔ］，非庄组字读［u］。另外，虞韵也有这两个音类，属于鱼虞韵相混的音类。

瞿建慧（2017）调查的乡话材料有四处方言点鱼韵有读［ia］的现象，但仅有一个"滤"字。瞿认为这是鱼虞相混的层次（虞韵以读［ia］/［a］音类为主）。我们调查的鱼韵材料没有读［ia］音类的现象，鱼韵的"滤"读［niou³³］。我们也尽可能调查了乡话中可能会用到"滤"的词，如乡话区经常做豆腐，"滤豆腐"的"滤"也读［niou³³］。乡话中用来倒酒的漏斗叫"酒□子［tɕie³⁵nie³³tsɛ³⁵⁻³³］"，第二个音节本字不明，可能是"漏"，但侯韵主要读ɛ，暂时没有发现有读iɛ的，从意义上来看，也不可能是"滤"字。鲍厚星等（1985）调查的麻溪铺乡话鱼韵没有读［ia］的现象；伍云姬等（2010）调查的古丈瓦乡话鱼韵也没有读［ia］的现象。杨蔚（2010a：90-91）收录的9处乡话材料只有清水坪和棋坪两处"滤"字读［ia］韵母，但声调均为上声。据我们对乡话的了解，古次浊去声字白读没有读上声的现象。我们推测读［ia］韵母的音本字可能不是"滤"。因此，我们认为不宜根据部分乡话材料中一个"滤"字（尚不能完全确定本字就是该字）读［ia］韵母，就确定乡话鱼韵有读［ia］的层次。此外，虞韵常用字以读［ia］/［a］为主，除了虞韵，尤韵也有读［ia］/［a］的现象，保存也较多。如果［ia］属于鱼虞韵相混的音类，而该音类在虞韵中还大量保存，而在鱼韵中仅存一例，也是不太合理的。

麻溪铺乡话的情况需要单独说明一下的是：鱼韵字在清水坪乡话读［ɤ］的，在麻溪铺乡话分为两类［eɪ］和［ɛ］。麻溪铺乡话的［eɪ］和［ɛ］属于声调变韵关系，不是层次关系。麻溪铺乡话的［eɪ］只出现于22和55调，而［ɛ］只出现于13和35调。这种声调变韵现象不仅出现于鱼韵，虞韵的非组字由于只有13和35调的例字，因此韵母为［ɛ］，其他韵摄也都有声调变韵现象，这里不一一举例。

综上所述,清水坪乡话鱼韵的语音层次如下:

层次 Ⅰ	[əɯ](鱼虞有别层)
层次 Ⅱ	[ɤ]/[iou](鱼虞相混层)
层次 Ⅲ	[u]/[uei]/[yi]/[uo](最新的文读层)

4.2.2.2 虞韵的语音层次

乡话虞韵的今读情况见表4.6。

表4.6 乡话虞韵的今读举例

例字	沅陵清水坪	沅陵太常	沅陵麻溪铺	古丈岩头寨	泸溪红土溪
府	[fu⁵³]	[fu⁴²]	——	[fu⁴²]	[fu⁴²]
符	[fɤ²¹²]	[fɤɯ²¹³]	[fe¹³]	[fɤ²¹³]	[fei¹³]
腐	[fɤ³⁵]	[fɤ³⁵]	[fe³⁵]	[fɤ³⁵]	[fei⁵³]
武	[vu⁵³]	[vu⁴²]	[u⁴²]	[u⁴²]	[vu⁴²]
屡	[nuei⁵³]	[nuei⁴²]	——	[nuei⁴²]	[nuei⁴²]
取	[tsʰɐ³⁵]	[tsʰa³⁵]	[tsʰa³⁵]	[tsʰɐ³⁵]	[tsʰʌ⁵³]
厨	——	[tiou²¹³]	[diəɯ¹³]	[təɯ²¹³]	[tiu¹³]
柱	[tʰiɐ³⁵]	[tʰia³⁵]	[tʰia³⁵]	[tʰiɐ³⁵]	[tʰiʌ⁵³]
住	[tiou³³]	[tiou⁵⁵]	[tiəɯ²²]	[tiou³³]	[tiu³³]
数动词	[sɐ³⁵]	[sa³⁵]	[sa³⁵]	[sɐ³⁵]	[sʌ⁵³]
珠	[tsu⁵⁵]	[tsu³³]	——	[tsu⁵⁵]	[tsu⁵⁵]
主	[tsɐ³⁵]	[tsa³⁵]	[tsa³⁵]	[tsɐ³⁵]	[tsʌ⁵³]
树	[tsɐ³³]	[tsa⁵⁵]	[dza²²]	[tsɐ³³]	[tsʌ³³]
区	[tɕʰyi⁵⁵]	[tɕʰyei³³]	——	[tɕʰyi⁵⁵]	——
瞿	[kəɯ²¹²]	[kɤɯ²¹³]	[gəɯ¹³]	[gəɯ²¹³]	[kei³³]
雨	[vɐ³⁵]	[va³⁵]	[ua³⁵]	[vɐ³⁵]	[vʌ⁵³]
芋	[yi³³]	[vu³³]	——	[u²¹³]	[yi⁵³]

清水坪乡话虞韵今读有八个音类,分别是[u]、[ɤ]、[uei]、[ɐ]、[iou]、[əɯ]、[iɐ]、[yi]。其中[u]、[uei]、[yi]都只出现于乡话不常用字的读字音中,都属于文读,也是最新的层次,其他五个音类都是白读。下面详细分析虞韵五个白读音类之间的关系。

先看[ɐ]与[iɐ]。这两个音类的出现环境是互补的,[ɐ]只出现于精组、庄组、章组(三组字今都读[ts]组声母)和云母(今声母为[v]),[iɐ]只出现于知组([t]组声母)。瞿建慧(2017)认为白沙乡话虞韵的[a]和[ia]属于不同的层次(对应清水坪乡话的[ɐ]和[iɐ]),[a]是虞韵特有的层次,[ia]是鱼虞相混的层次。瞿文列举的虞韵读[a]的例字有(声调略):株[ta]、取娶[tsʰa]、数[sa]、竖

［dza］、雨［va］。从读［a］的例字可以发现，除了"株"字外，其他读
［a］的字都是受声母影响丢失 -i- 介音的结果。也就是说，这些字原本是
读［ia］的，读［a］是以声母为条件分化的结果。乡话中精组、知组、章
组声母的字，受声母影响，韵母由细音变为洪音的现象比较常见，如清水
坪乡话的深臻摄、咸山摄都有读［iɛ］和［ɛe］的现象，如果精组和知系
字声母为［tɕ］组声母，韵母读［iɛ］，如果今声母为［ts］组声母，韵母
则读［ɛe］。对于不能用声母影响解释的"株"字，我们认为［ta］音本
字并不是"株"，而是"蔸"。乡话不仅虞韵有读［a］（或［ɐ］）的，流
摄的侯韵也有读［a］的，尤韵也有读［a］的。如瞿建慧（2017）列举
的流摄的材料（声调略）：陡［ta］、够［ka］、有［va］。因此，读［ta］
音的字来自侯韵也是非常有可能的。我们认为该音的本字就是来自侯韵
的"蔸"，理由如下：一是湘语表示植株的量词主要是用"蔸"，而基本
不用"株"，如湘语冷水江方言可以说"一蔸树"或"一只树"，但绝不
说"一株树"，处于湘语包围之中且长期受湘语影响的乡话，表示植株的
量词用"蔸"也是很有可能的。二是虞韵除了"株［ta］"的韵母为［a］
外，其他虞韵所有读［a］韵母的字都是因为受声母的影响由［ia］演变
而来，也就是如果［ta］的本字是"株"，这个音是虞韵读［a］音的一个
孤例。据此，我们认为乡话中表示植株量词的［ta］音本字是"蔸"。虞
韵的［ia］与［a］属于互补的两个音类，属于同一个层次，［ia］与［ts］
组和［v］声母相拼时，-i- 介音丢失变为［a］。清水坪乡话虞韵的［ɐ］\
［iɐ］与尤韵相混。其实从尤韵的情况来看，虞韵的［ɐ］与［iɐ］也是两
个互补的音类。上文提到瞿建慧文的材料中只列举了尤韵读［a］的现象，
其实尤韵还有读［ia］的现象，如我们调查的清水坪乡话，尤韵读［ɐ］\
［iɐ］的有（声调略）：妇［pʰɐ］、刘［niɐ］、酒［tɕiɐ］、修［ɕiɐ］、抽
［tʰiɐ］、收［sɐ］、久［tɕiɐ］、油［zɐ］，等等。清水坪乡话尤韵的［ɐ］\
［iɐ］属于两个互补的音类，［ɐ］只出现在［p］组、［ts］组和［v］声母
后，而［iɐ］只出现在非［p］组、［ts］组和［v］声母后。在清水坪乡话
中，［iɐ］是不与［p］组、［ts］组和［v］声母相拼的，在与这些声母相
拼时，-i- 介音丢失。

　　清水坪乡话虞韵的［iou］与［ɐ］/［iɐ］是两个对立的音类，都见于
知组，如"柱"读［tʰiɐ］，而"住"读［tiou］。［ɐ］/［iɐ］只见于虞韵，
不见于鱼韵，属于鱼虞有别的音类，是虞韵最早的层次；［iou］既见于鱼
韵，又见于虞韵，属于鱼虞相混的音类。此外，出现于非组的［ɤ］，与
［iou］的出现条件是互补的，且这两个音类也同时见于鱼韵和虞韵，我们认

为［ɤ］与［iou］属于同一层次。清水坪乡话庄组读［ts］组声母，非组读［f］声母，受声母影响，丢失 -i- 介音后混入一等模韵，鱼虞韵其他字则读［iou］。

虞韵有且仅有一个"瞿"字读［əɯ］音类，我们认为"瞿"读［əɯ］韵母与鱼韵［ɯe］的性质不同。首先虞韵的［əɯ］、［ɤ］和［iou］出现条件互补，目前没有任何材料显示［əɯ］与［iou］是对立的，而上文我们直接证明了鱼韵的［ɯe］与［iou］是对立的。此外，之韵尤韵也都有［əɯ］和［iou］这两个音类，上文证明了尤韵的［ɯe］与［iou］是互补关系，之韵的［əɯ］与［iou］也是互补关系，［əɯ］只见于见组，［iou］只见于非见组。其次，这个姓氏不是乡话中常见的姓氏，不少乡话点调查不出这个音。虽然我们调查的四个点都调查出了这个音，但是这四处要不没有姓瞿的，要不只有个别姓瞿的。因此，［ɤ］、［əɯ］和［iou］这三个音类是同一层次的变异形式。

需要说明的是麻溪铺乡话虞韵的"雨"读［ua］韵母。麻溪铺乡话除了"雨"外，没有读［ua］的现象，而"雨"在其他乡话点都读［va］。我们认为麻溪铺乡话虞韵的"雨"读［ua］与其他乡话点"雨"读［va］的不同是处理的不同，乡话虞韵没有读［ua］的层次，但云母有读［v］的现象。除了"雨"外，尤韵的"有"也读［va］。上文我们提到，尤韵只有读［a］/［ia］的现象，也没有读［ua］韵母的现象。因此，我们认为乡话"雨有"读［va］，声母为［v］，韵母为［a］。关于云母读［v］的现象具体分析见 3.5.2。

清水坪乡话虞韵的语音层次如下，并列出鱼韵的层次供比较。

	虞韵	鱼韵
层次Ⅰ（有别层）	［ɐ］/［iɐ］	［ɯe］
层次Ⅱ（相混层）	［iou］/［ɤ］/［əɯ］	［ɤ］/［iou］
层次Ⅲ（文读层）	［u］/［uei］/［yi］	［u］/［uei］/［yi］/［uo］

4.2.3　流摄的语音层次

流摄只有开口一三等，共有三个韵：侯韵、尤韵和幽韵。其中幽韵字很少，且在乡话中都不常用，我们不予讨论。本部分只讨论侯韵与尤韵的层次。

4.2.3.1　侯韵的今读分析

乡话侯韵的今读情况如表 4.7。

表 4.7 乡话侯韵的今读举例

例字	沅陵清水坪	沅陵太常	沅陵麻溪铺	古丈岩头寨	泸溪红土溪
亩	[məɯ⁵³]	[mɤɯ⁴²]	——	[mɤ⁴²]	[mou⁵³]
斗_~	[tɐ³⁵]	[ta³⁵]	[ta³⁵]	[tɐ³⁵]	[tʌ⁵³]
透	[tʰɐ³³]	[tʰa⁵⁵]	[tʰa²²]	[tʰɐ³³]	[tʰʌ³³]
楼	[nɐ⁵⁵]	[na³³]	[la⁵⁵]	[nɐ⁵⁵]	[nʌ⁵⁵]
走	[tsəɯ⁵³]	[tsɤɯ⁴²]	——	[tsəɯ⁴²]	——
钩	[kɐ⁵⁵]	[ka³³]	[ka¹³]	[kɐ⁵⁵]	[kʌ¹³]
构	[kəɯ³⁵]	[kɤɯ³⁵]	——	[kəɯ³⁵]	[kou⁴²]
口	[kʰɐ³⁵]	[kʰa³⁵]	[kʰa³⁵]	[kʰɐ³⁵]	[kʰʌ⁵³]
侯	[ɐ²¹²]	[a²¹³]	——	[ɐ²¹³]	[ʌ¹³]
厚	[ɐ³⁵]	[a³⁵]	[ɣa³⁵]	[ɐ³⁵]	[ʌ⁵³]

乡话侯韵今读以清水坪乡话为例,有[ɐ]和[əɯ]两类,其中[ɐ]为白读,[əɯ]为文读。侯韵读前元音的现象广见于南方方言,如湘语、吴语、赣语和客家话等很多方言侯韵读前元音,有些甚至增生了[i]介音,如冷水江方言侯韵读前元音,见组字增生i介音(i介音又在演变中丢失),声母发生腭化,例字如:偷[tʰø³³]、走[tsø²¹]、狗[tʃø²¹]等。

清水坪乡话侯韵的语音层次是:

层次 Ⅰ	[ɐ]
层次 Ⅱ	[əɯ]

4.2.3.2 尤韵的语音层次

尤韵的具体读音见表 4.8。

表 4.8 乡话尤韵的今读举例

例字	沅陵清水坪	沅陵太常	沅陵麻溪铺	古丈岩头寨	泸溪红土溪
妇	[pʰɐ³³]	[pʰa⁵⁵]	[pʰa²²]	[pʰɐ³³]	[pʰʌ³³]
富	[fu³⁵]	[fu³⁵]	——	[fu³⁵]	——
负	[bɐ³³]	[ba⁵⁵]	[ba⁵⁵]	[bɐ³³]	[bʌ³³]
刘	[niɐ⁵⁵]	[nia³³]	[lia⁵⁵]	——	[niʌ⁵⁵]
酒	[tɕiɐ³⁵]	[tɕia³⁵]	[tɕia³⁵]	[tɕiɐ³⁵]	[tɕiʌ⁵³]
秋	[tɕʰiɐ⁵⁵]	[tɕʰia³³]	[tɕʰia⁵⁵]	[tɕʰiɐ⁵⁵]	[tɕʰiʌ⁵⁵]
修	[ɕiɐ⁵⁵]	[ɕia³³]	[ɕia⁵⁵]	[ɕiɐ⁵⁵]	[ɕiʌ⁵⁵]
泅	[dʑiɐ²¹²]	[dʑia²¹³]	[dʑia¹³]	[dʑiɐ²¹³]	[dʑiʌ¹³]
抽	[tʰiɐ⁵⁵]	[tʰia³³]	[tʰia⁵⁵]	[tʰiɐ⁵⁵]	[tʰiʌ⁵⁵]
绸	——	[tia²¹³]	[tia¹³]	——	[tiʌ¹³]
收	[sɐ⁵⁵]	[sa³³]	[sa⁵⁵]	[sɐ⁵⁵]	[sʌ⁵⁵]

久	[tɕiɐ³⁵]	[tɕia³⁵]	[tɕia³⁵]	[tɕiɐ³⁵]	[tɕiʌ⁵³]
九	[tɕiɐ³⁵]	[tɕia³⁵]	[tɕia³⁵]	[tɕiɐ³⁵]	[tɕiʌ⁵³]
丘	[tɕʰiɐ⁵⁵]	[tɕʰia³³]	——	[tɕʰiɐ⁵⁵]	[tɕʰiʌ⁵⁵]
求	[tɕiɐ²¹²]	[tɕia²¹³]	[dʑia¹³]	[tɕiɐ²¹³]	[tɕia¹³]
有	[vɐ³⁵]	[va³⁵]	[ua³⁵]	[vɐ³⁵]	[vʌ⁵³]
油	[zɐ⁵⁵]	[za³³]	[dza⁵⁵]	[zɐ⁵⁵]	[zʌ⁵⁵]
右	[zɐ³³]	[za⁵⁵]	[za²²]	[zɐ³³]	[zʌ³³]
究	[tɕiou⁵⁵]	[tɕiou³³]		[tɕiou⁵⁵]	[tɕiʊ¹³]
休	[ɕiou⁵⁵]	[ɕiou³³]	——	——	——
流	[dʑiou²¹²]	[dzou²¹³]	[dzəɯ¹³]	[dʑiou²¹³]	[dʑiʊ¹³]
袖	[dʑiou³³]	[dʑiou⁰]	——	[tɕiou³³]	[dʑiʊ³³]
手	[ɕiou³⁵]	[sou³⁵]	——	[ɕiou³⁵]	[ɕiʊ⁵³]
守	[tɕiou³⁵]	[tsou³⁵]	[tsəɯ³⁵]	[tɕiou³⁵]	[tɕiʊ⁵³]
受	[səɯ³⁵]	[sou³⁵]	——	[səɯ³⁵]	[sʊ⁵³]
仇	[dzəɯ³³]	[dzou³³]	——	[tsɐ²¹³]	[dzʊ¹³]
咒	[tsəɯ³⁵]	[dzou³⁵]	——	[tsəɯ³⁵]	[tɕiʊ¹³]
救	[kəɯ³³]	[kɤɯ⁵⁵]	[tɕia²²]	[kəɯ³³]	[kei³³]
舅	[kəɯ³⁵]	[kɤɯ³⁵]	——	[kəɯ³⁵]	[kei⁵³]
牛	[ŋəɯ⁵⁵]	[ŋɤɯ³³]	[ŋəɯˢ ᵐeɯ⁵⁵]	[ŋəɯ⁵⁵]	[ŋei⁵⁵]

清水坪尤韵今读有五类，分别是：[u]、[ɐ]、[iɐ]、[iou]、[əɯ]，其中[u]仅有文读，主要见于非组字，如"富"①。[əɯ]的性质分为两类，一种是文读，如"咒"；一种是白读，如"舅"。[iou]也分为两种情况，一种是文读，如"究"；一种是白读，如"守"。作为文读的[u]、[iou]和[əɯ]都只用于乡话中不常用的字，这三个文读音属于同一层次。

再来看白读音的层次关系。[iɐ]与[ɐ]的出现的今声母条件是互补的，[iɐ]出现于[n]、[t]组、[tɕ]组声母后，[ɐ]出现于[p]组、[ts]组和[v]声母后。从[ɐ]出现的今声母条件来看，都是与细音相拼时容易丢失i介音的声母，清水坪乡话中也不存在[p]组、[ts]组和[v]声母与[iɐ]相拼的现象。据此，我们认为[iɐ]与[ɐ]属于同一层次的条件变体，[ɐ]受声母影响丢失了[i]介音。有些乡话材料记录的"阄"读[kɐ⁵⁵]，如鲍厚星、伍云姬（1985：50）记录的麻溪铺乡话。我们认为[kɐ⁵⁵]的本字不是"阄"，而是"勾"。湘语新化方言和冷水江方言把

---

① 很多乡话材料记录的"旧"音[ku]（声调略），陈晖（2016）记录的梁家潭乡话材料，用"过"来记录该音，我们采用了陈晖的观点，认为流摄尤韵白读没有读[u]的现象。

"抓阄"分别叫做"抽勾"和"捡勾",确实乡话中"勾"是读［kɐ⁵⁵］音的。乡话尤韵［iɐ］/［ɐ］这个层次与虞韵相混。尤虞韵相混的现象见于大部分闽语和吴语处衢方言(秋谷裕幸 1999:115)以及连城地区(秋谷裕幸 2002b:447、严修鸿 2002:190-191)、邵武地区方言。郭必之(2004:595-597)根据 4 世纪江东地区押韵、日本吴音以及异文、音注的零星痕迹,指出虞韵读入尤韵是古江东方言的特点。伍云姬(2010:27)认为虞韵读同尤韵的字虽然大部分来自上古侯部,但"雨"来自鱼部,说明瓦乡话的情况不是对应上古侯部而是虞韵读入尤韵的"古江东方言"的反映。我们认为虞尤同韵的现象不会很早,应该与吴闽语虞尤同韵的时间同。尤韵字读［ia］的字有"刘、酒、秋、修、泅、抽、绸、收、久、九、韭、丘、求、球、油、右"等。这些字大部分来自上古幽部,但有个别字来自上古之部,如:久丘右。

白读的［iou］与［əɯ］的出现条件是互补的,属于同一个层次,具体我们在 4.2.2.1 已经分析过,在此不赘述。

尤韵读［iou］/［əɯ］的现象与鱼虞韵相混。其实不仅乡话,湘语也有鱼虞尤韵相混的现象,冷水江方言鱼虞尤韵就有相混为［iou］的现象,如鱼韵:猪［tɕiou³³］、煮［tɕiou²¹］、絮［siou⁴⁵］;虞韵:取［tsʰiou²¹］、株［tɕiou³³］、句［tɕiou⁴⁵］;尤韵:酒［tsiou²¹］、抽［tɕʰiou³³］、牛［iou¹³］、有［iou²¹］等。乡话鱼虞尤韵相混读［iou］的现象是受湘语影响的结果。

综上所述,清水坪乡话尤韵的语音层次为:

层次 I	［ia］(尤虞合流层)
层次 II	［iou］(非见组)/［əɯ］(见组)(鱼虞尤韵合流的层次)
层次 III	［u］/［iou］/［əɯ］(最晚的文读层)

4.3　蟹止摄的语音层次及演变

蟹摄和止摄在开合口都有相混的情况,因此放在一起讨论。

4.3.1　止摄支脂之三韵开口的语音层次 [①]

止摄有支脂之微四个韵,其中除了之韵只有开口外,其他三个韵开合口都有。由于微韵字在乡话中都不常用,不予讨论,我们只讨论支脂之三

韵开口的语音层次。

支脂之三韵的分合关系一直以来都是汉语方言研究者关注的重点。《颜氏家训·音辞篇》中提到："北人以庶为戍，以如为儒，以紫为姊"，说的是当时北人鱼虞不分，支脂无别，而南人鱼虞不混，支脂有别。经过一千多年的发展，南方汉语方言发生了很大的变化，支脂之三韵在很多南方方言中已经变得混而不分，只在少数方言中还保持有别，如罗杰瑞（1988）发现福建政和话支脂之三分的现象；梅祖麟（2001）发现吴语处衢方言支脂两韵有别；秋谷裕幸（2002a）发现吴语处衢方言能区分支脂之三韵；万波（2010）发现赣语建宁方言有支脂之三分现象。目前已发现支脂之有别的方言主要分布在浙江的南部和福建的北部。东南部地区的方言相对存古特征较多，中部方言受官话影响非常大，官话化倾向明显。但偏隅湘西一角的乡话，则独树一帜，与周围方言差别非常明显，支脂之三韵的今读具有非常突出的特点。

乡话支脂之三韵，每个韵今读都对应多个读音，以沅陵清水坪乡话为例，支韵今读有［ɣ］、［i］、［iɛ］、［ʅ］、［ʊ］、［ɑ］六个音类，脂韵今读有［i］、［ʅ］、［iɛ］、［ʊ］四个音类，之韵今读有［i］、［ʅ］、［ʊ］、［əɯ］、［iou］、［iɛ］六个音类。每个韵对应多个音类，是否每个音类都属于单独的层次？这些音类中，有些出现于支脂之三韵，有些只出现于某一个韵，这些音之间的层次分合关系如何？杨蔚（2010a）、郑焱霞（2010）都注意到乡话中有支脂之三分的现象，但均未对乡话支脂之三韵的分合关系进行具体分析，指出哪些音类是三分的层次，哪些音类是合流的层次。本部分在以往研究的基础上对支脂之三韵的分合关系进行详细分析。乡话处于湘语的包围之中，不可避免会受到湘语的影响，本部分也关注乡话与湘语之间的关系，关注乡话材料对湘语研究的意义。

4.3.1.1　支脂之三分的层次

从上文所列举的清水坪乡话支脂之三韵具体的读音可以看到，［ɣ］和［ɑ］只出现于支韵，不出现于脂之韵；［əɯ］和［iou］只出现于之韵，不出现于支脂韵。下面我们列出这三韵有别的具体读音如表4.9（［ɑ］音类后文单独分析）。

表4.9　乡话支脂之三分现象

韵	例字	沅陵清水坪	沅陵太常	沅陵麻溪铺	古丈岩头寨	泸溪红土溪
支	枝	［tsɣ⁵⁵］	［tsei³³］	［tseɪ⁵⁵］	［tsɣ⁵⁵］	——
	纸一张~	［tsɣ³⁵］	［tsei³⁵］	［tsɛ³⁵］	［tsɣ³⁵］	［tɕi⁵³］
	是	［tsʰɣ³⁵］	［tsʰɣɯ³⁵］	［tsʰɛ³⁵］	［tsʰɣ³⁵］	［tɕʰi⁵³］
韵	舐	［dzɣ³⁵］	［dzei³⁵］	［dzɛ³⁵］	［dzɣ³⁵］	［dziɛ⁵³］

脂	履	[ni³⁵]	[ni³⁵]	[li³⁵]	[ni³⁵]	[ni⁵³]
韵	粞	[tɕi²¹²]	[tɕi²¹³]	[dʑi¹³]	[tɕi²¹³]	[tɕi¹³]
	四	[ɕi³³]	[ɕi⁵⁵]	[ɕi²²]	[ɕi³³]	[ɕi³³]
之	喜	[kʰəɯ³⁵]	[kʰɤɯ³⁵]	[kʰəɯ⁵⁵]	[kʰəɯ³⁵]	[kʰei⁵³]
	起	[kʰəɯ³⁵]	[kʰɤɯ³⁵]	[kʰəɯ³⁵]	[kʰəɯ³⁵]	[kʰei⁵³]
	箕	[kəɯ⁵⁵]	[kɤɯ³³]	——	[kəɯ⁵⁵]	[kei⁵⁵]
	理			[liəɯ³⁵]	[niou³⁵]	[niou⁵³]
	里~子	[niou³⁵]	[niou³⁵]	——	[niou³⁵]	
韵	时	——	[tsou²¹³]	[dʑəɯ¹³]	[tɕiou²¹³]	[tɕiou¹³]

从表 4.9 可以看到，清水坪乡话支韵读 [ɤ] 与脂之韵相区别，之韵读
[əɯ]、[iou] 与支脂韵相区别。支韵的 [ɤ] 属于比较早的读音，通过异
读可以证明，如岩头寨乡话"纸"有两读，单说表示"纸张"义时读 [ɤ]，
在"纸烟"一词中读 [ɐ]（[ɐ] 属于支脂之三韵都有的白读音），从语义条
件来看，[ɤ] 的层次比 [ɐ] 早。

清水坪乡话脂韵字主要读 [i]，支之韵也有读 [i] 的现象，如：彼支
[pi⁵³]、寄支 [tɕi⁵³]、吏之 [ni³⁵]、基之 [tɕi⁵⁵]。表面上看，脂韵读 [i] 与
支之韵相混，但部分脂韵字读 [i] 与支之韵读 [i] 的性质并不相同，脂
韵读 [i] 的字，既有白读，也有文读，白读如表 4.9 所举例，文读如：琵
[bi³³]、饥 [tɕi⁵⁵]；而支之韵读 [i] 的现象基本都属于文读。因此，脂韵
白读 [i] 与支之韵读 [i] 的性质不同，属于与支之有别的层次。

太常、红土溪和麻溪铺乡话支脂之三韵有别的情况与清水坪乡话有所
不同，下面一一分析。

先看红土溪乡话。清水坪乡话的支韵 [ɤ]（由 [iɛ] 丢失 -i- 介音变
来，后文有详细分析）有别于脂韵的 [i]，而在红土溪乡话这两个韵大都
混同为 [i]。我们认为这是红土溪乡话支韵发生了 [iɛ] → [iɪ] → [i] 高
化的结果。红土溪乡话的"舐、移"韵母仍读 [iɛ] 可以证明这一点。

麻溪铺乡话支韵字有两类音 [eɪ] 和 [ɛ] 与脂之韵有别。麻溪铺支
韵的这两类音是什么关系呢？这两类读音都对应于清水坪乡话的 [ɤ]。为
什么在其他点归于同一音类的字，在麻溪铺分为两类呢？从例字可以发现
[eɪ] 只出现在 55 调，[ɛ] 只出现在 35 调（麻溪铺乡话 [eɪ] 出现于 55 和
22 调，[ɛ] 出现于 35 和 13 调，更多例字见表 4.2），属于声调变韵的关系。

清水坪乡话读 [ɤ] 的字，在太常乡话读为 [ei] 和 [ɤɯ]，其中读
[ɤɯ] 的音类与之韵相混。同一来源的字，今读为不同的音类有两种可
能，一种是层次关系，一种是属于演变关系的不同阶段。我们认为 [ei]

和［ɣɯ］属于同一层次的不同演变阶段，理由有两个：一是太常乡话的这两类音在其他乡话点归为一类；二是这两类音可以通过演变来解释。从清水坪乡话的［ɣ］变为太常乡话的［ei］，我们推测其演变过程为：［ɣ］→［ɯ］→［əɯ］→［ɣɯ］→［ei］。其实红土溪乡话就已经发生了［əɯ］/［ɣɯ］向［ei］的演变。

综上所述，乡话各点支脂之三分的现象大致相同，只是在发展速度上存在差异，如红土溪乡话支之韵趋于相混，太常乡话脂之韵也有相混的现象等。大致情况是受周围方言影响较大的点变化快，受周围方言影响小的点变化相对较慢。

根据上文的分析，清水坪乡话支韵的有别层为［ɣ］，属于开口三等的支韵字本应该有［-i-］介音，为什么清水坪乡话支韵的读音没有介音了呢？我们认为这是声母变化对韵母产生影响丢失 -i- 介音的结果。从表 4.9 可以看到，支韵与脂之韵有别的音主要集中在章组，目前学界基本认同章组的中古拟音为［*tɕ］。但清水坪等乡话章组今读［ts］组声母，乡话中［ts］组声母只能和洪音相拼，不能和细音相拼，受声母影响导致 -i- 介音丢失。我们还可以通过其他韵摄的情况来证明这一点。清水坪乡话除了支韵外，其他韵如戈韵、模韵、鱼虞韵等也有读［ɣ］的现象，但这些都读为［ɣ］韵母的字在红土溪乡话中分为两类，三等字为一类，非三等字为一类，如表 4.10。

表 4.10　清水坪乡话读［ɣ］韵母的来源

例字	沅陵清水坪	沅陵太常	沅陵麻溪铺	古丈岩头寨	泸溪红土溪
灰灰	［xɣ⁵⁵］	［xɣɯ³³］	［xeɪ⁵⁵］	［xɣ⁵⁵］	［xei⁵⁵］
黑德	［kʰɣ⁵³］	［kʰɣɯ⁴²］	［kʰeʔ⁵³］	［kʰɣ⁴²］	［kʰei⁴²］
急缉	［kɣ⁵³］	［kɣɯ⁴²］	［kəuʔ⁵³］	［kəɯ⁴²］	［kei⁴²］
簸戈	［pɣ³⁵］	［pɣɯ³⁵］	［pe³⁵］	［pɣ³⁵］	［pei⁵³］
破戈	［pʰɣ³³］	［pʰɣɯ⁵⁵］	［pʰeɪ²²］	［pʰɣ³³］	［pʰei³³］
土模	［tʰɣ³⁵］	［tʰɣɯ³⁵］	———	［tʰɣ³⁵］	［tʰei⁵³］
做模	［tsɣ³³］	［tsɣɯ⁵⁵］	———	［tsɣ³³］	［tsei³³］
粗模	［tsʰɣ⁵⁵］	［tsʰɣɯ³³］	［tsʰeɪ⁵⁵］	［tsʰɣ⁵⁵］	［tsʰei⁵⁵］
初鱼	［tsʰɣ⁵⁵］	［tsʰɣɯ³³］	［tsʰeɪ⁵⁵］	［tsʰɣ⁵⁵］	［tsʰei⁵⁵］
锄鱼	［tsɣ²¹²］	［tsɣɯ²¹³］	［dzɐ¹³］	［tsɣ²¹³］	［tsei¹³］
梳鱼	［sɣ⁵⁵］	［sɣɯ³³］	［seɪ⁵⁵］	［sɣ⁵⁵］	［sẽ⁵⁵］
符虞	［fɣ²¹²］	［fɣɯ²¹³］	［fe¹³］	［fɣ²¹³］	［fei¹³］
腐虞	［fɣ³⁵］	［fɣɯ³⁵］	［fe³⁵］	［fɣ³⁵］	［fei⁵³］
来咍	［zɣ²¹²］	［zɣɯ²¹³］	［zɐ¹³］	［zɣ²¹³］	［zæɛ¹³］

菜哈	[tsʰɤ³³]	[tsʰɤɯ⁵⁵]	[tsʰeɪ²²]	[tsʰɤ³³]	[tsʰei³³]
裁哈	[dzɤ²¹²]	[dzɤɯ²¹³]	[dze¹³]	[dzɤ²¹³]	[dzɛe³³]
戴哈	[tɤ³³]	[tɤɯ⁵⁵]	——	[tɤ³³]	[tei³³]
背灰	[pɤ³³]	[pɤɯ⁵⁵]	[peɪ²²]	[pɤ³³]	[pei³³]
贼德	[tsʰɤ⁵⁵]	[tsʰɤɯ³³]	[tsʰeɪ⁵⁵]	[tsʰɤ⁵⁵]	[tsʰei⁵⁵]
枝支	[tsɤ⁵⁵]	[tsei³³]	[tseɪ⁵⁵]	[tsɤ⁵⁵]	——
纸支	[tsɤ³⁵]	[tsei³⁵]	[tsɛ³⁵]	[tsɤ³⁵]	[tɕi⁵³]
是支	[tsʰɤ³⁵]	[tsʰɤɯ³⁵]	[tsʰɛ³⁵]	[tsʰɤ³⁵]	[tɕʰi⁵³]
舐支	[dzɤ³⁵]	[dzei³⁵]	[dzɛ³⁵]	[dzɤ³⁵]	[dziɛ⁵³]
舌薛	[dzɤ³³]	[dzei³³]	[dzeʔ⁵³]	[dzɤ³³]	[dʑi¹³]
热薛	[dzɤ³⁵³]	[dzei⁴²]	[dzeʔ⁵³]	[dzɤ⁴²]	[dʑi⁴²]
只昔	[tsɤ⁵³]	[tsei⁴²]	[tseʔ⁵³]	[tsɤ⁴²]	——
赤昔	[tsʰɤ⁵³]	[tsʰei⁴²]	——	[tsʰɤ⁴²]	[tɕʰi⁴²]

从表 4.10 可以看到，清水坪读［ɤ］的字，红土溪读为［ei］和［i］两类。清水坪的［ɤ］与红土溪两类音的对应关系是：清水坪三等的［ɤ］对应红土溪的［i］（鱼虞韵庄组和非组字读［ei］是受声母影响的结果），清水坪一等的［ɤ］对应红土溪的［ei］。因此，可以确定清水坪支韵读［ɤ］与非三等字读［ɤ］是一种后起合流的现象，支韵读［ɤ］是受声母影响丢失了 -i- 介音的结果，红土溪支韵字声母读［tɕ］，韵母则读［i］/［iɛ］。我们推测清水坪乡话支韵的［ɤ］在脱落 -i- 介音前，读音接近于［iɛ］。其实清水坪乡话"池～坪：地名"字就读［iɛ］韵母。因此，清水坪乡话支韵字［iɛ］与［ɤ］是以声母为条件的两个音类，属于同一个层次。

杨蔚（2004：53）记录的乡话材料支韵"骑"的韵母为［ie］，与三分层中的支韵［iɛ］性质是否相同呢？先看材料如下（数字 2 表示的是阳平调）：

	麻溪铺	高峰	八什坪	白沙	清水坪	棋坪	丑溪口	深溪口	渭溪
骑	[dʑie²]	[tɕie²]	[dʑie²]	[tsai²]	[tɕie²]	[tɕie²]	[tsai²]	[tɕi²]	[tɕie²]

从上表可以看到，"骑"字主要读［ie］，我们认为"骑"读［ie］的性质与上述清水坪乡话"池"等读［iɛ］的性质不同。"骑"的声母有些读舌面音，有些读舌尖前音。"骑"来源于群母，乡话中除了清韵的"颈［tsʅ］"有读［ts］声母现象外，其他见组字并没有读［ts］组声母的现象，而"颈"读［ts］声母是由韵母舌尖化导致的，而上表中白沙和丑溪口乡话"骑"的韵母为［ai］，所以声母读［ts］并不是由韵母引起。因此，声母读［ts］是不符合"骑"的音韵地位的。

清水坪乡话脂韵主要读［i］，但"死"读［ɕiɛ³⁵］，与其他脂韵字的读音情况不同。类似现象在其他乡话中也存在，如太常乡话"迟"有两读：[nie²¹³] 和 [ni²¹³]，杨蔚（2010a：217、218）调查的高峰乡话"死"有 [ɕie³⁵] 和 [ɕi³⁵] 两读，"迟"读 [nie¹³]。清水坪乡话脂韵的 [i] 与 [iɛ] 属于什么关系呢？[iɛ] 继续高化变为 [i] 是一种很常见的演变。我们认为脂韵读 [iɛ] 是还未高化为 [i] 的滞留。

根据上文分析，清水坪乡话支脂韵都有读 [iɛ] 的现象，这是否意味着支脂无别呢？从支脂韵读 [iɛ] 的保留情况来看，支韵与脂韵的 [iɛ] 发生的时间并不同。支韵读 [iɛ]/[ɤ] 的字保留较多，而脂韵读 [iɛ] 的现象，只存在于个别字中。从两韵的演变情况来看，脂韵与支韵属于两个非常接近的音类，如清水坪和岩头寨乡话大部分支脂韵字有别，但在红土溪则除了个别字外，基本已经合流。我们推测脂韵的舌位比支韵高，理由是脂韵在各乡话点的今读元音舌位总是比支韵高，也比支韵高化快。前人对支韵和脂韵的中古拟音也非常近，如表 4.11[①]。

表 4.11　各家支、脂韵开口的中古拟音

韵类		高本汉	李荣	王力	邵荣芬	郑张尚芳
支	开	(j)ie	ie	ǐe	ie,je	ɣie,jie
脂	开	(j)i	i	i	iɪ,jɪ	ɣi,ji

从表 4.11 可以看到，五位学者给支韵和脂韵开口拟测的中古音很接近，支韵的舌位略低于脂韵。邵荣芬（1982：130）根据佛经中多用脂韵字对译梵文的 [i] 或 [ɪ] 把脂韵拟测为 [*iɪ]。万波（2010：5）根据建宁方言的情况，采用了 [i] 的拟音。从乡话的情况来看，我们认为脂韵最早的读音大致为 [iɛ]，这个音在清水坪等乡话中还有保留。支韵的拟音是一个比脂韵舌位略低的音，拟测为 [*iɛ]。

综上所述，我们推测支韵的演变过程是：

$$*iɛ \to iɛ \to ɤ \to ɯ \to əɯ \to ɣɯ \to ei$$
（中间可能有一个 [ɪi] 的阶段）→ i

脂韵的演变过程是：

$$*iɛ \to i（中间可能有一个 [ɪi] 的阶段）$$

清水坪乡话之韵有 [əɯ] 和 [iou] 两个音与支脂有别。之韵的这两个音是属于层次关系还是演变关系呢？[əɯ] 只出现于 [k] 组声母（见组）后，[iou] 只出现于非 [k] 组声母后，在今声母条件下互补；古音类条件

---

① 　材料转引自万波（2010：5），本人只选取了支、脂韵的开口和部分学者的拟音。

下也不存在对立，[iou] 只见于章组和泥组，[ɯe] 只见于见晓组，且这两个音在麻溪铺乡话只是有无介音的区别。据此，我们认为这两个音是不同声母条件下的条件变体，属于同一层次。

关于之韵的拟音，万波（2010：5-6）的构拟可以为我们提供参考。建宁方言之韵白读有 [-ei] 和 [-ə] 两种读音。万波根据邻近的邵武方言"记"读作 [kɯ⁵]，"起"读作 [kʰɯ³]，确定之韵字为 [ɯ] 更合适，并将之韵的音值构拟为 [*-iɯ]。我们赞成万波对之韵的构拟，这一构拟也符合乡话的情况。乡话之韵发生了如下的演变：

$$*\text{-iɯ} \rightarrow \text{-iɯ} \rightarrow \text{ɯe} \rightarrow \text{ɔɯ} \rightarrow \text{ei}（见组）$$
$$\nearrow \text{iou}（非见组）$$

综上分析，我们认为清水坪乡话支脂之三分层中支韵的拟音为 [*iɐ]，脂韵的拟音为 [*iɛ]，之韵的拟音为 [*ɯ]。

4.3.1.2 支脂之相混的层次

清水坪乡话支脂之三韵都有读 [ɐ]、[i]、[ɿ] 的现象，其中 [i] 与 [ɿ] 属于互补分布，[ɿ] 只出现于 [ts] 组后，[i] 只出现于非 [ts] 组后。读 [i] 的字，除了部分脂韵字属于常用字外，其他大都属于不常用的字（脂韵 [i] 的性质分为两类，白读音的部分上文已经解释过）；读 [ɿ] 的字，也都是不常用的字，很明显是文读音，如：彼支 [pi⁵³]、寄支 [tɕi⁵³]、施支 [sɿ⁵⁵]、琵脂 [bi³³]、私脂 [sɿ⁵⁵]、饥脂 [tɕi⁵⁵]、之之 [tsɿ⁵⁵]、吏之 [ni³⁵]。可以确定支脂之三韵今读 [i]/[ɿ] 是最新的文读层，这一层次是受周围方言影响产生的。

支韵除了不常用的字读 [i] 外，还有一个"刺"字也读 [i]，见表 4.12。

表 4.12 乡话"刺"的读音

例字	沅陵清水坪	沅陵太常	沅陵麻溪铺	古丈岩头寨	泸溪红土溪
刺	[tɕʰi³³]	[tɕʰi⁵⁵]	[tɕʰi²²]	[tɕʰi³³]	[tɕʰi³³]

"刺"读 [i] 属于白读。"刺"在清水坪乡话用于"刺猪刺猬"[tɕʰi³³ tiou⁵⁵] 一词。"刺"有没有可能是早期受其他方言影响进入乡话的呢？由于进入的时间比较早，已经变成白读？我们认为不是。"刺"在乡话中符合支韵清母去声的地位，而在很多南方方言中，"刺"来源于入声七迹切，如温州话读 [tsʰei⁵]、梅县话读 [tsʰiuk⁷]、广州话读 [tʃʰik⁷]、阳江话读 [tʃʰik⁷]、厦门话读 [tsʰiaʔ⁷][1]。湘语冷水江方言"刺~毛衣：织毛衣"读 [tsʰiᴀ³³]

---

[1] "刺"在南方方言点中的记音材料转引自戴黎刚（2012：58）《闽语的历史层次及其演变》。

（冷水江方言植物的刺叫［li³³］），也来源于七迹切，梗摄昔韵读［iA］韵母的字还有"脊［tsiA³³］"。既然湘语"刺"的来源与乡话"刺"的来源不同，乡话"刺"读［i］的现象不可能借自湘语。我们认为支韵"刺"读［i］与支韵读［iɛ］属于同一层次，只是发生了进一步的高化，属于演变关系，而不是层次关系。

清水坪乡话支脂之三韵除了都有读［i］/［ʅ］的层次外，还都有读［ʁ］的现象，如表4.13。

表4.13 支脂之韵读［ʁ］的现象

韵	例字	沅陵清水坪	沅陵太常	沅陵麻溪铺	古丈岩头寨	泸溪红土溪
支韵	披	［pʰʁ⁵⁵］	［pʰa³³］	［pʰa⁵⁵］	——	［pʰA⁵⁵］
	撕	——	［sa³³］	——	［sʁ⁵⁵］	［zA⁵⁵］
	纸～烟	［tsʁ³⁵］	——	——	［tsʁ³⁵］	［tsA⁵³］
脂韵	梨	［zʁ²¹²］	［za²¹³］	［za¹³］	［zʁ²¹³］	［zA¹³］
	狮	［sʁ⁵⁵］	［sa³³］	［sa⁵⁵］	［sʁ⁵⁵］	［sA⁵⁵］
	师	［sʁ⁵⁵］	［sa³³］	［sa⁵⁵］	［sʁ⁵⁵］	［sA⁵⁵］
之韵	字	［dzʁ³³］	［dza³³］	［dza²²］	［dzʁ³³］	［dzA³³］
	子	［tsʁ³⁵］	［tsa³⁵］	［tsa³⁵］	［tsʁ³⁵］	［tsA³⁵］
	使	［sʁ³⁵］	［sa³⁵］	［sa³⁵］	［sʁ³⁵］	［sA⁵³］
	李～子	［dzʁ³⁵］	［dza³⁵］	——	［dzʁ³⁵］	——

从表4.13可以看到，清水坪乡话支脂之三韵都有读［ʁ］的现象。从今声母条件来看，除了一个"披"字外，［ʁ］只与［ts］组声母相拼。通常支脂之合流的方言都读［i］/［ʅ］，而清水坪乡话读［ʁ］是比较特殊的。既然是支脂之相混的音类，则一定是晚于支脂之有别的层次。支脂之读［ʁ］的字比支脂之读［i］/［ʅ］的字更常用，因此早于［i］/［ʅ］进入乡话。

4.3.1.3　支韵的上古层次

上面讨论了乡话中支脂之合流的层次、支脂之三分的层次。除此之外，支韵还有"被、皮"所代表的层次，这在4.1已经分析过，现仍将材料列于此。

韵	例字	沅陵清水坪	沅陵太常	沅陵麻溪铺	古丈岩头寨	泸溪红土溪
支韵	被	［fɑ³⁵］	［fɑ³⁵］	［fo³⁵］	［fA³⁵］	［fɔ⁵³］
	皮	［fɑ²¹²］	［fɑ²¹³］	［fo¹³］	［fA²¹³］	［fɔ¹³］
戈韵	火	［fɑ³⁵］	［fɑ³⁵］	［fo³⁵］	［fA³⁵］	［fɔ⁵³］

支韵"被、皮"和戈韵"火"韵母相同，是上古歌部语音现象的保留。有一点需要说明的是，在太常和红土溪的"脾"韵母与"皮、被"相同，但大部分点则只有读字音［bi］。"脾"读同"皮"的现象，我们也在4.1解

释过，这里不再赘述。

4.3.1.4　从支脂之读［ɐ］的现象看乡话对湘语研究的意义

根据上文分析，清水坪乡话支脂之三韵读［ɐ］的相混层是从外方言借入到乡话的层次。这个层次来自何种方言呢？表 4.13 中的"子"给我们提供了线索。"子"在乡话中使用频率很高，既可以用来表示"儿子"义，也可以用作词缀，相当于湘语的"崽"。"崽"在湘语中的读音，声母和声调都与"子"同，只是韵母不同，如冷水江方言"崽"读［tsɛ²¹］，"子"读［tsɿ²¹］。关于"崽"最早的记录见于扬雄《方言》："崽者，子也。湘沅之会凡言是子者谓之崽，若东齐言子矣。"我们认为"崽"其实就是"子"①，理由是：虽然湘语支脂之三韵主要读［ɿ］/［i］（或［ʅ］/［ɿ］/［i］），而"崽"普遍读中低元音或者复元音，如新化方言读［tsæ²¹］、长沙方言读［tsai⁴¹］。但除了"崽"外，"嬉 玩耍"在不少湘语中韵母读同"崽"，如冷水江方言"嬉"读［xɛ³³］，新化方言"嬉"读［xæ³³］②，其他止摄开口三等字韵母读同"崽"的，如冷水江方言：里 之，～头［lɛ²¹］、指 脂，手～［tsɛ⁻⁴⁵］③、畀 脂，给予［pɛ³³］、糜 支，烂［mɛ³³］、酾 支，斟酒（所绮切）［sɛ²¹］④。由于这些字有些是《方言调查字表》中没有收录的，有的已经不容易和本字联系起来，因此，很多方言材料没有记录这些音。但从冷水江方言的材料来看，［ɛ］韵母是符合止摄开口三等的音韵条件的，可以确定"崽"本字就是"子"。也可以确定湘语冷水江方言支脂之开口存在一个读［ɛ］的层次。涟源毛塘方言止摄开口三等也有读［ɛ］的现象，如：崽［tsɛ］、嬉［xɛ］、酾［siʌ］。不管是涟源方言还是冷水江方言的"酾"都有读［iʌ］韵母的现象。我们认为［iʌ］与［ɛ］处于不同的演变阶段，［ɛ］由［iʌ］演变而来，这在冷水江方言更明显，"酾"在部分老年人中读［iʌ］，年轻人则读［ɛ］⑤。据此，我们认为早期湘语止摄开口三等读［iʌ］，这个层次对乡话产生影响，使乡话出现了支脂之读［iɐ］的现象，由于目前保留有该层次的字主要来源于精系和知系字，读［ts］组声母，受声母影响丢失 -i- 介音，变为［ɐ］。不过，陈晖（2016：

---

① 李如龙（2005）提到"湘、赣、粤语的'崽、仔'应是'子'的白读音"。

② 罗昕如（1998：59）调查的新化方言用"哈"来记录该音，我们认为本字应是"嬉"。"嬉"有"玩耍"义，如《方言》卷十："江、沅之间谓戏为嬉，或谓之嬉。"《广雅·释诂三》："嬉，戏也。"而"哈"在文献中只有笑义，如《说文新附》："哈，蚩笑也。"

③ 调值前加"-"表示该调值是变调，这里的 45 调是一个小称调。

④ 部分老人读［siʌ²¹］，21 调为上声调，与有些地区将"斟酒"叫"筛酒"不同。根据夏剑钦（1989）浏阳方言斟酒也说"酾"。

⑤ 不仅"酾"字，冷水江方言中凡是老年人读［iʌ］韵母的字，在年轻人中一律变为［ɛ］，其他如"提"，老年人读［diʌ¹³］，年轻人读［dɛ¹³］。

65–67）调查的泸溪梁家潭乡话［ts］组声母可以与细音相拼，这是否意味着清水坪等乡话支脂之韵本来就读［ɐ］，不存在受声母影响丢失 -i- 介音的情况呢？虽然梁家潭乡话存在［ts］组声母与细音相拼的现象，但是通过梁家潭乡话一些韵摄的今读情况可以发现，曾经存在［ts］组声母与细音相拼时，丢失 -i- 介音的现象，如乡话除了止摄开口三等有读［ɐ］及其变化形式的现象外，遇摄虞韵和流摄尤韵都有读［ɐ］及其变化形式的现象。梁家潭乡话也是如此，但在梁家潭乡话中遇摄虞韵既有读［ɑ］的，也有读［iɑ］的，这是两个互补的音类，读［ɑ］的只与［ts］组和［v］声母相拼，而与其他声母相拼时读［iɑ］，如：雨［vɑ］、取娶［tsʰɑ］、竖［dzɑ］、数［sɑ］、柱［tʰiɑ］、主［tɕiɑ］、树［tɕiɑ］。从这些例字可以看到，梁家潭乡话虞韵字凡是和［ts］组声母以及［v］相拼时，韵母读［ɑ］，而与其他声母相拼时读［iɑ］。其中"树"和"竖"的对比最明显，都是禅母字，但"竖"的声母为［dz］，韵母则读［ɑ］，"树"的声母为［tɕ］，韵母则读［iɑ］。

其实，清水坪乡话支脂之的"耳、儿"就是读［iɐ］韵母。下面详细论证。

清水坪乡话"耳朵"叫［n̠iaŋ³⁵ tu⁰］，该词中相当于"耳"的音为［n̠iaŋ³⁵］，另外清水坪乡话中表"小"义的音为［n̠iaŋ²¹²］[①]，与"耳"义的音只是声调不同。［n̠iaŋ³⁵］是不是"耳"字的音呢？表"小"义的［n̠iaŋ²¹²］本字又是什么？下面列出我们搜集到的乡话材料中"耳"和表"小"义（下文用"小训读"表示）的读音情况，如下表[②]。

	麻溪铺1	麻溪铺2	古丈1	白沙	梁家潭	红土溪	古丈2	太常
耳	［n̠ia⁵³］	［n̠ia³⁵］	［n̠iaŋ²⁵］	［n̠yɤ⁵³］	［n̠iu⁵¹］	［n̠ioɤ⁵³］	［n̠iaŋ³⁵］	［n̠iaŋ³⁵］
小训读	［n̠ia¹³］	［lia¹³］	［n̠iaŋ¹³］	［n̠iaŋ²¹⁴］	［n̠ian⁴⁴］	［n̠iã¹³］	［n̠iaŋ²¹³］	［n̠iaŋ²¹³］

先看"耳"的读音。声调上，所有点都读上声。声母方面，所有点都读［n̠］，与乡话日母今读规律相符；韵母方面，麻溪铺1和麻溪铺2的读音也符合"耳"的音韵地位，我们上文分析了支脂之较早的相混层为［ɐ］/［iɐ］。古丈1、古丈2和太常乡话的"耳"受声母影响增加了一个鼻韵尾。阴声韵字受鼻音声母影响增加鼻音韵尾的现象在汉语方言中比较常见，根据罗昕如（2012）的研究，湖南方言有196个来源于阴声韵和入声韵的字

---

① 具体例词如：小训读雨［n̠iaŋ²¹² vɐ³⁵］、小训读风［n̠iaŋ²¹² fʌɯ³³］、小训读牛［n̠iaŋ²¹² ŋɯ⁵⁵］。

② 麻溪铺1为杨蔚（1999）提供的材料，麻溪铺2为鲍厚星、伍云姬（1985）提供的材料，古丈1为伍云姬、沈瑞清（2010）提供的材料，白沙（属于泸溪县）为瞿建慧（2008）提供的材料，梁家潭（属于泸溪县）为陈晖（2016）提供的材料，其他为本人调查所得。

今读带鼻尾或鼻化韵母，或读自成音节的鼻音。这 196 个字中，明母占 86 个，疑母占 50 个，泥母占 19 个，影母（读［ŋ］）占 19 个，日母占 5 个，其他声母的字 17 个。从这些数据可以看出，鼻音声母的字韵母容易增生鼻化或带上鼻音韵尾。据此，我们认为清水坪乡话中［ȵiaŋ³⁵］的本字就是"耳"。但白沙、红土溪和梁家潭乡话，"耳"的韵母与其他乡话点不同，我们认为这是层次的不同。梁家潭乡话除了"耳"读［iu］韵母外，"李_{~家岭：地名}、理、鲤"等也读该韵母，但该音类只见于之韵字，属于支脂之三分层，与清水坪乡话之韵［iou］/［ɯ］的层次同。白沙乡话的［yɤ］和红土溪的［ioɤ］不见于其他止摄开口字，但其实与梁家潭乡话的［iu］属于同一层次，只是处于不同的演变阶段，红土溪的［ioɤ］由［iou］（之韵最早的层次，"时理"读该音类）演变而来，而白沙乡话在红土溪乡话的基础上发生了进一步的演变，即［ioɤ］→［yɤ］。

"小_{训读}"的读音与"耳"的读音主要只是声调上的差异，也就是说"小_{训读}"的本字也可能是来源于止摄开口日母。来源于止摄开口日母表"小"义的只可能是"儿"字。我们分别从声韵调三个方面来证明。声调上，除了梁家潭乡话读阴平外，"小_{训读}"在各点都读阳平，但梁家潭乡话次浊平字读阴平是一种常见的现象，如"鱼、渔、浓、锣、箩、腴、萝、牙、芽、伢、燃、泥、宜"等都读阴平调。因此，可以确定"小_{训读}"来源于次浊平字。声母上，除了麻溪铺 2"小_{训读}"的声母为［l］外，其他都读［ȵ］（古丈 1 的［ɳ］实际音值就是［ȵ］），符合乡话日母的今读规律。但麻溪铺 2 日母有混入来母的现象，如"燃"读［li⁵⁵］。因此，读［l］也是符合麻溪铺 2 日母的今读规律的。韵母上，"小_{训读}"也符合止摄开口支脂之相混层［ia］/［a］的读音。麻溪铺 1 和麻溪铺 2 的韵母都读［ia］，而古丈 1、古丈 2、白沙、太常和梁家潭的"小_{训读}"受鼻音声母影响增加了一个鼻韵尾，红土溪乡话增加的是鼻化。

通过上述分析，"小_{训读}"的语音符合"儿"的音韵地位，但为什么乡话中"儿"能用于名词前表示"小"义呢？汉语方言表示小的方式主要有两种，一种是用"小"或"细"这样的形容词来表示；另一种是添加表小词缀（有些兼有变调）。当然这两种表小的方式在表义上是不完全一样的。汉语方言小称词缀基本都是来源于表示"儿子、幼崽"义的语素，如闽语的"团"、湘语的"崽"、吴语的"儿"等，但汉语方言通过添加小称语素表小的方式大多是将小称语素后置，而在乡话中表"小"的语素是位于名词前。湖南西部地区的一些汉语方言表小的语素有些只能前置，有些前置和后置均可。据罗昕如、李斌（2008），溆浦方言用叠音形式"儿儿［ɚ¹³ɚ⁰］"添加在名词前表"小、幼小"义，如：儿儿病_{小病}、儿儿雄鸡_{小公鸡}、儿儿人_小

孩儿、儿儿字_小字、儿儿路_小路、儿儿官_小官；武冈方言用"俫［læ⁴⁵］"前置表小（"俫"在武冈方言也是"儿子"的意思，只是已经不再单独使用，但从"俫俫子_小男孩"一词中还可以看出），如：俫俫子_小男孩、俫妹子_小女孩、俫杯子_小杯子、俫盆盆_小盆、俫锅子_小锅。此外，新邵、邵阳、祁阳等地也有类似现象，祁阳方言小称词缀既可以前置，也可以后置，如既可以说"船崽崽_小船"，也可以说"崽崽船_小船"。其实这些方言的"儿儿、俫"等不纯粹是一个小称词缀，有些纯粹就是表示"小"义，相当于形容词"小"的实语素，如溆浦方言的"儿儿"可以用于"儿儿病_小病"。这些方言事实说明：湖南西部这一地区的汉语方言中由表示"儿子"义发展来的表"小"义的语素是可以前置的。乡话通过在名词前加"儿"表小符合湘西汉语方言的这一共同特点。

为什么在湖南地区普遍使用"崽"表示"儿子"义和作为小称词缀的环境下，乡话却存在用"儿"表小的现象呢？现有资料显示除了湘西、湘西南等受西南官话影响比较大的地区，如上文提到的溆浦方言，有用"儿"的现象外，其他地区未报道有使用"儿"的现象。但根据我们对冷水江方言的了解，冷水江方言目前还保留有使用"儿"的零星现象，如"尿布"叫"贴□布"［tʰe³³ŋ⁻⁴⁵pu⁴⁵］，我们认为第二个音节应该是"儿"，即"贴儿布"。冷水江方言日母字有读自成音节的现象，泥母字没有读自成音节的现象，日母如：日［ŋ³³］、尔_你［ŋ²¹］、耳_挖~［ŋ⁻⁴⁵］、人［ŋ¹³］。因此，"儿"读［ŋ］是符合规律的。冷水江方言表"小"的方式是在词根后添加"崽［tsɛ²¹］"，同时声调变为45调，如：桶崽_小桶［tʰən²¹tsɛ⁻⁴⁵］、鞋崽_小鞋［xʌ¹³tsɛ⁻⁴⁵］。据此，我们认为"儿"在"贴儿布"一词中读45调是一种变调现象。除了"贴儿布"外，"猫"在冷水江方言叫［mɑ³³ŋ⁻⁴⁵］，该词的第二个音节也应该是"儿"。到目前为止，我们只发现两例使用"儿"的现象。通过乡话的情况来看，湘语历史上可能受移民等因素影响，"儿"被带入湖南地区，具体使用情况需要更深入的调查研究才能证实。

"儿、耳"的读音可以证明，乡话支脂之三韵受湘语影响出现了读［iɐ］的现象，但一部分字受［ts］组声母影响失去 -i- 介音变为［ɐ］。湘语支脂之相混读［iʌ］的层次不仅对乡话产生了影响，对湘南土话也产生了影响，据唐伶（2010：221-222），新田、道县等湘南土话也有类似现象，如新田茂家：匙_支［ɕie］、蚁_支［nie］、梨_脂［lie］、李_之［lie］；道县梅花：离_支［la］、梨_脂［la］、死_脂［sa］、李_之［la］。

乡话支脂之读［ɐ］的现象目前还保留较多，但影响源——湘语在西南官话的强势影响下，读［iʌ］/［ɛ］的现象只保留在少数方言的少数常用字中，由于保留甚少，以至于以往研究不能确定"崽"其实就是"子"，以至于以往研究都没有注意到湘语中止摄开口三等还存在一个读［iʌ］/［ɛ］的层次。通过对乡话止摄开口语音层次的分析，让我们意识到早期湘语的特征在今湘语中保留甚少，但可能保留在乡话中，我们可以通过乡话材料来考察早期湘语的面貌。

由于记录湘语的历史文献材料很少，湘语受西南官话的影响又非常深，湘语本身的特点已经很不明显，这造成学界认为湘语特点不突出、形成比较晚的错觉。从乡话支脂之读［iɐ］层次来源的研究来看，从乡话着手研究早期湘语的面貌是一个很好的视角。除了支脂之外，果摄的情况也是如此。湘语果摄一等今主要读［ʊ］，但果摄一等除了读［ʊ］外，还有读［u］的现象，只是保留较少，如陈晖（2006：102）提到湘方言部分地区果合一有少数字文读韵母为［o］或［ʊ］，白读韵母为［u］。陈立中（2004：142）也提到：在湘语区有一些地方部分果摄字的主要元音念成［u］。彭建国（2009：456）也列举了一些方言戈韵字读［u］韵的现象，如衡山、蓝田、涟源、湘乡、韶山、株洲、桃江、宁乡、新化、双峰。但由于湘语果摄读［u］的现象保留甚少，没有引起大家的注意，以至于以往研究湘语蟹假果遇摄字元音关系的学者使用的果摄材料都是［ʊ］，并得出其与假摄［ɔ］之间存在推链关系的结论。根据李姣雷（2016）的研究，湘语果摄的早期读音是［u］，读［ʊ］是受权威方言影响出现的文读音，不能作为推链演变当中的一环，否定了湘语蟹假果摄之间的推链关系。湘语果摄一等读［u］的现象已经很少了，但湘语作为强势方言对乡话产生了很大影响，向乡话输出了果摄一等读［u］的现象，如清水坪乡话果摄一等主要读［u］：大［nu³³］、箩箩箩［nu⁵⁵］、左［tsu³⁵］、搓［tsʰu⁵⁵］、哥歌［ku⁵⁵］、鹅［ŋu⁵⁵］、我［u³⁵］、磨_动_词［mu⁵⁵］、骡脶［nu⁵⁵］、蓑［su⁵⁵］、锁［su³⁵］、过［ku³³］、窠［kʰu⁵⁵］、货［xu³³］、和_~面_［xu²¹²］、窝［u⁵⁵］。通过乡话的材料也证实了湘语中果摄一等曾经主要读［u］，只是在西南官话的侵蚀下，读［u］的现象越来越少。

4.3.1.5　齐韵与支脂之开口相混的现象

乡话除了支脂之三韵有读［ɐ］的现象外，齐韵也有读［ɐ］的现象，见表 4.14。

表 4.14　齐韵读［ɐ］的现象

例字	沅陵清水坪	沅陵太常	沅陵麻溪铺	古丈岩头寨	泸溪红土溪
梯	［tʰɐ⁵⁵］	［tʰa³³］	［tʰa⁵⁵］	［tʰɐ⁵⁵］	［tʰʌ⁵⁵］
剃	［tʰɐ³³］	［tʰa⁵⁵］	［tʰa²²］	［tʰɐ³³］	［tʰʌ³³］
鸡	［kɐ⁵⁵］	［ka³³］	［ka⁵⁵］	［kɐ⁵⁵］	［kʌ⁵⁵］
溪	［kʰɐ⁵⁵］	［kʰa³³］	［kʰa⁵⁵］	［kʰɐ⁵⁵］	［kʰʌ⁵⁵］

从上表可以看到，齐韵读［ɐ］音类的现象与止摄开口读［ɐ］的现象出现条件不同。止摄开口三等读［ɐ］的现象主要见于［ts］组声母后，而齐韵读［ɐ］的现象出现于端组和见组。前文我们分析了止摄开口读［ɐ］的现象是由［iɐ］丢失 i 介音演变而来，而齐韵读［ɐ］音类的现象不是［iɐ］受声母影响丢失 i 介音变来。清水坪乡话［t］组声母是可以与［iɐ］韵母相拼的，如清水坪乡话中"爹"读［tiɐ⁵⁵］，"柱"读［tʰiɐ³⁵］。因此，齐韵读［ɐ］的性质与止摄开口读［ɐ］的性质不同。齐韵读［ɐ］的现象属于四等读洪音的保留。

除了乡话，闽语支、脂、之、齐四韵也有类似相混的现象，以厦门方言为例，见表 4.15[①]。

表 4.15　厦门方言支、脂、之、齐四韵读［ai］的现象

止开三支韵	知 tsai¹（上古佳部）
止开三脂韵	眉楣 bai² 梨 lai² 利 lai⁶ 狮师 sai¹ 屎 sai³（上古脂部）
	箖 tʰai¹（上古微部）
止开三之韵	治 tʰai² 事 tai⁶ 使驶 sai³（上古之部）
蟹开四齐韵	婿 sai⁵（上古佳部）
	体 tʰai³ 第 tai⁶ 脐 tsai² 西犀 sai¹（上古脂部）

闽语中支脂之齐四韵读［ai］的现象，不同学者持有截然相反的观点。有学者认为闽语支脂之齐四韵读［ai］是比较古老的语音现象，如戴黎刚（2012/2005：57）认为支脂之三韵读［ai］属于白读音，年代应该相对古老，且列举壮侗语读［ai］音类的例子，可能与壮侗语有某种关系。戴黎刚（2012：49）认为齐韵读［ai］应该是闽语比较古老的历史层次。因为莆仙话中四等读为［ai］音类的字很少，只有"西、脐、婿"三个字。吴瑞文（2007：278）只研究了闽语中齐韵读［ai］的层次，认为福州、厦门等方言齐韵字读［ai］的现象，是秦汉时期的读音，是齐韵最早的层次，反映了开口四等读洪音的早期现象。他的理由是没有 -i- 介音，且齐韵读为［ai］的字来源于之、脂两韵部。陈忠敏（2006：791）则以厦门话为例分析闽南话齐韵的层次时，认为不管是支脂之三韵读［ai］还是齐韵读［ai］都是后起的语音现象。厦门话［ai］代表了止摄支脂之三韵和齐韵的合流层次，应该是晚起的读音层次，是由［i］裂化变为［ai］的。

对于闽语中支脂之三韵开口读［ai］的现象，我们赞同陈忠敏的观点。

---

① 表 4.15 的语料来源于郑伟（2008：80）《太湖片吴语音韵演变研究》一文。

而对于闽语齐韵读［ai］韵母的现象，我们不认同陈忠敏的观点，赞同吴瑞
文的解释。众所周知，汉语方言层次很复杂，齐韵读［ai］的层次与止摄开
口读［ai］的层次，是否性质相同？齐韵是四等韵，止摄支脂之三韵是三等
韵。我们在上文提到清水坪乡话齐韵读［ɐ］是四等读洪音现象的保留。我
们认为闽语齐韵读［ai］的性质与乡话同。其实除了闽语和乡话，不少南方
方言存在齐韵读洪音的现象，见表 4.16[①]。

表 4.16　南方方言齐韵读洪音现象

	批	犁	啼	弟	剃	齐	洗	细	鸡	契
高安	pʰi	lɛi	tʰi	hɛi	tʰɛi	tsʰɛi	sɛi	si	kɛi	çi
宜丰	pʰi	li	——	tʰɑi	——	tsʰɑi	sɑi	çi	tçi	——
东安	pʰi	lai	di	dai	tʰai	dzai	sai	sai	tçie	tçʰi
庙前	pʰai	lai	tʰai	tʰai	tʰai	——	sai	sai	kai	——
梅县	pʰai	lai	tʰai	tʰai	tʰi	tsʰɛ	sɛ	sɛ	kɛ	kʰɛ

　　以上高安和宜丰属于赣语，庙前和梅县属于客家话，东安属于湘南土
话。湘南土话齐韵读洪音的现象比较普遍，如零陵县蔡家铺话齐韵的今读
与东安土话基本一样，桂东话齐韵也有读［ei］韵母的现象。这些不同方
言区的齐韵字都有读洪音的现象，但这些方言的止摄字并没有相同的变化，
这说明中古开口四等没有 -i- 介音，也说明齐韵读［ai］的层次在南方方言
有较广的分布。

　　此外，日本的汉字音也有读［ai］的层次。日本汉字音分吴音和汉音
两种，吴音来自五六世纪的南方，汉音来自七八世纪的北方。齐韵吴音读
［ai］，汉音读［ei］[②]，例如：

	西	体	题	妻	齐
吴音 ai	sai	tʰai	tai	sai	sai
汉音 ei	sei	tʰei	tei	sei	sei

　　因此，我们不赞同陈忠敏认为齐韵读［ai］和止摄开口读［ai］是合流
以后一起发生音变的。我们认为虽然齐韵与止摄都有读［ai］的层次，但
性质并不相同。齐韵读［ai］是早期的层次，代表了开口四等读洪音的早
期现象，而止摄开口读［ai］，是后起的现象，是支、脂、之三韵合流后由
*i → ai 演变而来，并与齐韵混同。

---

　　① 关于南方方言齐韵读洪音现象的语料来源于秋谷裕幸（2002c：98）《闽语和其他南方方
言的齐韵开口字》一文。
　　② 日语齐韵吴音和汉音的语料来源于郑伟（2008：80）的博士学位论文。

4.3.1.6 小结

经上文分析，清水坪乡话支脂之三韵的语音层次如下：

	支韵	脂韵	之韵
层次 I	[ɑ]	[i]	[iou]/[ɤɯ]
层次 II	[ɤ]/[i]		
层次 III	[ɐ]	[ɐ]	[ɐ]
层次 IV	[i]/[ɿ]	[i]/[ɿ]	[i]/[ɿ]

本部分我们分析了清水坪乡话支脂之三韵开口的语音层次。清水坪乡话支脂之三韵有有别层，也有相混层，其中相混层之一，也是最新的文读层读[i]/[ɿ]，来源于带有辰溆片湘语特点的西南官话影响；另一个相混层[ɐ]是较早进入乡话的成分，来源于早期湘语的影响。该层次进入乡话的时间应该比较早，已经由早期的文读变成白读，但在乡话中还保留较多，而在影响源——湘语中已经保存甚少，以至于以往研究湘语的学者都没有注意到湘语支脂之开口除了读[i]/[ɿ]的现象外，还有一个读[iʌ]/[ɛ]的层次。我们通过对乡话语音层次的分析，确定哪些是乡话的固有成分，哪些是外来成分，并与湘语比较，确定这些外来层次是否是受湘语影响而出现的。与乡话材料进行比较，能够加深我们对湘语的认识，对于湘语本字考证、例外现象分析都有重要价值，这些现象极有可能是早期湘语的残留，我们可以通过这些残留现象来构建早期湘语的面貌。

4.3.2 蟹摄开口字的语音层次及演变

蟹摄开口有四等八个韵，一二三等都有重韵，某些重韵甚至还保持对立。根据乡话的实际情况，蟹摄开口的一二等字单独讨论，三等字很少，因此，本部分只讨论蟹摄开口一二四等字的语音层次情况。

4.3.2.1 蟹摄开口一等的语音层次及演变

蟹摄开口一等有咍、泰两个韵，这两个韵的今读情况见表4.17。

表4.17 乡话咍泰韵的今读举例

例字	沅陵清水坪	沅陵太常	沅陵麻溪铺	古丈岩头寨	泸溪红土溪
抬咍	[tɑ²¹²]	[tɑ²¹³]	[do¹³]	[tʌ²¹³]	[tɔ¹³]
戴泰	[tɑ³³][tɤ³³]	[tɤɯ⁵⁵]	——	[tɤ³³]	[to³³][tei³³]
袋*泰	[dɑŋ³³]	[dɑŋ³³]	——	[dɑŋ³³]	[dɛe³³]
栽咍	[tsɑ⁵⁵]	[tsɑ³³]	[tsuɑ⁵⁵]	[tsʌ⁵⁵]	[tsɔ⁵⁵]
来咍	[zɤ²¹²]	[zɤɯ²¹³]	[ze¹³]	[zɤ²¹³]	[zæe¹³]
菜咍	[tsʰɤ³³]	[tsʰɤɯ⁵⁵]	[tsʰeɪ²²]	[tsʰɤ³³]	[tsʰei³³]

栽哈	[dzɤ²¹²]	[dzɤɯ²¹³]	[dzɛ¹³]	[dzɤ²¹³]	[dzɛe³³]
开哈	[kʰɑ⁵⁵]	[kʰɑ³³]	[kʰuɑ⁵⁵]	[kʰA⁵⁵]	[kʰɔ⁵⁵]
带泰	[tu³³][du³³]	[tou⁵⁵][dou⁵⁵]	——	[tu³³][du³³]	[tʊ³³][dʊ³³]
盖泰	[kuɑ³³]	[kuɑ⁵⁵]	[kuɑ²²]	[kuA³³]	[kuA³³]
害泰	[ɑ³³]	[ɑ⁵⁵]	[uɑ²²]	[ɦA³³]	[ɔ³³]
蔡泰	——	[tsʰɤɯ⁵⁵]	——		[tsʰei³³]

　　清水坪乡话哈韵的今读分为两类：[ɤ]和[ɑ]。清水坪和红土溪乡话"戴"字都有两读，如清水坪乡话表示动作时，韵母读[ɑ]，表示姓氏时，韵母读[ɤ]。需要说明的是，清水坪乡话表示"袋子"意义的词韵母读[ɑŋ]，太常和岩头寨乡话也读同阳声韵，这个词本字是否为"袋"，后文将详细考证。

　　有些材料记录的哈韵"在"有读[i]韵母的现象，如杨蔚（2010a：208）记录的八什坪和白沙乡话。我们认为哈韵并没有读[i]音类的现象，乡话中表示存在义动词的本字不是"在"，而是"是"。首先，乡话中表示存在义的动词与系词同音，如清水坪乡话都读[tsʰɤ³⁵]，白沙乡话都读[tɕʰi⁵⁴]。从我们掌握的方言材料来看，系词有发展出兼表存在动词的现象，马贝加、蔡嵘（2006）详细分析了这一现象；其次，从语音上看，该词只能是"是"，而不是"在"。清水坪乡话中，哈韵开口和支韵开口都有读[ɤ]韵母的现象，确实不好判断该词到底是来源于哈韵还是支韵，但从白沙乡话来看，很容易判断该词本字是"是"而不是"在"。白沙乡话表示存在义的音为[tɕʰi]，而该方言哈韵没有读[i]韵母的现象，但支韵有读[i]的现象，如：纸[tɕi]、刺[tɕʰi]等。语音上符合"是"的音韵地位，意义上也能解释得通，因此，确定乡话中表存在义动词的本字只能是"是"，哈韵并没有读[i]的现象。

　　清水坪乡话泰韵今读有两类，一类读[u]，只有一个"带"字，[tu³³]的读法出现于名词"腰带"一词中，[du³³]的读法表示动作，其他三个点的情况也是如此。另一读是[ɑ]/[uɑ]。

　　对比哈韵和泰韵，有相混的现象，也有有别的现象。哈韵和泰韵相混读[ɑ]/[uɑ]；泰韵读[u]与哈韵有别。现代方言哈韵与泰韵有别的方言，据我们所知的有苏州话，泰韵读-ɑ，哈韵读-e；广州话泰韵读-ai，哈韵读-oi①。这两个方言点中泰韵与哈韵的对立表现为元音前后高低的不同，都是

----

① 关于哈韵和泰韵有别的方言语料转引自董同龢（2011：128）《汉语音韵学》一书。

泰韵元音低，哈韵元音高。乡话泰韵与哈韵的对立是圆唇与不圆唇的对立。

至于清水坪乡话的［ɤ］与太常乡话的［ɤɯ］、红土溪乡话的［ei］之间的关系，在讨论果摄字的时候已经讨论过。清水坪乡话［ɤ］的字对应红土溪乡话的［ei］和［æɛ］。［æɛ］出现在13调，其他读［ei］。红土溪乡话部分音类逢13调，舌位偏低，蟹摄开口二等也存在类似的情况。也就是说［ei］和［æɛ］属于声调变韵的关系。清水坪乡话的［ɤ］对应麻溪铺乡话的［ɛ］和［eɪ］。［ɛ］和［eɪ］是声调变韵的关系，我们在4.3.1.1部分详细分析过，这里不再赘述。

"袋"在清水坪等乡话读［aŋ］韵母，哈韵字除了"袋"外，并没有其他字读阳声韵的情况，看来"袋"可能并非本字。除了"袋"外，"縢"也有表示"袋子"的意思。"縢"表示"袋子"义在《说文解字》中就有：縢，囊也。"縢"在《说文解字》中只有一个反切：徒登切；《广韵》有两个反切：一个是徒登切，另一个是徒亘切。乡话表示"袋子"意思的读音正好符合徒亘切，也就是说［daŋ³³］应该来源于登韵，是否如此呢？请看乡话登韵的读音情况：

	沅陵清水坪	沅陵太常	古丈岩头寨	泸溪红土溪
*袋	［daŋ³³］	［daŋ⁵⁵］	［daŋ³³］	［dɐe³³］
等	［taŋ³⁵］	［taŋ³⁵］	［taŋ³⁵］	［tee⁵³］
层	［dzaŋ²¹²］	［dzaŋ²¹²］	［dzaŋ²¹³］	［dzee¹³］

通过与登韵字比较，发现表示"袋子"意思的词韵母与登韵同。因此，乡话中表示"袋子"意思的本字是"縢"。

泰韵在太常和红土溪乡话还有一个读［ɤɯ］和［ei］的音类，这个音类不见于清水坪。这个音类只见于"蔡"字，读同哈韵，除了哈韵字，灰韵也有读［ɤɯ］韵母的现象，例如：

	沅陵清水坪	沅陵太常	沅陵麻溪铺	古丈岩头寨	泸溪红土溪
背灰	——	［pɤɯ⁵⁵］	［peɪ²²］	［pɤ³³］	［pei³³］
灰灰	［xɤ⁵⁵］	［xɤɯ³³］	［xeɪ⁵⁵］	［xɤ⁵⁵］	［xei⁵⁵］

灰韵是合口字，本来有［u］介音，与哈韵相混是丢失［u］介音的结果。

哈韵泰韵相混读［ɑ］/［uɑ］的层次，在现代方言很常见，湘语大部分方言哈泰韵也相混读低元音，如冷水江方言：戴［tA⁴⁵］、猜［tsʰA³³］、带［tA⁴⁵］、赖［lA⁴⁵］。哈泰韵读［ɑ］/［uɑ］是 *ai 脱落［i］尾并继续后化的结果。但大部分方言蟹摄开口一二等字一般读［a］或［ɑ］，但乡话在某些点进一步的高化，如红土溪乡话和麻溪铺乡话已经分别高化为［ɔ］/［uɔ］

和 [o]。麻溪铺乡话除了读 [o] 外，还有部分字仍读 [a]/[ua]。

因此，清水坪乡话蟹摄开口一等字有一个哈泰韵相别层，泰韵读 [u]，有别于哈韵；有两个哈泰韵合流层，一个是 [ɤ]，一个是 [ɑ]。[ɤ] 的层次早于 [ɑ]，[ɑ] 与辰溆片湘语同。

	哈韵	泰韵
层次 I	[ɤ]	[u]
层次 II		[ɤ]
层次 III	[ɑ]	[ɑ]

4.3.2.2 蟹摄开口二等的语音层次及演变

蟹摄开口二等字的读音情况，见表 4.18。

表 4.18 乡话蟹开二的今读举例

例字	沅陵清水坪	沅陵太常	沅陵麻溪铺	古丈岩头寨	泸溪红土溪
拜皆	[pa³³][pəŋ³³]	[pa⁵⁵]	[po²²]	[pʌ³³]	[pɔ³³]
排皆	[pa²¹²]	[pa²¹³]	[bo¹³]	[pʌ²¹³]	[pɔ¹³]
斋皆	[tsa⁵⁵]	[tsa³³]	[tsua⁵⁵]	[tsʌ⁵⁵]	[tsɔ⁵⁵]
戒皆	[ka³³]	[ka⁵⁵]	——	[kʌ³³]	[kõ³³]
簰佳	[bɐ²¹²]	[ba²¹³]	——	[pɐ²¹³]	[pʌ¹³]
筛佳	[sa⁵⁵]	[sa³³]	[sua⁵⁵]	[sʌ⁵⁵]	[sɔ⁵⁵]
矮佳	[a³⁵]	[a³⁵]	[o³⁵]	[ʌ³⁵]	[uɔ⁵³]
稗佳	[pʰa³³]	[pʰa⁵⁵]	[pʰo⁵⁵]	[pʰʌ⁻⁵⁵]	——
败夬	[pʰa³³]	[pʰa⁵⁵]	[pʰo⁵⁵]	[pʰʌ⁻⁵⁵]	[pʰɔ³³]

蟹摄开口二等字有皆、佳、夬三个韵，在乡话基本合流，不但这三个韵合流，与一等字也合流。清水坪乡话蟹开二主要读 [a]，除了 [a] 外，"簰"读 [ɐ] 韵母。这个字在每个乡话点的读音都与主体层不同，特别是红土溪乡话，其他字都发生了后高化的演变，变为 [ɔ]/[uɔ]，但"簰"字没有参与一起演变，仍读 [pʌ¹³]。"簰"与主体层属于不同的层次，属于蟹摄开口一二等相区别的层次。

蟹开二的语音层次为：

层次 I	[ɐ]
层次 II	[a]

4.3.2.3 蟹摄开口四等的语音层次及演变

清水坪乡话蟹摄开口四等字除了 4.3.1.2 提到的读 [ɐ] 韵母的现象外，还有读 [i] 和 [iɛ] 现象，见表 4.19。

表 4.19　乡话齐韵读［i］和［iɛ］举例

例字	沅陵清水坪	沅陵太常	沅陵麻溪铺	古丈岩头寨	泸溪红土溪
闭	［pi³³］	［pi⁵⁵］	［pi²²］	［pi³³］	［pi³³］
箅	［pi³³］	［pi⁵⁵］	——	［pi³³］	［piɛ³³］
米	［miɛ³⁵］	［mi³⁵］	［miɛ³⁵］	［miɛ³⁵］	［mi⁵³］
啼	［niɛ²¹²］	［nie²¹³］	［lie¹³］	［nie²¹³］	［niɛ¹³］
犁	［niɛ⁵⁵］	［ni³³］	［li⁵⁵］	［ni⁵⁵］	［ni⁵⁵］
齐	［dʑi²¹²］	［dʑiɛ²¹³］	［tɕiɛ¹³］	［dʑiɛ²¹³］	［dʑiɛ¹³］

从表 4.19 可以看到，清水坪乡话齐韵还有读［i］和［iɛ］的现象，这两个音类我们认为属于同一个层次，［i］与［iɛ］属于演变关系，［i］是［iɛ］高化的结果。这个层次比［ɐ］晚。［ɐ］是早期开口四等读洪音的层次，［i］/［iɛ］是外来的读细音的层次，与蟹开三相混的层次。蟹开三常用的字比较少，个别字也有读［i］/［iɛ］的现象，如清水坪乡话"祭~祖"读［tɕiɛ³³］、"艺手~"读［n̩iɛ⁰］。

清水坪乡话蟹开四的语音层次如下：

层次 I	［ɐ］
层次 II	［i］/［iɛ］

4.3.3　蟹摄字读鼻韵母及相关现象分析

乡话蟹摄有部分字读鼻音韵母的现象，具体读音情况见表 4.20。

表 4.20　蟹摄字读鼻音韵母的现象

	例字
沅陵清水坪	媒［maŋ⁵⁵］、拜［pəŋ³³］
沅陵太常	媒［maŋ³³］、辈大~；长辈［poŋ³³］
古丈岩头寨	媒［maŋ⁵⁵］、辈［poŋ³³］
泸溪红土溪	媒［mõ³³］、辈［põ³³］、戒界［kõ³³］、豺［tsõ¹³］

乡话蟹摄读鼻音韵母的字来自于帮组、端组和见组，除了"媒"字（"媒"字读鼻音韵母可能跟鼻音声母有关，这种现象在汉语方言很普遍），其他字与通常汉语方言中阴声韵、入声韵读鼻音韵母现象的情况不同。从韵母来源来看，有开口一等咍韵、二等皆韵和合口一等灰韵；清水坪、太常和岩头寨今读韵母分为两种，清水坪为：［aŋ］和［əŋ］，太常和岩头寨为：［aŋ］/［ɑŋ］和［oŋ］；红土溪乡话只有一种读音：［õ］。蟹摄字读鼻音韵母的现象在湘语冷水江（铎山）方言中也存在，如：拜~年［pÃ⁴⁵］、界~子；界

线［kÃ⁴⁵］、癞~子：红疹、痘痘［lÃ̃⁴⁵］、矮［Ã̃²¹］、筛［sÃ̃⁰］（做后字时）、派~出所［pʰÃ²⁴］、戒［kÃ⁴⁵］，等等。

乡话除了蟹摄字有读鼻音韵母的现象外，其他阴声韵和入声韵也有个别字读鼻音韵母的现象，如太常乡话的"鼻"读［pĩ³³］，红土溪乡话的"梳"读［sẽ⁵⁵］，"塞动作"读［sẽ⁴²］。湘语冷水江方言除了蟹摄字外，其他阴声韵和入声韵也有不少读鼻音韵母的现象，如：去~年［tɕʰin²⁴］、脐肚~子；肚脐眼［tɕin⁴⁵］、基~：墓碑［tɕin⁰］、箕~箕［tɕin⁰］、鬏毛~；头发［tɕin⁴⁵］、髓骨~［sin⁰］、宜便~［ĩ⁰］、为难~；谢谢［uĩ⁰］、热~天；夏天［ĩ⁴⁵］、业作~［ĩ⁴⁵］、滴~水［tiÃ⁴⁵］、萨菩~［sÃ⁰］、席~子［tsʰiÃ²⁴］、霸~蛮［pÃ⁴⁵］、刺~毛衣［tsʰiÃ³³］、嫂阿~；妇女［sÃ⁰］、个~人［kõ³³］、角边~；独眼［kõ³³］。

乡话蟹摄字读鼻音韵母的现象是怎么产生的呢？孔广森首创"阴阳对转"来解释汉语史中阴声韵变为阳声韵或阳声韵变为阴声韵的现象。阳声韵丢失鼻音韵尾的现象在方言中很常见，而阴声韵读鼻音韵母的现象大部分都是受鼻音声母同化产生，也有不少阴声韵读鼻音韵母的现象与鼻音声母无关，如上文列举的冷水江方言中阴声韵、入声韵读鼻音韵母的字并没有鼻音声母，此外乔全生（2005b）报告了晋语东南部上党片的襄垣方言蟹摄开口一、二等上声字转入阳声韵，与山摄合口二等上声读同韵，效摄开口一等上声部分字也转入阳声韵，读如宕摄开口一等。乔全生指出该现象只出现在上声 213 调中，其他调的字不参与，可能与降升调降下时软腭过早关闭口腔通路，气流只好从鼻腔出来有关，应该是一种后起的语音现象。其他如晋方言五台片陕北绥德话假摄开口三等章组字也转入阳声韵。汉语史中阴声韵转为阳声韵的两个典型例字是"能"和"等"。《切韵》"能"有奴来、奴登两切，"等"有多改、多肯两切。王力（2008：628）考证"能"和"等"本读奴来切和多改切，汉以后转化为奴登切和多肯切。对于汉语史中"能"和"等"由阴声韵变为阳声韵的例子，通常认为是之蒸部阴阳对转。韦名应（2010）从语音学的角度解释阴声韵读同阳声韵的现象。他认为汉语方言和民族语中阴声韵读同阳声韵的现象发生的重要条件是高元音韵尾和辨义功能减弱的鼻音韵尾系统。并利用 Dang and Honda 的实验来证明：发高元音时，即使软腭已经关闭，鼻腔中仍有相当大的声音辐射。这是由于发高元音时引起的软腭振动，把声波从口腔传到了鼻腔，使口、鼻之间发生"耦合"。正是这种口鼻耦合，使得说者本意要发的 CV 音节，听者可能感知为带点鼻音音色的变体 CVᴺ/CV，从而为音变的发生提供基础。但这种解释遇到一个问题，不少阴声韵或入声韵读鼻音韵母的字的主元音并不是高元音，如冷水江方言阴声韵或入声韵读鼻音韵母的字，主元音有［ʌ］、［i］、［ɪ］、［o］，其中大量读鼻音韵母的字主元音是低元音［ʌ］。

袁丹（2014）对汉语方言中鼻尾增生现象进行分析得出：高元音容易增生鼻尾，高元音增生鼻尾可以没有声母条件；央、低元音不易增生鼻尾；低元音也可以增生鼻尾，但有声母条件，即声母必须是鼻音或高气流辅音；凹调并不是引发鼻尾增生的主要因素，但可以和高元音共同作用来引发鼻尾增生。但从冷水江方言的情况来，有些现象用袁丹的解释行不通，如有零声母、塞音声母的字，且主要元音是低元音时，也有增生鼻音的现象。Ohala 采用"nasal olive"技术做了一项实验，用来解决印地语中的鼻音增生问题（印地语中鼻化元音和浊塞音之间会增生出鼻尾），结论是：高元音容易引发"颤噪效应"。虽然在发元音时软腭是关闭的，但是实验仪器还是能够检测到鼻腔中的振动，而且 F1 低的音最明显，这包括高元音［i］和浊辅音［d］［b］；F1 高的音（低元音）基本上没有颤噪。从声学角度来看，高元音［i］、［u］的 F1 以及浊塞音的浊音杠频率都很低，在 300Hz 左右，而鼻音的 F1 频率也很低，Keith Johnson 通过计算得出鼻音的 F1 频率为 407Hz，实际测量的结果大致在 400Hz 左右，这使得高元音和浊塞音听感上接近于鼻音[①]。袁丹（2014）认为汉语方言中高元音更容易引发增生鼻音，与发音生理无关，而与听觉感知相关。我们很赞同该观点，本人的语言经验可以证实这一点，湖南涟源市区有一个地方叫"三角坪"［sʌ̃³³ ku³³ biʌ̃⁴⁵］，但本人很长一段时间都听成［sʌ̃³³kõ³³biʌ̃⁴⁵］。此外，"滴"字在冷水江方言不同年龄中的读音存在差异，父辈说［tiʌ⁴⁵］，年轻一辈包括本人说［tiʌ̃⁴⁵］，这也可能是由于听感导致的差异。

4.3.4 止摄合口三等字的语音层次及相关问题分析[②]

乡话止摄合口字今读多个音类，除去明显受客话影响的文读［uei］外，还有多个白读音类，如清水坪乡话白读有四个音类，分别是［yɛ］、［yi］、［ɛe］和［u］，其中有读撮口呼韵母的，有读开口呼韵母的，有读合口呼韵母的。本部分详细分析止摄合口今读音类之间的层次及演变关系。

4.3.4.1 止摄合口三等今读撮口韵母的现象

乡话止摄合口读撮口呼韵母的现象，以往研究关注比较多。杨蔚

---

① Ohala 和 Keith Johnson 的研究转引自袁丹（2014）《汉语方言中的鼻尾增生现象》一文。

② 本部分内容曾在《语言科学》2017 年第 5 期上发表。

（2010a）和郑焱霞（2010）都关注过乡话中止摄合口三等读撮口呼韵母的情况，她们记录的止摄合口三等字主要读［y］，并将止摄合口字读［y］的现象称之为"支微入鱼"。

"支微入鱼"最早是指吴语中止摄合口三等字读同鱼韵的现象。后来陆陆续续发现很多汉语方言都存在止摄合口读同鱼韵的现象，如湘语娄邵片、客家话、闽语、赣语、晋语等。但大部分方言不仅止摄合口，蟹摄合口字也有读同鱼韵的现象。王洪君（2006：81-82）认为吴语止合三读［y］的现象更确切的说法是"止合入虞"，因为吴语止合三白读［y］与"鱼虞分立"层次上的虞韵相同。王洪君认为具有类似现象的山西方言与吴语不同，一是山西方言没有鱼虞对立；二是不仅止合三，蟹合三也有［y］类的白读，如闻喜"卫_{蟹合三祭}"［y］，祁县"岁_{蟹合三祭}"［çy］。因此，王洪君认为山西方言的这一现象更确切的说法应是"止蟹合三入遇"。郑伟（2013：102-103）认为蟹止摄合口读［y］的现象更确切的叫法应该是"支微入虞"，因为众多南方方言的鱼虞韵不分读［y］，但仍有鱼韵读开口韵的鱼虞有别层，而虞韵读作［y］以外的白读音少些。止摄合口读同虞韵的现象在唐五代的历史文献中就有记载。据罗常培（2012：144-145），《开蒙音训》音注所反映的唐五代敦煌方音中，有不少止摄的支脂微合口与虞韵字同音互注的例子，如虞支互注：为 / 盂、髓 / 须、伪 / 遇；虞脂互注：柜 / 具、骓 / 朱；虞微互注：鬼 / 甂。唐五代西北方音中只有止摄合口字变入虞韵，并没有蟹摄合口字参与。这说明早期的"支微入鱼"现象并没有蟹摄合口字参与。

杨蔚、郑焱霞提到的乡话"支微入鱼"现象的范围不但包括止摄合口字，还包括蟹摄合口三等字。乡话蟹摄合口三等字也有读［y］的现象，如杨蔚（2010a：215）调查的丑溪口乡话"脆"读［tɕʰy²⁴］、"鳜"读［tɕy²⁴］等。但乡话鱼虞韵白读并没有与止摄合口三等相混的现象，也即没有读［y］的现象。严格来说，乡话是不存在"支微入鱼"现象的。

乡话止摄合口读撮口韵母的现象，在有些点整齐地读为一类［y］，但在有些点分为两类，如清水坪乡话分为［yi］和［yɛ］。为什么有些点只有一类撮口韵母，而有些点有两类呢？这两类音之间的关系如何呢？

先看乡话止摄合口三等字读撮口韵母的具体情况。由于蟹摄合口三等与止摄合口三等有相混的现象，也把蟹摄合口三等读撮口韵母的现象列于此，见表4.21。

湘西乡话语音层次及演变研究

表 4.21　乡话蟹止摄合口读撮口韵母的现象

例字	沅陵清水坪	沅陵太常	沅陵麻溪铺	古丈岩头寨	泸溪红土溪
脆祭	[tɕʰyᴇ³³]	[tɕʰyei⁵⁵]	[tɕʰyɪ²²]	[tɕʰye³³]	[tɕʰyi³³]
鱖祭	[tɕyᴇ³³]	——	[tɕyɪ²²]	——	[tɕyi³³]
嘴支	[tɕyi³⁵]	[tɕyei³⁵]	[tɕy³⁵]	[tɕyi³⁵]	[tɕyi⁵³]
吹支	[tɕʰyᴇ⁵⁵]	[tsʰou³³]	[tɕʰyɪ⁵⁵]	[tɕʰye⁵⁵]	[tsʰu⁵⁵]
跪支	[tɕʰyi³⁵]	[tɕʰyei³⁵]	[tɕʰy³⁵]	[tɕʰyi³⁵]	[tɕʰyi⁵³]
喂支	[yi³³]	[yei⁵⁵]	——	[yi³³]	[yi³³]
为支	[yi³³]	——	——	[yi³³]	——
醉脂	[tɕyi³³]	[tɕyei⁵⁵]	[tɕy²²]	[tɕyi³³]	[tɕyi³³]
锤脂	[tuei²¹²]	[tuei²¹³]	[dy¹³]	[tuei²¹³]	[tuei¹³]
槌脂	[tuei²¹²]	[tuei²¹³]	[dy¹³]	[tuei²¹³]	[tuei⁵⁵]
龟脂			[tɕyɪ⁵⁵]		[tɕyᴇ⁵⁵]
柜脂			[tɕʰy³⁵]		
鬼微	[tɕyi³⁵]	[tɕyei³⁵]	[tɕy³⁵]	[tɕyi³⁵]	[tɕyi⁵³]
贵微	[tɕyi³³]	[tɕyei⁵⁵]	[tɕyɪ²²]	[tɕyi³³]	[tɕyi³³]
围微	[yi²¹²]	[yei²¹³]	[y¹³]	[yi²¹³]	[yi¹³]

　　我们首先对材料的音值做一个交代。我们所调查的乡话材料和杨蔚调查的材料音值不同，我们调查的材料只有［yi］，没有［y］，遇摄文读音也读［yi］，不读［y］，而杨蔚等所调查的材料以［y］为主。我们在调查乡话过程中发现，受客话影响比较深的乡话蟹止摄合口基本以读［y］为主，如我们初步了解过的沅陵筲箕湾乡话蟹止摄合口三等以读［y］为主。红土溪乡话蟹止摄合口三等字正处于由［yi］向［y］的演变过程中，有些字的［i］已经不怎么明显，如"跪"，基本可以记为［y］。因此，我们所用的材料和杨蔚所调查的材料存在的差异应该是不同阶段和不同处理的反映。鲍厚星、伍云姬（1985）所调查的麻溪铺乡话有［y］和［yɪ］两个音，这两个音的关系是否与红土溪乡话同？即部分字［ɪ］已经脱落变为［y］，而部分字仍保留［ɪ］，读［yɪ］。根据我们对麻溪铺乡话的了解，麻溪铺乡话是存在声调变韵现象。从表4.21可以看到麻溪铺乡话读［yɪ］的字，都来自于55调和22调，而逢13、35调都读［y］。因此我们认为麻溪铺乡话的［y］和［yɪ］是声调变韵关系。

　　有些乡话点止摄合口三等今读读［yi］，而不读［y］，这并不是乡话特有的现象。我们发现杨时逢（1974：1218）调查的泸溪方言韵母系统中也没有［y］韵母，只有［yi］韵母。材料的情况介绍完后，下面来看具体情况。

清水坪乡话止摄合口三等白读撮口韵母的情况是分为 [yi] 和 [yɛ]
两类；岩头寨读为 [yi] 和 [ye] 两类，与清水坪乡话同；红土溪乡话也
有 [yi] 和 [yɛ] 两个音；太常乡话则只读为一类 [yei]。从表 4.21 的材
料来看，清水坪乡话的 [yi] 音类见于支脂微三韵，但 [yɛ] 音类只见于
支韵。但红土溪乡话来源于脂韵的"龟"读 [yɛ]，来源于微韵的"尾"读
[εe]，这个 [εe] 与 [yɛ] 是互补的两个音类，属于同一层次（关于"尾"
读 [εe] 的性质，以及与 [yɛ] 的关系，后文详细分析）。因此，[yɛ] 也
是支脂微三韵共有的音类。

清水坪乡话止摄合口三等今读 [yi] 和 [yɛ] 之间是演变关系还是层
次关系呢？[yi] 和 [yɛ] 这两类音很容易通过演变关系来解释，[yɛ] 继
续高化就会变为 [yi]，而太常乡话确实都已经合流为一个音类 [yei]。事
实是否如此呢？除了止摄合口三等有读 [yɛ] 的现象外，清水坪乡话山摄
合口三四等入声字也有读 [yɛ] 的现象，见表 4.22。

表 4.22 乡话山摄合口三四等入声与蟹止摄合口相混的现象

例字	沅陵清水坪	沅陵太常	沅陵麻溪铺	古丈岩头寨	泸溪红土溪
绝薛	[tɕʰyɛ⁵⁵]	[tɕʰyei³³]	——	[tɕʰye⁵⁵]	[tɕʰyi⁵⁵]
雪薛	[ɕyɛ⁵³]	[ɕyei⁴²]	[ɕyeʔ⁵³]	[ɕye⁴²]	[ɕyi⁴²]
蕨月	[tɕyɛ⁵³]	[tɕyei⁴²]	——	[tɕye⁴²]	[tɕyi⁴²]
月月	[ȵyɛ⁵³]	[ȵyei⁴²]	[yeʔ⁵³]	[ȵye⁴²]	[ȵyi⁴²]
缺屑	[tɕʰyɛ⁵³]	[tɕʰyei⁴²]	[tɕʰyεʔ⁵³]	[tɕʰye⁴²]	[tɕʰyi⁴²]
血屑	[ɕyɛ⁵³]	[ɕyei⁴²]	[ɕyeʔ⁵³]	[ɕye⁴²]	[ɕyi⁴²]

从表 4.22 可以看到，清水坪乡话山摄合口三四等入声字很整齐的读 [yɛ]，
并没有读 [yi] 的现象，也就是清水坪乡话的山摄合口三四等入声字并没有
发生 [yɛ] 向 [yi] 的高化演变现象。如果清水坪乡话止摄合口三等字读
[yɛ] 的音类，属于尚未高化为 [yi] 的滞留，同样读 [yɛ] 音类的山摄合
口三四等入声字也应该有相同的演变，但山摄合口三四等入声字并没有发
生相同的演变。因此，从山摄合口三四等入声字的读音情况来看，清水坪
乡话的 [yɛ] 和 [yi] 音类之间并不是演变关系，属于不同的层次。太常
止摄合口三等字的读音应该分为两类，一类对应于清水坪乡话的 [yɛ]，一
类对应于清水坪乡话的 [yi]。红土溪乡话部分字也已经高化为 [yi]，但
还没有完成，"龟"还保留有读 [yɛ] 的现象。

清水坪乡话 [yɛ] 和 [yi] 这两个音类的层次关系如何呢？我们认为
[yi] 是比 [yɛ] 是更早的层次，理由是 [yi] 音类只出现于止摄合口三等，

而从表 4.21 可以看到，[yɛ] 音类既出现于止摄合口三等，又出现于蟹摄合口三等，是蟹止摄合口三等合流以后的层次。岩头寨等乡话的情况与清水坪乡话同。至于太常读一个音类，是因为对应于清水坪乡话 [yɛ] 的字发生了高化，合流为一个音类。太常和红土溪乡话的山摄合口三四等入声字也发生了同样的演变。

4.3.4.2 止摄合口三等的语音层次

上文我们分析了清水坪乡话的 [yi] 与 [yɛ] 属于不同的层次，且 [yi] 比 [yɛ] 早。清水坪乡话止摄合口三等除了读 [yi] 和 [yɛ] 的现象外，还有读 [ɛɛ] 和 [u] 音类的现象。下面我们分别分析这两个音类以及与 [yi] 和 [yɛ] 的层次关系。

清水坪乡话读 [ɛɛ] 音类的只有一个"尾"字。下面列出"尾"在各乡话点的读音情况，见表 4.23。

表 4.23　乡话"尾"的读音

例字	沅陵清水坪	沅陵太常	古丈岩头寨	泸溪红土溪	沅陵麻溪铺
尾	[mee³⁵]	[mee³⁵]	[mee³⁵]	[mæɛ⁵³]	[me³⁵]

"尾"是一个很常用的字，还保留有重唇音的读法。表面上看"尾"字的韵母在止摄合口是比较特殊的，不与其他字相同，不过如果参考臻摄的情况来看，"尾"字的韵母并不是单独的层次。

表 4.24　乡话臻摄合口三等的今读举例

例字	沅陵清水坪	沅陵太常	沅陵麻溪铺	古丈岩头寨	泸溪红土溪
问	[mee³³]	[mee⁵⁵]	[me²²]	[mee³³]	[mee³³]
春	[tsʰuee⁵⁵]	[tsʰuee³³]	[tsʰue⁵⁵]	[tsʰuee⁵⁵]	[tsʰuæɛ⁵⁵]
准	[tsuee³⁵]	[tsuee³⁵]	[tsuæ³⁵]	[tsuee³⁵]	[tsuæɛ⁵³]
润	[ȵyɛ³³]	[ȵyɛ⁵⁵]	——	[ȵyɛ³³]	[ȵyɛ³³]
菌	[tɕʰyɛ³⁵]	[tɕʰyɛ³⁵]	[tɕʰyɛ³⁵]	[tɕʰyɛ³⁵]	[tɕʰyɛ⁵³]

从表 4.24 可以看到，清水坪乡话臻摄合口三等有读 [ɛɛ]、[uɛɛ] 和 [yɛ] 的现象，[uɛɛ] 韵母只出现在 [ts] 声母（精知章组、日母）后，[ɛɛ] 只出现在 [p] 组（帮组）声母后，[yɛ] 出现在非 [ts] 组、[p] 组（帮组）声母后。也就是说 [uɛɛ]、[ɛɛ] 与 [yɛ] 是以声母为条件的三个互补的音类。再看清水坪乡话"尾"字的韵母 [ɛɛ]，与臻摄合口三等 [p] 组（帮组）声母字的韵母同。根据臻摄合口三等的语音情况，我们认为清水坪乡话止摄合口的 [yɛ] 和 [ɛɛ] 也是以声母为条件的两个音，[yɛ] 出现于

［tɕ］组声母（精章见组）后，［ɐɛ］出现于［p］组声母后。

关于［uɐɛ］与［yɛ］两个音之间的演变关系，需要说明的是，有些材料记为［uɛ］，如麻溪铺乡话就是如此。［yɛ］在与［ts］组声母等相拼时变为［uɛ］比较容易解释，但由［yɛ］变为［uɐɛ］不是很好解释。我们在调查荔溪乡话时发现，［uɛ］/［ɛ］韵母逢 55 调变为［uɐɛ］/［ɐɛ］，如"尾"单念时声调为 35 调，韵母读［ɛ］，在"尾巴"一词中，"尾"的声调由 35 调变为 55 调，韵母由［ɛ］变为［ɐɛ］。我们根据现有的材料推断：清水坪乡话的［yɛ］还未增生 e（但红土溪乡话有些已经增生了比较明显的 e），而［uɛ］已经增生了一个 e，这种元音增生最初可能是由声调变韵引起的，导致［uɐɛ］与［yɛ］在元音数量上的不对称。

乡话止合三读［u］音类的只有一个"水"字。需要说明的是杨蔚（2010a）调查的 10 个乡话点中有麻溪铺等 7 个点"穗"字读［u］韵母，但其中有 2 个点声调不读去声。伍云姬、沈瑞清（2010）调查的古丈高峰乡话"麦穗"记为［mo⁴¹ zu²⁵ tsa］，其中第二个相当于"穗"的音标为不明本字。我们调查的清水坪乡话相当于"穗"的音为［zu³⁵］，声调为上声，与来源于去声的"穗"声调不符。乡话邪母常用字主要读浊塞擦音，如清水坪乡话：松［dʑiou²¹²］、象［dʑiẽ³⁵］、旋［dʑyɛ³³］、泅［dʑiɐ²¹²］、袖［dʑiou³³］、邪［dʑyo²¹²］、谢［dʑyo³³］。也就是乡话中邪母常用字目前没有发现读［z］的现象。我们认为乡话中表示"穗"义的［zu］可能本字不是"穗"。因此，暂不予考虑。"水"在各乡话点的读音，见表 4.25。

表 4.25　乡话"水"的读音

例字	沅陵清水坪	沅陵太常	沅陵麻溪铺	古丈岩头寨	泸溪红土溪
水	［tsu³⁵］	［tsu³⁵］	［tsu³⁵］	［tsu³⁵］	［tsu⁵³］

"水"是一个非常常用的词，但是在乡话中的读音比较特别，声母读塞擦音［ts］，韵母读［u］。闽语的"水"读音也比较特别，秋谷裕幸、陈泽平（2012：8、102）记录的古田大桥、杉洋方言读［tɕy⁴¹］，研究闽语的学者沿用古代韵书用"氺"来记录。《集韵》中就用"氺"来记录闽语的"水"，如氺条：上声旨韵之谇切，闽人谓水曰氺。根据《集韵》的反切，闽语的"氺"来源于章母，我们认为乡话表示"水"意义的音［tsu］（上声）来源于书母，本字就是"水"，理由如下：声母［ts］，乡话书母常用字主要读塞擦音，其他见表 4.26。

表 4.26　乡话书母字读塞擦音现象

例字	沅陵清水坪	沅陵太常	沅陵麻溪铺	古丈岩头寨	泸溪红土溪
书	[tɕiou⁵⁵]	[tsoʊ³³]	[tsɯɯ⁵⁵]	[tɕiou⁵⁵]	[tɕiu⁵⁵]
守	[tɕiou³⁵]	[tsoʊ³⁵]	[tsəɯ³⁵]	[tɕiou³⁵]	[tɕiu³⁵]
少	[tsɔ³⁵]	[tsoʊ³⁵]	[tsɑɯ³⁵]	[tsɔ³⁵]	[tsɔ⁵³]
升	[tsɑŋ⁵⁵]	[tsaŋ³³]	——	[tsɑŋ⁵⁵]	[tsɜε⁵⁵]
室	[tɕi⁵³]	[tɕi⁴²]	[tɕi³⁵]	[tɕi⁴²]	[tɕi⁴²]

从表 4.26 可以看到，乡话书母读塞擦音是一种常见的现象，这证明"水"读塞擦音是符合规律的。声调上，表"水"义的音在各个点都读上声，符合"水"的声调。韵母，止摄合口脂韵并没有其他读 [u] 韵母的字。止摄合口读 [u] 韵母的现象在其他方言也存在，在闽南方言如厦门、泉州、潮州、南安、晋江等，有一个"龟"字普遍有 [ku] 的白读。张光宇（1993）曾推测闽南方言"龟"字的音变过程为：*kuei > kui > ky > ku。戴黎刚（2012：67-69）在分析闽语止摄合口字层次时，指出莆仙方言读 [u] 的"龟"对应建瓯方言的 [y]。辰溆片湘语也有止摄合口读 [u] / [ʯ] 的现象，根据瞿建慧（2010：119-120）武溪、浦市、辰阳、低庄等 13 个方言点，"水、吹"读 [u] / [ʯ] 韵母，与遇摄相混。不仅止摄合口与遇摄相混为 [u] / [ʯ]，有些点止摄合口与遇摄相混读 [ʅ]。瞿建慧认为止摄合口与遇摄相混读 [u] / [ʯ] / [ʅ] 的现象是由 [y] 演变而来。我们认为乡话止摄合口的"水"韵母读 [u] 也由 [y] 演变而来，但这种演变的动因现在还不是很清楚。

综上所述，我们推测乡话"水"早期读 *tɕy，其韵母与我们前面讨论的 [yi] 和 [yɐ] / [ɜε] 都不相同。我们认为"水"所代表的层次比 [yi] 更早。首先，"水"是非常常用的字，通常更常用的字所代表的语音层次更古老；其次，从音类分合上来看，读 [u] 音类的字只见于脂韵，不见于其他，而读 [yi] 音类的字来源于支脂微三韵。

太常和红土溪乡话有一个"吹"字的读音与其他乡话点不同，分别读 [oʊ] 和 [ʊ]，与果摄相混。根据我们对太常和红土溪乡话果摄字的了解，其果摄读 [oʊ] 和 [ʊ] 的现象由 [u] 演变而来。太常和红土溪的"吹"也由 [u] 演变而来，杨蔚（2010a：220）调查的八什坪和棋坪乡话"吹"读 [tsʰu] 即是证明。但太常和红土溪今读 [u] 韵母的"水"字并没有发生相同的演变，没有变为 [oʊ] 和 [ʊ]。我们发现太常、红土溪乡话 [u] 变为 [oʊ] 和 [ʊ] 的演变有一个特点，即只有从外方言借入的 [u] 才发生向 [oʊ] 和 [ʊ] 的演变，本方言固有的 [u] 不发生同样的演变。如太常和红土溪的果摄一等从湘语借入了［u］这个语音层次，借入到这两个方言中之后，发生向［ou］和［ʊ］的演变，但遇摄模韵固有层的［u］并没有参与到该演变当中。"水"读［u］属于乡话中固有的成分也没有参与该演变，但太常和红土溪的"吹"发生了由［u］变为［ou］和［ʊ］的变化。据此可知太常和红土溪乡话"吹"读［ou］和［ʊ］韵母来源于外方言的影响。根据瞿建慧调查的辰溆片湘语材料（2010：233），不同方言点"吹"的读音不同，有读［u］的，如武溪、浦市、辰阳；有读［y］的，如大水田、龙潭、岗东等。乡话"吹"的读音也分两类，有读［u］/［ou］的，有读［yɛ］的，这说明处于辰溆片湘语包围中的乡话，受不同湘语点的影响，出现了"吹"读音相异的现象。

此外，从表 4.21 可以看到，清水坪乡话"锤槌"都读［uei］，除了麻溪铺乡话读［y］外，其他四个点的乡话也都读［uei］。清水坪乡话止摄合口读［uei］的主要是文读，如：规［kuei⁵⁵］、轨［kuei⁵³］、柜［kuei³⁵］、违［uei³³］。这两个字在伍云姬、沈瑞清（2010：120）调查的古丈乡话中读［tyei］，而古丈乡话止摄合口其他字并没有读［yei］的现象，主要读［y］，个别读［yɛ］。可以看出这两个字是晚近由［uei］演变而来，在其他一些乡话点中还没有发生。这也说明乡话蟹止摄合口字，-u- 介音在前元音的同化作用下变为［y］是一种比较常见的现象。

4.3.4.3 乡话止摄合口三等［y］介音的形成

前文我们提到止摄合口字读如鱼虞韵的现象在汉语方言中很普遍，不仅止摄合口，蟹摄合口也有读如鱼虞韵的现象，但其实各方言蟹止摄合口字参与程度不一，有些方言并没有蟹摄合口字参与，如南部吴语金华、永康、义乌、汤溪、龙游、常山、开化、江山、兰溪等只有止摄合口字有读同虞韵的现象；徽语中的祁门、屯溪、休宁、淳安、遂安、衢州等方言只有止摄合口三等与虞韵有相混的现象；客赣方言也有部分方言并没有蟹摄合口字参与，如醴陵、宿松、阳新、横峰、秀篆、南康等。闽中方言和闽东方言也只有零星止合三读［y］的现象，没有蟹摄合口字[①]。

对于汉语方言蟹止摄合口字读同鱼虞韵的现象，很多学者对其演变过程做出过推测，张光宇（1993）认为是 *kuei → kui → ky → ku，丁邦新（2003：25-26）、王洪君（2006：81-82）与张光宇的观点基本相同。王为民（2011：645-647）则认为止摄合口、蟹摄合口三四等、蟹合一读同鱼虞韵的现象是在不同的历史层面上进行的，最早发生的是止摄合口三

---

① 本段内容根据郑伟（2013：104-125）提供的材料总结形成。

等，由 /jwɨj/ 失去韵尾［j］后变为［y］；其次是蟹摄合口三四等字合流为 /jwej/，又变为 /jwɨj/，并沿着止摄合口三等的演变路线变为［y］；最后是蟹摄合口一等也产生腭化介音变为 /jwɨj/，继续重复止摄合口三等的演变过程。王为民认为蟹摄合口一等也存在过 /jwɨj/ 阶段的理由是：蟹合一变入鱼韵的方言存在一等腭化的现象。王没有详细分析蟹摄合口一等如何产生 j 的过程。我们知道前元音容易增生 -i- 介音，但蟹摄合口一等有 -u- 介音，在这样的语音条件下，-i- 介音是不容易产生的。郑伟（2013：137–141）根据不同方言蟹止摄合口韵的参与范围，总结出蟹止摄合口字读同鱼虞韵的演变顺序，即：止合三→蟹合三四→蟹合一。他推测蟹合三四、止合三读入虞韵的音变过程是：*iuei＞iui＞iu＞y，虞韵变为［y］的过程是：*iu＞y。但他认为蟹合一则与止合三、蟹合三四不同，蟹合一由洪音变成细音，则是类似于印欧语的 umlaut，其音系规则可描写为：

$$V \rightarrow [\text{-back}] / \_C1 [\text{-consonantal}, +\text{high}, -\text{back}]$$

即如果某个音段为辅音（一个或以上）加前高元音（或滑音），那么辅音前的元音将发生前化，例如［u］在辅音后的［i］或［j］的影响下变成［y］，前英语的"镀金"［*'guldjan］、"老鼠复数"［muːsi］分别变作了古英语的［'gyldan］和［myːs］。同时，郑伟用现代方言如闻喜、南通、东台、姜堰等的灰泰韵除了有和虞韵同韵的白读［y］外，还有一个［yei］/［yəi］之类的读音层来证明蟹合一读［y］之前有［yei］的阶段。

王为民和郑伟都把蟹止摄合口读同鱼虞韵的现象分为三个阶段，分别是止摄合口、蟹摄合口三四等、蟹摄合口一等，在演变路线上，两位学者所拟测的蟹止摄合口三四等变为［y］的过程大致相同，在蟹摄一等的演变上存在较大差异。两位学者的研究在已有研究的基础上有了拓展和深化，但两位所研究的材料都没有涉及乡话，且都只关注了蟹止摄合口读同鱼虞韵的现象，其实通过前文我们对乡话止摄合口的今读情况分析，可以看到止摄合口除了读［y］外，还有读其他撮口韵母的现象。不仅乡话止摄合口有读多种撮口韵母的现象，其他方言也存在类似现象。如庆元方言（曹志耘等 2000：229、233）蟹止摄合口有［y］和［ye］两个音，读［y］的来源于支脂微祭四韵，［ye］来源于脂祭齐韵。浦城（樋口靖 1991）支脂微祭齐韵的大多数字读［y］，少数字读［ye］[①]。闽北建瓯方言蟹止摄合口有［y］和［yɛ］两个韵母。如果一个字有文白异读，通常是［y］为文读，［yɛ］为白读。方言中蟹止摄合口读［ye］/［yɛ］的现象，无法用 *iu＞y

---

① 樋口靖的材料转引自郑伟（2013：110）。

来解释。而方言中蟹止摄合口读［ye］/［yɛ］的现象,最后有可能高化为［yi］,甚至 i 脱落,变为［y］。红土溪乡话部分蟹止摄合口三等字就发生了类似的演变。因此,现今方言中蟹止摄有些读［y］的现象,未必是由 *iu 演变而来。

　　根据我们前文的分析,乡话止摄合口三等读不同撮口韵母的音类,属于不同的层次,闽北建瓯方言蟹止摄合口读撮口韵母的现象也存在着不同的层次关系,上文我们介绍了建瓯方言蟹止摄合口今读［y］和［yɛ］属于文白异读的关系,也就是这些不同的撮口韵母来源不同,演变情况也不同。这说明不同方言中蟹止摄合口读撮口韵母的现象可能是叠置了不同的层次的。下文我们根据乡话的材料,推测乡话中止摄合口三等读撮口韵母现象的演变过程。

　　根据前文的分析,乡话中最早出现撮口韵母的是脂韵合口字,也就是读［u］的层次(该韵母由［*y］演变而来。因此,也把该音归为撮口类韵母)。我们认为乡话以"水"为代表的［u］层次发生了 *iui → iu → y → u 的演变。为什么推测该音类的演变起点为 *iui 呢?这是因为乡话中只有脂韵读该音类,根据 4.3.1.1 的分析,脂韵开口在乡话中最早的层次是［i］,这也是目前大家比较接受的支脂之开口三分中脂韵的早期读音。根据乡话脂韵开口的最早层次为［i］,以及目前学界比较普遍接受的观点:合口三等的介音为 *iu,我们认为乡话脂韵合口最早的层次［u］的演变起点为 *iui。在以往关于"支微入鱼"的演变研究中,大家基本都认为支微等韵变入鱼韵时,都经过了 *iui 这个阶段,而脂韵合口的早期读音是最接近这个音的,这也是为什么乡话中脂韵是最早出现读 *y 韵母现象的原因。

　　受外方言影响,*ui 音进入清水坪等乡话,-u- 介音受后接前元音［i］的影响,前化为［y］,变为［yi］。-u- 介音受前元音影响变为［y］的现象在麻溪铺乡话果摄中也发生过。麻溪铺乡话果摄今读有读［uɛ］、［uɪ］、［yɛ］和［yɪ］等的现象,［uɛ］和［uɪ］属于声调变韵关系,［uɛ］只出现于 35 调,［uɪ］只出现于 55 和 22 调,［yɛ］和［yɪ］的关系与［uɛ］和［uɪ］的关系同[①]。这两组韵母出现的条件互补,［uɛ］/［uɪ］只见于非精组,［yɛ］/［yɪ］只见于精组,如"左"读［tɕyɪ²²］,"搓"读［tɕʰyɪ⁵⁵］,"锁"读［ɕyɛ³⁵］。也就是［uɛ］和［uɪ］的介音 -u- 在前元音的影响下,在拼精组时变为［y］。前文我们也提到伍云姬等(2010)调查的古丈乡话"槌"读［yei］,由［uei］演变而来,也是［u］介音受后接前元音影响,变为

[①]　麻溪铺乡话声调变韵现象很丰富,果摄今读音类有十一个,这里不一一介绍。

［y］。止摄合口发生 *ui＞yi 的演变时，蟹摄合口并未与止摄合流，因此蟹摄合口未参与到该演变当中。

乡话后来又受到强势方言新一轮的影响，蟹止摄合口三等出现读［*uE］的现象，u 受前元音 E 的影响，变为［yE］，而"尾"字由于受声母影响，丢失 -u- 介音，失去了变为［yE］的条件，而读［εe］。

各方言蟹止摄读撮口韵母的现象很复杂，具体到不同方言，可能有不同的演变。我们根据乡话的材料，提出蟹止摄读撮口韵母的现象是不同历史时期按照不同的演变路线进行的，叠置了多个层次。

4.3.4.4 小结

清水坪乡话止摄合口字的层次为：

	层次Ⅰ	层次Ⅱ	层次Ⅲ	层次Ⅳ
支韵	［yi］		［yE］	［uei］
脂韵	［u］	［yi］	［yE］	［uei］
微韵	［yi］		［εe］	［uei］

"水"所代表的［u］为脂韵最早的层次，也属于脂韵独有的层次（*iui→iu→y→u）；

［yi］为支脂微共有的层次（*ui→yi）；

［yE］/［εe］为蟹止摄合口相混的层次（*uE→yE）；

［uei］属于最晚的层次，也是蟹止摄合口相混的层次，但个别方言点的［uei］也开始向撮口韵母演变，如伍云姬等（2010）调查的古丈乡话。

4.4 咸山摄的语音层次及演变 [①]

中古咸山摄分韵比较复杂，咸摄一二三四等俱全，且一二三等都有重韵，共计十六韵（平赅上去，下同）；山摄也一二三四等俱全，且各分开合，共计十四韵。《切韵》咸摄阳声韵收［-m］尾，山摄阳声韵收［-n］尾，读音不同，但随着［-m］、［-n］尾在大部分方言中合并，咸山两摄也变得混而不分。不但咸山两摄混而不分，咸山摄内部一二等不分、三四等相混也是方言中非常常见的现象。乡话咸山两摄阳声韵从今读音类数目和音值上看，基本相同，如清水坪乡话（咸合三常用字较少，在乡话中基本不用，故略）：

---

① 本部分内容曾在《方言》2017年第4期上发表。

咸开一	[oŋ]、[əŋ]、[uo]、[ã]
山开一	[oŋ]、[əŋ]、[ɛe]、[ã]
咸开二	[ɛe]、[uo]、[ã]
山开二	[oŋ]、[əŋ]、[ɛe]、[ã]
咸开三四	[ɛè]、[iɛ]、[iɛ̃]
山开三四	[ɛe]、[iɛ]、[iɛ̃]
山合一	[uã]、[əŋ]、[oŋ]、[uɛe]
山合二	[uã]、[oŋ]、[əŋ]、[ɐ]
山合三	[əŋ]、[yɛ]、[uɛe]、[ɛe]、[uã]、[ã]、[yɛ̃]
山合四	[uɛe]、[yɛ̃]

虽然咸摄和山摄的今读音情况基本相同，但这些今读音的性质及其关系很复杂，下面详细分析。

4.4.1　咸山摄开合口一等的语音层次

咸摄开口一等字的读音情况见表 4.27。

表 4.27　咸摄开口一等的今读举例

例字	沅陵清水坪	沅陵太常	古丈岩头寨	泸溪红土溪
耽	[toŋ⁵⁵]	[toŋ³³]	[toŋ⁵⁵]	[tõ⁵⁵]
胆	[təŋ³⁵]	[təŋ³⁵]	[təŋ³⁵]	[toŋ⁵³]
贪	[tʰã⁵⁵]	[tʰaŋ³³]	[tʰã⁵⁵]	[tʰã⁵⁵]
痰	[toŋ²¹²]	[təŋ²¹³]	[toŋ²¹³]	[tõ¹³]
淡	[dəŋ³⁵]	[dəŋ⁵⁵]	[dəŋ³³]	[doŋ³³]
南	[noŋ⁵⁵]	[nəŋ³³]	[noŋ⁵⁵]	[nõ³³]
三	[suo⁵⁵][səŋ⁵⁵]	[suo³³][səŋ³³]	[suo⁵⁵][səŋ⁵⁵]	[soɣ⁵⁵][soŋ⁵⁵]
甘	[kəŋ⁵⁵]	[kəŋ³³]	[kəŋ⁵⁵]	[koŋ⁵⁵]
柑	[koŋ⁵⁵]	[koŋ³³]	[koŋ⁵⁵]	[kuõ⁵⁵]
敢	[kã⁵³]	[kəŋ³⁵]	[kã⁴²]	[koŋ⁵³]

清水坪乡话咸摄开口一等今读有四个音类：[əŋ]、[oŋ]、[uo] 和 [ã]，以读 [əŋ] 和 [oŋ] 为主；读 [ã] 的都是文读音，如"贪、敢"的读字音读该韵母；读 [uo] 韵母的只有"三"一个字。"三"存在异读的现象，在"十三"中读 [əŋ] 韵母，在"一二三"中读 [uo]。

清水坪乡话山摄开口一等的今读情况与咸摄开口一等基本相同，今读有 [əŋ]、[oŋ]、[ɛe] 和 [ã] 四个音类，具体情况见表 4.28。

表 4.28　山摄开口一等的今读举例

例字	沅陵清水坪	沅陵太常	古丈岩头寨	泸溪红土溪
单	[toŋ⁵⁵]	[toŋ³³]	[toŋ⁵⁵]	[tõ⁵⁵]
摊	[tʰəŋ⁵⁵]	[tʰəŋ³³]	[tʰəŋ⁵⁵]	[tʰoŋ⁵⁵]
炭	[tʰəŋ³³]	[tʰəŋ⁵⁵]	[tʰəŋ³³]	[tʰoŋ³³]
诞	[tã³⁵]	[taŋ³⁵]	[tã³⁵]	——
兰	[nã²¹²]	[noŋ³³]	[noŋ⁵⁵]	[nõ⁵⁵]
栏	[nəŋ⁵⁵]	[nəŋ³³]	[nəŋ⁵⁵]	[noŋ⁵⁵]
懒	[dzəŋ³⁵]	[dzəŋ³⁵]	[dzəŋ³⁵]	[dzoŋ⁵³]
伞	[səŋ³⁵]	[səŋ³⁵]	[səŋ³⁵]	[soŋ⁵³]
秆	[kɛe⁵³]	[kɛe⁻³³]	[kɛe⁴²]	[kã⁴²]
干~湿	[kʰəŋ⁵⁵]	[kʰəŋ³³]	[kʰəŋ⁵⁵]	[kʰoŋ⁵⁵]
安	[ã⁵⁵]	[ŋaŋ³³]	[ŋã⁵⁵]	[ŋã⁵⁵]

山开一主要读［əŋ］，读［ã］的都是文读音，读［oŋ］的只有一个"单"字，读［ɛe］的也只有一个"秆称~"字，这个音类还出现于山摄开口二三四等。

此外，山摄合口一等今读与咸山摄开口一等也有相混的现象，具体读音见表4.29。

表 4.29　山摄合口一等的今读举例

例字	沅陵清水坪	沅陵太常	古丈岩头寨	泸溪红土溪
搬	[pəŋ⁵⁵]	[poŋ³³]	[pəŋ⁵⁵]	[poŋ⁵⁵]
半	[pəŋ³³]	[poŋ⁵⁵]	[pəŋ³³]	[poŋ³³]
端	[toŋ⁵⁵]	[toŋ³³]	[toŋ⁵⁵]	[tuã⁵⁵]
满	[məŋ³⁵]	[moŋ³⁵]	[məŋ³⁵]	[moŋ⁵³]
团	[təŋ²¹²]	[təŋ²¹³]	[təŋ²¹³]	[toŋ¹³]
断	[tʰəŋ³⁵]	[tʰəŋ³⁵]	[tʰəŋ³⁵]	[tʰoŋ⁵³]
段	[tuã³⁵]	[tuaŋ³⁵]	[tuã³⁵]	[tuã⁵³]
乱	[dzəŋ³³]	[dzəŋ⁵⁵]	[dzəŋ³³]	[dzoŋ¹³]
官	[kəŋ⁵⁵]	[kəŋ³³]	[kəŋ⁵⁵]	[koŋ⁵⁵]
灌	[kuɛe³³]	[kuɛe⁵⁵]	[kuɛe³³]	[kuɛe³³]
宽	[kʰuã⁵⁵]	[kʰuaŋ³³]	[kʰuã⁵⁵]	[kʰuã⁵⁵]
欢	[xəŋ⁵⁵]	[xəŋ³³]	[xəŋ⁵⁵]	[xoŋ⁵⁵]
唤	[xoŋ³³]	[xoŋ⁵⁵]	[xoŋ³³]	[xuõ³³]
豌	[oŋ⁵⁵]	[oŋ³³]	[oŋ⁵⁵]	[uã⁵⁵]
碗	[əŋ³⁵]	[əŋ³⁵]	[ŋ³⁵]	[oŋ⁵³]

清水坪乡话山摄合口一等今读有［uã］、［əŋ］、［oŋ］和［ɛɛ］四个音类，读［uã］的都是读字音。除［uã］外，其他三个都是白读音类，其中读［uɛ］的只有一个"灌"字，［əŋ］和［oŋ］两个音类与咸山摄开口一等相混。

　　［əŋ］和［oŋ］既出现于咸山摄开口一等，又出现于山摄合口一等，这两个音类之间是什么关系呢？以往研究乡话的学者都注意到了这种现象。伍云姬、沈瑞清（2010：25）把咸山摄一等开口读成［õ］（对应清水坪的［oŋ］）与［oŋ］（对应清水坪的［əŋ］）两种韵母作为鉴别乡话的标准之一，但暂时不能解释这种现象。郑焱霞（2010：150）认为咸山摄开口一等字和山摄合口一等字今读［õ］和［oŋ］两个音类属于同一个层次，是一种从［oŋ］向［õ］演变的词汇扩散现象。我们不赞同郑焱霞的观点。虽然郑焱霞用来分析的五个乡话点的咸山摄一等字都有读［oŋ］和［õ］的现象，但哪些字读［oŋ］，哪些字读［õ］，不同乡话点很统一，不会出现在这个点读［oŋ］，而另外一个点读［õ］的现象。我们认为咸山摄开口一等和山摄合口一等字今读［əŋ］和［oŋ］两个音类属于不同的层次，这从同一音韵地位的字读不同的韵母可以得到证明。如清水坪乡话咸摄开口一等"甘_甜"读［əŋ］韵母，而"柑_{柚子}"读［oŋ］韵母；山摄开口一等"兰"读［oŋ］韵母（清水坪乡话没有调查出该音，但在太常、岩头寨等乡话读该音），而"栏"读［əŋ］韵母；山摄合口一等的"豌"读［oŋ］韵母，"碗"读［əŋ］韵母。来源相同而今读不同，无条件的读为不同的韵母，这种无条件中又有一定的规则，通常更常用的字读［əŋ］，较常用的字读［oŋ］，如表示"甜"意义的"甘"读［əŋ］，而"柑_{柚子}"读［oŋ］。"甜"义用"甘"这个词（而不是语素）来表示在现代汉语方言中比较少见，根据殷晓杰、何意超（2013）的研究，先秦时期主要用"甘"表示"甜"的意义，西汉时"甜"字开始出现，并在唐以后进一步跃升为口语中的主导词，沿用至今。乡话至今保留"甘"这种古老的用法。山摄开口一等"兰"读［oŋ］，而"栏"读［əŋ］，"栏"比"兰"更常用；山摄合口一等字"豌"读［oŋ］，而"碗"读［əŋ］，"碗"比"豌"更常用。

　　此外，宕摄一等也有读［əŋ］的现象，如果［əŋ］与［oŋ］是音变关系，宕摄一等也应该有读［oŋ］的现象，即宕摄一等也应该发生［əŋ］向［oŋ］的演变现象，但宕摄一等并没有。见表4.30。

表4.30　宕摄一等唐韵的今读举例

例字	沅陵清水坪	沅陵太常	古丈岩头寨	泸溪红土溪
当	[təŋ⁵⁵]	[təŋ³³]	[təŋ⁵⁵]	[toŋ⁵⁵]
汤	[tʰəŋ⁵⁵]	[tʰəŋ³³]	[tʰəŋ⁵⁵]	[tʰoŋ⁵⁵]
堂	[təŋ²¹²]	[təŋ²¹³]	[təŋ²¹³]	[toŋ³³]
唐	[təŋ²¹²]	[təŋ²¹³]	[təŋ²¹³]	[toŋ¹³]
浪	[nəŋ³³]	[nəŋ⁵⁵]	[nəŋ³³]	[noŋ³³]
仓	[tsʰəŋ⁵⁵]	[tsʰəŋ³³]	[tsʰəŋ⁵⁵]	[tsʰoŋ⁵⁵]
桑	[səŋ⁵⁵]	[səŋ³³]	[səŋ⁵⁵]	[soŋ⁵⁵]

据此，我们认为[əŋ]与[oŋ]是层次关系，从读[əŋ]的字比读[oŋ]的字更常用的情况来看，我们认为[əŋ]是比[oŋ]更早的层次。

咸摄开口一等的[uo]音类只有"三"一个字，其性质不是很好判断。但"三"存在异读的现象，韵母[uo]出现在"一二三"中，在"十三"等数词中读[əŋ]。通常数字单说时更容易发生变化，如湘语冷水江方言的"二"单说时，读阴去，在"十二"中读阴平。"二"归阴平是本方言固有的读法，归阴去是受外方言影响出现的归派。因此，我们认为[uo]是比[əŋ]晚的现象。但[uo]与[oŋ]的关系以及[uo]是否为单独的层次不好判断，暂存疑。除了"三"，还有咸摄开口二等的"杉"字韵母读[uo]。一些湘方言中"杉"字读同阴声韵，如冷水江方言读[so³³]，而其他阳声韵字并没有读[ɔ]的现象。

山开一除了[əŋ]和[oŋ]外，还有一个白读[ɛe]，我们认为这个音类比[oŋ]的层次晚，理由是周边的辰溆片湘语山开一读[ɛ]，但没有读[oŋ]的现象。山合一的[uɛe]情况与[ɛ]同，具体见后文分析。

综上，清水坪乡话咸山摄开合口一等的层次为：

	咸开一	山开一	山合一
层次Ⅰ	[əŋ]	[əŋ]	[əŋ]
层次Ⅱ	[oŋ]	[oŋ]	[oŋ]
层次Ⅲ	[ã]	[ɛe]	[uɛe]
层次Ⅳ		[ã]	[uã]

4.4.2　山摄开合口二等字的语音层次

山摄开口二等字今读见表4.31。

表 4.31　山摄开口二等的今读举例

例字	沅陵清水坪	沅陵太常	古丈岩头寨	泸溪红土溪
产	[tsʰã⁵³]	[tsʰaŋ⁴²]	[tsʰã⁴²]	[tsʰã⁴²]
山	[seɛ⁵⁵]	[seɛ³³]	[seɛ⁵⁵]	[sæɛ⁵⁵]
眼	[ŋee³⁵]	[ŋee³⁵]	[ŋee³⁵]	[ŋæɛ⁵³]
苋	[əŋ³³]	[əŋ⁴²]	[ŋ̍³³]	[oŋ¹³]
板	[pəŋ³⁵][poŋ³⁵]	[poŋ³⁵]	[pəŋ³⁵]/[poŋ³⁵]	[poŋ⁵³]
攀	[pʰoŋ⁵⁵]	[pʰoŋ³³]	[pʰoŋ³³]	[pʰõ⁵⁵]
雁	[ŋã³⁵]	[ŋaŋ³⁵]	[ŋã³⁵]	[ŋæɛ⁵³]

清水坪乡话山摄开口二等字的今读有 [ã]、[ɛɛ]、[əŋ] 和 [oŋ] 四类。这四个音类中，[ã] 是个文读音类，其他三个音类都是白读音，[ɛɛ] 与三四等相混，[əŋ] 和 [oŋ] 与一等相混。[əŋ] 与 [oŋ] 的关系与一等相同，[əŋ] 的层次比 [oŋ] 早，这从岩头寨乡话"板"字的两读现象可以看出，在表示"板子"意义时，读 [əŋ] 韵母，在表示"板凳"意义时，读 [oŋ] 韵母。此外，常用的"板~子"读 [əŋ]，不常用的"攀"读 [oŋ]。

　　再来看二等的 [ɛɛ] 与三四等的 [ɛɛ]，其性质是否相同呢？现代一些方言二等字增生 -i- 介音，与三四等相混。乡话山开二的 [ɛɛ] 与三四等相混是否也属于增生 -i- 介音以后变化的结果呢？我们先看二等 [ɛɛ] 的出现条件。二等的 [ɛɛ] 出现于 [ts] 组和 [ŋ] 声母后。出现于 [ts] 组声母后的 [ɛɛ] 有可能是受声母影响丢失了 -i- 介音，因为乡话中 [ts] 组声母不能与细音相拼。但除了"山"字外，"眼"也读 [ɛɛ]。"眼"属于疑母，乡话中的疑母既有读 [ŋ] 的，也有读 [ȵ] 的。疑母读 [ŋ] 还是 [ȵ] 与韵母有关，如果后接细音韵母，疑母则读 [ȵ]，如"鱼"读 [ȵiou⁵⁵]；如果后接洪音韵母，疑母则读 [ŋ]，如"牛"读 [ŋɯ⁵⁵]。"眼"字声母读 [ŋ]，可以判断其韵母并不是丢失 -i- 介音的结果，与三四等读 [ɛɛ] 性质不同，其实山摄开口三等与四等读 [ɛɛ] 的性质也并不相同，后文详细分析。

　　除了山开二读 [ɛɛ] 外，上文我们提到山开一也有读 [ɛɛ] 的现象，与之平行的有山合一读 [uɛɛ]，我们认为山开一的 [ɛɛ] 和山合一的 [uɛɛ] 是受辰溆片湘语影响产生，山开二的 [ɛɛ] 是否与山开一的 [ɛɛ] 性质相同呢？通过与周边方言比较，我们发现辰溆片湘语大部分方言山摄开口一二等读 [ɛ]、合口一等读 [uɛ]，具体如表 4.32[①]。

————————

　　① 材料来源于瞿建慧（2010：245-252）。

表 4.32　辰溆片湘语山开一二、山合一的今读举例

例字	武溪	浦市	辰阳	黄溪口	大水田	卢峰
炭	[tʰa]	[tʰɛ]	[tʰɛ]	[tʰɛ]	[tʰɛ]	[tʰɛ]
栏	[la]	[na]	[lɛ]	[lɛ]	[lɛ]	[lɛ]
铲	[tsʰa]	[tsʰɛ]	[tsʰɛ]	[tsʰɛ]	[tsʰɛ]	[tsʰɛ]
山	[sa]	[sɛ]	[sɛ]	[sɛ]	[sɛ]	[sɛ]
间	[ka]	[kɛ]	[kɛ]	[kɛ]	[kɛ]	[kɛ]
眼	[ŋa]	[ŋɛ]	[ŋɛ]	[ŋɛ]	[ŋɛ]	[ŋɛ]
限	[xa]	[xã]	[xɛ]	[xɛ]	[xɛ]	[xɛ]
板	[pa]	[pɛ]	[pɛ]	[pɛ]	[pɛ]	[pɛ]
慢	[ma]	[mɛ]	[mɛ]	[mɛ]	[mɛ]	[mɛ]
短	[tue]	[tue]	[tue]	[tue]	[tue]	[tue]
乱	[lue]	[lue]	[lue]	[lue]	[lue]	[lue]
灌	[kue]	[kue]	[kue]	[kue]	[kue]	[kue]

从表 4.32 可以看到，所选取的辰溆片湘语代表点山开一二基本都读 [ɛ]，合口一等主要读 [ue]。乡话处于辰溆片湘语的包围之中，在西南官话成为这一地区的强势方言之前，辰溆片湘语是乡话的重要影响源。因此，我们认为乡话山摄开口一二等读 [ɛe] 和合口一等读 [ue] 是受辰溆片湘语影响出现的层次。

山摄合口二等字的读音情况见表 4.33。

表 4.33　山摄合口二等的今读举例

例字	沅陵清水坪	沅陵太常	古丈岩头寨	泸溪红土溪
闩	[soŋ⁵⁵]	[soŋ³³]	[soŋ⁵⁵]	[suã⁵⁵]
关	[kuã⁵⁵]	[kuaŋ³³]	[koŋ⁵⁵]	[kuã⁵⁵]
还~去: 回去	[vəŋ³³]	[vəŋ²¹³]	[vəŋ²¹³]	[voŋ¹³]
还~有	[ɐ²¹²]	[a²¹³]	[ɦɐ²¹³]	[ʔei¹³]
环	[xuã³³]	[xuaŋ³³]	[xuã³³]	[uã¹³]
弯	[oŋ⁵⁵]	[oŋ³³]	[oŋ⁵⁵]	[uã⁵⁵]

清水坪乡话山摄合口二等今读 [uã]、[oŋ]、[əŋ]、[ɐ] 四个音类，其中 [uã] 是个纯文读音，[əŋ] 与 [oŋ] 这两个音类咸开一、山开合一都有。[ɐ] 只在"还有"一词中出现，"还~有"读同阴声韵是汉语方言中一种很普遍的例外现象，不予考虑。

从上文的分析中看出，咸摄开口一等、山摄合口一二等都有 [əŋ]

和 [oŋ] 两个音类，且 [oŋ] 的层次比 [əŋ] 晚，也就是说 [əŋ] 可以看
成是固有层，而 [oŋ] 这一层次来源于外方言的影响。[oŋ] 层次的影响
源是何种方言呢？目前对乡话影响最大的方言是西南官话。乡话不常用的
字音基本都来源于西南官话。但乡话的 [oŋ] 并不属于最新的文读，已经
由早期的文读转变为今天的白读。随着社会的发展变化，影响乡话的强势
方言也在不停更替。当时影响乡话的强势方言未必是今天的辰溆片湘语或
西南官话，我们推测可能来源于被西南官话严重侵蚀之前的湘语。老湘语
受西南官话影响相对较少，我们以属于老湘语的冷水江方言为例来看乡话
咸山摄的 [oŋ] 是否源于湘语的影响。冷水江方言咸开一主要读 [ã]，除
了 [ã] 外，还有读 [õ] 的现象，目前发现读 [õ] 的只有"墈 [kʰõ²⁴]"；
山开一、山合一二除了读 [ã] 外，也有读 [õ] 的现象，山开一如：汗
[xõ²²]、秆 [kõ²¹]，山合一二如：端 [tõ³³]、乱 [lõ³³]、碗 [õ²¹]、算
[sõ⁴⁵]、闩 [sõ³³] 等。从所举例字来看，冷水江方言咸开一、山开一、山
合一二也都有读 [õ] 的现象，与乡话 [oŋ] 出现的古音条件同。我们推
测乡话的 [oŋ] 来源于湘语的影响，只是湘语在西南官话的强势影响下，
保留读 [õ] 的现象越来越少，但发展变化相对较慢的乡话地区，则保存
较多。

综上，清水坪乡话山摄开合口二等的语音层次为：

	山开二	山合二
层次 I	[əŋ]	[əŋ]
层次 II	[oŋ]	[oŋ]
层次 III	[ɛe]	[uã]
层次 IV	[ã]	

4.4.3 咸山摄开口三四等字的语音层次

清水坪乡话咸山摄开口三四等字都有 [ɛe]、[iɛ] 和 [iɛ̃] 这三个音
类，[iɛ̃] 是个纯文读音，只见于乡话中不常用的字，如清水坪乡话读 [iɛ̃]
的都是不常用的字：潜 [dziɛ̃³³]、剑 [tɕiɛ̃³⁵]、谦 [tɕʰiɛ̃⁵⁵]、辨 [piɛ̃³⁵]、
联 [niɛ̃³³]、献 [ɕiɛ̃³⁵]、电 [tiɛ̃³⁵]、笺 [tɕiɛ̃⁵⁵] 等。[ɛe] 和 [iɛ] 在
三四等都是白读音，那么，山摄的 [ɛe] 和 [iɛ] 与咸摄的 [ɛe] 和 [iɛ]
之间的关系是否完全相同？咸山两摄三等的 [ɛe] 和 [iɛ] 与四等的 [ɛe]
和 [iɛ] 关系是否相同？下面详细分析。

我们先看咸摄的情况。咸摄开口三四等字的读音情况，见表 4.34。

表 4.34　咸摄开口三四等的今读举例

	例字	沅陵清水坪	沅陵太常	古丈岩头寨	泸溪红土溪
三等	镰	[niɛ⁵⁵]	[niɛ³³]	[niɛ⁵⁵]	[niɛ¹³]
	尖	[tsɛɛ⁵⁵]	[tsɛɛ³³]	[tsɛɛ⁵⁵]	[tsæɛ⁵⁵]
	歼	[tɕiɛ⁵⁵]	[tɕiɛ³³]	[tɕiɛ⁵⁵]	——
	签	[tsʰɛɛ⁵⁵]	[tsʰɛɛ³³]	[tsʰɛɛ⁵⁵]	[tsʰæɛ⁵⁵]
	盐	[zɛɛ²¹²]	[zɛɛ²¹³]	[zɛɛ²¹³]	[ʑiɛ¹³]
四等	点	[tɛɛ³⁵]	[tɛɛ³⁵]	[tɛɛ³⁵]	[tæɛ⁵³]
	簟	[nɛɛ³⁵]	[nɛɛ³⁵]	[nɛɛ³⁵]	[næɛ⁵³]
	念	[ȵi³³]	[ȵɿ⁵⁵]	[ȵi³³]	[ȵiɛ⁵³]

从表 4.34 可以看到，清水坪乡话三等 [ɛɛ] 和 [iɛ] 的分布是互补的：[ɛɛ] 只出现于 [ts] 组声母后，[iɛ] 出现于非 [ts] 组声母后，[ɛɛ] 与 [iɛ] 属于互补的两个音。咸摄开口四等今读是 [ɛɛ] 与 [i] 两个音类。[i] 与 [iɛ] 是同一个层次的两个音，[i] 是 [iɛ] 高化的结果，类似情况其他韵摄也多有发生，如齐韵等。下文山摄开口三四等中 [i] 与 [iɛ] 的关系也是如此。[ɛɛ] 与 [iɛ] 这两个音类在四等的出现条件与三等不同：[ɛɛ] 可以出现在 [t] 组、[n] 声母后，而咸摄三等的 [ɛɛ] 不可以出现于 [n] 声母后，三等 [n] 声母后读 [iɛ]。山摄开口三四等也有 [ɛɛ] 和 [iɛ] 两个音类，具体情况见表 4.35。

表 4.35　山摄开口三四等的今读举例

	例字	沅陵清水坪	沅陵太常	古丈岩头寨	泸溪红土溪
三等	棉	[miɛ⁵⁵]	[mi³³]	[miɛ⁵⁵]	[mi³³]
	面脸	[miɛ³³]	[miɛ⁵⁵]	[miɛ³³]	[miɛ³³]
	碾	[nɛɛ³⁵]	[nɛɛ³⁵]	[ȵiɛ³⁵]	[næɛ⁵³]
	浅	[tsʰɛɛ³⁵]	[tsʰɛɛ³⁵]	[tsʰɛɛ³⁵]	[tsʰæɛ⁵³]
	仙	[ɕiɛ⁻⁵³]	[ɕiɛ⁻³⁵]	[ɕiɛ³³]	[ɕiɛ⁵⁵]
	燃	[ȵi⁵⁵]	[ȵɿ³³]	[ȵi⁵⁵]	[ȵi⁵⁵]
	扇	[sɛɛ³³]	[sɛɛ⁵⁵]	[sɛɛ³³]	[ɕiɛ³³]
四等	辫	[pʰiɛ³⁵]	[pʰiɛ³⁵]	[pʰiɛ³⁵]	[pʰiɛ⁵³]
	扁	[pi³⁵][piɛ³⁵]	[pi⁻⁵⁵]	[pi³⁵][piɛ⁻³³]	——
	面~条	[miɛ³³]	[miɛ⁵⁵]	[miɛ³³]	[mi³³]
	天	[tʰɛɛ⁵⁵]	[tʰɛɛ³³]	[tʰɛɛ⁵⁵]	[tʰæɛ⁵⁵]
	田	[nɛɛ²¹²]	[nɛɛ²¹³]	[nɛɛ²¹³]	[næɛ¹³]
	前	[tɕiɛ²¹²]	[tsɛɛ²¹³]	[dʑie²¹³]	[dʑiɛ¹³]
	千	[tsʰɛɛ⁵⁵]	[tsʰɛɛ³³]	[tsʰɛɛ⁵⁵]	[tsʰæɛ⁵⁵]
	肩	[tɕiɛ⁵⁵]	[tɕiɛ³³]	[tɕiɛ⁵⁵]	[tɕiɛ⁵⁵]

清水坪乡话山摄开口三等字［ɛe］与［iɛ］的出现条件是：［ɛe］出现于［ts］组声母后，［iɛ］出现于非［ts］组声母后。但有一个例外，"碾"在清水坪等乡话读［ɛe］韵母，在岩头寨乡话读［iɛ］韵母。伍云姬、沈瑞清（2010：144）调查的古丈高峰乡话"碾"有两个读音，做名词时读［lai²⁵］，做动词时读［n̥iɛ²⁵］。"碾"的两读用来区别不同的词性，属于语法引起的异读，不属于层次的问题，我们不予考虑。三等字除"碾"外，其出现条件与咸摄开口三等字相同，属于两个互补的音类，三等的［ɛe］是受声母影响出现的变体。由于［iɛ］与［ɛe］音值相差比较大，有必要解释两者之间的演变关系。［iɛ］与［ɛe］这两个音类也见于深摄和臻摄开口三等，其出现条件和关系与咸山摄三等同，如：淋［zɛe²¹²］、心［ɕiɛ⁵⁵］、金［tɕiɛ⁵⁵］、枕［tsɛe³⁵］、亲［tɕʰiɛ⁵⁵］、真［tsɛe⁵⁵］、印［iɛ³³］、近［tɕʰiɛ³⁵］等。伍云姬、沈瑞清记录的古丈乡话咸山摄开口三等的读音是［iɛ］和［ɛ］，只是有无介音的区别。我们曾赴沅陵筲箕湾了解过该地的乡话，咸山摄开口三等的读音主要是［iɛ］和［ɛ］，但［ɛ］逢阴平 55 调时会变为［ɛe］。类似现象在红土溪乡话也存在，如红土溪乡话［yɛ］的［ɛ］后有动程，严格可以记为［yɛe］。因此，我们记录的清水坪等地乡话的［ɛe］是由［ɛ］变来的，至于演变原因可能和声调有关，可能还有其他原因。但可以确定的是咸山摄的［iɛ］与［ɛe］之间是一种可能的演变关系。

山摄开口四等字［ɛe］可以出现于［t］组、［n］和［ts］组声母后，［iɛ］可以出现于［p］组、［tɕ］组声母后，与三等的［ɛe］和［iɛ］的出现条件不同。虽然从今声母的条件来看，［ɛe］与［iɛ］的出现条件是互补的，但我们认为咸山摄开口四等［ɛe］与［iɛ］的关系与三等不同，不是受声母影响产生的互补音类。出现于［t］组和［n］组后的［ɛe］是开口四等读洪音的保留，出现于［ts］组后的［ɛe］与出现于［t］组和［n］声母后的［ɛe］不同，出现于［ts］组声母后的［ɛe］是受声母影响，由［iɛ］变化而来，如"前"声母为［tɕ］，韵母为［iɛ］，"千"声母为［tsʰ］，韵母则为［ɛe］。因此，四等［ts］组声母后的［ɛe］与［iɛ］是两个互补的音类，是晚于其他声母后［ɛe］的层次，来源于外方言的影响。理由是：

（1）如果［iɛ］与［ɛe］之间是演变关系，不能解释为什么［t］组和［n］声母后的韵母是［ɛe］而不是［iɛ］，也就是不能解释为什么［t］组和［n］组声母与［iɛ］相拼后丢失 -i- 介音变为［ɛe］。在清水坪乡话的音系结构中，［t］组声母是可以与［iɛ］相拼的，如果摄一等的"多"读［tiɛ⁵⁵］、"拖"读［tʰiɛ⁵⁵］。

（2）乡话四等保留有读洪音的现象，如齐韵：鸡［kɐ⁵⁵］、溪［kʰɐ⁵⁵］、梯［tʰɐ⁵⁵］、剃［tʰɐ³³］；青韵：顶［toŋ³⁵］、鼎［taŋ³⁵］、厅［tʰoŋ⁵⁵］、零［noŋ⁵⁵］。

杨蔚（2010a：100-101）讨论过咸摄四等添韵和山摄四等先韵读洪音的性质，认为添韵和先韵读洪音分别与三等盐韵和仙韵合流，是一种后起的语音现象，是分别与三等盐韵和仙韵合并读细音后再一起变为洪音。从上文的分析来看，咸山开四读［ɛe］与咸山开三读［ɛe］的出现条件不同，性质也不同。

在判断音类的层次关系时，常用的一种方法是根据音类的分合关系来确定层次的先后顺序。通过上文的分析，我们发现在根据音类分合关系确定层次先后时，需要判断不同来源的同一今读音类性质是否相同，如果性质不同，不能用来判断层次的早晚。虽然咸山摄开口三四等字都有读［ɛe］和［iɛ］的现象，但不能依此就判断三四等完全相混。从我们上文的分析来看，三等的［ɛe］与四等的［ɛe］性质不同，三等的［ɛe］是［iɛ］的条件变体，而四等的［ɛe］（与［ts］声母相拼的除外）是洪音的保留；四等的［iɛ］与三等的［iɛ］性质也不同，四等的［iɛ］来源于外方言的影响，而三等的［iɛ］属于本方言固有的成分。

咸山摄四等读［iɛ］的层次来源于何种方言呢？辰溆片湘语咸山摄开口四等的今读情况为我们提供了答案。下面我们列出辰溆片湘语咸山摄开口四等的今读情况，见表4.36①。

表4.36　辰溆片湘语山开四的今读情况

	店	念	嫌	边	面	天	垫	前	烟	燕
武溪	［tie］	［n̠ie］	［çie］	［pie］	［mie］	［tʰie］	［tie］	［dzie］	［ie］	［ie］
浦市	［tie］	［n̠ie］	［çie］	［pie］	［mie］	［tʰie］	［tie］	［dʑie］	［ie］	［ie］
辰阳	［tie］	［n̠ie］	［çie］	［pie］	［mie］	［tʰie］	［tie］	［dʑie］	［ie］	［ie］
黄溪口	［tie］	［n̠ie］	［çie］	［pie］	［mie］	［tʰie］	［tie］	［dʑie］	［ie］	［ie］
大水田	［tie］	［n̠ie］	［çie］	［pie］	［mie］	［tʰie］	［tie］	［dʑie］	［ie］	［ie］
卢峰	［tie］	［n̠ie］	［çie］	［pie］	［mie］	［tʰie］	［tie］	［dʑie］	［ie］	［ie］

从上表可以看到，辰溆片湘语咸山摄开口四等主要读［iɛ］，清水坪乡话咸山摄开口四等读［iɛ］的层次来源于辰溆片湘语的影响。

山摄开口三等除了与咸摄开口三等合流的层次外，还有一个"件"字的读音与主体层不同，如下表。

---

① 材料来源于瞿建慧（2010：249-251），声调省。

例字	沅陵清水坪	沅陵太常	古丈岩头寨	泸溪红土溪
件	[tɕʰiɛ³⁵]	[tɕʰiɛ³⁵]	[tɕʰiɛ³⁵]	[tɕʰiE⁵³]

"件"的读音在清水坪和岩头寨与山摄开口主体层的读音不同，而在太常和红土溪读同山摄开口三等主体层。杨蔚（2010a）所调查的十个乡话点材料，其中四个点读［ia］，与主体层不同，六个点读［iɛ］/［iE］，与主体层同音。清水坪和岩头寨"件"读［iɐ］是属于单独的层次还是与［iɛ］/［iE］是同一层次？"件"字作为量词的用法，根据刘世儒（1965：127）的研究，最早的文献始于南朝梁。吴瑞文（2007：304）根据使用"件"字的作者沈约和释僧佑都是南人，判断"件"字用作量词是当时南朝江东方言的用法。乡话"件"的读音所代表的层次是不是也来源于江东方言呢？乡话中读［iɐ］的字，只有"件"一个孤例，且［iɐ］变成［iE］是一种可能的音变，太常和红土溪乡话就已经发生了 ia → iɐ → iɛ/iE 的演变。因此，我们认为山摄开口三等读［iɐ］的现象，是一种以词汇扩散方式发生 ia → iɐ → iɛ/iE 演变过程中的滞留，并不是不同的层次。

综上所述，清水坪乡话咸山摄开口三四等的层次为：

	咸开三	咸开四	山开三	山开四
层次 I	[iɛ]/[ɛe]	[ɛe]	[iɛ]/[ɛe]	[ɛe]
层次 II		[iE]		[iE]
层次 III	[iɛ̃]	[iɛ̃]	[iɛ̃]	[iɛ̃]

4.4.4　山摄合口三四等字的语音层次

山摄合口三等仙韵和元韵的今读情况不同，分开讨论。清水坪乡话仙韵的今读主要有［yɛ̃］、［uã］、［uɛe］和［yE］四个音类，其中［yɛ̃］和［uã］是两个文读音类，出现条件互补，［uã］只出现于［ts］组声母后，［yɛ̃］出现于非［ts］组声母后，如：全［dʑyɛ̃³³］、专［tsuã⁵⁵］、软［zuã⁵³］、圆［yɛ̃³³］。其他白读音类的具体情况见表 4.37。

表 4.37　山摄合口三等仙韵的今读情况

例字	沅陵清水坪	沅陵太常	古丈岩头寨	泸溪红土溪
选	[ɕyE³⁵]	[ɕyE³⁵]	[ɕyE³⁵]	[ɕyE⁵³]
转	[tyE³³]	[tyE³³]	[tyE³³]	[tyE³³]
砖	[tsuɛe⁵⁵]	[tsuɛe³³]	[tsuɛe⁵⁵]	[tsuæe⁵⁵]
船	[dzuɛe²¹²]	[dzuɛe²¹³]	[dzuɛe²¹³]	[dzuæe¹³]
圈	[tɕʰyE⁵⁵]	[tɕʰyE³³]	[tɕʰyE⁵⁵]	[tɕʰyE⁵⁵]
院	[yE³³]	[yE⁵⁵]	[yɛ̃³⁵]	[yE³³]

从上表可以看到，［uɐe］出现于［ts］组声母后，［yE］出现于非［ts］组声母后。仙韵读［uɐe］的字，只来源于章组。章组中古拟音为［*tɕ］，乡话今读［ts］。乡话中［ts］组声母不与细音相拼，当章组声母受外方言影响变为［ts］时，韵母受声母影响则由［yE］变为［uɐe］。因此，［uɐe］和［yE］的出现条件互补，是两个互补的音类，属于同一层次。

合口三等读［uɐe］韵母的字只出现在［ts］组声母后，见组字读［tɕ］组，韵母则读［yE］，而合口四等字读［uɐe］韵母的字出现在［kʰ］声母后，这也是合口四等唯一的白读音，只有一个"犬"字（乡话称说"狗"为"犬"），具体读音见表4.38。

表4.38　乡话"犬"的读音

例字	沅陵清水坪	沅陵太常	古丈岩头寨	泸溪红土溪
犬	［kʰuɐe³⁵］	［kʰuɐe³⁵］	［kʰuɐe³⁵］	［kʰuæe⁵³］

从合口三等与合口四等［uɐe］韵母的出现条件来看，二者属于不同的性质。合口三等字读［uɐe］韵母是受声母影响由细音［yE］变来，而合口四等字读［uɐe］属于四等字读洪音的保留。

乡话元韵的今读情况与仙韵不同，如清水坪乡话元韵今读有［ã］、［yẽ］、［uã］、［yE］、［ɛe］和［əŋ］六个音类，其中［ã］、［yẽ］和［uã］这三个音类是文读音，只用于乡话中不常用的字，出现的条件互补。如：藩［fã⁵⁵］、烦［fã³³］、挽［uã⁵³］、元［yẽ³³］、怨［yẽ³⁵］，这三个音类属于同一个文读层。其他三个音类是白读音类，具体见表4.39。

表4.39　山摄合口三等元韵的今读情况

例字	沅陵清水坪	沅陵太常	古丈岩头寨	泸溪红土溪
晚	［mɛe³⁵］	［mɛe³⁵］	［mɛe³⁵］	［mæe⁵³］
园	［zəŋ²¹²］	［zəŋ³³］	［zəŋ²¹³］	［zoŋ³³］
反	［fɛe³⁵］	［fɛe³⁵］	［fɛe³⁵］	［fæe⁵³］
万	［mɛe³³］	［mɛe⁵⁵］	［mɛe³³］	［mɛe³³］
劝	［tɕʰyE³³］	［tɕʰyE⁵⁵］	［tɕʰyE³³］	［tɕʰyE³³］
怨	［yẽ³⁵］	［yE⁵⁵］	［yE³³］	［yẽ⁵³］
远	［vɛe³⁵］	［vɛe³⁵］	［vɛe³⁵］	［væe⁵³］

先看［ɛe］和［yE］。从表4.39可以看到，［ɛe］出现于［m］、［f］、［v］后，［yE］出现于［tɕ］后，以及零声母音节中。［ɛe］与［yE］之间是什么关系呢？从今声母的条件来看，这两个音类互补。我们发现与［ɛe］相拼的声母都属于唇音，唇音声母与韵母相拼时，介音容易丢失。因此，

［ɛe］和［yE］属于同一层次的不同演变阶段。

　　"远"与非组字的韵母相同，非组字受声母影响丢失介音 -u- 变为［ɛe］，而来源于云母的"远"本来是有 -u- 介音的，只是这个介音 -u- 摩擦增强变成了［v］，与非组丢失 -u- 介音的情况不同。王辅世（1982）所调查的泸溪红土溪乡话"远"读［yE⁵³］，与我们所调查的四个点材料发生了不一样的演变，-u- 并没有擦化变为［v］，因此参与了［uɛ］向［yɛ］的演变。

　　［uɛe］和［yE］属于元韵和仙韵都有的音类，而［əŋ］这个音类并不出现于仙韵，只出现于元韵，只有一个"园~子，菜园"字。我们并不能确认这个音是属于仙元有别的音，还是只残存于元韵，先韵的［əŋ］完全被替代。我们前面介绍到［əŋ］音类不仅见于咸摄开口一等，也见于山摄开口一等和合口一二等，元韵的［əŋ］与咸山摄一二等的［əŋ］并不完全相同，"园"属于云母字，云母字声母读［z］由 -i- 介音擦化而来（详细分析见3.4.2）。也就是说咸山摄一等字与合口的元韵之间存在有无介音的不同。根据［əŋ］属于山摄合口一二等最早的层次，我们推测［əŋ］也应该是元韵最早的层次，且周边方言元韵并没有读［əŋ］的现象，周边方言的辰溆片湘语，山摄合口三等字普遍读［ɛ］或［yɛ］，见表4.40。

表4.40　辰溆片湘语山合三的今读举例

	反	饭	晚	怨	园	远
武溪	［fa］	［fa］	［va］	［ye］	［ye］	［ye］
浦市	［fɛ］	［fɛ］	［vɛ］	［yɛ］	［yɛ］	［yɛ］
辰阳	［fɛ］	［fɛ］	［vɛ］	［yɛ］	［yɛ］	［yɛ］
黄溪口	［fɛ］	［fɛ］	［vɛ］	［yɛ］	［yɛ］	［yɛ］
大水田	［fɛ］	［fɛ］	［vɛ］	［yɛ］	［yɛ］	［yɛ］
卢峰	［fɛ］	［fɛ］	［vɛ］	［yɛ］	［yɛ］	［yɛ］

　　从表4.40可以看到，辰溆片湘语山合三非组读［ɛ］，其他声母后读［yɛ］。乡话处于辰溆片湘语的包围之中，也深受其影响。我们认为乡话山摄合口三等读［ɛe］/［yE］的层次来源于辰溆片湘语的影响。

　　综上所述，清水坪乡话山摄合口三四等的层次为：

	山摄合口三等	山摄合口四等
层次Ⅰ	［əŋ］	［uɛe］
层次Ⅱ	［uɛe］/［yE］	
层次Ⅲ	［yẽ］/［uã］/［ã］	［yẽ］

4.4.5　小结

通过上文对乡话咸山两摄阳声韵的语音层次分析，我们可以看出：乡话咸山两摄今读叠置了多个语音层次，这些语音层次来自于不同时期的方言影响。最早对乡话产生影响的方言是早期的湘语。现在对乡话影响最大的方言是西南官话，乡话的文读音都来源于西南官话的影响，而在西南官话进入到乡话之前，对乡话影响最大的方言是辰溆片湘语。辰溆片湘语对乡话产生影响，是由于地缘因素，早期湘语对乡话产生影响，则和移民有关。我们多次提到，宋代时，邻近州县的百姓大量迁入湘西，带去了当时的湘语成分。

4.5　深臻摄的语音层次及演变

深摄和臻摄开口三等随着韵尾对立的消失，在现代很多方言都发生了合流。乡话阳声韵只有一个韵尾，深摄和臻摄开口三等在乡话中也变得混而不分，具体情况如何？下面详细分析。

4.5.1　深臻摄开口的语音层次

深摄只有开口三等字，读音比较简单，具体读音见表 4.41。

表 4.41　深摄开口三等的今读

例字	沅陵清水坪	沅陵太常	古丈岩头寨	泸溪红土溪
淋	[zɐe²¹²]	[zɐe²¹³]	[zɛe²¹³]	[zæe¹³]
心	[ɕiɛ⁵⁵]	[ɕiɛ³³]	[ɕiɛ⁵⁵]	[ɕiɛ⁵⁵]
针	[tsɐe⁵⁵]	[tsɐe³³]	[tsɛe⁵⁵]	[tɕiɛ⁵⁵]
枕	[tsɐe³⁵]	[tsɐe⁵⁵]	[tsɛe³⁵]	[tɕiɛ⁵³]
深	[sɐe⁵⁵]	[sɐe³³]	[sɛe⁵⁵]	[ɕiɛ⁵⁵]
今	[tɕi⁵⁵]	[tɕi³³]	[tɕi⁵⁵]	[tɕi⁻³³]
金	[tɕiɛ⁵⁵]	[tɕiɛ³³]	[tɕiɛ⁵⁵]	[tɕiɛ⁵⁵]

清水坪乡话深摄开口三等字白读有两类：[ɐe] 和 [iɛ]，深摄开口三等的文读音也有两类：[iẽ] 和 [ẽ]，如：品 [pʰiẽ⁵³]、音 [iẽ⁵⁵]、淫 [iẽ³³]、纫 [zẽ³⁵]。这两个文读音类都出现于乡话中不常用字的读字音。下面我们主要分析 [ɐe] 和 [iɛ] 这两个白读音类。这两个韵母的出现条件是：[ɐe] 只出现在 [ts] 组声母后，[iɛ] 出现在非 [ts] 组声母后。这两个音出现的声

母条件是互补的。清水坪、太常、岩头寨乡话只有章组字和个别来母字有
读 [ts] 组声母的现象，精组、见组字都不读 [ts] 组声母。红土溪乡话只
有来母的"淋"读 [ts] 组声母，章组字不读 [ts] 组声母，精组、见组字
也不读 [ts] 组声母。

其中"今"字的读音需要说明一下。"今"在这四个乡话点的韵母和其
他字不同。在 4.3.1 讨论止摄字的层次时我们分析过 [iɛ] 与 [i] 的关系，
认为 [i] 由 [iɛ] 高化而来，这种高化现象在乡话中特别普遍，多个韵摄
都发生过同样的演变，具体情况详见 4.3.1 的分析。因此，[ɛe] 和 [iɛ] 属
于同一层次。

臻摄开口三等的读音情况大致与深摄开口三等同。臻摄开口三等包括
真、殷两个韵，一起讨论。具体情况见表 4.42。

表 4.42　臻摄开口三等的今读

例字	沅陵清水坪	沅陵太常	古丈岩头寨	泸溪红土溪
亲	[tɕʰiɛ⁵⁵]	[tɕʰiɛ³³]	[tɕʰiɛ⁵⁵]	[tɕʰiɛ⁵⁵]
新	[ɕiɛ⁵⁵]	[ɕiɛ³³]	[ɕiɛ⁵⁵]	[sæɛ⁵⁵]
信	[ɕiɛ³³]	[ɕiɛ⁵⁵]	[ɕiɛ³³]	[ɕiɛ³³]
陈	[tiɛ²¹²]	[tiɛ²¹³]	[tiɛ²¹³]	[tiɛ¹³]
真	[tsɛe⁵⁵]	[tsɛe³³]	[tsɛe⁵⁵]	[tɕiɛ⁵⁵]
诊	[tsɛe³⁵]	[tsɛe³⁵]	[tsɛe³⁵]	[tɕiɛ⁵³]
身	[sɛe⁵⁵]	[sɛe³³]	[sɛe⁵⁵]	[ɕiɛ⁵⁵]
人	[ŋ̍⁵⁵]	[ŋ̍³³]	[ŋ̍⁵⁵]	[ɣoŋ⁵⁵]
银	[ȵiɛ⁵⁵]	[ȵiɛ³³]	[ȵiɛ⁵⁵]	[ȵiɛ⁵⁵]
印	[iɛ³³]	[iɛ⁵⁵]	[iɛ³³]	[iɛ³³]
斤	[tɕiɛ⁵⁵]	[tɕiɛ³³]	[tɕiɛ⁵⁵]	[tɕiɛ⁵⁵]
近	[tɕʰiɛ³⁵]	[tɕʰiɛ³⁵]	[tɕʰiɛ³⁵]	[tɕʰiɛ⁵³]

清水坪乡话臻摄开口三等字白读也有三个音类：[ɛe]、[iɛ] 和 [ŋ̍]。
其中 [ɛe] 和 [iɛ] 这两个韵母在臻摄的出现条件与深摄同。臻摄开口三等
字 [ɛe] 和 [iɛ] 属于两个互补的音类，属于同一层次。理由是：这两个韵
母出现的声母条件互补，即声母为 [ts] 组时，韵母则为 [ɛe]；声母为非
[ts] 组时，韵母则为 [iɛ]。如红土溪乡话的精章组字不读 [ts] 组声母，
读 [tɕ] 组声母，韵母则读 [iɛ]，而其他三个乡话点章组字读 [ts] 组，
韵母则读 [ɛe]。此外，乡话知组读同端组，韵母也读 [iɛ]。至于"人"
读自成音节 [ŋ̍] 的现象，我们在 3.4.3 部分已经讨论过，由 *ŋi 演变而来，
与 [ɛe]/[iɛ] 属于同一层次。

臻摄开口三等的文读情况也与深摄开口三等同，分为两类：[iẽ] 和 [ẽ]，也都见于乡话中不常用字的读字音，属于同一文读层，如：民 [miẽ³³]、津 [tɕiẽ⁵⁵]、振 [tsẽ⁵³]、仁 [zẽ³³]、引 [iẽ⁵³]。

深摄开口三等字白读除了 [ɛe]/[iɛ] 这个层次外，还有"饮"字所代表的层次。乡话"喝水"动词不用"喝"而用"饮"。"饮"的韵母与主体层不同，"饮"在各方言的读音情况见表 4.43。

表 4.43　乡话"饮"的读音

例字	沅陵清水坪	沅陵太常	古丈岩头寨	泸溪红土溪
饮	[ɑŋ³⁵]	[ɑŋ³⁵]	[ɑŋ³⁵]	[ɛe⁵³]

清水坪、太常和岩头寨乡话的"饮"都有鼻音韵尾，红土溪乡话的"饮"的韵尾已经丢失，是因为红土溪乡话发生过 [ɑŋ] 向 [ɛe] 的演变。我们认为"饮"所代表的层次是比 [ɛe]/[iɛ] 更早的层次。[ɛe]/[iɛ] 代表的是深摄与臻摄开口三等相混的层次，"饮"所代表的是与臻摄开口三等相区别的层次。但是"饮"字在各点读洪音，这一点引人注意。"饮"的今读与曾摄相混，如表 4.44。

表 4.44　"饮"与曾摄相混现象

例字	沅陵清水坪	沅陵太常	古丈岩头寨	泸溪红土溪
饮	[ɑŋ³⁵]	[ɑŋ³⁵]	[ɑŋ³⁵]	[ɛe⁵³]
灯	[tɑŋ⁵⁵]	[tɑŋ³³]	[tɑŋ⁵⁵]	[tee⁵⁵]
升	[tsɑŋ⁵⁵]	[tsɑŋ³³]	[tsɑŋ⁵⁵]	[tsee⁵⁵]
应	[ɑŋ³³]	[ɑŋ⁵⁵]	[ɑŋ³³]	[ee³³]

来源于深摄的"饮"与曾摄相混读 [ɑŋ] 是一种晚起的语音现象。深摄中古鼻尾为 [m]，曾摄中古鼻尾为 [ŋ]，深摄鼻尾发生 m→n→ŋ 的演变后，与曾摄相混。"饮"与曾摄相混引人注目的是其主元音为低元音 [ɑ]。

综上所述，清水坪乡话深摄的语音层次为：

层次 I	[ɑŋ]（与臻摄开口三等不混）
层次 II	[iɛ]/[ɛe]（与臻摄开口三等相混）
层次 III	[iẽ] 和 [ẽ]（文读层）

4.5.2　臻摄合口的语音层次

臻摄合口有一三等，合口三等有谆、文两个韵，但在乡话中已经合流，放一起讨论。先看臻摄合口一等字的读音情况，见表 4.45。

表 4.45　臻摄合口一等的今读举例

例字	沅陵清水坪	沅陵太常	古丈岩头寨	泸溪红土溪
盆	[pɛe²¹²]	[pɛe²¹³]	[pɛe²¹³]	[pæe¹³]
本	[pɛe³⁵]	[pɛe³⁵]	[pɛe³⁵]	[pæe⁵³]
门	[mɛe⁵⁵]	[mɛe³³]	[mɛe⁵⁵]	[mæe⁵⁵]
村	[tsʰuɛe⁵⁵]	[tsʰuɛe³³]	[tsʰuɛe⁵⁵]	[tsʰuæe⁵⁵]
寸	[tsʰuɛe³³]	[tsʰuɛe⁵⁵]	[tsʰuɛe³³]	[tsʰuɛe³³]
孙	[suɛe⁵⁵]	[suɛe³³]	[suɛe⁵⁵]	[suæe⁵⁵]
滚	[kuɛe³⁵]	[kuɛe³⁵]	[kuɛe³⁵]	[kuæe⁵³]
困	[kʰuɛe³³]	[kʰuɛe⁵⁵]	[kʰuɛe³³]	[kʰuɛe³³]
瘟	[uɛe⁵⁵]	[uɛe³³]	[uɛe⁵⁵]	[uæe⁵⁵]

　　清水坪乡话臻摄合口一等白读今读有两类，分别是 [ɛe] 和 [uɛe]，文读也有两类，分别是 [ẽ] 和 [uẽ]，如：奔 [pẽ⁵⁵]、存 [dzuẽ³³]、昆 [kʰuẽ⁵⁵]、损 [suẽ⁵³]，这两个文读音类都是乡话中不常用字的读字音，属于文读层。[ɛe] 见于帮组后，[uɛe] 见于其他组声母后。帮组字后没有 -u- 介音，是因为介音 -u- 脱落的结果。根据张光宇（2006）的研究，帮组字后 -u- 介音是最容易脱落的。因此，[ɛe] 与 [uɛe] 属于一个层次，有无介音 -u- 是受声母影响的结果。此外，红土溪乡话逢去声 33 调时，舌位比其他声调的字偏高，读 [ɛe]。声调变韵的现象在乡话的核心区域基本没有，受客话影响比较大的乡话，都有声调变韵的现象，瞿建慧（2008）调查的白沙乡话臻摄字今读 [uai] 与 [uɛi] 也是声调变韵的关系，[uai] 出现于 35、214、53 调，[uɛi] 只出现于 24 调。麻溪铺乡话臻摄字 [uɛ] 与 [uæ] 也是声调变韵的关系，[uɛ] 出现于 55、22、13 调，[uæ] 出现于 35 调。我们了解的荔溪乡话 [ɛ]/[uɛ] 逢阴平 55 调就变为 [ɛe]/[uɛe]。

　　臻摄合口三等字的读音情况，见表 4.46。

表 4.46　臻摄合口三等的今读

例字	沅陵清水坪	沅陵太常	古丈岩头寨	泸溪红土溪
轮	[nyᴇ⁵⁵]	[nyᴇ³³]	[nyɛ⁵⁵]	[nuæe⁵⁵]
笋	[suɛe³⁵]	[suɛe³⁵]	[suɛe³⁵]	[suæe⁵³]
春	[tsʰuɛe⁵⁵]	[tsʰuɛe³³]	[tsʰuɛe⁵⁵]	[tsʰuæe⁵⁵]
蠢	[tsʰuɛe⁵³]	[tsʰuɛe⁴²]	[tsʰuɛe⁴²]	[tsʰuɛe⁵³]
闰	[zuɛe³³]	[zuɛe⁵⁵]	[zuɛe³³]	[zuɛe³³]
菌	[tɕʰyᴇ³⁵]	[tɕʰyᴇ³⁵]	[tɕʰyᴇ³⁵]	[tɕʰyᴇ⁵³]
匀	[zuɛe²¹²]	[zuɛe²¹³]	[zuɛe²¹³]	——
粉	[pɛe³⁵]	[pɛe³⁵]	[pɛe³⁵]	[pæe⁵³]

闻	[vɛe⁵⁵]	[vɛe³³]	[vɛe⁵⁵]	——
问	[mɛe³³]	[mɛe⁵⁵]	[mɛe³³]	[mɛe³³]
军	[tɕyᴇ⁵⁵]	[tɕyᴇ³³]	[tɕyᴇ³³]	[tɕyᴇ³³]
裙	[tɕyᴇ²¹²]	[tɕyᴇ²¹³]	[tɕyᴇ²¹³]	[tɕyᴇ¹³]
云	[yᴇ²¹²]	[yᴇ²¹³]	[yᴇ²¹³]	[yᴇ¹³]

清水坪乡话臻摄合口三等字白读有三类，分别是［uɛe］、［ɛe］、［yᴇ］，文读也有三类，分别是［ẽ］、［uẽ］和［yẽ］。这个三个文读音类都出现于乡话中不常用字的读字音，同属于文读层，如：奋［fẽ³⁵］、纹［vẽ³³］、君［tɕyẽ⁵⁵］、韵［yẽ³⁵］、遵［tsuẽ⁵⁵］、舜［suẽ³⁵］。我们再来看三个白读音类的情况，其中［uɛe］只出现在［ts］组声母后，［ɛe］只出现在［p］组（帮组）声母后，［yᴇ］出现在非［ts］组、［p］组（帮组）声母后。但［p］组（帮组）读［ɛe］与［ts］组读［uɛe］情况不同。［p］组（帮组）声母后读［ɛe］，因为脱落了介音，而［ts］组声母后读［uɛe］，则是受［ts］组声母的影响，发生了［yᴇ］向［uɛe］的变化。总而言之，［uɛe］、［ɛe］、［yᴇ］属于一个层次，也是臻摄合口三等唯一的层次。这个层次与山摄合口三等相混。

4.5.3 小结

上文我们主要分析了臻摄开口三等和臻摄合口一三等的情况，臻摄开口一等的情况比较简单，这里列举清水坪乡话的材料，臻开一白读［ɛe］，如"跟、根"读［kɛe⁵⁵］，文读［ẽ］，如：痕［xẽ³³］、恩［ŋẽ⁵⁵］。臻摄字可以说是乡话阳声韵中最整齐的一个摄，开合口保持整齐的对应。清水坪乡话臻摄的语音层次如下：

	开一	合一
层次 I	[ɛe]	[ɛe] / [uɛe]
层次 II	[ẽ]	[ẽ] / [uẽ]
	开三	合三
层次 I	[iᴇ] / [ɛe] / [ŋ̍]	[yᴇ] / [ɛe] / [uɛe]
层次 II	[iẽ] / [ẽ]	[ẽ] / [uẽ] / [yẽ]

4.6 曾梗摄字的语音层次及演变

曾摄只有一三等，合口字很少，且都不常用，不予讨论。梗摄有开合口二三四等，合口字很少，且基本不常用，也不予讨论。这部分主要讨论曾摄开口一三等和梗摄开口二三四等的语音层次及演变情况。

4.6.1 曾摄字的今读情况

曾摄开口一三等字的今读比较简单，见表 4.47。

表 4.47 曾摄开口一三等的今读举例

例字	沅陵清水坪	沅陵太常	古丈岩头寨	泸溪红土溪
朋_登	[pʌɯ²¹²]	[pʌɯ²¹³]	[pʌɯ²¹³]	——
灯_登	[taŋ⁵⁵]	[taŋ³³]	[taŋ⁵⁵]	[tɛe⁵⁵]
等_登	[taŋ³⁵]	[taŋ³⁵]	[taŋ³⁵]	[tɛe⁵³]
凳_登	[tẽ³⁵]	[tẽ³⁵]	——	——
层_登	[dzaŋ²¹²]	[dzaŋ²¹³]	[dzaŋ²¹³]	[dzee¹³]
增_登	[tsẽ⁵⁵]	[tsẽ³³]	[tsẽ⁵⁵]	[tsẽ⁵⁵]
蒸_蒸	[tsaŋ⁵⁵]	[tsaŋ³³]	[tsaŋ⁵⁵]	[tsee⁵⁵]
秤_蒸	[tsʰaŋ³³]	[tsʰaŋ⁵⁵]	[tsʰaŋ³³]	[tsʰee³³]
乘_蒸	[dzẽ³³]	[dzẽ³³]	[dzẽ³³]	[dzẽ³³]
升_蒸	[tsaŋ⁵⁵]	[tsaŋ³³]	[tsaŋ⁵⁵]	[tsee⁵⁵]
兴_蒸	[ɕiẽ⁵⁵]	[ɕʅ³³]	[ɕʅ⁵⁵]	——
鹰_蒸	[iaŋ⁵⁵]	[iaŋ³³]	[iaŋ⁵⁵]	——
应_{(～答)蒸}	[aŋ³³]	[aŋ⁵⁵]	[aŋ³³]	[ɛe³³]

清水坪乡话曾摄开口一等登韵今读有三个音类，分别是 [ʌɯ]、[ẽ] 和 [aŋ]，其中 [ẽ] 是个文读音，[ʌɯ] 只有一个"朋"字读该音，这个音类与通摄相混，通摄一等主要读该音类。官话中曾摄帮组字也与通摄帮非组相混。读 [aŋ] 韵母的都是白读，也是登韵的主体层。

开口三等蒸韵的今读音类有 [ẽ]、[iẽ]、[aŋ] 和 [iaŋ] 四类。其中 [ẽ] 和 [iẽ] 是文读音，[ẽ] 与 [iẽ] 的今声母条件互补，[ẽ] 只出现于非 [tɕ] 组声母后，[iẽ] 只出现于 [tɕ] 组声母后。[aŋ] 是个白读音类，出现于章组字和来源于影母的"应"字。章组字读 [aŋ]，是受声母影响失去 [i] 介音，我们在前面多次提到，乡话章组字韵母受声母影响丢失 -i- 介音的现象比较普遍。因此，章组读 [aŋ] 与"鹰"读 [iaŋ] 属于同一个层次。但为什么"应"字读 [aŋ] 呢？其实除了"应"字，深摄的"饮"字也没有 -i- 介音，与"应"音同。"饮"和"应"都是影母字，不存在受声母影响丢失 -i- 介音的可能，同时这两个字都是三等字，根据以往的研究，中古三等应该有 -i- 介音，而"饮"和"应"都读洪音。现代方言三等字丢失 -i- 介音的现象并不罕见，如湘语冷水江方言很多三等字都丢失了 -i- 介音，如"叶"读［e⁴⁵］、"脚"读［tʃu³³］、"车"读［kʰe³³］等。但乡话同是蒸韵三等影母的"鹰"有 -i- 介音，而"应~答"没有 -i- 介音，是不同的层次还是演变的不同阶段，不是很好判断，暂存疑。

综上所述，清水坪乡话曾摄的语音层次是：

曾摄开口一等

层次 I	［aŋ］
层次 II	［ʌɯ］
层次 III	［ẽ］

曾摄开口三等

层次 I	［aŋ］
层次 II	［iaŋ］
层次 III	［ẽ］/［iẽ］

4.6.2 梗摄字的语音层次及演变

4.6.2.1 梗摄开口二等字的今读

梗摄开口二等字的读音很简单，具体情况见表 4.48。

表 4.48 梗摄开口二等的今读举例

例字	沅陵清水坪	沅陵太常	古丈岩头寨	泸溪红土溪
樘	［tsʰoŋ³³］	［tsʰoŋ⁵⁵］	［tsʰoŋ³³］	［tsʰõ³³］
生	［soŋ⁵⁵］	［soŋ³³］	［soŋ⁵⁵］	［sõ⁵⁵］
更	［koŋ⁵⁵］	［koŋ³³］	———	———
坑	［kʰoŋ⁵⁵］	［kʰoŋ³³］	［kʰoŋ⁵⁵］	———
硬	［ŋoŋ³³］	［ŋoŋ⁵⁵］	［ŋoŋ³³］	［ŋõ³³］
争	［tsoŋ⁵⁵］	［tsoŋ³³］	［tsoŋ⁵⁵］	［tsõ⁵⁵］
省湖南~	［sẽ⁵³］	［sẽ⁴²］	［sẽ⁴²］	［sẽ⁴²］
衡	［xẽ³³］	［xẽ³³］	［xẽ³³］	［xẽ³³］

清水坪乡话梗摄开口二等今读只有两类，分别是［oŋ］和［ẽ］，其中［oŋ］为白读，［ẽ］文读。梗摄开口二等读［oŋ］的现象不仅见于乡话，老湘语梗开二也读［õ］，如冷水江方言"生过~：过生日"读［sõ³³］、"硬"读［õ³³］、"争"读［tsõ³³］等。暂不能确定两者之间是平行演变还是乡话读［oŋ］的现象是受湘语影响的结果。

4.6.2.2　梗摄开口三四等韵的语音层次及演变

梗摄开口三等字的读音情况见表 4.49。

表 4.49　梗摄开口三等的今读举例

例字	沅陵清水坪	沅陵太常	古丈岩头寨	泸溪红土溪
柄庚	[poŋ³³]	[poŋ⁵⁵]	[poŋ³³]	[põ³³]
平庚	[foŋ²¹²]	[foŋ²¹³]	[foŋ²¹³]	[fõ¹³]
评庚	[biɛ̃³³]	[bĩ²¹³]	[bĩ³³]	[bĩ³³]
病庚	[foŋ³³]	[foŋ⁵⁵]	[foŋ³³]	[fõ³³]
明庚(~天)	[moŋ⁵⁵]	[moŋ⁵⁵]	[moŋ⁵⁵]	[mã⁰]
明庚(清~)	[miɛ⁰]	[mĩ³³]	[mie³³]	[mi⁵⁵]
命庚	[moŋ³³]	[moŋ⁵⁵]	[moŋ³³]	[mõ³³]
京庚	[tɕiɛ⁵⁵]	[tɕie³³]	[tɕie⁵⁵]	[tɕiɛ⁵⁵]
警庚	[tɕiɛ̃⁵³]	[tɕĩ⁴²]	[tɕĩ⁴²]	[tɕĩ⁴²]
名清	[mi⁵⁵]	[mĩ³³]	[mi⁵⁵]	[mẽ⁵⁵]
精清	[tɕiɛ̃⁵⁵]	[tɕĩ³³]	[tɕi⁵⁵]	[tɕĩ⁵⁵]
请清	[tɕʰi³⁵]	[tɕʰi³⁵]	[tɕʰi³⁵]	[tsʰẽ⁵³]
姓清	[ɕiɛ³³]	[ɕie⁵⁵]	[ɕie³³]	[ɕiɛ³³]
正清(~月)	[tsɿ⁵⁵]	[tsɿ³³]	[tsɿ⁵⁵]	[tsẽ⁵⁵]
声清	[sɿ⁵⁵]	[sɿ³³]	[sɿ⁵⁵]	[sẽ⁵⁵]
成清	[dzaŋ²¹²][tsɿ²¹³]	[dzaŋ²¹³][sɿ³³]	[dzaŋ²¹³][tsɿ²¹³]	[dzẽ³³]
盛清	[dzaŋ²¹²]	[dzaŋ²¹³]	[dzaŋ²¹³]	[dzɛe¹³]
轻清	[tɕʰi⁵⁵]	[tɕʰi³³]	[tɕʰi⁵⁵]	[tɕʰi⁵⁵]
赢清	[zɿ²¹²]	[zɿ²¹³]	[zɿ²¹³]	[zẽ¹³]

表 4.49 所列的清水坪乡话庚韵今读有三个音类，分别是 [oŋ]、[iɛ] 和 [iɛ̃]，其中 [iɛ̃] 是个文读音，[oŋ] 和 [iɛ] 是两个白读音。清韵今读有六个音类，分别是 [aŋ]、[i]、[ɿ]、[iɛ̃]、[ẽ] 和 [iɛ]，其中 [iɛ̃] 和 [ẽ] 属于两个出现条件互补的文读音，[ẽ] 出现于 [ts] 组声母后，[iɛ̃] 出现于非 [ts] 组声母后。除此之外的四个音类都是白读音。不管是庚韵还是清韵，异读现象比较少，不容易通过异读现象来判断这些白读音之间的先后层次关系，当然这些白读音类并不一定都是层次关系，还有可能是演变关系。但青韵和庚韵与清韵交叉较多，可以通过青韵和庚韵与清韵之间的分合关系来判断层次的早晚。青韵的今读情况具体见表 4.50。

表 4.50 青韵的今读举例

例字	沅陵清水坪	沅陵太常	古丈岩头寨	泸溪红土溪
瓶	[pi²¹²]	[pĩ²¹³]	[bĩ³³]	[bẽ³³]
钉	[toŋ⁵⁵]	[toŋ³³]	[toŋ⁵⁵]	[tõ⁵⁵]
鼎	[taŋ⁰]	[taŋ³⁵]	[taŋ⁰]	[toŋ⁰]
亭	[dẽ³³]	[dẽ³³]	[dẽ³³]	[dẽ³³]
听	[tʰoŋ⁵⁵]	[tʰoŋ⁵⁵]	[tʰoŋ⁵⁵]	[tʰõ⁵⁵]
停	[doŋ³³]	[dẽ³³]	[daŋ⁵⁵]	[dẽ³³]
零	[noŋ⁵⁵]	[noŋ³³]	[noŋ⁵⁵]	[nõ⁵⁵]
青	[tɕʰi⁵⁵]	[tɕʰĩ³³]	[tɕʰi⁵⁵]	[tsʰẽ⁵⁵]
腥	[ɕi⁵⁵]	[ɕĩ³³]	[ɕi⁵⁵]	[sẽ⁵⁵]
醒	[sɛe⁵³]	[ɕĩ³⁵]	[sɛe⁴²]	[sẽ⁵³]
经	[tɕi⁵⁵]	[tɕĩ³³]	[tɕi⁵⁵]	[tɕĩ⁵⁵]

清水坪乡话青韵今读有六个音类，分别是 [i]、[oŋ]、[aŋ]、[ɛe]、[ẽ] 和 [iẽ]，其中 [ẽ] 和 [iẽ] 是两个文读音，这两个音的分布是互补的，[iẽ] 只出现于 [tɕ] 组声母后，[ẽ] 只出现于非 [tɕ] 组声母后。其他四个音类都是白读音。

先看庚韵的白读情况，庚韵的两个白读 [oŋ] 和 [iɛ]，[oŋ] 只出现于帮组字，[iɛ] 既出现于帮组，也出现于其他古声母后，这两个音类是对立关系。除了庚韵读 [oŋ] 外，青韵也有读 [oŋ] 的现象，青韵的 [oŋ] 出现于端组和泥组。虽然庚韵和青韵都有读 [oŋ] 韵母的现象，但庚韵的 [oŋ] 应该是丢失 -i- 介音的结果。庚韵的 [oŋ] 只出现于帮组。我们推测庚韵的 [oŋ] 是受 f/m 声母影响丢失 -i- 介音演变而来；而青韵的 [oŋ] 见于端组和泥组，原本就没有 -i- 介音，但庚韵和青韵只是有无介音的区别，体现了三四等韵的平行性。[iɛ] 韵母既见于庚韵，也见于清韵。虽然 [oŋ] 和 [iɛ] 都与其他韵相混，但 [oŋ] 与青韵相混，与清韵不混，体现了庚清重韵有别的现象，而 [iɛ] 与清韵相混，庚清重韵无别。因此，[iɛ] 比 [oŋ] 的层次晚。此外，"明" 有两读，在 "明朝明天" 一词中读 [oŋ] 韵母，在 "清明" 一词中读 [iɛ] 韵母。从出现条件以及韵类分合来看，[oŋ] 比 [iɛ] 层次更早。

清韵有四个白读音类，分别是 [aŋ]、[i]、[ɹ] 和 [iɛ]。[aŋ] 韵母既见于清韵也见于青韵，但清韵只出现在章组字今读 [dz] 声母后，而青韵则出现在 [t] 声母后。红土溪乡话的情况与清水坪乡话不同。清水坪乡话青韵与清韵都读 [aŋ] 韵母的字，在红土溪乡话分为两类：[ɛe] 和 [oŋ]。清水坪乡话清韵读 [aŋ] 韵母的字，红土溪乡话读 [ɛe]；清水坪乡话青韵读［aŋ］的字，红土溪乡话读［oŋ］。清水坪乡话清韵读［aŋ］韵母的字，在红土溪发生了 aŋ→ɛe 的演变，但清水坪乡话青韵读［aŋ］的字，红土溪乡话读［oŋ］。这说明清水坪乡话清韵和青韵合流读［aŋ］是后来发生的演变。红土溪乡话由于清韵字发生了 aŋ→ɛe 的演变，而没有与青韵字合流。因此，从红土溪乡话的情况来看，清水坪乡话清韵的［aŋ］与青韵的［aŋ］是后来相混的结果。

除［aŋ］外，清韵还有［i］、［ɿ］和［iɛ］三个白读音，这三个白读音之间的关系如何呢？从今声母条件来看，［i］与［ɿ］互补，［ɿ］只出现于［ts］组声母，［i］只出现于非［ts］组声母，是两个互补的音类。不管是清水坪乡话读［i］还是读［ɿ］的字，在红土溪乡话都读［ẽ］（声母为［tɕ］时，读［ĩ］），因此，清水坪乡话的［i］与［ɿ］是条件变体关系。

此外，还有一个［iɛ］音类，我们在前文多次提到乡话中的［iɛ］很容易高化为［i］。清韵的［iɛ］是未高化为［i］的滞留还是单独的层次呢？清水坪读［iɛ］的字，红土溪读［iɛ］（有一个"明"读［i］，这是红土溪的［iɛ］高化的结果），清水坪读［i］的字，在红土溪读［ẽ］（红土溪读［ẽ］的字，分为两类，一类是白读，一类是文读，文读是受辰溆片湘语影响出现的，其他乡话点的文读与红土溪乡话同）。从红土溪的情况来看，很难解释［iɛ］与［ẽ］之间是演变关系。因此，清韵的［iɛ］是单独的层次。

清韵的［aŋ］不与其他韵相混，［i］/［ɿ］与青韵相混，［iɛ］与庚韵相混。从古音类的分合关系来看，［aŋ］早于［i］/［ɿ］和［iɛ］。至于［i］/［ɿ］与［iɛ］的层次关系，我们认为［i］/［ɿ］早于［iɛ］，理由是［i］/［ɿ］是庚清重韵有别的层次。

青韵字有四个白读音类：［i］、［ɛe］、［oŋ］和［aŋ］。青韵读［ɛe］韵母的只有"醒"一个字，这个音比较奇怪：一是声调读入声，不读上声，通常乡话中只有不常用的字，从周边方言借入的上声字才读入声调；二是声母读［s］，除红土溪乡话外，不管是清水坪乡话还是太常和岩头寨乡话，青韵精组字，只有"醒"读 s 声母，其他都读［tɕ］组声母。我们认为"醒"的这种特殊性是因为其借自周边方言。根据瞿建慧（2010：274），辰溆片的辰阳、黄溪口等湘语，"醒"字读［s］声母，［ei］韵母。

［oŋ］与［aŋ］在端组是直接对立的。青韵和庚韵都有读［oŋ］的现象，青韵的［oŋ］与庚韵的［oŋ］之间的关系，上文已经分析过，在此不赘述。而［i］音类与庚韵和清韵相混。从音类分合关系来看，［i］晚于［oŋ］。

［aŋ］与［oŋ］之间的层次先后如何呢？我们认为［aŋ］比［oŋ］的层次早。第一，从保留程度来看，［oŋ］比［aŋ］保留的更多；第二，仅有的

"鼎"读［aŋ］韵母，其表示的意义为"做饭或烧水的铁罐，状同鼎"，意义非常古老。第三，根据李荣（1996）："古梗摄主元音今读［a］，为我国东南部吴、赣、粤、湘、闽、徽诸方言区共性之一。"乡话发生了由前［a］变为后［ɑ］的演变。这是乡话中很常见的一种演变现象。

4.6.2.3　小结

梗摄开口的语音层次如下。

	层次Ⅰ	层次Ⅱ	层次Ⅲ	层次Ⅳ
庚韵	［oŋ］	［iɛ］		［iẽ］
清韵	［aŋ］	［i］/［ɿ］	［iɛ］	［iẽ］
	层次Ⅰ	层次Ⅱ	层次Ⅲ	层次Ⅳ
青韵	［aŋ］	［oŋ］	［i］	［ẽ］/［iẽ］

4.7　通摄的语音层次及演变

通摄通常被认为是最稳定的一个摄，在阳声韵有鼻尾弱化或脱落的方言里，通摄字鼻尾也通常是最稳定或者最后才变的。通摄字的异读现象相对于其他摄来说也比较少见。乡话通摄字的情况比较特殊，除了最新的文读层，白读层鼻尾基本脱落，只有一个"梦"字还保留有鼻音韵尾。具体情况下面详细分析。

通摄一等字的读音情况见表4.51。

表4.51　通摄一等的今读举例

例字	沅陵清水坪	沅陵太常	古丈岩头寨	泸溪红土溪
东	［tʌɯ⁵⁵］	［tʌɯ³³］	［tʌɯ⁵⁵］	［tɛe⁵⁵］
董	［toŋ⁵³］	［tʌɯ³⁵］	［toŋ⁴²］	［toŋ⁴²］
动	［dzʌɯ³⁵］	［dzʌɯ³⁵］	［dzʌɯ³⁵］	［dzɛe⁵³］
粽	［tsoŋ³⁵］	［tsʌɯ⁵⁵］	［tsoŋ³⁵］	［tsɛe³³］
聪	［tsʰʌɯ⁵⁵］	［tsʰʌɯ³³］	［tsʰʌɯ⁵⁵］	［tsʰɛe⁵⁵］
送	［sʌɯ³³］	［sʌɯ⁵⁵］	［sʌɯ³³］	［sɛe³³］
公	［kʌɯ⁵⁵］	［kʌɯ³³］	［kʌɯ⁵⁵］	［kɛe⁵⁵］
空~的	［kʰʌɯ⁵⁵］	［kʰʌɯ³³］	［kʰʌɯ⁵⁵］	［kʰɛe⁵⁵］
瓮	［ʌɯ³³］	［ʌɯ⁵⁵］	［ʌɯ³³］	［ɣɛe³³］
冬	［tʌɯ⁵⁵］	［tʌɯ³³］	［tʌɯ⁵⁵］	［tɛe⁵⁵］
松~紧	［sʌɯ⁵⁵］	［sʌɯ³³］	［sʌɯ⁵⁵］	［sɛe⁵⁵］

清水坪乡话通摄一等字今读有两个音类：[oŋ] 和 [ʌɯ]。[oŋ] 只出现于文读中，读 [ʌɯ] 的都是白读，这个音类对应红土溪乡话的 [ɛe]。红土溪乡话的 [ɛe] 由 [ʌɯ] 前化而来。这种前化现象在红土溪乡话比较普遍。如果摄、遇摄、止摄和流摄在清水坪、岩头寨都有读 [əɯ] 的现象，这个韵母在红土溪也发生了前化，变为 [ei]。

通摄三等字的读音情况见表 4.52。

表 4.52　通摄三等的今读举例

例字	沅陵清水坪	沅陵太常	古丈岩头寨	泸溪红土溪
风	[fʌɯ⁵⁵]	[fʌɯ³³]	[fʌɯ⁵⁵]	[fɛe⁵⁵]
丰	[foŋ⁵⁵]	[fʌɯ³³]	[foŋ⁵⁵]	[fɛe⁰]
虫	[niɔu²¹²]	[niʌɯ²¹³]	[niɔu²¹³]	[niɔɤ¹³]
铳	[tsʰʌɯ³³]	[tsʰʌɯ⁵⁵]	[tsʰʌɯ³³]	[tsʰɛe³³]
穷	[tɕiɔu²¹²]	[tɕiʌɯ²¹³]	[tɕiɔu²¹³]	[tɕiɔɤ¹³]
融	[zʌɯ²¹²]	[zʌɯ²¹³]	[zʌɯ²¹³]	[zɛe¹³]
浓	[ȵiɔu⁵⁵]	[ȵiʌɯ³³]	[ȵiɔu⁵⁵]	[ȵiɔɤ⁵⁵]
终	[tsoŋ⁵⁵]	[tsoŋ³³]	[tsoŋ⁵⁵]	[tsoŋ⁵⁵]
重 轻~	[tʰiɔu³⁵]	[tʰiʌɯ³⁵]	[tʰiɔu³⁵]	[tʰiɔɤ⁵³]
春	[tsʌɯ⁵⁵]	[tsʌɯ³³]	[tsʌɯ⁵⁵]	[tsɛe⁵⁵]
用	[zʌɯ³³]	[zʌɯ⁵⁵]	[zʌɯ³³]	——

通摄三等字清水坪乡话今读三个音类：[oŋ]、[ʌɯ] 和 [iɔu]，[oŋ] 只出现在文读音中，[ʌɯ] 和 [iɔu] 都是白读音类，且两个音类的出现条件互补：[ʌɯ] 只出现在 [f] 和 [ts] 组声母后，[iɔu] 出现在非 [f] 和 [ts] 组声母后。通常情况下，[f] 和 [ts] 组声母后的韵母很容易丢失 -i- 介音。这两个音类是否属于同一层次呢？从太常乡话的情况来看，更容易判断两个音类的互补关系。太常乡话通摄三等的两个白读音为 [ʌɯ] 和 [iʌɯ]，只是有无介音的区别，今音类出现条件互补，古音类今读不存在对立的情况，因此这两个音类属于同一个层次。清水坪和岩头寨两个乡话点读 [ʌɯ] 和 [iɔu]、红土溪乡话的 [ɛe] 和 [iɔɤ]，如何解释这两个音在不同的今音条件下的演变关系呢？

四个乡话点只有太常乡话两个音是有无介音的区别。下面以太常乡话为参考，其他三个点分别与太常乡话进行对比分析。先看清水坪乡话的两个音 [ʌɯ] 和 [iɔu]。[ʌɯ] 与太常乡话同。[iɔu] 与太常乡话不同。清水坪乡话通摄三等部分读 [iɔu] 韵母的字混入效摄三四等字。我们认为清水坪乡话的 [iɔu] 由 [iʌɯ] 增加圆唇特征变化而来。反之，如果说清水坪乡话的 [ʌɯ] 由 [uɛ] 失去圆唇特征变来，不能解释为什么同读 [uɛ]

的效摄一二等字为什么没有变为［ʌɯ］，也就是不能解释已经合流的音类又无条件的分为两类。红土溪乡话的［ɛe］由［ʌɯ］前化而来在上文已经分析过。

通摄三等有一个"梦"字读音比较特殊，见表4.53。

表4.53　乡话"梦"的读音

例字	沅陵清水坪	沅陵太常	古丈岩头寨	泸溪红土溪
梦	［maŋ³³］	［maŋ⁵⁵］	［maŋ³³］	［mɛe³³］

"梦"字在清水坪、岩头寨和太常乡话分别读［aŋ］和［aŋ］，与通摄的主体层不同，而红土溪乡话读同主体层。虽然"梦"字在清水坪等乡话与红土溪乡话的音值相差很大，但是在音类分合上是一样的。清水坪、太常等乡话的"梦"读同深曾梗摄字，红土溪乡话的"梦"也读同深曾梗摄：

例字	沅陵清水坪	沅陵太常	古丈岩头寨	泸溪红土溪
饮侵	［aŋ³⁵］	［aŋ³⁵］	［aŋ³⁵］	［ɛe⁵³］
等登	［taŋ³⁵］	［taŋ³⁵］	［taŋ³⁵］	［tɛe⁵³］
层登	［dzaŋ²¹²］	［dzaŋ²¹³］	［dzaŋ²¹³］	［dzɛe¹³］
蒸蒸	［tsaŋ⁵⁵］	［tsaŋ³³］	［tsaŋ⁵⁵］	［tsɛe⁵⁵］
秤蒸	［tsʰaŋ³³］	［tsʰaŋ⁵⁵］	［tsʰaŋ³³］	［tsʰɛe³³］
盛清	［dzaŋ²¹²］	［dzaŋ²¹³］	［dzaŋ²¹³］	［dzɛe¹³］

红土溪乡话的［ɛe］有两个来源，一个是来源于深曾梗摄字，对应于清水坪乡话的［aŋ］；一个来源于通摄字，对应于清水坪乡话的［ʌɯ］。来源于曾摄字的［ɛe］由 aŋ→ɛe 演变而来，来源于通摄字的［ɛe］由［ʌɯ］前化而来。不同的演变路线最终都演变为［ɛe］，发生合流。虽然红土溪乡话所有的通摄字都读为同一个音，但分为两个层次：一个是"梦"字代表的层次，一个是主体层。我们把在红土溪合流的音分为两层是根据其他三个乡话点还处于未合流的阶段。从保留程度上来看，通摄三等读［ʌɯ］/［uɛi］的为主体层，读［aŋ］的现象只留存于"梦"字中，［aŋ］的层次比［ʌɯ］/［uɛi］早。

据郑伟（2013：192）的研究，吴语的"梦"字读音也比较特别，在北部吴语的很多方言与梗摄的低元音白读同韵，如海门读［maŋ⁶］，上海、南汇、周浦、嘉定、平湖、松江、黎里、常熟读［mã⁶］，嵊县双林读［mã²］。

北方官话通摄一等帮组字和三等非组字读同曾摄一等和梗摄开口二等字，而乡话相反，曾摄一等帮组字和梗摄二等帮组字读同通摄（曾摄一等和梗摄二等其他声母的字不读该韵母），如：

例字	沅陵清水坪	沅陵太常	古丈岩头寨	泸溪红土溪
朋	［pʌɯ²¹²］	［pʌɯ²¹³］	［pʌɯ²¹³］	［pee¹³］
棚	［pʌɯ²¹²］	［pʌɯ²¹³］	［pʌɯ²¹³］	［pee¹³］

周围辰溆片湘语曾摄一等帮组和梗摄二等帮组也读同通摄，例如[1]：

	朋	猛	孟	棚	蓬	冻	空
武溪	［boŋ］	［moŋ］	［moŋ］	［boŋ］	［boŋ］	［toŋ］	［kʰoŋ］
浦市	［boŋ］	［moŋ］	［moŋ］	［boŋ］	［boŋ］	［toŋ］	［kʰoŋ］
解放岩	［boŋ］	［moŋ］	［moŋ］	［boŋ］	［boŋ］	［toŋ］	［kʰoŋ］
辰阳	［bəɯ］	［məɯ］	［məɯ］	［bəɯ］	［bəɯ］	［təɯ］	［kʰəɯ］
黄溪口	［bəɯ］	［məɯ］	［məɯ］	［bəɯ］	［bəɯ］	［təɯ］	［kʰəɯ］
大水田	［bəŋ］	［məŋ］	［məŋ］	［bəŋ］	［bəŋ］	［təŋ］	［kʰəŋ］
卢峰	［bəŋ］	［məŋ］	［maŋ］	［bẽ］	［bəŋ］	［taŋ］	［kʰaŋ］
江口	［bəŋ］	［məŋ］	［məŋ］	［bəŋ］	［bəŋ］	［təŋ］	［kʰəŋ］
低庄	［pʰəŋ］	［məŋ］	［məŋ］	［pʰəŋ］	［pʰəŋ］	［təŋ］	［kʰəŋ］
龙潭	［pʰəŋ］	［məŋ］	［məŋ］	［pʰəŋ］	［pʰəŋ］	［təŋ］	［kʰəŋ］
岗东	［pʰoŋ］	［moŋ］	［moŋ］	［pʰoŋ］	［pʰoŋ］	［toŋ］	［xoŋ］
两江	［bʰoŋ］	［moŋ］	［moŋ］	［pʰoŋ］	［bʰoŋ］	［toŋ］	［xoŋ］

从上表可以看到，辰溆片湘语曾摄一等帮组和梗摄二等帮组的今读与通摄相混，乡话曾摄一等帮组和梗摄二等帮组字读同通摄的现象是受辰溆片湘语影响的结果。

清水坪乡话通摄的层次是：

通摄一等

层次Ⅰ	［ʌɯ］
层次Ⅱ	［oŋ］（文读层）

通摄三等

层次Ⅰ	［ɑŋ］
层次Ⅱ	［ʌɯ］/［iɔu］
层次Ⅲ	［oŋ］（文读层）

4.8　乡话开口三四等韵读洪音现象讨论

乡话绝大部分开口三等韵都有读洪音的现象，但大部分可以通过声母

---

① 材料来源于瞿建慧（2010）。

影响或演变来解释的洪音现象不予讨论。现把乡话开口三等读洪音的材料列于此，见表 4.54。

表 4.54　乡话开口三等读洪音的现象

例字	沅陵清水坪	沅陵太常	古丈岩头寨	泸溪红土溪
饮侵	[aŋ³⁵]	[aŋ³⁵]	[aŋ³⁵]	[ee⁵³]
应（～答）蒸	[aŋ³³]	[aŋ⁵⁵]	[aŋ³³]	[ee³³]

除了乡话，南部吴语和闽语不少方言三等都有读洪音的现象，如南部吴语庆元方言少数深臻曾梗摄三等字读洪音 [ã] 韵母：

深摄：林 [lã²]、沉 [tsã²]、针 [tsã⁵]、深 [tsʰã¹]

臻摄：尘 [tã²]、近 [kã⁴]

曾摄：甑 [tsã⁵]

梗摄：柄 [ʔbã⁵]、瞑 [mã⁶]、影 [ã³]

秋谷裕幸（2003：10）认为 [ã] 韵母很可能代表庆元方言最古老的音韵层次，就是说，庆元方言最古老的层次可能不能区分深臻摄三等字和曾梗摄三四等字。

关于三等韵，一直以来的研究认为其有 -i- 介音。但乡话侵韵的"饮"和蒸韵的"应"字没有 -i- 介音，读洪音，不能通过声母影响来解释失去了 -i- 介音。潘悟云（2002：47—52）也提到在吴语和浙南闽语中都有一些三等字读作洪音的现象。他认为这些方言三等读洪音不是 -i- 介音失落现象，而是三等字本来就没有腭介音，浙南方言白读层还保留比较古老的特征，三等字的细音读法是后来从北方传来的，并以日本吴语和古汉越语的材料为证。通常情况是日本吴音没有 -i- 介音，而日本汉音有 -i- 介音；汉越语有 -i- 介音，古汉越语没有 -i- 介音。

除了三等读洪音的现象外，乡话开口四等韵萧韵、齐韵、添韵、先韵、青韵都有读洪音的现象。见表 4.55。

表 4.55　乡话开口四等读洪音的现象

例字	沅陵清水坪	沅陵太常	古丈岩头寨	泸溪红土溪
跳萧	[dɔu²¹²]	[dɔu²¹³]	[dɔu²¹³]	[dɔu¹³]
梯齐	[tʰɐ⁵⁵]	[tʰa³³]	[tʰɐ⁵⁵]	[tʰA⁵⁵]
剃齐	[tʰɐ³³]	[tʰa⁵⁵]	[tʰɐ³³]	[tʰA³³]
鸡齐	[kɐ⁵⁵]	[ka³³]	[kɐ⁵⁵]	[kA⁵⁵]
溪齐	[kʰɐ⁵⁵]	[kʰa³³]	[kʰɐ⁵⁵]	[kʰA⁵⁵]
点添	[tee³⁵]	[tee³⁵]	[tɛɛ³⁵]	[tæɛ⁵³]

箪_添	[ŋee³⁵]	[ŋee³⁵]	[ŋee³⁵]	[næe⁵³]
天_先	[tʰee⁵⁵]	[tʰee³³]	[tʰee⁵⁵]	[tʰæe⁵⁵]
田_先	[nee²¹²]	[nee²¹³]	[nee²¹³]	[næe¹³]
钉_青	[toŋ⁵⁵]	[toŋ³³]	[toŋ⁵⁵]	[tõ⁵⁵]
鼎_青	[taŋ⁰]	[taŋ³⁵]	[taŋ⁰]	[toŋ⁰]
听_青	[tʰoŋ⁵⁵]	[tʰoŋ⁵⁵]	[tʰoŋ⁵⁵]	[tʰõ⁵⁵]
停_青	[doŋ³³]	——	[daŋ⁵⁵]	——
零_青	[noŋ⁵⁵]	[noŋ³³]	[noŋ⁵⁵]	[nõ⁵⁵]

对于《切韵》五个纯四等韵"齐萧先添青"（以平赅上去入）的拟音，学界有两种不同的看法：一种以马伯乐、陆志韦、李荣、邵荣芬、李新魁等为代表认为四等韵不带 -i- 介音，并将其主元音拟为前元音 *e 或 *ɛ；另一种以高本汉、李方桂、周法高、刘广和、丁邦新等为代表认为四等韵带 -i- 介音。李荣《切韵音系》（1956）指出，《切韵》一二四等韵的反切上字与三等韵有明显的分组趋势，而且从声韵配合的情况来看，四等韵的声韵配合关系也不同于三等而同于一等，因此认为四等只是单 [e]，介音 -i- 是后起的。从李荣根据《切韵》反切的情况来看，三等韵在切韵时代已经有 -i- 介音，而四等韵仍读洪音。李如龙（1996b：72-81）则根据现代方言材料闽语四等读洪音的情况论证了《切韵》四等没有 -i- 介音。目前，大家基本都认为四等韵没有 -i- 介音。

乡话四等韵读洪音也属于早期四等读洪音的现象，读洪音的层次与三等有别，读细音的层次与三等相混。

4.9　乡话入声韵的语音层次

乡话入声韵，我们所调查的材料没有入声韵尾，已经与阴声韵相混，但鲍厚星、伍云姬（1985）所调查的麻溪铺乡话有喉塞尾，杨蔚（2010a）所调查的麻溪铺、木溪、八什坪有喉塞尾。材料的不同，可能是由于乡话的内部差异导致。本部分主要以我们自己所调查到的材料为基础讨论入声韵的语音情况。

4.9.1　咸山摄入声韵

咸山两摄入声韵的今读基本相同，放一起讨论。

4.9.1.1 咸山摄一二等入声韵的语音层次

先看一二等入声韵的今读情况，具体见表 4.56。

表 4.56 咸山摄开口一二等入声韵的今读

例字	沅陵清水坪	沅陵太常	古丈岩头寨	泸溪红土溪
杂合	[tsɑ²¹²]	[tsɑ²¹³]	[tsA²¹³]	[tsɔ¹³]
合合	[xuo²¹²]	[xuo²¹³]	[xuo²¹³]	[xuo³³]
腊盍	[nuo⁵³]	[nuo⁴²]	[nuo⁴²]	[noɤ⁴²]
达曷	[tɑ²¹²]	[tɑ²¹³]	[tA²¹³]	[tA³³]
辣曷	[nuo⁵³]	[nuo⁴²]	[nuo⁴²]	[noɤ⁴²]
渴曷	[kʰu⁵³]	[kʰoʊ⁴²]	[kʰu⁴²]	[kʰʊ⁴²]
葛曷	[ku⁵³]	[koʊ⁴²]	[ku⁴²]	[kʊ⁴²]
脱末	[tʰu⁵³]	[tʰoʊ⁴²]	[tʰu⁴²]	[tʰʊ⁴²]
阔末	[kʰu⁵³]	[kʰoʊ⁴²]	[kʰu⁴²]	[kʰʊ⁴²]
活末	[xu²¹²]	[xuo²¹³]	[xu²¹³]	[xʊ¹³]
插洽	[tsʰɑ⁵³]	[tsʰɑ⁴²]	[tsʰA⁴²]	[tsʰɔ⁴²]
夹洽	[kuo⁵³]	[kuo⁴²]	[kuo⁴²]	[koɤ⁴²]
狭洽	[uo³³]	[uo³³]	[uo³³]	[oɤ¹³]
鸭狎	[u⁵³]	[oʊ⁴²]	[u⁴²]	[ʊ⁴²]
押狎	[uo⁵³]	[uo⁴²]	[uo⁴²]	[oɤ⁴²]
甲狎	[tɕia²¹²]	[tɕia²¹³]	[tɕiA²¹³]	[tɕiA³³]
八黠开	[pɑ⁵³]	[pɑ⁴²]	[pA⁴²]	[pɔ⁴²]
铡黠开	[tsɑ²¹²]	[tsɑ²¹³]	[tsA²¹²]	[tsA³³]
瞎鎋开	[xuo⁵³]	[xuo⁴²]	[xuo⁴²]	[xoɤ⁴²]
滑黠合	[uɑ³³]	[uɑ⁵⁵]	[uA³³]	[uA³³]
刮鎋合	[kuɑ⁵³]	[kuɑ⁴²]	[kuA⁴²]	[kuA⁴²]

从表 4.56 可以看到，清水坪乡话咸山摄开口一等主要读 [ɑ]、[uo]（帮组后读 [o]，其他声母后读 [uo]）、[u] 音类，其中 [ɑ] 音类和 [uo] 音类都既有文读，又有白读，如"杂"和"达"都读 [ɑ] 韵母，但是"杂"属于白读，"达"属于最新的文读，这从红土溪乡话来看，更清楚。红土溪乡话的"杂"和"达"韵母并不相同，"杂"已经开始高化，读 [ɔ]，而"达"从权威方言借入读 [A]。读 [uo] 音类的"腊"属于白读，读 [uo] 音类的"合"属于文读，在清水坪乡话同读 [uo] 的"腊"和"合"在红土溪则读为不同的韵母，"腊"读 [oɤ]，"合"读 [uo]，这是因为白读的"腊"发生了由 [uo] 向 [oɤ] 的演变，但由于"合"的韵母 [uo] 是最新向权威方言所借入，未参与到这一演变当中。其实在湘语中咸山开一也有文读 [A] 和 [uo] 的现象，如冷水江方言不常用字"达"

读［tʌ²⁴］、"合~作社"读［xu²⁴］。咸山摄一等除了［uo］外，还有一个白读［u］，这两个白读音类的层次顺序如何呢？我们认为［u］是比［uo］更早的音类，理由是读［uo］音类的与二等相混，而［u］音类主要见于一等，是与二等有别的音类。咸山摄二等主要读［uo］，但有一个"鸭"字读［u］，这应该是［uo］继续高化的结果，是二等字中发展较快的一个字。乡话二等字有一个特点，主要读［uo］，例如：

例字	沅陵清水坪	沅陵太常	古丈岩头寨	泸溪红土溪
马麻	［mo³⁵］	［mo³⁵］	［mo³⁵］	［moɤ⁵³］
架麻	［kuo³³］	［kuo⁵⁵］	［kuo³³］	［koɤ³³］
麦麦	［mo⁵³］	［mo⁴²］	［mo⁴²］	［moɤ⁴²］
隔麦	［kuo⁵³］	［kuo⁴²］	［kuo⁴²］	［koɤ⁴²］
白陌	［pʰo⁵⁵］	［pʰo³³］	［pʰo⁵⁵］	［pʰoɤ⁵⁵］
客陌	［kʰuo⁵³］	［kʰuo⁴²］	［kʰuo⁴²］	［kʰoɤ⁴²］

除了"鸭"字外，其他二等字并没有读［u］的现象，这也说明"鸭"字读［u］是比较特殊的，是二等字中发展较快的。

清水坪乡话咸山摄二等字除了读［uo］外，还有读［ɑ］和［iɑ］的现象，其中［ɑ］音类兼有文读和白读两种，这在红土溪乡话更明显。如清水坪乡话"八"读［ɑ］是白读，在红土溪乡话已经高化为［ɔ］，"铡"读［ɑ］是文读，在红土溪乡话也读［ʌ］。［iɑ］只见于文读，与文读的［ɑ］呈互补分布。同是白读的［uo］与［ɑ］之间是什么关系呢？周边方言除了个别辰溆片湘语点咸山开二有读［ɔ］的现象外（瞿建慧 2010 年调查了 12 个辰溆片湘语点，其中只有三个点有读［ɔ］的现象），老湘语、新湘语咸山摄开口二等都不见读［o］的现象，如冷水江方言咸山摄开口二等白读主要读［ʌ］：鸭［ʌ³³］、甲［kʌ³³］、瞎［xʌ³³］、八［pʌ³³］、铡［tsʰʌ²⁴］，没有读［o］的现象。据此，我们认为清水坪乡话咸山摄开口二等读［o］的现象是固有的层次，而读［ɑ］的现象，来源于湘语的影响。

清水坪乡话咸摄一二等入声韵的语音层次为：

	咸山开一	咸山开二	山合一	山合二
层次 I	［u］	［uo］	［u］	［uɑ］
层次 II	［ɑ］/［uo］	［ɑ］	［uo］	
层次 III	［ɑ］/［uo］	［ɑ］/［iɑ］		

4.9.1.2　咸山摄三四等入声韵的语音层次

咸山摄三四等入声韵的今读情况见表 4.57。

表 4.57　咸山摄三四等入声韵的今读

例字	沅陵清水坪	沅陵太常	古丈岩头寨	泸溪红土溪
接叶	[tɕiɛ⁵³]	[tɕi⁴²]	[tɕiɛ⁴²]	[tɕi⁴²]
褶叶	[tsɤ²¹²]	——	[tsɤ²¹²]	——
页叶	[iɛ²¹²]	[sei⁴²]	[sɤ⁴²]	[çi⁴²]
业叶	[n̠iɛ²¹²]	[n̠iɛ²¹³]	[n̠iɛ²¹³]	[n̠iɛ⁴²]
跌帖	[dɐ³⁵³]	[da⁴²]	[dɐ⁴²]	[dA⁴²]
贴帖	[tʰiɛ⁵³]	[tʰi⁴²]	[tʰiɛ⁴²]	[tʰi⁴²]
协帖	[çiɛ²¹²]	[çiɛ²¹³]	[çiɛ²¹³]	[çiɛ³³]
列薛开	[niɛ²¹²]	——	[niɛ²¹³]	[niɛ³³]
舌薛开	[dzɤ³³]	[dzei³³]	[dzɤ³³]	[dʑi¹³]
热薛开	[dzɤ³⁵³]	[dzei⁴²]	[dzɤ⁴²]	[dʑi⁴²]
揭月开	[tɕiɛ⁵³]	[tɕi⁴²]	[tɕiɛ⁴²]	——
歇月开	[çiɛ⁵³]	[çi⁴²]	[çiɛ⁴²]	[çi⁴²]
撇屑开	[pʰiɛ²¹²]	[pʰiɛ²¹³]	[pʰiɛ²¹³]	[pʰiɛ³³]
篾屑开	[miɛ⁵⁵]	[mĩ³³]	[miɛ⁵⁵]	[mi⁵⁵]
铁屑开	[tʰɐ⁵³]	[tʰa⁴²]	[tʰɐ⁴²]	[tʰA⁴²]
节屑开	[tɕiɛ⁵³]	[tɕi⁴²]	[tɕiɛ⁴²]	[tɕi⁴²]
切屑开	[tɕʰiɛ⁵³]	[tɕʰi⁴²]	[tɕʰiɛ⁴²]	[tɕʰi⁴²]
绝薛合	[tɕʰyɛ⁵⁵]	[tɕʰyei³³]	[tɕʰyɛ⁵⁵]	[tɕʰyi⁵⁵]
雪薛合	[çyɛ⁵³]	[çyei⁴²]	[çyɛ⁴²]	[çyi⁴²]
阅薛合	[yɛ²¹²]	[yɛ²¹³]	[yɛ²¹³]	——
发月合	[fɑ⁵³]	[fɑ⁴²]	[fA⁴²]	[fɔ⁴²]
蕨月合	[tɕyɛ⁵³]	[tɕyei⁴²]	[tɕyɛ⁴²]	[tɕyi⁴²]
月月合	[n̠yɛ⁵³]	[n̠yei⁴²][n̠iou⁴²]	[n̠yɛ⁴²]	[n̠yi⁴²]
缺屑合	[tɕʰyɛ⁵³]	[tɕʰyei⁴²]	[tɕʰyɛ⁴²]	[tɕʰyi⁴²]
血屑合	[çyɛ⁵³]	[çyei⁴²]	[çyɛ⁴²]	[çyi⁴²]

　　咸摄开口三四等入声韵以清水坪乡话为例，三等读 [iɛ] 和 [ɤ] 两个音类，其中 [iɛ] 音类既有白读，也有文读，通常文读 [iɛ] 的字声调为阳平（212），白读 [iɛ] 的字声调为入声（53）。[ɤ] 是个文读音类，只与 [ts] 组相拼，与文读的 [iɛ] 音类互补，属于同一层次。需要注意的是除了清水坪外，其他三个乡话点"页"的读音比较特殊，这三个点"页"与"叶"同音，是根据权威方言"叶页"同音对译出来的读音。四等今读有 [iɛ] 和 [ɐ] 两类音，读 [ɐ] 的主要见于端组字。四等读 [iɛ] 的性质也与三等同，既有文读，也有白读，如"贴"读 [iɛ] 属于白读，"协"读 [iɛ] 属于文读。白读的 [iɛ] 属于与三等相混的层次，[ɐ] 音类只见于四

等，属于与三等有别的层次，也是四等读洪音的保留。

山摄开口三等白读有 [iɛ] 和 [ɤ] 两个音类；四等今读有 [iɛ] 和 [ɐ] 两个音类。三等读 [iɛ] 韵母的字既有白读，也有文读，白读如表 4.57 中例字，文读如：列烈 [niɛ²¹²]、杰 [tɕiɛ²¹²]；读 [ɤ] 音的字都是白读，且只与 [ts] 组声母相拼。山摄开口三等文读除了读 [iɛ] 外，还有读 [ɐ] 的，如：哲 [tsɐ²¹²]、撤 [tsʰɐ²¹²]，都属于乡话中不常用字的读字音，与文读 [iɛ] 属于同一个文读层。我们认为两个白读音类 [iɛ] 与 [ɤ] 是同一个层次，[iɛ] 与 [ts] 组声母相拼时，变为 [ɤ]，类似的现象在止摄等韵摄也存在，具体分析可以参考 4.3.1.1。四等读 [iɛ] 的字既有文读，也白读，文读如"撤"，白读如"节、切"等。四等白读除了 [iɛ] 外，还有 [ɐ] 音类也是白读。我们认为 [ɐ] 的层次比 [iɛ] 早，理由是 [ɐ] 是四等读洪音的保留，而 [iɛ] 音类属于与三等相混的层次。

山摄合口三四等入声韵今读主要读 [yɛ]，既有文读，也有白读，白读如常用字"雪"，文读如非常用字"阅"。"发"读 [ɑ] 也属于文读，与权威方言同。"月"字在太常有 [iou] 的异读。在"坐月子"中读 [yei]，在"一个月"中读 [iou]。虽然读 [iou] 音类的只有一个"月"字，但属于山摄合口三四等有别的音类。但这个层次在清水坪乡话中已经消失。

清水坪咸山摄三四等的语音层次为：

	层次Ⅰ	层次Ⅱ	层次Ⅲ
咸开三	[iɛ]		[iɛ]/[ɤ]
咸开四	[ɐ]	[iɛ]	[iɛ]
山开三	[ɤ]/[iɛ]		[iɛ]/[ɐ]
山开四	[ɐ]	[iɛ]	[iɛ]
山合三	[yɛ]		[yɛ]/[ɑ]
山合四	[yɛ]		

4.9.2　深臻摄入声韵

深摄入声韵的今读情况见表 4.58。

表 4.58　深摄入声韵的今读

例字	沅陵清水坪	沅陵太常	古丈岩头寨	泸溪红土溪
湿缉	[dʑi³³]	[dʑi⁵⁵]	[dʑi³³]	[dʑi³³]
十缉	[tsʰʅ⁵⁵]	[tsʰʅ³³]	[tsʰʅ⁵⁵]	[tsʰʅ⁵⁵]
拾缉	[tsʰʅ⁵⁵]	[tsʰʅ³³]	[tsʰʅ⁵⁵]	[tsʰʅ⁵⁵]
急缉	[kɤ⁵³]	[kɤɯ⁴²]	[kəɯ⁴²]	[kei⁴²]

清水坪乡话缉韵字有三个音类：[i]、[ʅ]、[ɤ]。其中今读 [i] 和
[ʅ] 的，既有白读，又有文读，文读如：集 [tɕi²¹²]、执 [tsʅ²¹²]、及吸
[tɕi²¹²]。白读的 [i] 和 [ʅ] 主要有"湿十拾"三字，都来源于章组字，而
"湿"读 [i] 与"十拾"读 [ʅ] 的不同是受声母影响的结果，属于同一层
次，这个层次与臻摄相混。先看臻摄入声韵的今读情况，见表 4.59。

表 4.59　臻摄入声韵的今读

例字	沅陵清水坪	沅陵太常	古丈岩头寨	泸溪红土溪
笔质	[pɐ⁵³]	[pɑ⁴²]	[pɐ⁴²]	[pʌ⁴²]
匹质	[fɑ²¹²]	[fɑ²¹³]	[fʌ²¹³]	[fɔ¹³]
七质	[tɕʰi⁵³]	[tɕʰi⁴²]	[tɕʰi⁴²]	[tɕʰi⁴²]
侄质	[tʰi⁵⁵]	[tʰi³³]	[tʰi⁵⁵]	[tʰi⁵⁵]
虱质	[sɐ⁵³]	[sa⁴²]	[sɐ⁴²]	[sʌ⁴²]
室质	[tɕi⁵³]	[tɕi⁴²]	[tɕi⁴²]	[tɕi⁴²]

清水坪乡话臻摄入声字的今读有三类：[ɐ]、[ɑ] 和 [i]。质韵也有读
[i] 的现象与缉韵相混，可以判断缉韵的 [ɤ] 早于 [i]/[ʅ]。

质韵的今读情况与支韵完全同，出现条件也同。[ɐ] 韵母出现于 [p] 组
声母和 [ts] 组声母，[i] 出现于非 [p] 组声母和 [ts] 组声母，[ɑ] 只与
[f] 相拼。这三个音类没有任何异读，目前不好判断其层次关系，暂存疑。

清水坪乡话缉韵的语音层次如下：

	层次 I	层次 II	层次 III
缉韵	[ɤ]	[i]/[ʅ]	[i]/[ʅ]（文读）

4.9.3　宕江摄入声韵

宕江摄入声韵的今读见表 4.60。

表 4.60　宕江摄入声韵的今读

例字	沅陵清水坪	沅陵太常	古丈岩头寨	泸溪红土溪
索铎	[su⁵³]	[sou⁴²]	[su⁴²]	[su⁴²]
凿铎	[tsʰu⁵⁵]	[tsʰou⁵⁵]	[tsʰu⁵⁵]	[tsʰu⁵⁵]
恶铎	[u⁵³]	[ou⁴²]	[u⁴²]	——
着药（~衣）	[tu⁵³]	[tou⁴²]	[tu⁴²]	[tu⁴²]
脚药	[ku⁵³]	[kou⁴²]	[ku⁴²]	[ku⁴²]
约药	[yo²¹²]	[iɔu³³]	[yo²¹³]	[iɔu⁵⁵]
药药	[ʑyɐ³³]	[zou³³]	[ɥyɐ³³]	[zu³³]

镯_觉	[tsʰu⁵⁵]	[tsʰuo⁵⁵]	[tsʰu⁵⁵]	——
角_觉	[kɔu⁵³][ku⁵³]	[kɔu⁴²][kou⁴²]	[kɔu⁴²][ku⁴²]	[kou⁴²][kʊ⁴²]
壳_觉	[kʰɔu⁵³]	[kʰɔu⁴²]	[kʰɔu⁴²]	[kʰou⁴²]
学_觉	[vu³³][ɦɔuɕ³³]	[vu³³][ɔu⁵⁵]	[vu³³][ɦɔuɕ³³]	[u¹³]

清水坪乡话铎韵白读只有一个音类 [u]，乡话一等阴声韵和入声韵基本都有读这个音类的现象，只有豪韵和侯韵例外。铎韵的文读读 [uo]，如"铎"读 [tuo²¹²]、"洛"读 [nuo²¹²] 等。药韵白读主要读 [u]，与一等铎韵相混。东安土话药韵字今读主要读 [iu]，如：雀 [tɕʰiu³³]、着 [tiu⁴²]、弱 [ʑiu⁴²]、脚 [tɕiu⁴²]、药约 [iu⁴²]。其主要元音与乡话同，目前不能证明两者之间是否有关系，把材料列于此，供参考。

觉韵今读白读有两个音类：[u] 和 [ɔu]。"角"和"学"都有异读的现象，"角"在"牛角"一词中读 [ɔu]，在"一角钱"一词中读 [u]。"学"做动词时，读 [u]，在"学生、学堂"中读 [ɔu]。觉韵读 [u] 的音类与药韵相混，读 [ɔu] 的音类与药韵有别，从音类的分合关系来看，[ɔu] 的层次比 [u] 早。东安土话觉韵字主要读 [u]，如：学 [vu⁴²]、桌捉 [tsu⁴²]、镯浊 [zu⁴²]、壳 [fu⁴²]、角 [ku⁴²] /[tɕiu⁴²]。东安土话与乡话不同的是，宕摄和江摄舒声字的主要元音也读 [u]，如：汤 [tʰuŋ³³]、糠 [xuŋ³³]、藏 [zuŋ¹³]、床 [dzuŋ¹³]、肠 [diũ¹³]、让 [ʑiũ²⁴]、双 [suŋ³³]。

4.9.4　曾摄入声韵

曾摄入声韵的今读情况见表 4.61。

表 4.61　曾摄入声韵的今读

例字	沅陵清水坪	沅陵太常	古丈岩头寨	泸溪红土溪
北_德	[pɤ⁵³]	[pɤɯ⁴²]	[pɤ⁴²]	[pei⁴²]
贼_德	[tsʰɤ⁵⁵]	[tsʰɤɯ³³]	[tsʰɤ⁵⁵]	[tsʰei⁵⁵]
塞_德	[sɤ⁵³]	[sɤɯ⁴²][tsuo⁴²]	[sɤ⁴²][tsuo⁴²]	[tsoɤ⁴²]
黑_德	[kʰɤ⁵³]	[kʰɤɯ⁴²]	[kʰɤ⁴²]	[kʰei⁴²]
力_职	[niou⁵³]	[niou⁴²]	[niou⁴²]	[niu⁴²]
鲫_职	[tɕiɛ⁵³]	[tɕi⁴²]	[tɕiɛ⁴²]	[tɕi³³]
媳_职	[ɕi³³]	[ɕi³³]	[ɕi³³]	[ɕi³³]
直_职	[tʰiou⁵⁵]	[tʰiou³³]	[tʰiou⁵⁵]	[tʰiu⁵⁵]
值_职	[tʰiou⁵⁵]	[tʰiou³³]	[tʰiou⁵⁵]	[tʰiu⁵⁵]
织_职	[tɕiou⁵³]	[tsou⁴²]	[tɕiou⁴²]	[tɕiu⁴²]
食_职	[ʑiou³³]	[zou³³]	[ɥiou³³]	[ʑiu³³]

清水坪乡话德韵白读只有一读［ɤ］。"塞"字有些点有异读，如太常乡话表示动作时读［sɤɯ⁴²］，表示名词"塞子"时读［tsuo⁴²］，除了表示名词"塞子"读［uo］外，并没有其他读［uo］的字，有可能不是本字。冷水江方言"塞子"说［tsiou³³ tsʅ⁰］，动作"塞"也说［tsiou³³］，以往研究湘语的学者确定本字为"塉"。乡话表示"塞子"的［tsuo⁴²］本字应该也是"塉"。德韵文读为［ɐ］，如：德［tɐ²¹²］、则［tsɐ²¹²］、克［kʰɐ²¹²］。

职韵有三个音类：［i］/［ʅ］、［iɛ］和［iou］。其中［iou］音类与屋三韵和烛韵相混，乡话的周边方言并没有职韵与通摄三等入声相混的现象，因此该音类不会是受周边方言影响出现的。据此，我们认为［iou］属于乡话早期的层次。而职韵读［i］/［ʅ］的都是文读音，辰溆片湘语职韵字读［i/ʅ］，乡话读［i］/［iɛ］的层次受其影响产生。职韵读［iɛ］的字是乡话中较常用的字，如"鲫"，这是比［i］/［ʅ］早的层次。

清水坪乡话曾摄入声韵的语音层次是：

	层次Ⅰ	层次Ⅱ	层次Ⅲ
德韵	［ɤ］		［ɐ］
职韵	［iou］	［iɛ］	［i］/［ʅ］

4.9.5 梗摄入声韵

梗摄入声韵有陌韵二等和三等、麦韵、昔韵、锡韵，其中陌韵三等常用字很少，不予讨论。先看陌麦昔锡四韵的今读情况，见表4.62。

表4.62 乡话陌麦昔锡四韵的今读

例字	沅陵清水坪	沅陵太常	古丈岩头寨	泸溪红土溪
白陌	［pʰo⁵⁵］	［pʰo³³］	［pʰo⁵⁵］	［pʰoɤ⁵⁵］
客陌	［kʰuo⁵³］	［kʰuo⁴²］	［kʰuo⁴²］	［kʰoɤ⁴²］
麦麦	［mo⁵³］	［mo⁴²］	［mo⁴²］	［moɤ⁴²］
隔麦	［kuo⁵³］	［kuo⁴²］	［kuo⁴²］	［koɤ⁴²］
脊昔	［tɕyo⁵³］	——	［tɕyo⁴²］	
只昔	［tsɤ⁵³］	［tsei⁴²］	［tsɤ⁴²］	——
炙昔	［tsuo⁵³］	［tsuo⁴²］	［tsuo⁴²］	［tsoɤ⁴²］
赤昔	［tsʰɤ⁵³］	［tsʰei⁴²］	［tsʰɤ⁴²］	［tɕʰi⁴²］
尺昔	［tsʰuo⁵³］	［tsʰuo⁴²］	［tsʰuo⁴²］	［tsʰoɤ⁴²］
石昔	［tsʰuo⁵⁵］	［tsʰuo³³］	［tsʰuo⁵⁵］	［tsʰoɤ⁵⁵］
壁锡	［piɛ⁵³］	［pi²¹³］	［piɛ⁴²］	［pi⁴²］
踢锡	［tʰiɛ⁵³］	［tʰi⁴²］	［tʰiɛ⁴²］	［tʰi⁴²］
历锡	［nyo⁵³］	［nyo⁴²］	［nyo⁴²］	［nyɤ⁴²］

清水坪乡话陌韵白读只有一个音类 [uo]，这也是二等入声韵都有的音类，陌韵文读读 [ɐ]，如：格 [kɐ²¹²]、泽 [tsʰɐ⁵³]、迫 [pʰɐ²¹²]。麦韵白读也只有一个音类 [uo]，与陌韵同，文读也读 [ɐ]，如：责 [tsɐ²¹²]、革 [kɐ²¹²]、扼 [ŋɐ²¹²]。

清水坪乡话昔韵字今读白读主要有两类：[uo] 和 [ɤ]。这两个音类在章组是直接对立的，如"隻"读 [ɤ] 韵母，而"炙"读 [uo] 韵母。昔韵在上古音中分归锡、铎两部，锡部字比较常见的例字有：壁、僻、闢、积、迹、脊、掷、适、益。铎部字有：籍、藉、惜、昔、席、夕、隻、炙、赤、斥、尺、射、释、石、亦、译、易、液、腋。张光宇（1992）以"益"和"石"两字为例，探讨汉语史上的重纽现象。张光宇认为闽南话中以"益"为代表的锡部字较早形式大约是 *-iak，以"石"为代表的铎部字较早形式大约是 *-iok。来源于锡部的昔韵字在乡话中都不太常用，来源于铎部的昔韵字在清水坪乡话中的今读分为两类：[uo] 和 [ɤ]。其实闽南话昔韵今读也分两类，具体见表 4.63。

表 4.63　闽南话梗摄入声韵昔韵的今读 [1]

	尺铎	石铎	赤铎	隻铎	脊锡
潮阳	tsʰioʔ	tsioʔ	tsʰiaʔ	tsiaʔ	tsiaʔ
厦门	tsʰioʔ	tsioʔ	tsʰiaʔ	tsiaʔ	tsiaʔ
漳平	tsʰo	tso	tsʰa	tsia	tsia
潮州	tsʰieʔ	tsieʔ	tsʰiaʔ	——	tsiaʔ

闽语中铎部字今读有两个音类，如厦门话今读 [iaʔ] 和 [iaʔ] 音类，其中读 [iaʔ] 音类的字与来源于上古锡部的字相混，如"赤隻"与"脊"韵母相同，读 [ioʔ] 音类的字，只有上古的铎部字，如"尺石"。从音类分合上来看，厦门等方言只来源于铎部的 [ioʔ] 音类是比 [iaʔ] 更早的音类。乡话昔韵字的今读情况是否也与厦门方言相同呢？从表 4.62 可以看到，清水坪乡话读 [uo] 的有"炙尺石"字，读 [ɤ] 的有"隻赤"两个字，都属于上古铎部。清水坪乡话还有个"脊"字读 [tɕyo⁵³]，与 [uo] 和 [ɤ] 都不同。[yo] 音类与 [uo] 和 [ɤ] 是什么关系呢？我们认为 [yo] 韵母与 [uo] 韵母是演变关系。我们前面提到昔韵读 [uo] 的字只见于章组字，章组本读 [*tɕ]，韵母为细音，受声母的影响丢失 -i- 介音。我们推测"炙尺"由 [*tɕio] 丢失 -i- 介音演变而来，而"脊"字声母读 [tɕ]，-i- 介音

得以保存，但 -i- 介音受带有圆唇特征的主要元音［o］影响变为 y。也就是说"脊"发生了由［*tɕio］向［tɕyo］的演变。因此，读［uo］音类的来源有上古的铎部字和锡部字，而读［ɣ］的只有铎部字。

清水坪乡话昔韵文读为［i］/［ɿ］，如：籍［tɕi²¹²］、席［ɕi²¹²］、适［sɿ²¹²］、益［i²¹²］。

锡韵白读有［iɛ］和［yo］两个音类。锡韵白读［yo］的现象与昔韵同，昔韵的［yo］也是由［io］演变而米，也就是这两个音类发生了合流。不仅昔韵和锡韵都有读［yo］的现象，昔韵读［ɣ］的现象与锡韵读［iɛ］的现象也是相混的，［ɣ］是由［iɛ］演变而来，支韵开口也有这两个音类，我们在 4.3.1.1 部分详细分析了两者的关系。

锡韵文读［i］，如：寂［tɕi²¹²］、敌［ti²¹²］、析［ɕi²¹²］、激［tɕi²¹²］。

昔韵与锡韵都有读［uo］和［ɣ］的现象，其中［uo］音类与二等韵相混，而［ɣ］音类有别于二等，因此，［ɣ］是比［uo］更早的音类。

综上所述，清水坪乡话梗摄入声韵的语音层次如下：

	层次 I	层次 II	层次 III
陌₋韵	［uo］		［ɐ］
麦韵	［uo］		［ɐ］
昔韵	［ɣ］	［uo］/［yo］	［i］/［ɿ］
锡韵	［ɣ］	［uo］/［yo］	［i］

4.9.6　通摄入声韵

通摄入声韵的今读见表 4.64（沃韵字在乡话中都不常用，不予讨论）。

表 4.64　通摄入声韵的今读

例字	沅陵清水坪	沅陵太常	古丈岩头寨	泸溪红土溪
读屋一	［nəɯ³³］	［nɣɯ⁴²］	［nəɯ³³］	［nu⁰］
谷屋一	［ku⁵³］	［ku⁴²］	［ku⁴²］	［ku⁴²］
六屋三	［niɐ⁵³］	［nia⁴²］	［niɐ⁴²］	［niʌ⁴²］
竹屋三	［tɕiou⁵³］	［tsou⁴²］	［tɕiou⁴²］	［tɕiu⁴²］
轴屋三	——	［tsʰou³³］	［tsʰəɯ⁵⁵］	——
熟屋三	［tɕʰiou⁵⁵］	［tsʰou³³］	［tɕʰiou⁵⁵］	［tɕʰiu⁵⁵］
肉屋三	［ȵiou⁵³］	［ȵiou⁴²］	［ȵiou⁴²］	［ȵiu⁴²］
绿烛	［niɐ⁵³］	［nia⁴²］	［niɐ⁴²］	［niʌ⁴²］
粟烛	［ɕiou⁵³］	［ɕiou⁴²］	［ɕiou⁴²］	［ɕiu³³］

清水坪乡话屋韵一等字今读有两个音类：［u］和［əɯ］，但这两个音在

红土溪乡话都读［u］。清水坪等乡话的［u］和［əɯ］两个音是什么关系呢？考察清水坪乡话，模韵字的情况与屋一韵同，也有［u］和［əɯ］两个音，举例如下：

例字	沅陵清水坪	沅陵太常	古丈岩头寨	泸溪红土溪
布	［pu³³］	［pu⁵⁵］	［pu³³］	［pu³³］
兔	［tʰəɯ³³］	［tʰɤɯ⁵⁵］	［tʰəɯ³³］	［tʰu³³］
露	［nəɯ³³］	［nɤɯ⁵⁵］	［nəɯ³³］	［nu³³］
炉	——	［nɤɯ³³］	［nəɯ⁵⁵］	［nu⁵⁵］
肚	［təɯ³⁵］	［tɤɯ³⁵］	［təɯ³⁵］	［tu⁵³］
箍	［ku⁵⁵］	［ku³³］	［ku⁵⁵］	［ku⁵⁵］
苦	［kʰu³⁵］	［kʰu³⁵］	［kʰu³⁵］	［kʰu⁵³］
虎	［kʰu³⁵］	［kʰu³⁵］	［kʰu⁵⁵］	［kʰu⁵³］
胡	［vu²¹²］	［vu²¹³］	［vu²¹³］	［u¹³］

清水坪乡话模韵字［u］和［əɯ］的读音情况是：帮组、见组、晓组后读［u］，端组、泥组读后［əɯ］（精组字读［ɤ］音类，属于不同的层次，在此不列出）。而这些字在红土溪乡话都读［u］。高元音很容易裂化，但高元音裂化与所拼合的声母有关，有些声母更容易裂化，有些声母则不会裂化。通常端组、泥组、精组声母后的［u］容易裂化，而见组和帮组后的［u］不容易裂化。模韵［əɯ］正好只出现于端组和泥组。因此，模韵［u］和［əɯ］是两个互补的音，属于同一层次。屋韵一等［əɯ］只见于端组，其他声母后都读［u］，屋韵一等［u］和［əɯ］的出现条件也是互补的，［əɯ］由［u］裂化演变而来，也是属于同一层次，这两个音类在红土溪乡话仍归为一类［u］。这是屋韵一等字失去入声尾之后归入模韵与其一起裂化的结果。屋韵一等读［u］的，除了白读外，文读也读［u］，如：秃［tʰu²¹²］、速［su²¹²］、斛［fu²¹²］。

清水坪乡话屋韵三等和烛韵今读完全相同，白读都有［iou］和［iɐ］两个音类。其中［iou］韵与鱼虞韵、尤韵和职韵相混。［iɐ］韵与虞韵、尤韵相混。从相混所涉及的韵摄来看，［iɐ］属于比［iou］早的音类。辰溆片湘语通合三入声字今读与流摄尤韵相混，且湘语尤韵普遍读［iou］/［iəu］，乡话尤韵的［iou］跟湘语的影响有关。从周围情况来看，通合三入声字读［iɐ］也是比［iou］更早的层次。

屋韵三等和烛韵文读为［u］、［əɯ］和［iou］，如：福［fu²¹²］、目［mu²¹²］、足［tsu²¹²］、粥［tsəɯ⁵⁵］（乡话不说"粥"）、郁［iou²¹²］、欲［iou²¹²］。

清水坪乡话通摄入声韵的语音层次为：

	屋₁韵	屋₃烛韵
层次 I	［u］/［əɯ］	［iɐ］
层次 II		［iou］
层次 III	［u］	［u］/［iou］/［əɯ］

第5章　乡话声调的演变

　　乡话的声调系统比较简单，大部分乡话有五个声调，分别是阴平、阳平、上声、去声、入声。如清水坪乡话：阴平55、阳平212、上声35、去声33、入声53；少部分乡话点没有入声调，只有四个声调，如王辅世调查的红土溪乡话：阴平55、阳平24、上声53、去声33。虽然乡话的今声调系统比较简单，但是同一来源的字在今声调归派上不整齐。例如，同是次浊平字，部分归阴平，部分归阳平，同是全浊上字，如声母为送气清音，则今以读上声为主；如声母为浊音，则今以读去声为主。乡话上声调的调值在不同乡话点相差很大，分为两类，一类是升调，一类是降调。其实乡话的内部一致性是比较强的，为什么上声调调型却相差如此之大呢？此外，乡话的古去声、入声字今读都对应多个调类。本部分在介绍乡话声调情况的基础上，主要分析次浊平字的声调分化情况及其分化原因，上声和去声的调值演变情况及原因。

5.1　古次浊平字声调的分化与古次浊声母的演变[①]

　　乡话古次浊平声字在声调归类上与一般方言不同。一般方言古平声字按照声母的清浊分为阴平和阳平两个调，古清声母字归阴平，古浊声母字归阳平。虽然乡话古平声的清声母字和全浊声母字也是按照声母的清浊分别归入阴平和阳平，但古次浊平声字的归派则不整齐，部分归阴平、部分归阳平。哪些次浊平声字读阴平、哪些次浊平声字读阳平，从古声母条件来看，规律不明显，如沅陵清水坪乡话同属于来母的"犁［niɛ⁵⁵］"和"来［zɤ²¹²］"，"犁"读阴平，"来"读阳平；从今声母条件来看，也有今

---

①　本部分内容曾在《语言科学》2020年第3期上发表。

声母相同，但声调不同的现象，如沅陵清水坪乡话的"来［zɤ²¹²］"和"油［zɤ⁵⁵］"声母都读［z］，但一个声调为阳平，一个为阴平。

研究乡话的学者都注意到了乡话中古次浊平声字声调分化的现象，但很遗憾都没能很好地解释其分化的原因。杨蔚（2010a：151-152）认为乡话次浊平声字的演变规律是归入阴平，部分读阳平的属于例外，但未对这些例外为何成为例外进行解释。伍云姬、沈瑞清（2010：21-22）提到次浊平声字声调主要归阴平是乡话最为突出的特点，今读阳平的次浊平声字主要是读［dz］/［z］的来母和以母字。伍云姬、沈瑞清的总结大致符合乡话的语言事实，但没有解释为什么读［z］声母的以母"油"字声调是阴平而不是阳平。郑焱霞（2010：193-196）统计了古次浊平声字在每个乡话点读阴平和读阳平的比例，但没有具体分析。瞿建慧（2015：654-655）详细地介绍了乡话古次浊平声字声调的今读情况：次浊声母声调一般与清声母保持一致，读阴平；今读浊塞擦音、浊擦音的云母、以母、来母平声字因为混入全浊声母，声调受全浊声母平声字的影响读阳平，而泥、明、日母平声字读阳平的现象则是受到了周边湘语、官话的影响，开始向全浊声母平声字声调靠拢①。瞿文也强调并不是所有今读浊塞擦音、浊擦音的古次浊平声字都读阳平，如"油"读阴平。因此，其解释仍然没有解决为什么都是读浊擦音浊塞擦音类声母的以母字，"油"读阴平、"移"读阳平的问题。陈晖（2016：142）根据泸溪梁家潭乡话的材料推测来母读擦音塞擦音的现象很可能在平分阴阳之前已经发生，所以声调归阳平。但陈晖的讨论没有涉及同属于次浊声母的以母、云母字，也没有解释来母的"聋"读阴平的原因。

因此，本节我们以清水坪乡话为例分析乡话古次浊平声字声调分化现象以及与古次浊声母演变之间的关系，寻找次浊平字声调分化的条件及原因。

5.1.1 古次浊平字声调分化现象

我们对清水坪乡话常用次浊平声字声调的今读情况做了详细统计，由于乡话次浊平字今读声调与今声母有密切的关系，我们同时列出今声母读音，具体如表 5.1②。

---

① 乡话中确实有声母为［m］、［n］、［ȵ］、［ŋ］以及零声母的次浊平声字读阳平的现象，是从周边方言借入的。

② 一些乡话中不用的次浊平字未列入表中。有些次浊平字在其他汉语方言中比较常用，但在乡话中则是不用的字，如"吴蜈圆沿原"等。有些声母为鼻音，声调为阴平的不明本字的词，也没有列如表中。另外"明"有阳平的异读没有列入表中。乡话中声母为鼻音的次浊平字读阳平是受湘语影响产生的。

表 5.1 清水坪乡话古次浊平字声调今读情况

古声母	例　字	今声母	今声调
明母	磨麻瘢模迷媒茅猫锚描棉瞒门忙明①名蒙	[m]	阴平 55
微母	闻	[v]	阴平 55
泥母	捼_{楇,奴禾切}南难年男	[n]	阴平 55
	泥黏鲶浓	[ȵ]	阴平 55
来母	罗笋锣骡胭芦犁牢楼刘蓝镰拦栏连莲轮粮梁零铃笼龙	[n]	阴平 55
	来梨淋	[z]	阳平 212
	流	[dʐ]	阳平 212
	聋	[ts]	阴平 55
日母	燃	[ȵ]	阴平 55
	人	[ŋ]	阴平 55
疑母	鹅牙芽伢衙崖捱牛岩	[ŋ]	阴平 55
	鱼银沅	[ȵ]	阴平 55
以母	移	[dz]	阳平 212
	摇盐匀羊洋杨阳赢融	[z]	阳平 212
	油窑姚扬	[z]	阴平 55

从表 5.1 可以看到：明母都读阴平；微母的"闻"读阴平；泥母都读阴平；来母既有读阴平的，也有读阳平的，主要以读阴平为主，读阳平的只有"淋、梨、来、流"四字，且这四字的声母不读 [n]，读擦音或塞擦音；日母都读阴平；疑母都读阴平；以母今声母读 [z]/[dz]，声调有读阳平的，也有读阴平的（云母的情况后文单独分析，因此表格中没有列相关材料）。

　　总体来看，沅陵清水坪乡话古次浊平声字哪些读阴平、哪些读阳平与今声母有比较明显的关系：今声母为 [m]、[n]、[ȵ]、[ŋ] 的字，都读阴平；今声母为 [z]、[dz]、[dʐ] 的字，主要读阳平，也有少数读阴平的。可以说，乡话古次浊平声字的声调分化大致是以今声母为条件的。今声母为 [m]、[n]、[ȵ]、[ŋ] 的次浊平字，声调归阴平，但有些来源于古全浊声母的字，今声母也读 [n]，与古次浊声母相混，但其声调与古次浊声母不同，如乡话定澄母②与来母有相混读 [n] 的，但其与来母读 [n] 的字在声调归类上不同，如清水坪乡话定澄母平声字声母读 [n] 的，声调

---

　　① 赵日新等（2014）调查的"明闻人"等读去声 33 调，我们在调查过程中反复核对了这几个字的读音，发现不同发音人存在差异，有的发音人读阴平，有的发音人读去声，我们采用了阴平的读法。读去声的是因为清水坪乡话中阴平调和去声调都是平调，调型一致造成的相混。

　　② 定澄母不属于次浊声母，本不属于本部分的讨论内容，但乡话定母有读 [n]、擦音和塞擦音的现象，与来母相混，因此，一并讨论。

一律归阳平，如：啼［niɛ²¹²］、桃［nɔu²¹²］、田［nee²¹²］、糖［nəŋ²¹²］、肠［nẽ²¹²］、虫［niɔu²¹²］。而来母平声字声母为［n］的毫无例外都读阴平。为什么同是读［n］声母的字，在声调归派上，定澄母与来母不同呢？

而同样是读擦音塞擦音的来母以母字，今读调也不一样。来母今声母为擦音塞擦音的字，都读阳平，但有一个例外，"聋"声母为［ts］，声调为阴平。今声母同是［z］的以母字，"摇、盐、匀"等读阳平，而"油、姚、窑"等读阴平。

薛勒在《德语史》（徐通锵 2008：123）中说"我们在语言的历史文献里所见到的语音演变是依照固定的规律进行的，这些规律不容许任何纷扰，除非其他规律同时发生作用"。这样说来，乡话中古次浊平声字的声调分化出现上述不规律的现象，也应该是受到了其他同时间发生规律的影响。下面具体分析。

5.1.2　乡话古次浊平字声调分化的原因

5.1.2.1　来母定母都读［n］声母的古平声字今读调不同的原因

关于来母与定澄母都读［n］声母的古平声字在声调上的差异，伍云姬、沈瑞清（2010：15）做了很好的解释[①]，即定澄母读［1］声母是古平声分化之后出现的现象。古平声分化时，定澄母读浊塞音［*d］，声调归阳平，而来母读［1］声母，声调归阴平。古平声分化之后，部分定澄母字才由［*d］变为［1］。也就是说，古平声分化早于定澄母由［*d］变为［1］发生。我们赞同伍云姬、沈瑞清的观点。

乡话定母有读擦音塞擦音的现象，与来母相混，如清水坪乡话（定母读擦音塞擦音现象的字较少，没有古平声字，这里列举其他声调的字）：道［sou³⁵］、动［dzʌɯ³⁵］。我们在 3.2.2 分析了乡话来母、定母读擦音塞擦音的现象都是由［1］演变而来，也就是定母由［*d］变为［1］，与来母相混，并进一步发生擦化或塞擦化的演变。瞿建慧（2016a）则认为古定澄母字今读边音是后起的演变，并没有参与古来母擦音化和塞擦音化的音变，理由是：定、澄母古平声字今读［1］的声调归阳平，而不归阴平，这和今读［1］的古来母平声字读阴平的情况不一样。我们认为来母与定母今读擦音塞擦音的性质完全相同，都是由［1］演变而来。理由是虽然定母读［1］是在古平声分化之后才出现的现象，但此时乡话中［1］的擦化塞擦化演变并

---

① 乡话泥母来母洪音前相混，我们记为［n］，伍云姬、沈瑞清记为［1］，这是处理的问题，为了解释方便，后文我们也用［1］。

未结束，因而，定母读［1］的字有机会参与到该演变当中，如果此时乡话中［1］的擦化塞擦化演变已经结束，定母读［1］的字就没有机会发生擦化塞擦化的演变。也就是乡话古平声分化为阴平和阳平时，乡话中的［1］也正发生擦化塞擦化的演变，只是部分字擦化塞擦化的时间比较早，部分发生擦化塞擦化的时间比较晚，由于发生的早晚不同导致了古声母条件相同（同是来母字），声调归派不同的现象。具体分析见 5.1.2.2。

5.1.2.2　来母古平声字声调的分化与来母的擦化塞擦化演变

来母今读擦音或塞擦音的字，为什么有些读阴平（如"聋"）、有些读阳平（如"流"）呢？"聋"字在很多方言的今读调与其他次浊平声字不同。根据《汉语方言地图集·语音卷》（2008：32），湖南省的汉语方言除了个别方言点读阳平外，其他都读阴平，也就是在古平声分化时"聋"字归入了阴平调。乡话也是如此，"聋"字在平声分化时也归入了阴平。乡话与湖南境内其他的汉语方言不同的是，"聋"在其他汉语方言中读阴平是当成特字处理的，除了"聋"外（还有"蚊"也读阴平调），其他次浊平声字基本都读阳平，同时也找不到"聋"读阴平、而其他次浊平声字读阳平的条件。但乡话古次浊平声字则以读阴平为主，"聋"读阴平是符合乡话古次浊平声字的今读规律的。"聋"与"流来淋"的声母都属于擦音塞擦音类声母，但"聋"读阴平，而"流来淋"读阳平，这种不同是由来母［1］发生擦化塞擦化演变的时间早晚不同造成的。词汇扩散理论认为"语音的变化是突然的、离散的，但这种变化在词汇中的扩散却是逐渐的、连续的"，（徐通锵 2008：278）乡话来母的擦化塞擦化演变便是如此。由于来母发生擦化塞擦化演变的时间早晚不同，在声调上就出现了差异。较早演变为擦音塞擦音的来母字，声调归阳平；较晚演变为擦音塞擦音的来母字，声调归阴平。这里所谓的早晚是以乡话古平声分化的时间为参照点的，早于古平声分化发生的为"早"，晚于古平声分化发生的为"晚"。如果在古平声分化之前已经发生了擦化塞擦化演变的来母字，声调则为阳平，如"来"读擦音［z］，声调读阳平。这是因为古平声分化时，"来"的声母条件已经不再是［1］，变为浊擦音［z］，所以与全浊平字一起归阳平。如果是在古平声分化发生之后才发生擦化塞擦化演变的来母字，声调则为阴平，如"聋"声母读［ts］，声调读阴平。这是因为"聋"字在古平声分化时，声母条件为［1］，所以声调归阴平，在古平声分化之后声母才由［1］变为塞擦音。

从读擦音塞擦音的来母字声调的分化情况可以看出：来母［1］向擦音塞擦音演变的规律早于古平声分化开始，晚于古平声分化结束。由于乡话中［1］发生擦化塞擦化的演变在古平声分化之后并未结束，因此，在古平声分化之后才由［*d］变为为［l］的定母字也参与到了该演变当中。但［l］发生擦化塞擦化的演变在古平声分化后被中断，使得部分来母字和大部分读［l］的定母字没有完成擦化塞擦化的演变，仍读［l］。正是因为读［l］的定母晚于来母参与到［l］的擦化塞擦化演变中，所以乡话定母变为擦音塞擦音的字比来母变为擦音塞擦音的字少。据此，可以确定来母读擦音塞擦音的现象与定母读擦音塞擦音的现象性质相同，声调上的差异是演变发生的（相对于古平声分化的）时间早晚不同造成的。

有专家提出，同样的音理有没有可能重复发生？也即［l］的擦化塞擦化演变有没有可能重复发生？来母［l］发生擦化塞擦化演变之后，乡话在后来的发展过程中定母［l］有没有再次发生擦化塞擦化演变的可能呢？同样的音理可以再次发生，但几率较小。而［l］的擦化塞擦化演变本就是汉语方言中一种不常见的演变，重复发生的几率就更低了。上文我们分析了来母［l］和定母［l］的擦化塞擦化演变在时间上是重合的。此外，假设在来母［l］的擦化塞擦化演变完成之后，定母［l］再发生擦化塞擦化演变，这就有一个问题，乡话中来母［l］并未彻底变为擦音塞擦音，还有不少字仍读［l］。当然来母读［l］的有可能是受周边湘语影响出现的，但有些只用于乡话不用于湘语的来母字读［l］，不可能来源于湘语的影响，如乡话不说"鞋"，说"履_{鞋子}"，读［l］声母。既然湘语不用"履"，乡话这个［l］就不可能借自湘语。这说明乡话中来母今读［l］的现象，不是受湘语影响产生，而是乡话本来的读音。据此，我们更倾向于前文得出的结论：来母定母的擦化塞擦化演变是同一时期发生的，其不完全演变是受外部影响被中断。

由于"聋"的声母与古清声母平声字相混，有没有可能是"聋"在古平声分化之前已经变为塞擦音并清化，因此与古清声母字一起归阴平？我们认为"聋"读同清声母字是平分阴阳之后发生的演变，理由如下：第一，前面我们提到乡话中［l］的擦化塞擦化演变比平分阴阳发生早结束晚，也就是这两种演变是大致同一时期发生的，因此，在这么短的时间内，"聋"不可能完成塞擦化和清化两种演变。第二，乡话中不仅来母读擦音塞擦音的，有清化的现象，定母读擦音塞擦音的，也有清化的，如"道"读［sou³⁵］，而定母读擦音塞擦音的现象是平分阴阳之后发生的，因此，"道"清化为［s］，也一定是平分阴阳之后。从"道"清化的时间推知"聋"清化的时间也应该是平分阴阳之后。第三，乡话平分阴阳时，平声字根据声母的条件分为两类，全浊平字归为一类（全浊平字没有读阴平的现象，后文有具体的分析），非全浊平字归为一类，说明此时乡话的古全浊平字未发生清化，仍读浊音，也就是乡话的浊音声母是在平分阴阳之后才开始发生清化演变的。因此，在平分阴阳之前，乡话读浊擦音浊塞擦音的来母以母字不具备发生清化演变的条件。另外，有没有可能"聋"读 [ts] 不是由 [dz] 清化而来，而是 [l] 塞擦化直接变为 [ts] 的呢？乡话中的 [l] 是一个典型的浊边音，不可能直接塞擦化变为 [ts]。因此，我们认为"聋"字声调归阴平是因为其声母变为塞擦音的演变是在古平声分化之后发生的。

5.1.2.3　微母古平声字今读调分析

微母的"闻"，声母为 [v]，为什么其声调并不与全浊声母字相同读阳平而读阴平呢？清水坪乡话微母今读 [v] 和 [m] 两类，读 [m] 的是早期非组和帮组不分现象的保留，如"万"读 [mɛɛ³³]；微母读 [v] 的都和合口呼韵母有关，一种是在合口呼韵母前增加了一个 [v] 声母，如"舞、雾"读 [vu]，[v] 是受 [u] 韵母影响增生的；另一种是由 -u- 介音变来的，如"味"读为 [vei]。这种现象在不少方言中都存在。清水坪乡话"闻"的声母 [v] 属于后一种情况。"闻"属于臻摄文韵字，清水坪乡话文韵的非组字读 [uɛɛ] 韵母，当声母为 [f] 和 [m] 时，-u- 介音脱落变为 [ɛɛ]，而"闻"的声母不是 [f/m]，因此，-u- 介音保留下来，并变为 [v]。正是因为"闻"的 [v] 是 -u- 介音变来的，因此，与古全浊声母平声字的声调归派不同，读阴平，而不读阳平。

5.1.2.4　云母古平声字今读调分析

云母平声字今一律读阳平，没有读阴平的现象，如：围 [yi²¹²]、云 [yɛ²¹²]、王 [əŋ²¹²]、雄 [ɕiou²¹²]、园 [zən²¹²]。云母平声字在声调上的表现与古全浊平字完全相同。乡话全浊平字也没有读阴平的现象。杨蔚（2010a：151）提到古全浊平字"堂 [tʰɤ⁵⁵]（麻溪铺乡话）、驰₍ₚₐₒ₎ [tʰua⁵⁵]（麻溪铺乡话）、筒 [tʰɤu⁵⁵]（高峰乡话）"读阴平调。瞿建慧（2016b：53）详细论证了这三个音的本字不是"堂、驰、筒"，我们赞同瞿文的观点。云母为什么没有读阴平的现象呢？有两种可能：一种是乡话云母在平分阴阳时，属于全浊声母，因此云母平声字声调归阳平；另一种可能是云母平声字较少，读阴平的现象没有保留下来。但我们更倾向于认为早期云母就是一个全浊声母。一直以来云母的古音构拟也是一个争议比较多的问题，与匣母有非常密切的关系。罗常培（2004：162）分别将中古时期的匣母和云母拟测为 [*ɣ] 和 [*ɣj]，邵荣芬（2009：3-23）认为在上古音里匣母一分为二，部分匣母字与云母读音相同，读 [*ɣ]，等等。不管在中古还是在上古音里，匣母与云母或相混或有密切关系，都是浊擦音。乡话中云母和匣母也有相混的现象，不仅都有读零声母的现象，也都有读 [v] 声母的现象（乡话中匣母、云母读［v］的现象与合口呼声母没有关系），如清水坪乡话匣母"还~去：回家"读［vəŋ²¹²］。虽然"还"属于合口字，但同韵的字白读并没有读合口呼韵母的现象，如清水坪乡话"闩"读［soŋ⁵⁵］、"涮"读［soŋ³³］、"弯"读［oŋ⁵⁵］。云母读［v］的，如"雨、有"读［vɐ³⁵］，虞韵和尤韵都没有读［uɐ］韵母的现象，但有读［iɐ］/［ɐ］的现象。根据罗昕如（2016：33）蓝山太平土话中"有"读［xau］，其声母与来源于匣母的"后、厚"同，也证实云母与匣母是有密切关系的。据此，我们认为云母在乡话古平声分化时属于全浊声母，是有浊音声母的，因此声调归阳平。"雄"在其他汉语方言中也读清擦音，因此，不好判断乡话中的"雄"读［ɕ］声母是自身演变的结果，还是借自外方言。

5.1.3　小结

乡话古次浊平声字今部分读阴平、部分读阳平，凡是声母为［m］、［n］、［ȵ］、［ŋ］的字，读阴平；但声母为擦音塞擦音的字，既有读阴平的，也有读阳平的，出现这种不规则的原因是受另外一条语音演变规律的干扰，即乡话古平声字以声母为条件分化为阴平和阳平的演变发生时，来母、以母等字的擦化塞擦化演变也正在进行。来母、以母字在古平声分化之前已经变成了擦音塞擦音的，混入全浊声母字，声调随古全浊声母字归入阳平；来母、以母字在古平声分化之前还未发生擦化塞擦化的演变的，则与清平字一起归阴平。词汇扩散理论提出"语音的变化是突然的、离散的，但这种变化在词汇中的扩散却是逐渐的、连续的，即开始的时候可能只在某些词中有变化，而随着时间的推移，逐渐扩散到所有有关的其他词"的观点。（徐通锵 2008：278）正是因为语音的变化在词汇中是扩散式的演变，有早有晚，乡话来母、以母字变为擦音塞擦音的演变也有早有晚，这种演变时间的不一，导致了声调分化上的不同。

5.2　上声调值的演变

汉语方言全浊上字的今读情况分为两种：一种与清上字一同读上声调，被认为是早期的层次；一种是归为去声，也就是《中原音韵》中非常重要的一个特点：全浊上归去。南方方言全浊上归去通常被认为是受北方方言全浊上归去的影响，白读层仍归上声。乡话全浊上字今读调类的情况是：大部分常用字今读上声，少部分不太常用的字今读归去声或入声（有部分

常用浊上字声母读浊音，声调也归去声）。乡话上声调的调值在各乡话点的
情况分为两种类型：一种是升调，如清水坪乡话读 35 调；一种是降调，如
红土溪乡话读 53 调。乡话是一种内部一致性比较强的方言，但在上声调的
调值上出现了两种截然相反的调型，这引起了我们的注意。为什么乡话上
声调出现两种完全相反的调型？乡话上声调这两种截然相反的调型之间是
什么关系？下面列出我们收集到的 18 个乡话点材料的声调系统，见表 5.2。

表 5.2　乡话各点的声调系统

方言点	阴平	阳平	上声	去声	入声	调查人
沅陵麻溪铺	55	13	35	22	53	杨蔚
沅陵清水坪	55	13	35	33	53	杨蔚
沅陵棋坪靠山	44	23	35	55	53	杨蔚
沅陵渭溪	55	213	35	33	53	杨蔚
沅陵丑溪口	45	213	54	24	53	杨蔚
沅陵深溪口	55	22	35	53	无	杨蔚
沅陵清水坪	55	212	35	33	53	本人
沅陵太常	33	213	35	33	42	本人
古丈高峰	55	13	35	22	53	杨蔚
古丈岩头寨	55	213	35	33	42	本人
溆浦木溪	55	13	42	35	53	杨蔚
泸溪白沙	55	24	54	22	53	杨蔚
泸溪八什坪	45	13	54	35	53	杨蔚
泸溪白沙	35	214	53	24	42	瞿建慧
泸溪红土溪	55	24	53	33	无	王辅世
泸溪红土溪	55	13	53	33	42	本人
南山蕨枝坪	45	13	53	24	42	郑焱霞
南山巡头	55	13	53	24	42	郑焱霞

　　从表 5.2 可以看到，18 个乡话点中，有 9 个点上声读升调类，有 9 个
点上声读降调类。从地理分布来看，沅陵县境内的乡话除了丑溪口上声读
降调以外，其他点都读升调；泸溪县境内的乡话上声都读降调；古丈县境
内的乡话上声都读升调；南山乡话上声都读降调；溆浦县境内的木溪上
声读降调。但上声调读升调的方言，有少数上声字读降调，杨蔚所调查
的麻溪铺、清水坪、棋坪、高峰四个乡话点有部分上声字读为降调。如：
杨蔚提到麻溪铺乡话读 53 调的字有"履、很、嗓、蚁"。鲍厚星、伍云
姬（1985）所调查的麻溪铺乡话上声字也有少数读入声 53 调的现象，如：
履、蚁、很、铲、海、喜、嗓。我们所调查的三个上声都读升调的乡话点

"蠢"字的声调也都不读上声调，清水坪读同入声53调，太常和岩头寨读同入声42调。除了上声为升调的方言有部分上声字读降调的现象外，丑溪口上声调读降调，却有部分上声字读升调。丑溪口去声调为24调，上声字读同去声24调的字有：淡、染、盏、菌、厚、妇、抱、里、罪、许。这些字除了"染、许、里"外，其他都是全浊上声字，全浊上声字读去声24调存在两种可能，一种属于"全浊上归去"的类型，一种是与"染、许、里"读去声24调的性质同。"妇"在所有乡话点都读送气声母去声，"罪"有些点归去声，有些点归上声。"菌"在其他所有的乡话点都读送气清音上声。"厚"在其他所有的乡话点都属于读上声的类型。因此，丑溪口这部分读去声24调的字，"染、许、里、菌、厚"等字不属于"全浊上归去"的性质。

从乡话上声调读升调和降调的分布发现：凡是受客话影响比较大的乡话，上声读降调，如麻溪铺（根据杨蔚调查，境内有降调和升调两种）、筲箕湾、用坪等乡话靠近客话区，读降调。而受客话影响相对小的地区上声读升调，如清水坪、太常栗坡等分布在乡话的中心区域，读升调。已经远离乡话中心区的南山乡话上声都读降调。沅陵是乡话分布的中心区，因此，上声读升调的最多。泸溪县乡话的分布不如沅陵多，受客话影响较大，上声基本都读降调。为什么近客话区的乡话上声都读降调呢？这是因为乡话周围的辰溆片湘语上声调都为降调，下面我们列出分布在乡话周围的辰溆片湘语的声调系统，见表5.3[①]。

表5.3　沅陵、泸溪部分客话点声调系统

	阴平	阳平	上声	去声	入声
沅陵官话	55	13	42	24	21
泸溪武溪	35	13	42	213/55	无
泸溪浦市	35	13	42	213/55	无
泸溪八什坪	35	13	42	213/55	无
泸溪兴隆场	35	13	42	213/55	无
泸溪石榴坪	35	13	42	213/55	无
泸溪潭溪	35	13	42	213/55	无
泸溪解放岩	44	11	42	35	无

从表5.3可以看到，不管是沅陵官话，还是泸溪境内的7个湘语方言点，

---

① 有些方言点去声分阴去和阳去，用"/"隔开，"/"前为阴去调，"/"后为阳去调。沅陵官话的材料来源于蒋于花（2012），泸溪的所有点材料都来源于瞿建慧（2010）。

上声都读降调 42 调。据此，我们推测乡话上声本是一个升调读 35 调，受
周围客话的影响，有些区域的乡话上声调变为降调。这种变化在受客话影
响比较大的乡话区已经完成，在受客话相对小的乡话区，正在发生。上声
调读升调的乡话点，上声字读字音或文读调都读降调，归入调型为降调的
入声调类。如我们所调查的三个乡话点清水坪、太常和岩头寨上声读升调
35 调，这些点的上声字读字音或文读读降调，如清水坪乡话有 236 个上声
字读同入声 53 调，太常乡话有 256 个上声字读同入声 42 调，岩头寨有 273
个上声字读同入声 42 调。列举部分实例见表 5.4。

表 5.4　清水坪、太常、岩头寨乡话上声字读降调举例

	沅陵清水坪	沅陵太常	古丈岩头寨
果	[kuo⁵³]	[ko⁴²]	[kuo⁴²]
祖	[tsu⁵³]	[tsu⁴²]	[tsu⁴²]
挤	[tɕi⁵³]	[tɕi⁴²]	[tɕi⁴²]
堡	[pɔu⁵³]	[pɔu⁴²]	[pɔu⁴²]
丑	[tsʰɯ⁵³]	[tsʰou⁴²]	[tsʰɯ⁴²]
斩	[tsã⁵³]	[tsan⁴²]	[tsã⁴²]
管	[kuã⁵³]	[kuaŋ⁴²]	[kuã⁴²]
嗓	[saŋ⁵³]	[saŋ⁴²]	[saŋ⁴²]
孔	[kʰoŋ⁵³]	[kʰoŋ⁴²]	[kʰoŋ⁴²]

目前清水坪、太常、岩头寨三个点读降调的上声字主要都是不常用的
字，这体现了乡话上声调由升调变为降调是一个词汇扩散的过程。首先发
生在不常用的字当中，随着影响的深入，常用字也由升调变为降调，也就
是红土溪等乡话上声调调型由升调完全变为降调。这种变化不只发生在上
声调，去声调也正在发生，下文详细分析。

5.3　古去声字的层次及去声调值的演变

乡话古清去字的今读很整齐，都归去声调，浊去字的情况比较复杂，
根据今读声母的不同，声调归派不同。此外，乡话各点的去声调值正处于
变化当中，有读平调的，有读升调的。本部分主要对乡话古全浊去字今读
调类的归派进行梳理，并对去声调值的变化做出解释。先看乡话全浊去字
声调的今读情况，见表 5.5。

表 5.5　全浊去字声调的今读

例字	沅陵清水坪	沅陵太常	古丈岩头寨	泸溪红土溪
谢	[dʑʐo³³]	[dʑʐo⁵⁵]	[dʑʐo³³]	——
渡	[tɤ³³]	[tɤɯ⁵⁵]	——	[təu³³]
箸	[tiou³³]	——	[tiou³³]	——
住	[tiou³³]	[tiou⁵⁵]	[tiou³³]	[tiou³³]
树	[tsɐ³³]	[tsa⁵⁵]	[tsɐ³³]	[tsA³³]
豆	[dɐ³³]	[da³³]	[dɐ³³]	[dɛɛ³³]
匠	[dʑiɛ̃³³]	[dʑiəŋ⁵⁵]	[dʑĩ³³]	[dʑioŋ⁵³]
椑	[pʰɑ⁵⁵]	[pʰɑ⁵⁵]	[pʰA⁻⁵⁵]	——
败	[pʰɑ⁵⁵]	[pʰɑ⁵⁵]	[pʰA⁻⁵⁵]	[pʰɔ³³]
状	[tsʰəŋ⁵⁵]	[tsʰəŋ⁵⁵]	[tsʰəŋ⁵⁵]	[tsʰoŋ³³]
背	[pʰɑ³⁵]	[pʰɑ³⁵]	[pʰA³⁵]	[pʰɔ⁵³]
铇	[pʰɔu³⁵]	[pʰɔu³⁵]	[pʰɔu³⁵]	[pʰɔu⁵³]
菢	[pʰɔu³⁵]	[pʰɔu³⁵]	[pʰɔu³⁵]	[pʰɔu⁵³]
轿	[tɕʰiɔu³⁵]	[tɕʰiɔu³⁵]	[tɕʰiɔu³⁵]	[tɕʰiɔu⁵³]
垫	[tʰɛe³⁵]	[tʰɛe³⁵]	[tʰɛe³⁵]	[tʰæe⁵³]
殿	[tʰɛe³⁵]	[tʰɛe³⁵]	[tʰɛe³⁵]	[tʰæe⁵³]
尚	[tsʰəŋ³⁵]	[tsʰəŋ³⁵]	[tsʰəŋ³⁵]	[tsʰoŋ³⁵]
撞	[tsəŋ³⁵]	[tsʰəŋ³⁵]	[tsəŋ³⁵]	[tsʰoŋ⁵³]

乡话古全浊去声字声母今读有读浊音、不送气清音和送气清音三种。今读浊音声母和不送气清音的字声调都读去声，今读送气清音的字声调分为两种情况，如清水坪乡话：一种是读去声，如"椑、败、状"；另一种是读上声，如"垫、殿、尚、轿"。但个别常用的全浊上字有读去声的现象，例如：

	沅陵清水坪	沅陵太常	古丈岩头寨	泸溪红土溪
罪	[dzuɑ³³]	[dzuɑ³⁵]	[dzuA³⁵]	[dzuɔ⁵³]
妇	[pʰɐ³³]	[pʰɑ⁵⁵]	[pʰɐ³³]	[pʰA³³]
淡	[dəŋ³⁵]	[dəŋ⁵⁵]	[dəŋ³³]	[doŋ³³]

对于乡话全浊上字和全浊去字声调是归上声还是去声，伍云姬、沈瑞清（2010：14）从今调类的角度进行分析，阴平和上声调的声母绝大部分已经清化为送气清音，阳平和去声调则或保留浊声母，或变成不送气清音。杨蔚（2004：82）通过分析高峰、清水坪两点的调值，指出今声母读送气与否和调值无关，而只和今调类有关。我们发现事实并不是如此整齐，如全浊上字"罪"今读浊音声母，声调在有些点读上声，有

些点读去声;"妇"字也是如此,在我们所调查的材料中都归去声,但瞿建慧(2008)所调查的泸溪乡话归上声。全浊去声字声母今读送气音的,声调有些归上声,有些归去声调。因此,全浊上和全浊去字今读调类的问题,和声母今读的某些特征并不是整齐的对应关系,其中涉及层次的问题。同是来源于全浊上或全浊去的字,为什么今读有些读上声,有些读去声?我们认为属于不同的层次。但它们之间的层次关系,我们目前尚不清楚。

乡话去声调的今读调型分为两种:一种是平调,一种是升调。从表 5.2可以看到除杨蔚所调查的深溪口乡话去声读 53 调外,其他 11 个乡话点去声读平调,6 个点读升调。从地域分布来看,沅陵境内的乡话去声除了深溪口和丑溪口外,其他都读平调;古丈境内的乡话去声都读平调 33;泸溪境内的乡话去声有三个点读平调,两个点读升调;南山乡话去声都读升调;溆浦境内的乡话读升调。王辅世调查的泸溪红土溪乡话去声字读平调 33 调,但是有部分去声字读 13 调,如:个、炸、露、袋、要、洞、住、汗、袖。

乡话去声调有些点读平调,有些点读升调,这两种调型是什么关系呢?我们上文分析上声调的升调和降调两种调型的关系时,认为是受客话影响上声调发生了由升调向降调的转变。去声调这两种调型的关系是否与上声调同呢?从表 5.2 可以发现去声读平调的点与上声读升调的点基本吻合,去声读升调的点与上声读降调的点基本吻合。我们认为去声今读平调和升调之间的关系与上声今读升调和降调之间的关系同。我们推测乡话去声调原本是一个平调,受客话影响,由平调向升调转变。我们在调查筲箕湾乡话时,可以明显感受到这种变化过程。筲箕湾乡话的去声调为 24 调,但不是很明显的上升调,但又不是一个很平的 33 调。复查时发现,很常用的字还是更接近于 33 调,而其他字更接近于 24 调。

不仅上声和去声的调值演变大范围向客话靠拢,阴平的调值也开始出现端倪。瞿建慧(2008)调查的泸溪白沙乡话阴平读 35 调,泸溪的客话阴平调值也读 35 调。表 5.3 中列举的 7 个客话点的阴平的调值除了解放岩,其他 6 个点都为 35 调。

对于乡话声调调值变化向客话靠拢,我们以两个乡话点和一个客话点的声调系统做对照,可以明显地看出这种影响。

	阴平	阳平	上声	去声	入声
泸溪武溪(客)	35	13	42	213/55	
泸溪白沙(乡)	35	214	53	24	42
泸溪红土溪(乡)	55	13	53	33	42

白沙乡话，除了入声外，阴平、阳平、上声和去声的调型与客话基本相同。红土溪乡话受客话影响不如白沙乡话大，阴平和去声还未发生变化，与客话不同，上声已经变的与客话相同。

5.4 古入声字的今读

乡话声调系统里有独立的入声调，白读包括清入字和次浊入字，全浊入字白读归阴平调。我们所调查的入声调只是部分入声字自成调类，并不短促，但鲍厚星、伍云姬（1985）所调查的麻溪铺乡话入声调短促并带有喉塞尾。杨蔚（2010a）所调查的 10 个乡话点材料，古入声字的今读分为三类：第一类是有入声尾，入声调短促，如麻溪铺、木溪、八什坪；第二类是短促的入声调，没有入声尾，如高峰、清水坪、棋坪、渭溪、白沙、丑溪口；第三类没有入声调，如深溪口。伍云姬、沈瑞清（2010）调查高峰乡话入声调不短促，与杨蔚所记不同。瞿建慧（2008）调查的白沙乡话入声调不短促，也与杨蔚所调查的白沙乡话不同。由于存在材料差异的问题，本部分只利用本人调查所得的材料分析。

乡话古入声字文读受权威方言影响归阳平，白读根据声母的不同归为不同的调。古清入字和次浊入字今读基本都读入声，见表 5.6。

表 5.6 乡话古清入字和次浊入字今读入声调

例字	沅陵清水坪	沅陵太常	古丈岩头寨	泸溪红土溪
夹	[kuo⁵³]	[kuo⁴²]	[kuo⁴²]	[kuɤ⁴²]
接	[tɕiᴇ⁵³]	[tɕi⁴²]	[tɕiᴇ⁴²]	[tɕi⁴²]
急	[kɤ⁵³]	[kɤɯ⁴²]	[kɤ⁴²]	[kei⁴²]
葛	[ku⁵³]	[kou⁴²]	[ku⁴²]	[kəu⁴²]
八	[pa⁵³]	[pa⁴²]	[pɑ⁴²]	[pɔ⁴²]
铁	[tʰɐ⁵³]	[tʰa⁴²]	[tʰɐ⁴²]	[tʰʌ⁴²]
切	[tɕʰiᴇ⁵³]	[tɕʰi⁴²]	[tɕʰiᴇ⁴²]	[tɕʰi⁴²]
室	[tɕi⁵³]	[tɕi⁴²]	[tɕi⁴²]	[tɕi⁴²]
索	[su⁵³]	[sou⁴²]	[su⁴²]	[səu⁴²]
脚	[ku⁵³]	[kou⁴²]	[ku⁴²]	[kəu⁴²]
北	[pɤ⁵³]	[pɤɯ⁴²]	[pɤ⁴²]	[pei⁴²]
织	[tɕiou⁵³]	[tsou⁴²]	[tɕiou⁴²]	[tɕiou⁴²]
百	[po⁵³]	[po⁴²]	[po⁴²]	[pɤ⁴²]

续表

赤	[tsʰɤ⁵³]	[tsʰei⁴²]	[tsʰɤ⁴²]	[tɕʰi⁴²]
榖	[ku⁵³]	[ku⁴²]	[ku⁴²]	[ku⁴²]
腊	[nuo⁵³]	[nuo⁴²]	[nuo⁴²]	[nuɤ⁴²]
月	[ȵyɛ⁵³]	[ȵyei⁴²]	[ȵyɛ⁴²]	[ȵyi⁴²]
额	[ŋuo⁵³]	[ŋuo⁴²]	[ŋuo⁴²]	[ŋuɤ⁴²]
六	[niɛ⁵³]	[nia⁴²]	[niɛ⁴²]	[niᴀ⁴²]

清入和次浊入有个别今不读入声的现象，例如：

例字	沅陵清水坪	沅陵太常	古丈岩头寨	泸溪红土溪
湿	[dʑi³³]	[dʑi⁵⁵]	[dʑi³³]	[dʑi³³]
篾	[miɛ⁵⁵]	[mĩ³³]	[miɛ⁵⁵]	[mi⁵⁵]
裂	[dzɑ³³]	[dzɑ³³]	[dzᴀ³³]	[dzo³³]
药	[ʐyɛ³³]	[zou³³]	[ɥyɛ³³]	[zəu³³]

这些次浊入或清入不读入声的字，声母都比较特殊，如"裂"和"药"读擦音或塞擦音声母，清入字"湿"则读浊音塞擦音，这些字的声调归派特殊，是否和声母影响有关，暂时还不能确定。

乡话全浊入字文读声母读不送气音，声调归阳平；白读声母今读送气音，声调归阴平，见表5.7。

表 5.7　乡话全古浊入字今归阴平

例字	沅陵清水坪	沅陵太常	古丈岩头寨	泸溪红土溪
十	[tsʰɹ⁵⁵]	[tsʰɹ³³]	[tsʰɹ⁵⁵]	[tsʰɹ⁵⁵]
侄	[tʰi⁵⁵]	[tʰi³³]	[tʰi⁵⁵]	[tʰi⁵⁵]
凿	[tsʰu⁵⁵]	[tsʰou⁵⁵]	[tsʰu⁵⁵]	[tsʰəu⁵⁵]
着表被动	[tʰu⁵⁵]	[tʰuo³³]	[tʰu⁵⁵]	[tʰʊ⁵⁵]
值	[tʰiou⁵⁵]	[tʰiou³³]	[tʰiou⁵⁵]	[tʰiou⁵⁵]
石	[tsʰuo⁵⁵]	[tsʰuo³³]	[tsʰuo⁵⁵]	[tsʰuɤ⁵⁵]
独	[tʰəɯ⁵⁵]	[tʰɤɯ³³]	[tʰəɯ⁵⁵]	[tʰu⁵⁵]

从表5.7可以看到，古全浊入声字的今读调类和声调有很明显的关联，如果声母读送气清音，声调则为阴平。清水坪的"着"除了用于表被动外，还可以出现在"困着睡着"一词中，其读音为[tʰuo⁵³]，与表被动的用法读音不同，读入声53调。有些全浊入字今声母不读送气清音，声调则归其他调类，具体例字见表5.8。

表5.8 乡话全浊入字今读非阴平现象

例字	沅陵清水坪	沅陵太常	古丈岩头寨	泸溪红土溪
狭	[uo^{33}]	[uo^{33}]	[uo^{33}]	[uɤ^{13}]
舌	[dzʏ^{33}]	[dzei^{33}]	[dzʏ^{33}]	[dʑi^{13}]
滑	[uɑ^{33}]	[uɑ^{55}]	[uʌ^{33}]	[uʌ^{33}]
勺	[dʑyɛ^{33}]	[dzou^{55}]	[dʑyɛ^{33}]	[dzəu^{33}]
学	[vu^{33}][ɔu^{55}]	[vu^{33}]	[vu^{33}]	[u^{13}][ou^{33}]
食	[ʑiou^{33}]	[zou^{33}]	[ɥiou^{33}]	[ʑiou^{33}]
读	[nəɯ^{33}]	[nʏɯ^{42}]	[nəɯ^{33}]	[nu^{-21}]

从表5.8可以看到，这些字除了"读"是来源于古浊塞音外，其他字来源于中古浊擦音声母。这些字清水坪和岩头寨都归去声，太常"读"归入声，其他有归阴平的，有归去声的，红土溪绝大部分归去声，个别字归阳平。清水坪乡话和红土溪乡话"学"有两个声调，清水坪乡话单字"学"（动词）归去声，"学生"一词中归阴平；红土溪乡话单字"学"（动词）归阳平，"学堂"一词中归去声。

对于入声字今读不同调类的现象，我们暂不能作出解释。

第6章 乡话的性质

本章我们将通过乡话与周边的湘语、少数民族语言及闽语的比较来探讨乡话的性质。

杨蔚（2010a：193）曾对乡话的性质作出过界定，认为"湘西乡话是一种保留着古湘楚语的许多特点，兼具现代湘语的一些特点，同时杂糅客赣等方言成分的特殊汉语方言"。杨蔚认为乡话保留着古湘楚语的许多特点，主要根据乡话与吴湘语都有蟹假果遇摄字的元音推链现象和"支微入鱼"的现象。我们认为主要用这两条特征来证明乡话保留着古楚语的许多特点不合适。首先，这两条特征是中古以后的语音现象。其次，经过我们对相关韵摄的层次分析确定乡话不存在蟹假果遇摄字的元音推链现象。以清水坪乡话为例。清水坪乡话果摄一等字有 [ɑ]、[iɛ]、[ɤ]、[ɤɯ] 和 [u] 五个音类，其中 [u] 是受湘语影响出现的层次，也是清水坪乡话果摄一等的主体层。蟹摄一等泰韵读 [u] 与哈韵有别，合流的层次为 [ɑ]。假摄开口二等字读 [o]。杨蔚用来证明乡话蟹摄 [ɑ]、假摄 [o]、果摄 [u] 存在推链关系的音类与通常用来证明元音推链现象的双峰等方言大致相同。但很明显，果摄与蟹摄的读音来源于湘语的影响。此外，根据李姣雷《湘语蟹假果遇摄字元音推链之反思》（2016）一文的研究，其实湘语根本不存在蟹假果遇摄字的元音推链现象。此外，乡话中所谓的"支微入鱼"现象与湘语也不同。乡话止摄合口三等读撮口呼的现象有三个层次，如清水坪乡话最早的层次为 [u]（只有脂韵），第二层为 [yi]（与鱼韵的文读同，支脂微都有的读音），第三层为 [yɛ]（支脂微三韵都有的读音），其中第二和第三层与蟹摄合口三等相混。而湘语止摄合口三等读撮口呼的现象与乡话不同，如冷水江方言有止摄合口与蟹摄合口三等相混读同鱼虞韵的现象：岁 [siou⁴⁵]、嘴 [tsiou²¹]、吹 [tɕʰiou³³]、醉 [tsiou⁴⁵]、鬼 [tɕiou⁻⁴⁵]、猪 [tɕiou³³]、主 [tɕiou²¹]。乡话固有层与湘语的情况不同，而外来层第二、三个层次情况和湘语情况相同，应该是受湘语影响出现的。因此，乡话的"支微入鱼"情况与湘语并不同。用"支微入鱼"和蟹假果遇摄字元音推链现象来判断乡话与古楚语的关系是不合适的。虽然杨蔚列举的这两点并不成立，但乡话确实受到了湘语的影响。且这些现象在湘语中已经保留甚少，而在乡话中保留较多，如：歌戈韵字在湘语中读［u］已经是残留，而在乡话中大量存在，是乡话歌戈韵字的主体层；支脂之三韵在湘语中读中低元音的现象（如冷水江方言读［ɛ］）已经很少，只保存在个别词中，但在乡话中还保留较多；咸山摄开口一二等在湘语中读［õ］（冷水江方言读该音）的现象已经很少，在乡话中还大量保存；知组三等字读同端组的现象在湘语中已经是残留，在乡话中仍大量存在。

虽然果摄一等读［u］和支脂之三韵读［ɐ］不是很早的现象，但这些现象在湘语中已经是残存，而在乡话中还大量保存，证明在湘语中即将消失的语言现象在乡话中还大量保存。这些是在湘语中还能找到的残留现象，可能有些已经在湘语中消失了的现象，但还保留在被影响的方言——乡话中。确实我们发现乡话中有些外来层次目前还没有找到其影响源。这也成了我们目前研究的一个难点。

但乡话中有些早期的语音现象以及乡话中一些有特色的语音现象，却与湘语似乎没有多大关系，但与地理上相隔遥远的闽语具有一些比较突出的共同特征。伍云姬、沈瑞清（2010：25-28）也注意到了乡话与吴闽语的一些共同语音现象，例如：（1）大部分知、彻、澄母读同端组（乡话只有知三组字读同端组，性质与闽中方言同）；（2）部分书母读不送气塞擦音；（3）部分虞韵字和尤韵字相混；（4）小部分云母读擦音；（5）部分来自上古铎部的昔韵章组字与其他昔韵字读音不同。

除了伍云姬、沈瑞清（2010）所提到的共同特征之外，还有来母读擦音的现象；以母读擦音、塞擦音的现象；支韵、之韵、脂韵都读［a］韵母的现象；止摄"水"所反映的层次；开口四等韵读洪音的现象。

乡话与闽语的这些共同特征中，有些是共同保留，有些是平行创新。但主要是共同保留。乡话与闽语共有的存古特征，有两种可能：一种是共同保留，分别从古汉语继承而来；一种是属于同一种大方言。乡话区地理上与闽语区不相邻，且乡话人大部分自称由江西迁徙而来，移民上与闽语区也没有关系。此外，除了一些共同的比较古老的语音现象外，乡话并没有闽语特有的特征词。因此，可以排除乡话与闽语属于同一方言的可能。既然不属于同一方言，且地理上不相邻，能排除接触等影响，那只能是共同保留的结果。从乡话保留较多的古老语音特点来看，乡话的历史比较悠久。但乡话人又都自称是来自江西的移民。江西大量移民进入湖南的时间大致从宋代开始。根据常理，如果大部分移民都来自江西，湖南境内的方言应该不会相差太大。但乡话、湘南土话与湖南境内的主流方言湘语相差很大。而乡话不管是声母、韵母还是声调都有多个层次。湘语的层次并不是很丰富。乡话不少语音现象比较古老，而这些古老的语音现象在赣语和客家话里保存的比较少，但在闽语和浙南吴语却保存的较多。

谭其骧在《近代湖南人中之蛮族血统》一文中指出，土著蛮人假托为汉人者，无非两点，一是"诸家假设其祖籍所在，往往归之于江西"。其原因"盖以江西移民本占湖南今日汉族之绝大多数，为适应环境计，自以托籍江西最有利，且最可见信于人耳"；二是假论祖先"为征蛮而来，事定卜居，或没于王事，子孙留家"。根据《中国移民史》第五卷（1997：122），在湘西洪武年间的 161 个氏族中，有 81 个来自江西，占 50.3%。湘西没有宋代以前迁入的氏族。北宋时期对梅山的开发，导致汉族人口向湘西山区移动。因此宋代的氏族在洪武时期的氏族总数中占了不低的比重，达 21.7%。《中国移民史》第四卷（1997：228）熙宁九年蒲宗孟在提到沅州垦荒情况时，便说"闻全、永、道、邵州人户往请射"。宝庆府（相当于宋代邵州和武冈军，宝庆府的府治在今邵阳，邵阳方言属于娄邵片湘语）宋代氏族所占比例更高达 30%。这些人口，无疑都是宋代开梅山蛮和南江蛮以后，汉族人口大量移入留下的痕迹。

从移民进入湘西的时间来看，不是很早，而在移民进入湘西前，湘西地区不可能没有土著人口。根据考古和一些历史文献记载，沅陵地区在秦汉之前开发程度就已经比较高了。2002 年 6 月 11 日在湘西沅陵县举行的黔中郡研讨会上，与会的 20 多名专家一致认为，让世人争议了近两千年的黔中郡郡址很可能在沅陵县窑头古城。根据窑头古城的地理位置、地势特点、城的规模、出土物情况等综合考察，专家们认为沅陵窑头古城很可能就是战国楚黔中郡的郡址，但秦黔中郡是否也在此还需作大量考证。据《史记》记载，公元前 280 年，秦国大将司马错率兵攻打楚国，占领了楚黔中方圆 600 里的地盘，将之纳入秦的版图。公元前 201 年，秦始皇将统一后的中国划为三十六郡而治，黔中郡即三十六郡之一，包括黔中和巫都。1999 年湖南省文物考古研究所主持发掘的吴阳墓坐落在沅陵县虎溪山。吴阳是长沙王吴臣的儿子，汉初封于沅陵，属于汉代的王子侯。

因此，绝大部分乡话人自称来自江西，其中必有假托者，假托者占多少就不得而知了。秦汉以来沅陵一带属中原管辖，并设为郡址等，肯定有汉族人口，也必定通行汉语。

乡话所在的地区是一个少数民族分布区域，主要分布有土家族和苗族。历史上这些少数民族的语言有没有对乡话产生影响呢？我们翻阅了湘西地区有关苗语和土家语的文献，与乡话进行对比，特别对比了乡话中暂不明本字的词汇，但并没有发现乡话与这些民族语有明显的关系。不过我们在 4.3.1.4 考证了乡话中意义和功能相当于"小"的语素，认为其本字是"儿"，并分析"儿"前置于名词前表小是这一带比较普遍的现象，不仅在乡话中存在，在溆浦、祁阳等湘方言中也存在。其实这种现象在苗语中也存在，余金枝（2011：347）提到湘西矮寨苗语中表示"子女"义的 te^{53} 引申为"小"义，用于名词前修饰名词，认为这是受汉语影响使苗语出现的"名词修饰语 + 名词中心语"的语序。余金枝把这里的 te^{53} 看成是一个名词。但李旭平等（2016）认为湘西苗语中表示"小"义的 te^{214}（对应余金枝记录的矮寨苗语的 te^{53}）是一个小称标记，并不是一个名词，也不是一个形容词。湘西苗语中不但有小称，还有大称，由来源于母亲义的语素发展而来。在世界语言中，很多语言都有小称标记，但有大称标记的语言数量远远少于有小称标记的语言，苗语以及其他一些少数民族语言都有大小称标记，但汉语只有小称标记。我们同意李旭平等的观点，并认为苗语的这小称标记不是受汉语影响产生，相反我们认为湘西这一带小称词缀前置的现象应该是受苗语影响产生的，但我们不确定乡话中小称词缀前置的现象是来源于周边具有这个特点的辰溆片湘语的影响，还是直接源于苗语的影响。除此之外，目前没有发现更多来源于苗语和土家语对乡话影响的现象。

综上，我们对乡话性质的推测是：乡话最早的层次是与闽语同时的层次；不同时期的湘语对乡话产生影响形成多个层次，早期湘语对乡话的影响除了强势方言对弱势方言影响形成的层次外，唐宋以后湘语地区的移民进入乡话地区也带去了湘语的成分；现被辰溆片湘语包围中的乡话受辰溆片湘语影响出现新文读层。柯蔚南（2014：184）整理了罗杰瑞私人通信中的一些观点，其中提到罗杰瑞对乡话的猜想与我们的观点接近，列于此供参考："我想知道瓦乡话是不是跟闽语类似。它们看起来都能回溯到所谓的'古南方方言'，其中一个在东南，另一个在西南。我不认为它们构成一个谱系类，但历史上它们有一些相似点"，"我现在想知道诸如瓦乡话究竟是不是早期的更古老的西南汉语的遗存，当然一些土话方言看起来在南方有更深的根……"

我们认为乡话与闽语的共同特点源于"吴楚连续体"。丁邦新（1998）根据平阳蛮话和丽水方言"端知不分"的现象和若干闽语的词汇，提出一个想法，认为浙南的吴语方言具有闽语的底层，从历史层次的角度试着解释吴语与闽语之间的关系，同时从语音和南朝口语及当时"吴歌"的词汇说明："南北朝时代的吴语就是闽语的前身，而那时的北语则是现在吴语的来源。"周振鹤、游汝杰（1986：38-39）也认为汉末到晋初福建的移民来自江南浙北，那时的"福建方言即是当时的吴语"。

桥本万太郎（1978）在《语言地理类型学》中提出吴湘一体的说法。他指出："吴语和湘语曾经明显地构成同一个方言区，很可能后来在客家南下时从中间分割开了。"袁家骅（1960：103）也提到："我们不妨把'南楚江湘'看作上古时期的一个方言群或土语群，是'楚语'的嫡系或支系，同时也是吴语的近亲。"很多研究者提出吴湘一体的观点，除了吴语与湘语在语音上的某些共同点外，还基于历史上楚国和吴越的关系。李新魁（1987）以楚人伍子胥辅佐吴国、伍子胥的哥哥伍尚投奔吴国、楚国宛人范蠡辅助越王勾践等都不存在语言障碍问题，证实当时的吴越语是一种与楚语比较接近的华夏语方言。班固《汉书·地理志》说："本吴越与楚接比，数相并兼，故民俗略同。"

我们赞同历史上存在有吴湘一体，更确切地说是吴楚一体。但我们所指的吴楚一体内容并不相同。我们赞同现在的闽语是古代的吴语，并认为现在的乡话才是古代的楚语。乡话与闽语的一些共同保留特征，是吴楚连续体的反映。随着北方汉人的南迁，当时的吴语往南迁移，也就是今天的闽语；而当时的楚语，大部分被不断由北由东而来的移民方言覆盖，偏隔湘西一角。

乡话有多个层次，不像闽语那样体现为多个文白异读。其中一个原因是有些层次是湘语地区的移民带来的。移民带来的方言层次与受文教影响出现的文读层次不同，受文教影响出现的层次通常体现为文白异读，而移民带来的语音与原著的语音是二选一的淘汰机制。乡话也有少数异读的现象，但乡话中的异读体现在同一个语素不同意义的读音不同，从异读的情况来看，发现更基本常用的意义的语音形式更早。这是因为乡话历史比较悠久，很多古老的意义在其他方言中已经消失，而在乡话中仍保存，与湘语地区移民带来的新的意义形成叠置。

此外，乡话人称自己为讲乡的，而称周围其他汉族为讲客的，称他们的方言为客话。汉语社会有把后来者称为"客"的传统，最典型的就是"客家人"称谓的由来。"客家人"的称谓来源于该群体从中原迁至江西、广东一带后，被当地土著称为"客家"而形成。此外，周振鹤、游汝杰（2006：26）提到今天苏南吴语区的许多县，特别是太湖以西的一些县市，有许多祖籍是河南、湖北等地的居民，他们被当地土著称为"客民"或"客边人"。这说明乡话人可能比周围讲客话的人更早在此居住。

第7章 结语

本书在前人对乡话全面描写的基础上，主要分析了乡话声母、韵母和声调的层次。声母部分分析了古全浊声母、知庄章组字、泥来母、日母、晓匣母、云以母等的语音层次及其演变情况。乡话声母的今读比较有特色，知组有读同端组的现象，定母、来母、日母、云母和以母都有读擦音塞擦音的现象，而定母和来母读擦音塞擦音的现象与日母、云母和以母读擦音塞擦音的性质不同，定母来母读擦音塞擦音是由边音擦化塞擦化而来，日母、云母和以母都属于三等字，读擦音塞擦音的现象是由 -i- 介音演变而来。乡话声母的层次也很丰富，古全浊声母今读塞音塞擦音的有三个层次，如全浊平的层次分别是：常用字今读浊音、读不送气清音和读字音读浊音。

韵母部分主要详细分析了果摄、遇摄、止摄、流摄、咸山摄、深臻摄、梗摄、通摄等的语音层次。与声母和声调相比，乡话古韵的层次最丰富也最复杂，呈互补分布的音类比较多，且没有多少可以利用的异读现象，因此，分析乡话古韵的层次是非常棘手的，我们总结了一些方法原则，比如利用语音系统的内部拼合规则来判断两个互补音类是演变关系还是层次关系；利用方言内部的平行演变现象来判定等等。

声调部分主要分析了古次浊平字声调的分化及原因、上去声调值的演变及原因等等。乡话古次浊平字的今读是很有特色的，一般方言中古次浊平字今主要读阳平调，但在乡话中古次浊平字今主要读阴平调，有少数来母、云母和以母字读阳平调，且从声母上看不出分化的条件来，这是词汇扩散演变造成的，这些不同的次浊平字向全浊声母演变时是以词汇扩散的方式进行的，有些早，有些晚，在平声分化之后才演变成全浊声母的，读阴平；在平声分化之前已经演变成全浊声母的读阳平。

同时，我们还总结了乡话语音层次的特点，归纳如下：

（1）层次很丰富，异读现象较少

在分析乡话语音层次的过程中发现乡话声母、韵母和声调的层次有一个非常明显的特点，即：异读现象较少。汉语方言中不同层次的形成除了不同时期的通语通过文教对地方方言的影响外，不同时期的移民也会带来不同的层次。陈忠敏（2013：38）提到南方地区的方言纷繁复杂的局面是由一波波南下的移民和历代通过文教习传下来的文读层次杂糅在一起造成的。乡话很少有异读的现象。个别声母有异读的现象，但是这些异读出现的词汇环境没有雅俗之分，如"地"在"种地"一词中读［n］，在"地方"一词中读［tʰ］。"种地"和"地方"都是常用的词语。陈忠敏多次提到研究语音层次的突破口是文白异读，通常白读代表更早的层次，文读代表更晚的层次。乡话地处偏僻的山区，文教非常落后。在文化非常落后的地区，人们所接触的新事物基本来源于生活中与经济更发达的外方言人的接触。但这种接触在乡话区又是很少的。乡话地区甚至不少地方直到 2000 年以后才通公路，这也是乡话能保留不少古老特征的原因。

（2）乡话中特殊的读字音层次

乡话人基本都是双方言使用者，既会说乡话，也会说湘语（或西南官话）。现在很难找到一个只会说乡话的乡话人。乡话人对内说乡话，对外说湘语（或西南官话）。正是因为乡话人是熟练的双方言使用者，很清楚乡话和湘语（或西南官话）的对应关系，导致乡话中出现一种特殊的读字音，即根据强势方言的同音关系，用乡话中常用词的音去读出在乡话中不说的词的读音。如我们在 4.1.2 所举的例子：太常乡话常用词"皮"读［ɑ］韵母，"脾、啤"本是乡话中不用的字词。受强势方言影响，这些词进入乡话，乡话人不是直接借用强势方言的读音，而是根据"脾、啤"与"皮"在强势方言中的同音关系，转换成乡话中的同音关系，用"皮"的音去说"脾、啤"，从而调查出"脾、啤"读［ɑ］韵母的现象。由于乡话与周边的汉语方言相差太大，乡话人非常清楚哪些是乡话音，哪些是客话音，特别是一些乡话意识比较强的乡话人，通过这种方式转换出来的特殊读字音就比较多。因此，同样是来源于强势方言的新词"手机"，有些乡话人会直接借用强势方言的读音，有些乡话人会对译成乡话音，说成［ɕiou³⁵kɐ⁵⁵］，特别是我们在调查过程中跟发音人反复强调要求避免用客话，他们会把从客话中借入的词尽量都对译成乡话音，除非乡话中没有相对应的常用词。其他乡话点也或多或少存在类似现象，这类现象的多少取决于发音人的乡话意识强弱，如太常乡话的发音人根据权威方言"机"与"鸡［ka³³］"同音，把"飞机"对译成［fei³³ka³³］。古丈岩头寨乡话的发音人根据权威方言"丝"与"司"同音、"机"与"鸡"同音，把"司机"对译为［sɐ⁵⁵kɐ⁵⁵］。

（3）移民带入的层次

乡话异读现象少，层次却很丰富，除了乡话地理环境闭塞文教落后的原因外，还有另一个原因是周边方言和移民方言的混入。乡话人绝大部分都自称来自江西。我们在前文讨论过，这其中有一部分是假托江西移民者，但可以肯定有移民进入乡话地区。乡话不管在历史上还是现在都不是强势方言。因此，移民进入乡话地区，不会完全习用乡话，而会带入自己的方言。移民带入的方言与乡话不是出现两种音叠加，而是取舍，或者采用乡话的说法，或者采用移民方言的说法。这样的结果是出现方言混杂的情况，从而很少有异读现象。

乡话除了上述特点，在接触与演变方面还有很多有意思的现象值得我们去挖掘。其中湘语中一些即将消失的现象在乡话中却保存得比较多，这让我们非常感兴趣。六大南方汉语方言中，湘语可以说是被认为特点很不突出的方言，也是存古特征保留最少的方言。但在乡话与湘语的比较过程中，我们注意到了湘语中不少有意思的现象，但由于保存比较少，以往没有引起大家的注意。我们相信以乡话中的外来层次为参照，深入挖掘湘语的材料，可能呈现出西南官话化掩盖下的湘语本来面貌，这些都是我们今后需要继续努力做的工作。

参考文献

鲍厚星、伍云姬.沅陵乡话记略.湖南师范大学学报（增刊），1985.

鲍厚星等.长沙方言研究.长沙：湖南教育出版社，1999.

鲍厚星.东安土话研究.长沙：湖南教育出版社，1998.

鲍厚星.湘南东安型土话的系属.方言，2002，3.

鲍厚星、陈晖.湘语的分区（稿）.方言，2005，3.

鲍厚星.湘方言概要.长沙：湖南师范大学出版社，2006.

鲍厚星.湘西乡话二题.汉语方言国际学术研讨会，2011.

北大中文系.汉语方音字汇.北京：语文出版社，2008.

薄文泽.蔡家话概况.民族语文，2004，2.

陈　晖.涟源方言研究.长沙：湖南教育出版社，1999.

陈　晖.湘方言语音研究.长沙：湖南师范大学出版社，2006.

陈　晖.湖南泸溪梁家潭乡话研究.长沙：湖南师范大学出版社，2016.

陈立中.湘语与吴语音韵比较研究.北京：中国社会科学出版社，2004.

陈蒲清.益阳方言的边音声母.方言，1981，3.

曹志耘等.吴语处衢方言研究.东京：日本好文出版，2000.

曹志耘.南部吴语语音研究.北京：商务印书馆，2001.

曹志耘.湘西方言概述.语文研究，2007，1.

曹志耘等.汉语方言地图集.北京：商务印书馆，2008.

陈满华.安仁方言.北京：北京语言学院出版社，1995.

陈忠敏.吴语及邻近方言鱼韵的读音层次——兼论"金陵切韵"鱼韵的音值.语言学论
　　丛，2003，27.

陈忠敏.论闽南话齐韵的读音层次.山高水长：丁邦新先生七秩寿庆论文集.台北："中
　　研院"语言学研究所，2006.

陈忠敏.汉语方言语音史研究与历史层次分析法.北京：中华书局，2013.

戴黎刚.闽语的历史层次及其演变.北京：中国社会科学出版社，2012.

邓　婕.泸溪李家田乡话研究.陕西师范大学博士学位论文，2017.

丁邦新.吴语中的闽语成分.丁邦新语言学论文集.北京：商务印书馆，1998.

丁邦新.一百年前的苏州话.上海：上海教育出版社，2003.

董同龢.汉语音韵学.北京：中华书局，2011.

高晓虹.北京话入声字的历史层次.北京：北京语言大学出版社，2009.

葛剑雄．中国移民史．福州：福建人民出版社，1997.

顾　黔．通泰方言音韵研究．南京：南京大学出版社，2001.

郭必之．从虞支两韵"特字"看粤方言跟古江东方言的联系．语言暨语言学，2004，3.

郭锡良．汉字古音手册．北京：商务印书馆，2011.

黄建群．通山方言志．武汉：武汉大学出版社，1994.

蒋于花．湖南沅陵"死客子"话语音研究．湖南师范大学硕士学位论文，2012.

金理新、谢尚优．汉语"死"以及以母读音问题．语言研究，2009，4.

柯蔚南著，沈瑞清等译．罗杰瑞——怀念其人以及他对汉语历史语言学的贡献．方言，
　　2014，2.

李方桂．上古音研究．北京：商务印书馆，1998.

李姣雷．湘语蟹假果遇摄字元音推链之反思．方言，2016，2.

李启群．吉首方言研究．北京：民族出版社，2002.

李　荣．切韵音系．北京：科学出版社，1956.

李　荣．现代汉语方言大词典（第四卷）．南京：江苏教育出版社，2002.

李如龙、张双庆．客赣方言调查报告．厦门：厦门大学出版社，1992.

李如龙．闽西北方言"来"母字读 s- 的研究．方言与音韵论集．香港：香港中文大学中国
　　文化研究所吴多泰中国语文研究中心出版，1996a.

李如龙．自闽方言证四等无 -i- 说．方言与音韵论集．香港：香港中文大学中国文化研究
　　所吴多泰中国语文研究中心，1996b.

李如龙 闽语的"囝"及其语法化．南开语言学刊，2005，1.

李维琦．祁阳方言研究．长沙：湖南教育出版社，1998.

李新魁．上古音"晓匣"归"见溪群"说．学术研究，1963，2.

李新魁．吴语的形成和发展．学术研究，1987，5.

李旭平等．湘西苗语中的大称和小称标记．中国语文，2016，4.

刘丽华．娄底方言研究．长沙：中南大学出版社，2001.

刘丽华．涟源（蓝田）方言词汇．方言，2001，1.

刘世儒．魏晋南北朝量词研究．北京：中华书局，1965.

刘昌林．湘西遗珠——辰州沅陵的乡话人．北京：中国戏剧出版社，2010.

刘镇发．现代方言的［j］浊擦化——附论中古邪母的形成．中国语文，2007，2.

罗常培．唐五代西北方音．北京：商务印书馆，2012.

罗常培．《经典释文》和原本《玉篇》反切中的匣于两纽．罗常培语言学论文集．北京：
　　商务印书馆，2004.

罗杰瑞．福建政和话的支脂之三韵．中国语文，1988，1.

罗杰瑞．闽方言中的来母字和早期汉语．民族语文，2005，4.

罗昕如．新化方言研究．长沙：湖南教育出版社，1998.

罗昕如、李斌．湘语的小称研究——兼与相关方言比较．湖南师范大学社会科学学报，
　　2008，4.

罗昕如．湖南蓝山太平土话研究．长沙：湖南师范大学出版社，2016.

梅祖麟．现代吴语和"支脂鱼虞，共为不韵"．中国语文，2001，1.

宁继福.中原音韵表稿.长春:吉林文史出版社,1985.

潘悟云.汉语历史音韵学.上海:上海教育出版社,2000.

潘悟云.吴语中麻韵与鱼韵的历史层次.闽语研究及其与周边方言的关系.香港:香港中文大学出版社,2002.

潘悟云.竞争性音变与历史层次.东方语言学,2006,1.

潘悟云.历史层次分析的若干理论问题.语言研究,2010,4.

彭建国.吴语、湘语主元音链变类型比较.中国语文,2009,5.

彭建国.湘语音韵历史层次研究.长沙:湖南大学出版社,2010.

彭泽润.衡山方言研究.长沙:湖南教育出版社,1999.

平田昌司.徽州方言研究.东京:好文出版社,1998.

平山久雄.用声母腭化因素 *j 代替上古汉语的介音 *r——对上古舌齿音声母演变的一种设想.平山久雄语言学论文集.北京:商务印书馆,2005.

桥本万太郎著,余志鸿译.语言地理类型学,北京:世界图书出版公司,2008.

乔全生.晋方言古全浊声母的演变.山西大学学报,2005a,2.

乔全生.论晋中方言中的"阴阳对转".晋中学院学报,2005b,2.

覃远雄.桂北平话古晓、匣、云、以母字的读音.方言,2005,3.

秋谷裕幸.也谈吴语处衢方言中的闽语成分.语言研究,1999,1.

秋谷裕幸.早期吴语支脂之韵和鱼韵的历史层次.中国语文,2002a,5.

秋谷裕幸.连城(文亨)方言的归属.项梦冰译.客家方言研究.广州:暨南大学出版社,2002b.

秋谷裕幸.闽语和其他南方方言的齐韵开口字.闽语研究及其与周边方言的关系.香港:香港中文大学出版社,2002c.

秋谷裕幸.吴语的深臻摄开口三等和曾梗摄开口三四等字.吴语研究.上海:上海教育出版社,2003.

秋谷裕幸.闽北区三县市方言研究.台北:"中研院"语言学研究所专刊甲种十二之二,2008.

秋谷裕幸.闽语中"来母 S 声"的来源.语言学论丛,2011,43.

秋谷裕幸,陈泽平.闽东区古田方言研究,福州:福建人民出版社,2012.

瞿建慧.湖南泸溪(白沙)乡话的性质和归属.语文学刊,2007,5.

瞿建慧.湖南泸溪(白沙)乡话音系.方言,2008,2.

瞿建慧.湘语辰溆片异调变韵现象.中国语文,2009,2.

瞿建慧.湘语辰溆片语音研究.北京:中国社会科学出版社,2010.

瞿建慧.泸溪乡话与泸溪湘语的语音比较及语音演变.中南大学学报,2012,2.

瞿建慧.湘西乡话声调的特殊演变.语言科学,2015,2.

瞿建慧.湘西乡话来母读擦音塞擦音的来源.中国语文,2016a,4.

瞿建慧.湘西乡话古全浊声母今读塞音、塞擦音的类型和层次.语文研究,2016b,1.

瞿建慧.湘西乡话遇摄字的历史层次.方言.2017,1.

邵荣芬.匣母字上古一分为二试析.邵荣芬语言学论文集.北京:商务印书馆,2009.

孙宜志.合肥方言泥来母今读[z]声母现象的探讨.中国语文,2007,1.

孙宜志．江西赣方言语音研究．北京：语文出版社，2007.

孙越川．四川西南官话语音研究．浙江大学中文系博士学位论文，2011.

唐　伶．永州南部土话语音研究．北京：北京语言大学出版社，2010.

万　波．赣语声母的历史层次研究．北京：商务印书馆，2009.

万　波．赣语建宁方言支脂之三分现象．方言，2010，1.

王辅世．湖南泸溪瓦乡话语音．语言研究，1982，1.

王辅世．再论湖南泸溪瓦乡话是汉语方言．中国语文，1985，3.

王福堂．汉语方言语音的演变和层次．北京：语文出版社，2005.

王洪君．文白异读、音韵层次与历史语言学．北京大学学报（哲学社会科学版），2006，2.

王洪君．历史音变面面观——《历史语言学：方音比较与层次》评介．语言科学，2011a，6.

王洪君．层次与演变阶段——苏州话文白异读析层拟测三例．张渭毅主编《汉声——汉语音韵学的继承与创新（下）》．北京：中国文史出版社，2011b.

王洪君．也谈闽北方言的浊弱化声母——兼论原始语构拟如何鉴别和处理借用成分以及平等混合造成的无条件分化．语言学论丛，2012，46.

王军虎．晋陕甘方言的“支微入鱼”现象和唐五代西北方音．中国语文，2004，3.

王　力．汉语语音史．北京：中国社会科学出版社，1985.

王　力．汉语语音史．北京：商务印书馆，2008.

王为民．“支微入鱼”的演变模式及其在晋方言中的表现．语言科学，2011，6.

韦名应．汉藏语“阴转阳”条件试析．中央民族大学学报，2010，5.

吴瑞文．论闽方言四等韵的三个层次．历史层次与方言研究．上海：上海教育出版社，2007.

伍　巍．析“築”．语文研究，2006，2.

伍巍、陈卫强．广州蚌湖话止摄［i］元音韵母的裂化演变．佛山科学技术学院学报（社会科学版），2007，6.

伍云姬．湖南古丈瓦乡话的音韵初探．语言变化与汉语方言——李方桂先生纪念文集．台北："中研院"语言学研究所筹备处，2000.

伍云姬．湘西瓦乡话风俗名物彩图典．长沙：湖南师范大学出版社，2007.

伍云姬编著．湖南方言的代词．长沙：湖南师范大学出版社，2009.

伍云姬、沈瑞清．湘西古丈瓦乡话调查报告．上海：上海教育出版社，2010.

夏剑钦．浏阳南乡方言本字考．方言，1989，2.

项梦冰．客家话古日母字的今读——兼论切韵日母的音值及北方方言日母的音变历程．广西师范学院学报，2006，1.

谢栋元．［m̩］［n̩］［ŋ̍］自成音节说略．广东外语外贸大学学报，2002，1.

谢留文．客家方言“鱼虞”之别和“支”与“脂之”之别．中国语文，2003，6.

熊　燕．客、赣方言蟹摄开口四等字今韵母的层次．语言学论丛，2003，27.

徐通锵．历史语言学．北京：商务印书馆，2008.

颜　森．江西方言的分区（稿）．方言，1986，1.

严修鸿.连城方言韵母与闽语相同的层次特征.闽语研究及其与周边方言的关系.香港：香港中文大学出版社，2002.

杨时逢.湖南方言调查报告.台北："中研院"历史语言研究所，1974.

杨　蔚.沅陵乡话若干音韵现象的比较研究.长沙：湖南师范大学中文系硕士学位论文，1996.

杨　蔚.沅陵乡话研究.长沙：湖南教育出版社，1999.

杨　蔚.沅陵乡话声母的历史语音层次.求索，2002a，5.

杨　蔚.沅陵乡话、湘南几种土话的韵母研究.湖南师范大学学报（社会科学版），2002b，5.

杨　蔚.沅陵乡话、湘南土话、粤北土话的韵母演变.汉语学报，2002c，6.

杨　蔚.湘西乡话音韵研究.暨南大学中文系博士学位论文，2004.

杨　蔚.湘西乡话韵母的存古现象.湖南科技大学学报，2009a，5.

杨蔚、詹伯慧.湘西乡话的分布与分片.语文研究，2009b，4.

杨蔚、詹伯慧.湘西乡话的语音特点.方言，2009c，4.

杨　蔚.湘西乡话语音研究.广州：广东人民出版社，2010a.

杨　蔚.湘西乡话古心生书邪禅母读塞擦音现象探析.湖南师范大学学报（社会科学版），2010b，5.

杨蔚、詹伯慧.湘西乡话韵母的动态演变.语言科学，2011a，1.

杨　蔚.从音韵现象看湘西乡话与湘语的关系.语言研究，2011b，3.

殷晓杰、何意超."甘""甜"历史替换考.汉语学报，2013，1.

余金枝.湘西矮寨苗语参考语法.北京：中国社会科学出版社，2011.

袁　丹.汉语方言中的鼻尾增生现象.语文研究，2014，1.

袁家骅.汉语方言概要.2版.北京：文字改革出版社，1983.

詹伯慧、张日昇.粤北十县市粤方言调查报告.广州：暨南大学出版社，1994.

詹伯慧、张日昇.粤西十县市粤方言调查报告.广州：暨南大学出版社，1998.

张光宇.切韵与方言.台北：商务印书馆，1990.

张光宇."益、石"分合及其涵义.语言研究，1992，2.

张光宇.吴闽方言关系试论.中国语文，1993，3.

张光宇.汉语方言合口介音消失的阶段性.中国语文，2006，4.

张　琨.论吴语方言."中研院"历史语言所集刊论文类编·语言文字编·方言卷三.北京：中华书局，2009.

张永家、侯自佳.关于"瓦乡人"的调查报告.吉首大学学报（社会科学版），1984，1.

赵日新、李姣雷.湖南沅陵清水坪乡话同音字汇.方言.2014，2.

郑　伟.太湖片吴语音韵演变研究.复旦大学中文系博士学位论文，2008.

郑　伟.吴方言比较韵母研究.北京：商务印书馆，2013.

郑焱霞.湘桂边界南山乡话研究.湖南师范大学中文系博士学位论文，2010.

郑张尚芳.闽语与浙南吴语的深层联系.闽语研究及其与周边方言的关系.香港：香港中文大学出版社，2002.

郑张尚芳.上古音系.上海：上海教育出版社，2003.

郑张尚芳.古来母以母今方言读擦音塞擦音问题.郑张尚芳语言学论文集.北京：中华书局，2012.

周祖谟.《万象名义》中之原本《玉篇》音系，问学集（上册）.北京：中华书局，1966.

周振鹤、游汝杰.方言与中国文化.上海：上海人民出版社，2006.

周先义.湖南道县（小甲）土话同音字汇.方言，1994，3.

庄初升.论赣语中知组三等读如端组的层次.方言，2007，1.

庄初升、林立芳.粤北土话中古全浊声母字今读的类型.语文研究，2000，2.

庄初升、万波.闽中方言中古知组字今读的类型与性质.语言学论丛，2012，46.

庄初升、邹晓玲.湘西乡话中古知组读如端组的类型和性质.中国语文，2013，5.

中国社会科学院、澳大利亚人文科学院合编.中国语言地图集.香港：香港朗文（远东）出版有限公司，1987.

William H. Baxter, Laurent Sagart. *Old Chinese: A New Reconstruction*. Oxford University Press, 2014.

附录 1　表格目录

附录 2　清水坪乡话词汇

说明：本部分先列乡话词条，次列乡话发音，注音之后是普通话释义。乡话中表示相同意思的词，除第一个，其余均缩一格排列。只标变调，不标本调（本调可参考赵日新、李姣雷 2014 年发表在《方言》上的《湖南沅陵清水坪乡话同音字汇》）。"□"表示有音无字；举例用"～"代替本词；两可的说法或读音用"/"隔开。用"0"表示轻声调。

本部分收入的词汇按义类分为二十八类，如下：

一	天文	十一	病痛　医疗	二十一	游戏
二	地理	十二	衣服　穿戴	二十二	动作
三	时令　时间	十三	饮食	二十三	位置
四	农事	十四	红白大事	二十四	代词等
五	植物	十五	迷信	二十五	形容词
六	动物	十六	讼事	二十六	副词、介词等
七	房屋	十七	日常生活	二十七	量词
八	器具　用品	十八	交际	二十八	数字等
九	人品　亲属	十九	商业		
十	身体	二十	文化　教育		

一　天文

日头 ŋ̍⁵³tɐ⁰ 太阳

日头底头 ŋ̍⁵³tɐ⁰təɯ⁵³tɐ⁰ 太阳下

天犬食日 tʰɛe⁵⁵kʰuɛe³⁵ʑiou³³ŋ̍⁵³ 日食
　日食 ʐŋ²¹²sŋ²¹²

天犬食月亮 tʰɛe⁵⁵kʰuɛe⁵⁵ʑiou³³ȵyɛ⁵³nẽ³³
　月食 ȵyɛ⁵³sŋ⁰

月亮 ȵyɛ⁵³nẽ³³

星 ɕi⁵⁵

扫帚星 sou³³tsu³³ɕi³³ 彗星

流星 niou³³ɕiẽ³³

银河 ȵiẽ³³xuo³³

大风 nu³³fʌɯ³³

□脑牯风 kʰua³⁵nɔu³⁵ku⁵⁵fʌɯ⁵⁵ 顶头风

吹风 tɕʰyɛ⁵⁵fʌɯ³³ 刮风

狂风 guaŋ³³fʌɯ³³

儿风 ȵiaŋ²¹²fʌɯ³³ 小风

旋风 dzyɛ³³fʌɯ³³

抵风 ti³⁵fʌɯ³³ 顶风

顺风 zuɛɛ³³fʌɯ³³

云 yɛ²¹²

黑云 kʰɤ⁵³yɛ²¹²

冒天 mɔu³⁵tʰɜɐ⁰ 满天云
　满天云 məŋ³⁵tʰɛe⁵⁵yɛ²¹²

霞 ɕia²¹²

□雷 kʰua³⁵tuei⁵⁵ 打雷

扯闪 dzɐ³⁵sɛe³⁵ 打闪

□雨 dzŋ⁵³vɐ³⁵ 下雨

儿雨 ȵiaŋ²¹²vɐ³⁵ 小雨

□雨 oŋ²¹²vɐ³⁵ 雷阵雨

毛雨子 mɔu⁵⁵vɐ³⁵tsɐ⁰

　毛毛雨 mɔu⁵⁵mɔu⁵⁵vɐ³⁵

大雨 nu³³vɐ³³

飘雨 pʰiɔu³⁵vɐ³⁵

淋雨 zɛe²¹²vɐ³⁵

雨天 vɐ³⁵tʰɛe⁵⁵

涨大水 tẽ³⁵nu³³tsu³⁵

冻牯包 tʌɯ³³ku⁵⁵pɔu⁵⁵ 冻疮

起凌□ kʰəɯ³⁵niaŋ³⁵kaŋ³³ 结冰

　□□□ tʰɐ³³niaŋ³⁵kaŋ³³

□□ niaŋ³⁵kaŋ³³ 冰

冰雹 piẽ⁵⁵pɔu³⁵

□雪 dzəɯ³⁵³ɕyɛ⁵³ 下雪

雪米子 ɕyɛ⁵³miɛ³⁵tsɐ⁰ 雪粒子

融雪 zʌɯ²¹²ɕyɛ⁵³ 化雪

□□霜 kʰua³⁵pʰuo⁵³səŋ⁵⁵ 下整片霜

□霜 kʰua³⁵səŋ⁵⁵ 打霜

白露 pʰo⁵⁵nəɯ³³

下露水 uo³⁵nəɯ³³tsu⁵⁵

起罩子 kʰəɯ³⁵tsou³³tsɐ³³ 起雾

　□罩子 kʰua³⁵tsou³³tsɐ³³

天□ tʰɛe⁵⁵sɛe³³ 天气

干天 kʰəŋ⁵⁵tʰɛe⁵⁵ 晴天

天干了 tʰɛe⁵⁵kʰəŋ⁵⁵ti⁰ 天晴了

热 dzɤ³⁵³

冻 tʌɯ³³

伏天 fu²¹²tʰɛe⁵⁵

旱天 ŋ³⁵tʰɛe⁵⁵

马□ mo³⁵kəŋ³³ 虹

天亮 tʰɛe⁵⁵nẽ³³

天黑 tʰɛe⁵⁵kʰɤ⁵³

二　地理

河 u²¹²

清坪河 tɕʰi⁵⁵foŋ²¹²u²¹²

水渠 tsu³⁵gəɯ²¹²

凼 doŋ³⁵

潭 təŋ²¹²

水凼 tsu³⁵doŋ³⁵ 池塘

水坑 tsu³⁵kʰoŋ⁵⁵ 水井

水沟 tsu³⁵kɐ⁵⁵

阳沟 zəŋ²¹²kɐ⁵⁵ 阴沟

马□ mo³⁵nəŋ⁵⁵ 渡口

□凼 ti³³doŋ³⁵ 大的池塘

池塘 ti²¹²doŋ²¹²

旋水 dʑyɐ³³tsu³⁵ 水旋涡

滩 tʰəŋ⁵⁵ 河滩

坝 po³³

闸子 tsuo⁵³tsɐ³³ 闸门

清水 tɕʰi³³tsu³⁵ 山上流下来的水

清水 tɕʰi⁵⁵tsu³⁵

浑水 xuɛe⁵⁵tsu⁵⁵ 刚开始变浑浊的水

浓水 ȵiɔu⁵⁵tsu⁵⁵ 很浑浊的水

□水 po⁵⁵tsu⁵⁵ 滚烫的水

温阳水 uɛe⁵⁵zəŋ²¹²tsu³⁵ 温水

开水 kʰa⁵⁵tsu⁵⁵

□开水 tsuɛe³³kʰa³³tsu³⁵ 冷开水

□ bu²¹² 潜

荡 nəŋ³⁵ 水晃动

水泡 tsu³⁵pʰɔu³³

□船 bɔu²¹²dzuɛe²¹² 划船

□□ kʰaŋ³⁵xaŋ³³ 地方

平□□ foŋ²¹²kʰaŋ³⁵xaŋ³³ 平地

田 nɛe²¹²

水田 tsu³⁵nɛe²¹²

田塍 nɛe²¹²dzaŋ²¹²

地 niɛ³³

田地 nɛe²¹²niɛ³³

田□墈 nɛe²¹²nɔu³⁵kʰəŋ³³ 田坎

□子 koŋ³³tsŋ⁰ 界子

□ koŋ³³ 隔开

菜园 tsʰɤ³³zəŋ²¹²

菜地 tsʰɤ³³niɛ³³

荒地 xəŋ⁵⁵niɛ³³

□□ bi³⁵niɑŋ⁰ 泥土

腐□□ fɤ³⁵bi³⁵niɑŋ⁰ 烂泥

干土 kʰəŋ⁵⁵tʰɤ³⁵ 泥土

干土块 kʰəŋ⁵⁵tʰɤ³⁵kʰuɑ³³ 干泥土

灰尘 xɤ⁵⁵tiɛ²¹²/ ti⁰

土块 tʰɤ³⁵kʰuɑ³³

土堆 tʰɤ³⁵tuɑ⁵⁵

沙子 so⁵⁵tsɐ⁵⁵

岩脑牯 ŋɐ⁵⁵nɔu⁵⁵ku⁵⁵ 石头

鸡子岩 kɐ⁵⁵tsɐ⁵⁵ŋɐ⁰ 鹅卵石

儿岩子 ɳiɑŋ²¹²ŋɐ⁵⁵tsɐ⁵⁵ 小石子

岩□ ŋɐ⁵⁵pi³⁵ 石板

　岩板 ŋɐ⁵⁵pəŋ³⁵

山 sɛɛ⁵⁵

山顶头 sɛɛ⁵⁵toŋ³⁵tɐ⁵⁵ 山顶

山当中 sɛɛ⁵⁵təŋ⁵⁵tiɔu⁵⁵ 山中间

半腰□ pəŋ³³iɔu⁵⁵nɐ⁰ 山腰

山脚头 sɛɛ⁵⁵ku⁵³tɐ⁰ 山脚

　山脚 sɛɛ⁵⁵ku⁵³

□ zʌɯ²¹² 山谷

□□ zʌɯ²¹²nɐ³⁵ 山谷里

坳 ɔu³³

坳口头 ɔu³³kʰɐ³⁵tɐ⁵⁵ 山坳

□头 nɑŋ⁵⁵tɐ⁰ 坡上

道 sɔu³⁵ 路

□ tʰuo²¹² 陷阱

洋油 zəŋ²¹²zɐ⁵⁵ 煤油

水泥 tsu³⁵ni⁵⁵

　洋灰 zəŋ²¹²xɤ⁵⁵

煤油 mei⁵⁵zɐ⁵⁵

石灰 tsʰuo⁵⁵xɤ⁵⁵

炭 tʰəŋ³³ 木炭

黑炭 kʰɤ⁵³tʰəŋ³³

砖 tsuɛɛ⁵⁵

瓦 uɑ³⁵

破瓦 pʰɤ³³uɑ³³ 碎瓦

渣滓 tsuo⁵⁵tsɐ⁵⁵ 垃圾

渣滓堆 tsuo⁵⁵tsɐ⁵⁵duɑ³³ 垃圾堆

金子 tɕiɛ⁵⁵tsɐ⁰

银子 ɳiɛ⁵⁵tsɐ⁰

锡 ɕiɛ⁵³

铁 tʰɐ⁵³

铜 dʌɯ²¹²

影子 i³⁵tsɐ⁰

三　时令　时间

历□ ɳyo⁵³tɐ⁰ 历书

春天 tsʰuɛɛ⁵⁵tʰɛɛ⁰

交春 kɔu⁵⁵tsʰuɛɛ⁵⁵ 立春

热天 dzɤ³⁵³tʰɛɛ⁰ 夏天

冻天 tʌɯ³³tʰɛɛ⁰ 冬天

雨水 vɐ³⁵tsu⁵⁵

惊蛰 tɕiɛ̃⁵⁵tsɿ⁵⁵

春分 tsʰuɛɛ⁵⁵fɛɛ⁵⁵

清明 tɕʰi⁵⁵miɛ⁰

谷雨 ku⁵³vɐ⁰

小满 ɕiɔu⁵³mɑ̃⁵³

芒种 mɑŋ³³tsoŋ⁵³

夏至 ɕiɑ³⁵tsɿ³⁵

小暑 ɕiɔu⁵³su⁵³

大暑 tɑ³⁵su⁵³

立夏 ni²¹²ɕiɑ³⁵

交秋 kɔu⁵⁵tɕʰiɛ⁵⁵ 立秋

今年 tɕi⁵⁵nɛɛ⁰

去年 kʰɤ³³nɛɛ⁰

明年 moŋ⁵⁵nɛɛ⁰

前年 tɕiɛ²¹²nɛɛ⁰

后年 ɐ³⁵nɛɛ⁰

大后年 nu³³ɐ³⁵nɛɛ⁰

老后年 nɔu³⁵ɐ³⁵nɛɛ⁰ 大大后年

上半年 tsʰəŋ³⁵pəŋ³³nɛɛ⁰

下半年 uo³⁵pəŋ³³nɛɛ⁰

闰年 zuɛɛ³³nɛɛ⁰

一两年 i²¹²tsuo³⁵nɛɛ⁰

前几年 tsɛɛ²¹²tɕi³⁵nɛɛ⁰

年头 nɛɛ⁵⁵tɐ⁰ 年初

年尾 nɛɛ⁵⁵mɛɛ³⁵

年年 nɛɛ^{55}nɛɛ^{0}

多年 tiɛ^{55}nɛɛ^{0}

坐三十夜 tɕiɛ^{212}sən^{55}tsʰʅ^{55}zuo^{33} 守岁

三十夜 sən^{55}tsʰʅ^{55}zuo^{33} 除夕

过正 ku^{33}tsʅ^{33} 过年

拜正 pa^{33}tsʅ^{55} 拜年

正月初一 tsʅ^{55}ȵyɛ^{53}tsʰɤ^{55}i^{0}

过端 ku^{33}toŋ^{55}

大端 nu^{33}toŋ^{55} 大端午

儿端 ȵiaŋ^{212}toŋ^{55} 小端午

中秋 tsoŋ^{55}tɕʰiou^{55}

儿正 ȵiaŋ^{212}tsʅ^{55} 小年

闰月 zuɛɛ^{33}ȵyɛ^{53}

一个月 i^{212}kɯ^{33}ȵyɛ^{53}

上个月 tsʰən^{35}kɯ^{33}ȵyɛ^{33}

下个月 uo^{35}kɯ^{33}ȵyɛ^{33}

□个月 ɛɛ^{55}kɯ^{33}ȵyɛ^{33} 这个月

月大 ȵyɛ^{53}nu^{33}

月儿 ȵyɛ^{53}ȵiaŋ^{212} 月小

二月 ŋ^{33}ȵyɛ^{53}

三月 sən^{55}ȵyɛ^{53}

四月 ɕi^{33}ȵyɛ^{53}

五月 ən^{35}ȵyɛ^{53}

六月 niɐ^{53}ȵyɛ^{53}

七月 tɕʰi^{53}ȵyɛ^{53}

八月 pa^{53}ȵyɛ^{53}

九月 tɕiɐ^{35}ȵyɛ^{53}

十月 tsʰʅ^{55}ȵyɛ^{53}

冬月 tʌɯ^{55}ȵyɛ^{53} 十一月

□月 dzən^{33}ȵyɛ^{53} 十二月

日牯 ŋ^{53}ku^{0} 日子

过日牯 ku^{33}ŋ^{53}ku^{0} 过日子

今朝 ti^{55}tiɔu^{0} 今天

明朝 moŋ^{55}tiɔu^{0}

□□ kʰuo^{33}tɕiou^{55} 昨天

后日 ɐ^{35}ŋ^{53} 后天

前日 tɕiɐ^{212}ŋ^{53} 前天

日日 ŋ^{53}ŋ^{0} 天天

一□日 i^{212}kɛɛ^{53}ŋ^{53} 一整天

□□□□ mo^{212}mo^{55}dzuo^{33}dzuo^{0} 凌晨

天亮 tʰɛɛ^{55}nɛ̃^{33}

朝头 tiɔu^{55}tɐ^{0} 早晨

上半□□ tsʰən^{35}pən^{33}ku^{55}fa^{212} 上午

下半□□ uo^{35}pən^{33}ku^{55}fa^{212} 下午

半日 pən^{33}ŋ^{53} 半天

日里 ŋ^{53}nɐ^{0} 中午

时辰 tɕiou^{212}tsɛɛ^{212}

□日 i^{212}ŋ^{53} 白天

黑头 kʰɤ^{53}tɐ^{0} 傍晚

天黑 tʰɛɛ^{55}kʰɤ^{53}

夜里 zuo^{33}nɐ^{55} 晚上

半夜 pən^{33}zuo^{33}

以前 i^{35}tsɛɛ^{212}

　头□ tɐ^{212}pi^{35}

□□ ɛɛ^{55}tɕʰi^{33} 现在；这时

尾头 mɛɛ^{35}tɐ^{0} 以后

前世 tsɛɛ^{212}sɤ^{33}

很久 xɔu^{35}tɕiɛ^{35}

三伏天 sən^{55}fu^{212}tʰɛɛ^{55}

头伏 tɐ^{212}fu^{0}

中伏 tiɔu^{55}fu^{0}

入伏 zu^{212}fu^{0}

二伏 ŋ^{33}fu^{0}

三伏 sən^{55}fu^{0}

出伏 tsʰu^{53}fu^{0}

四　农事

（一）农事

农业 nʌɯ^{55}zuo^{33}

□□ aŋ^{35}zu^{33} 庄稼

兴工 ɕiɛ^{55}kʌɯ^{55} 开始

做□□ tsɤ^{33}ȵuo^{55}ni^{55} 干活儿

上工 tsʰən^{35}kʌɯ^{55}

收工 sɤ^{55}kʌɯ^{55}

　放工 fəŋ^{33}kʌɯ^{55}

地里 niɐ^{33}nɐ^{0}

收□ sɤ^{55}dɛɛ^{212} 收成

几成 tɕi^{35}dzaŋ^{212}

开荒 kʰa⁵⁵xəŋ⁵⁵

望水 məŋ³³tsu³⁵ 看水

火烧地 fa³⁵sou⁵⁵niɛ³³ 开荒出来的地

抽水 tʰiɛ⁵⁵tsu³⁵

做田 tsɤ³³nee²¹² 种田

筧槽 tɕiɛ⁵³tsɔu²¹² 用来接通水的槽

春耕 tsʰuɛɛ⁵⁵kɛɛ⁵⁵

土肥 tʰɤ³⁵fei²¹² 天然肥料

水田 tsu³⁵nee²¹²

□冬草 kʰua³⁵tʌɯ⁵⁵tsʰɔu³⁵ 杀青

冬田 tʌɯ⁵⁵nee²¹² 一年四季都有水的田

肥凼 fei²¹²taŋ³⁵

腐泥田 fɤ³⁵ni⁵⁵nɛɛ²¹² 烂泥田

猪屎肥 tiou⁵⁵sʅ³⁵fei²¹²

扯田塍 dzɐ³⁵nee²¹²dzaŋ²¹² 筑田埂

牛屎肥 ŋɔu⁵⁵sʅ³⁵fei²¹²

扯板 dzɐ³⁵pəŋ³⁵ 用来筑田埂用的板子

出猪院 tsʰu⁵³tiou⁵⁵yɛ³³ 清除猪圈中的粪便等

砌坝 tɕʰi³³po³³

出牛栏 tsʰu⁵³ŋɔɯ⁵⁵nəŋ⁵⁵ 清除牛圈中的粪便等

犁田 niɛ⁵⁵nee²¹²

捡肥 tsʰʅ⁵⁵fei²¹²

耙田 po²¹²nee²¹²

扬花 zəŋ²¹²xua⁵⁵

教牛 kɔu³³ŋɔɯ⁵⁵

开厢 kʰa⁵⁵ɕiẽ⁵⁵ 种菜分行

谷种 ku⁵³tsʌɯ³⁵

分厢 fɛɛ⁵⁵ɕiẽ⁵⁵ 水稻分行

□种 aŋ⁵⁵tsʌɯ³⁵ 浸种

苗谷子 miɔu⁵⁵ku⁵³tsɐ⁰ 禾苗

下种 uo³⁵tsʌɯ³⁵

谷穗子 ku⁵³zu³³tsɐ⁰ 谷穗

　撒种 su⁵³tsʌɯ³⁵

晒田 sɛɛ³³nee²¹² 晾干水田

□芽子 tʰɐ³³ŋuo⁵⁵tsɐ⁵⁵ 发芽

□谷子 gəŋ³³ku⁵³tsɐ⁰ 割稻

秧□田 iẽ⁵⁵tsʰuo⁵³nee²¹² 秧田

谷子 ku⁵³tsɐ⁰

扯秧 dzɐ³⁵iẽ⁵⁵ 拔秧

稗子 pʰa⁵⁵tsɐ⁰

栽秧 tsa⁵⁵iẽ⁵⁵ 插田

堆禾 tua⁵⁵u²¹² 稻草堆

　栽田 tsa⁵⁵nee²¹²

卷簟 tɕyɛ³⁵nee³⁵ 卷起晒稻谷的簟子

栽秧索 tsa⁵⁵iẽ⁵⁵su⁵³ 插秧时用来对齐的绳子

□头 po²¹²tɐ⁰ 用来推匀稻谷的工具

补蔸 pu³⁵tɐ⁵⁵

□ tʰəŋ³³ 推匀稻谷的动作

发□ fa⁵³pʰəɯ³³ 发棵

扫毛子 sou³⁵mɔu⁵⁵tsɐ⁰ 扫除水稻里的叶子杂

分蔸 fɛɛ⁵⁵tɐ⁵⁵

　　质等

　分窝 fɛɛ⁵⁵uo⁵⁵

晒谷□ sɛɛ³³ku³³tʰuo⁵³ 晒谷场

□尿 tu⁵³ȵiɔu³³ 施肥

□米 nua³³miɛ³³ 去稻谷的壳

锄 tsɤ²¹²

□ xu⁵⁵ 捆

锄草 tsɤ²¹²tsʰɔu³⁵

□□ tʰɤ³⁵dzyɛ³³ 用来撮东西的用具

薅田 xɔu⁵⁵nee²¹²

□ tʰɤ⁵⁵ 撮

□苞 kʰua³⁵pɔu⁵⁵ 孕穗

谷蔸桩 ku⁵³tɐ⁵⁵tsəŋ⁵⁵ 水稻茬

□药 kʰua³⁵ʑyɛ³³ 打药

秧菜 iẽ⁵⁵tsʰɤ³³ 种菜

田□ nɛɛ²¹²yɛ³³ 田坝

　栽菜 tsa⁵⁵tsʰɤ³³

□ tɕʰiẽ³³ 洇

□□子 ua³³du²¹²tsɐ³⁵ 菜掩子

假人 kuo³⁵ŋ⁵⁵ 稻草人

下底肥 uo³⁵ta³⁵fei²¹²

灌水 kuɛɛ³³tsu³⁵

撒石灰 su⁵³tsʰuo⁵⁵xɤ⁵⁵

放水 fəŋ³³tsu³⁵ 排水

苕种 sou³³tsʌɯ³⁵ 红薯种

浇水 tɕiɔu⁵⁵tsu³⁵

剪苕种 kuo⁵³sɔu³³tsʌɯ³⁵ 剪红薯种

栽苕 tsa⁵⁵sou³³ 插红薯

翻苕藤 fɛɛ⁵⁵sou³³dzəŋ²¹² 翻红薯藤

□□□ təɯ³⁵dʑyɛ³³kɛɛ⁵⁵ 红薯藤上长的红薯

菜子种 tsʰɤ³³sɐ⁵⁵tsʌɯ³⁵ 油菜种

盖种 kua³³tsʌɯ³⁵

点种 tɛɛ³⁵tsʌɯ³⁵

□秧 soŋ³³iẽ⁵⁵ 间苗

莳秧子 dzɤ²¹²iẽ⁵⁵tsɐ⁰

麦□子 mo⁵³zu³³tsɐ³³ 麦穗

割麦 gəɯ³³mo⁵³

□ kʰua³⁵ 打

□麦 kʰua³⁵mo⁵³ 打麦子

麦麸子 mo⁵³fɤ⁵⁵tsɐ⁵⁵

麦须子 mo⁵³ɕyi⁵⁵tsɐ⁵⁵ 麦芒

豆角条 tɐ³³kuo⁵³tiou²¹² 插在地里方便豆角藤
　　攀爬的棍子

绝了 tɕʰyɛ⁵⁵ti⁰ 绝种了

□薪 dʑyɛ³⁵ɕiɛ⁵⁵ 砍柴

捡薪 tsʰɿ⁵⁵ɕiɛ⁵⁵ 拾柴

扦棍 tsʰɛɛ⁵⁵kuɛɛ³³ 用来挑柴的木棍

背架 bɛɛ³³kuo³³ 背柴的工具

□勾 tsʰua²¹²kɐ⁵⁵ 从山上往山下放树时勾住
　　木头的工具

（二）农具

斛桶 fu²¹²tʰʌɯ⁵⁵ 脱粒用的木桶

耳子 ȵiaŋ³⁵tsɐ³³ 打谷桶上的提手

手子 ɕiou³⁵tsɐ³³ 提手

担桶 toŋ³³tʰʌɯ⁵⁵ 水桶

担谷扁 təŋ⁵⁵ku⁵³piɛ⁵⁵ 扁担

筛子 sa⁵⁵tsɐ⁵⁵

米筛 miɛ³⁵sa⁵⁵ 米筛

粉筛 pɛɛ³⁵sa⁵⁵ 粉筛

□筛 fei²¹²sa⁵⁵ 割稻时用的筛子

□筛 tɕiou²¹²sa⁵⁵ 孔比较大的筛子

箩筛 nu⁵⁵sa⁵⁵ 孔最小的筛子，比粉筛还细

□□ u⁵⁵kɛɛ⁵⁵ 中间凸起的圆形箐箕

□筛 piɛ²¹²sa⁵⁵ 装饭的筛子

菜□ tsʰɤ³³dzu²¹² 没有提手的菜篮子

菜提□ tsʰɤ³³di³³naŋ⁵³ 有提手的菜篮

连□ noŋ⁵⁵tʰiẽ⁵⁵ 连枷

箕 kəɯ⁵⁵ 簸箕

筲箕 sou⁵⁵tɕi⁰ 撮箕

篾罩子 miɛ⁵³sou³³tsɐ³³ 罩子

□□ pʰou⁵⁵tsaŋ²¹² 背篓

花□□ xua⁵⁵pʰou⁵⁵tsaŋ²¹² 背小孩的背篓

猪□ tiou⁵⁵dzu²¹² 装小猪的背篓

新□□ ɕiɛ⁵⁵pʰou⁵⁵tsaŋ²¹² 回娘家背的花背篓

腰□ iou⁵⁵zoŋ²¹² 背牛粪的背篓

箩□ nu⁵⁵su⁰ 箩筐

　箩□□ nu⁵⁵su³³dzu²¹²

板车 pəŋ³⁵tsʰuo⁵⁵

鸡公车 kɐ⁵⁵kʌɯ⁵⁵tsʰuo⁵⁵ 独轮车

车滚子 tsʰuo⁵⁵kuɛɛ³⁵tsɐ³⁵ 车轮子

水车 tsu³⁵tsʰuo⁵⁵

风车 fʌɯ³⁵tsʰuo⁵⁵

大口 ta²¹²kʰɐ³⁵ 风车上出粮食的口

二口 ŋ³³kʰɐ³⁵ 风车上出杂质的口；秕谷

斗口 tɐ³⁵kʰɐ³⁵ 风车上装粮食的斗

扁谷子 pi³⁵ku⁵³tsɐ³³ 秕谷

滚条 kuɛɛ³⁵tiou²¹² 风车叶子中间的圆木

风扇 fʌɯ³⁵sɛɛ³³ 风车叶子

摇手 zou²¹²ɕiou³⁵

陈谷子 tiɛ²¹²ku⁵³tsɐ⁰

簟 nɛɛ³⁵ 晒稻谷的篾席子

仓 tsʰəŋ⁵⁵

□柜 tʰuo²¹²kui³⁵ 一层层摞起来存放粮食的
　　容器

碾子 nɛɛ³⁵tsɐ³⁵

磨 mu³³

磨盘 mu³³pəŋ²¹²

磨盘嘴子 mu³³pəŋ²¹²tɕyi³⁵tsɐ⁰ 磨盘嘴儿

磨槽 mu³³tsou²¹²

磨架子 mu³³kuo³³tsɐ⁰ 放磨的架子

公磨 kʌɯ⁵⁵mu³³ 磨的上面那块

女磨 ȵiou³⁵mu³³ 磨的下面那块

磨手子 mu³³ɕiou⁰tsɐ⁰ 磨把儿

糍槌 tɕi²¹²tuei²¹²

糍岩 tɕi²¹²ŋɐ⁵⁵ 用来槌打糯米的碓臼

水碓 tsu³⁵tuɑ³³

春碓 tsʌɯ⁵⁵tuɑ³³

锹 tɕʰiou⁵⁵ 锄头

儿锹子 ȵiaŋ²¹²tɕʰiou⁵⁵tsɐ⁵⁵ 用来挖大蒜用的锹

尖锹 tsɛe⁵⁵tɕʰiou⁵⁵ 镐

挖地锹 uɑ⁵³niɛ³³tɕʰiou⁵⁵ 挖锄

阔口锹 kʰu⁵³kʰɐ³⁵tɕʰiou⁵⁵ 宽锄

□口锹 tsɤ²¹²kʰɐ³⁵tɕʰiou⁵⁵ 稻田锄草用的窄口锄头

斧刀 fu³⁵tɔu⁵⁵ 斧头

长把刀 dẽ²¹²po³⁵tɔu⁵⁵

镰子 niɛ⁵⁵tsɐ⁵⁵ 镰刀

畲刀 suo⁵⁵tɔu⁵⁵ 砍刀

□刀 dzyɛ³⁵tɔu⁵⁵ 砍骨头的刀

方刀 fəŋ⁵⁵tɔu⁵⁵

尖刀 tsɛe⁵⁵tɔu⁵⁵

犁钯 ȵiɛ⁵⁵po⁰ 四齿钯

耙 po²¹²

耙□ po²¹²tɕʰiou³⁵ 耙齿

耙手 po²¹²ɕiou³⁵

耙□ po²¹²tʰoŋ⁵⁵ 耙手下面的横木

犁 ȵiɛ⁵⁵

犁箭 ȵiɛ⁵⁵tsɛe³³

犁头 ȵiɛ⁵⁵tɐ⁰

犁□ ȵiɛ⁵⁵yɛ³³ 犁弓

犁□ ȵiɛ⁵⁵tɕʰiou²¹² 用来连接犁与牛的八字形部件

□鼻□ tiou⁵⁵pi³³kaŋ³³ 犁上连接"犁 tɕʰiou²¹²"的部件

犁横□ ȵiɛ⁵⁵oŋ²¹²toŋ²¹² 用来套绳子的横木条

牛□ ŋɯ⁵⁵dzu²¹² 牛嘴笼

□喉索 pʰoŋ⁵⁵ɐ²¹²su⁵³ 套住牛脖子的绳子

牛鼻□索 ŋɯ⁵⁵pi³³kaŋ⁵⁵su⁵³ 穿入牛鼻子的牛鼻索

□鼻索 u⁵⁵pi³³su⁵³ 套住整个牛脖子的绳子

牛绳 ŋɯ⁵⁵tsəŋ²¹²

牛轭 ŋɯ⁵⁵uo⁵³

五 植物

柑子 koŋ⁵⁵tsɐ³³ 橘子

柑 koŋ⁵⁵ 柚子

□柑子 tsʰou³³koŋ⁵⁵tsɐ³³ 橙子

米柑子 miɛ³⁵koŋ⁵⁵tsɐ³³ 金钱橘

柑子皮 koŋ⁵⁵tsɐ³³fɑ²¹² 陈皮

网衣子 vəŋ³⁵i⁵⁵tsɐ⁵⁵ 橘子上的经络

桃 nou²¹²

杏子 xẽ³⁵tsɿ⁰

李子 dzɛ³⁵tsɐ³³

枣子 tsuɛ³⁵tsɐ³³

枇杷 pi²¹²pou³⁵

柿饼 sɿ³⁵piẽ⁵³

石榴 sɿ²¹²niou⁰

桑子蔍 səŋ⁵⁵tsɐ³³pʰɔu⁵⁵ 桑葚

龙船蔍 niou⁵⁵dzuɛe²¹²pʰɔu⁵⁵ 五月覆盆子

□□ tɕɤo²¹²sɿ³⁵ 板栗

□□ bu³³ɕi³³ 荸荠

甘□ kã⁵⁵tsou⁵⁵ 甘蔗

籼米 sɛe⁵⁵miɛ³⁵

糙米 tsʰou³³miɛ³⁵

碎米 sou³⁵miɛ³⁵

米衣子 miɛ³⁵i⁵⁵tsɐ⁵⁵ 米外面的皮

□ tsʰɿ⁵⁵ 糠

粗□ tsʰɤ⁵⁵tsʰɿ⁵⁵ 没有用的谷壳

□壳 tsʰɿ⁵⁵kʰɔu⁵³

细□ ɕiɛ³³tsʰɿ³³ 细糠

粟米 su⁵³miɛ³⁵ 糯米

荞麦 tɕiou²¹²mo⁵³

苞米 pou⁵⁵miɛ⁵⁵ 玉米

□子 tsu³³tsɐ³³ 高粱

油麻 zɐ⁵⁵mo³³ 芝麻

油麻秆 zɐ⁵⁵mo⁵⁵kɛe⁵³ 芝麻秆

葵花 gui³³xuɑ⁰

红苕 ʌɯ²¹²sou³³ 红薯

棉花 miɛ⁵⁵xuɑ⁰

油菜 zɐ⁵⁵tsʰɤ³³

菜枯 tsʰɤ³³kʰu⁵⁵ 油菜籽榨油后剩下的渣饼

枯油 kʰu⁵³zɐ⁵⁵ 菜油

香油 tɕiẽ⁵⁵zɐ⁵⁵

麻 mo⁵⁵

花生 xua⁵⁵sẽ⁵⁵

衣子 i⁵⁵tsɐ⁵⁵ 花生果仁上的皮

不□ pu²¹²tsaŋ²¹² 没有熟

□生 vəŋ²¹²səŋ⁵⁵ 野生的

洋芋 iaŋ³³yi³³ 土豆

芋头 u³³tɐ⁰

洋苕 zəŋ²¹²sɔu³³ 凉薯

糯米豆角 nuo⁵⁵mi⁵⁵tɐ³³kuo⁵³ 扁豆

刀豆 tɔu⁵⁵təɯ⁵³

豌豆 oŋ⁵⁵tɐ³³

菜豌豆 tsʰɤ³³oŋ⁵⁵tɐ³³

四季豆角 sɿ⁵³tɕi³³tɐ³³kuo⁵³

豇豆 kəŋ⁵⁵tɐ³³ 一种吃豆子的豆角，土黄色

滚豆 kuɐɛ³⁵tɐ³³ 土红色的豆子，比绿豆颗
　　粒大

□豆 nuo²¹²tɐ³³ 黄豆

绿豆 niɐ⁵³tɐ³³

蚕豆 dzã³³təɯ³⁵

长豆角 dẽ²¹²tɐ³³kuo⁵³ 豇豆

茄 dʑyɛ²¹² 茄子

瓜 kua⁵⁵

黄瓜 əŋ²¹²kua⁵⁵

丝瓜 sɐ⁵⁵kua⁵⁵

西瓜 ɕi⁵⁵kua⁵⁵

青瓜 tɕʰi⁵⁵kua⁵⁵ 南瓜

苦瓜 kʰu³⁵kua⁵⁵

冬瓜 tʌɯ⁵⁵kua⁵⁵

瓜肠子 kua⁵⁵nẽ²¹²tsɐ³⁵ 瓜瓢

芦 nəɯ²¹² 葫芦，可以吃的瓜

瓠子 xu³⁵tsɐ⁵⁵ 瓠瓜

空心菜 kʰʌɯ⁵⁵ɕiɛ⁵⁵tsʰɤ³³

洋葱 zəŋ²¹²tsʰʌɯ⁵⁵

大蒜 nu³³səŋ³³

韭菜 tɕiɐ³⁵tsʰɤ³³

姜 tɕiẽ⁵⁵

辣子 nuo⁵³ɐ̃ɐ⁰

胡椒 vu²¹²tɕiɔu⁵⁵

苋菜 ŋ³³tsʰɤ³³

田菜 nɛɛ²¹²tsʰɤ³³ 菠菜

白菜 pʰo⁵⁵tsʰɤ³³

菜□子 tsʰɤ³³xoŋ³⁵tsɐ³⁵ 菜梗

洋白菜 zəŋ²¹²pʰo⁵⁵tsʰɤ³³ 圆白菜

莴菜 u⁵⁵ tsʰɤ³³ 莴笋

芹菜 dʑiẽ³³tsʰɛe³⁵

萝卜 nu⁵⁵pʰɛe³³

茭笋 kɔu⁵⁵suɛɛ⁵⁵ 茭白

□□菜 tsu⁵³zɿ⁰tsʰɤ³³ 荠菜

□□□ ma³⁵ma⁰kʰu⁵³ 灰藋菜

洋禾 iaŋ³³xuo³³

葛根 ku⁵³kɛe⁵⁵

酱辣子 tɕiẽ³³nuo⁵³tsɐ⁰ 西红柿

□辣子 tɕʰi⁵³nuo⁵³tsɐ⁰ 朝天椒

腌辣子 iɛ⁵⁵nuo⁵³tsɐ⁰

蕨菜 tɕyɛ⁵³tsʰɤ³³

黄花 əŋ²¹²xua⁵⁵

胡葱 vu²¹²tsʰʌɯ⁵⁵

藠头□ tɕiɔu³⁵tɐ⁵⁵mo²¹² 藠头

茼蒿 dʌɯ²¹²xɔu⁵⁵

笋 suɛɛ³⁵

树秧子 tsɐ³³iẽ⁵⁵tsɐ⁵⁵ 树苗

杆 kɛe⁵³

树头桩 tsɐ³³tɐ⁵⁵tsəŋ⁵⁵ 树桩

树颠 tsɐ³³tɐɛ⁵⁵ 树梢

树根 tsɐ³³kɛe⁵⁵

树叶子 tsɐ³³sɤ⁵³tsɐ⁰

树枝 tsɐ³³tsɤ⁵⁵

分桠 fɛe⁵⁵uo⁵⁵ 分杈

树桠 tsɐ³³uo⁵⁵ 树分杈的地方

栽树 tsa⁵⁵tsɐ³³

□树 dʑyɛ³⁵tsɐ³³ 砍树

松树 dziɔu²¹²tsɐ³³

松毛 dziɔu²¹²mɔu⁵⁵ 松针

松□ dziɔu²¹²kaŋ³⁵ 松明

松油 dziɔu²¹²zɐ⁵⁵

椿芽树 tsʰuɛɛ⁵⁵ŋou⁵⁵tsɐ³³

苦楝树 kʰu³⁵nẽ³⁵tsɐ³³

　苦楝皮 kʰu³⁵nẽ³⁵pi²¹²

樟木 tsaŋ³³mo⁵³

杉树 suo⁵⁵tsɐ³³

桑树 səŋ⁵⁵tsɐ³³

桑叶 səŋ⁵⁵sɿ⁵³

清明树 tɕʰi⁵⁵mi²¹²tsɐ³³ 柳树
　柳树 niɐ³⁵tsɐ³³

□柏树 səŋ⁵⁵po²¹²tsɐ³³ 柏树

楠木 nã³³mo⁵³

柑树 koŋ⁵⁵tsɐ³³ 柚子树

□栎树 nyo⁵³ni²¹²tsɐ³³ 栎树

□栎树子 nyo⁵³ni²¹²tsɐ³³tsɐ⁰ 栎树果子

漆树 tɕʰi⁵⁵tsɐ³³

□□树 tɕyo²¹²sɿ³⁵tsɐ³³ 板栗树

□树 kʰu⁵⁵tsɐ³³ 茶树

桐树 dʌɯ²¹²tsɐ³³

桐子 dʌɯ²¹²tsɐ⁰

桐油 dʌɯ²¹²zɐ⁵⁵

竹子 tɕiou⁵³tsɐ⁰

藤 dzəŋ²¹²

浮□ fɤ²¹²piou³³ 浮萍

松菌 dzɿou²¹²tɕʰyE³⁵

冬菌 tʌɯ⁵⁵tɕʰyE³⁵ 类似木耳的蘑菇

毛菌 mou⁵⁵tɕʰyE³⁵ 雨后才有，紫色的像海藻

道菌 sou³⁵tɕʰyE³⁵ 白色的，长在路边

犬草花 kʰuɛɐ³⁵tsʰɔu³⁵xuɑ⁵⁵ 紫云英

花心子 xuɑ⁵⁵ɕiE⁵⁵tsɐ⁰ 花蕊

花苞子 xuɑ⁵⁵pɔu³⁵tsɐ⁰ 花苞

草籽 tsʰɔu³⁵tsɐ⁵⁵

灯草 taŋ⁵⁵tsʰɔu³⁵

茅头草 mou⁵⁵tɐ⁵⁵tsʰɔu³³ 冬茅

丝茅 sɐ⁵⁵mou⁵⁵

茅根 mou⁵⁵kɛɐ⁰

鱼腥草 niou⁵⁵ɕi⁵⁵tsʰɔu³⁵

篾 miE⁵⁵

青篾 tɕʰi⁵⁵miE⁵⁵

黄篾 əŋ²¹²miE⁵⁵

屎篾 sɿ³⁵miE⁵⁵ 最里层的篾

岩衣 ŋɐ⁵⁵i⁵⁵ 地衣

□□ sɿ³⁵doŋ⁵³ 青苔

六　动物

（一）牲畜

畜牲 tɕʰiou⁵³soŋ⁵⁵

头口 tɐ²¹²kʰɐ³⁵ 家养动物的总称

骚牛 sou⁵⁵ŋæɯ⁵⁵ 公牛

□牛 dzɿ³⁵ŋæɯ⁵⁵ 母牛

骚水牯 sou⁵⁵tsu³³ku⁵⁵ 未阉割过的公水牛

骚黄牯 sou⁵⁵əŋ²¹²ku³⁵ 未阉割过的公黄牛

水牯 tsu³⁵ku³⁵ 阉割过的公水牛

黄牯 əŋ²¹²ku³⁵ 阉割过的公黄牛

黄□ əŋ²¹²dzɿ³⁵ 母黄牛

水□ tsu³⁵dzɿ³⁵ 母水牛

□□ pʰou⁵⁵doŋ³⁵ 水牛在泥里打滚

牛子 ŋæɯ⁵⁵tsɐ⁵⁵ 牛的幼崽

儿牛 niɑŋ²¹²ŋæɯ⁵⁵ 小牛

骟猪 tsʰou³⁵tiou⁵⁵ 阉割过的母猪

獖猪 fɛɐ²¹²tiou⁵⁵ 公猪

香猪 ɕiẽ⁵⁵tiou⁵⁵ 配种的公猪

猪牯 tiou⁵⁵ku³⁵ 人工授精的种公猪

猪条 tiou⁵⁵tiɔu²¹² 阉过的公猪

肥猪 fei²¹²tiou⁵⁵ 阉过的公猪

猪娘 tiou⁵⁵niẽ²¹² 用来生小猪的母猪

猪尿脬 tiou⁵⁵niɔu³⁵pʰou⁰

猪粮 tiou⁵⁵niaŋ³³ 猪食

骟 tuɛ⁵⁵ 阉割（公猪、牛）

歼 tɕiE⁵⁵ 阉割（母猪）

骟犬 tsʰou³⁵kʰuɛɐ³⁵ 母狗

龙犬 niou⁵⁵kʰuɛɐ³⁵ 公狗

犬子 kʰuɛɐ³⁵tsɐ⁵⁵ 小狗

癫狗 tɛɐ⁵⁵kʰuɛɐ⁵⁵

羊 zəŋ²¹²

骡子 nu⁵⁵tsɐ⁵⁵

猫□ mou⁵⁵zɿ⁰ 猫

公猫□ kʌɯ⁵⁵mou⁵⁵zɿ⁰ 公猫

女猫□ niou³⁵mou⁵⁵zɿ⁰ 母猫

野猫□ zuo³⁵mou⁵⁵zɿ⁰ 野猫

黀 sɛɐ³³ 阉割（鸡）

鸡 kɐ⁵⁵

鸡公 kɐ^{55}kʌɯ^{55} 公鸡

鸡娘 kɐ^{55}ȵiẽ^{212} 抱窝鸡

仔鸡 tsɐ^{35}kɐ^{55} 小母鸡

鸡子子 kɐ^{55}tsɐ^{55}tsɐ^{55} 小鸡

菢 p^{h}ɔu^{35}

爪子 tsɔu^{35}tsɐ^{55} 鸡爪

粮包 niaŋ^{212}pɔu^{55} 鸡嗉子

鸡盒子 kɐ^{55}xuo^{212}tsɐ^{0} 鸡胗

鸡翅膀 kɐ^{55}tsɿ^{33}paŋ^{0}

鸡腿 kɐ^{55}t^{h}ua^{35}

鸡腰子 kɐ^{55}iɔu^{55}tsɐ^{55} 公鸡蛋，公鸡的睾丸

鸡冠 kɐ^{55}kəŋ^{55}

鸡嘴子 kɐ^{55}tɕyi^{35}tsɐ^{0} 鸡嘴儿

屙 u^{55} 下（蛋）

鸡□ kɐ^{55}kəŋ^{55} 鸡蛋

假皮 kuo^{35}fa^{212} 鸡蛋壳里面的一层薄膜

鸭鸡□ u^{53}kɐ^{33}kəŋ^{0} 鸭蛋

鹅鸡□ ŋu^{55}kɐ^{33}kəŋ^{0} 鹅蛋

（二）鸟、兽

野肉 zuo^{35}ȵiou^{53} 野兽

□肉犬 dzɔu^{53}ȵiou^{53}k^{h}uɛe^{35} 赶山狗

兔□子 t^{h}ɤ^{33}ni^{33}tsɐ^{33} 兔子

豹虎 pɔu^{33}k^{h}u^{33} 老虎

猢狲 vu^{212}suɛe^{55} 猴子

狐狸 xu^{212}ni^{53}

刺猪 tɕ^{h}i^{33}tiou^{55} 刺猬

野猪 zuo^{35}tiou^{55}

狮子 sɐ^{55}tsɐ^{55}

熊 vʌɯ^{212}

山里鱼 sɛe^{55}ni^{35}ȵiou^{55} 穿山甲

麂子 tɕi^{35}tsɐ^{0} 野山羊

□子 tsaŋ^{55}tsɐ^{0} 麝

黄老鼠 əŋ^{212}nɔu^{33}su^{0}

水獭 tsu^{35}t^{h}uo^{212}

老鼠 nɔu^{35}su^{0}

壁牯子 piᴇ^{53}ku^{33}tsɐ^{33} 壁虎

□□ nɔu^{212}dʑiɐ^{53} 鸬鹚

□□ tsu^{53}zɿ^{0} 鸟儿

老□ nɔu^{35}ua^{0} 乌鸦

鸦雀 uo^{55}tɕ^{h}yo^{0} 喜鹊

麻□□ mo^{55}tsu^{53}zɿ^{0} 麻雀

屋里子 u^{212}ni^{0}tsɐ^{0} 燕子

家里子 kuo^{55}ni^{35}tsɐ^{0}

□□鸡 tɕ^{h}i^{55}pu^{212}kɐ^{55} 布谷鸟

□□窠 tsu^{53}zɿ^{0}k^{h}u^{55} 鸟窝

天鹅 t^{h}ɛe^{55}ŋu^{55} 大雁

鹭鸶 nəɯ^{33}sɐ^{55}

野鸡 zuo^{35}kɐ^{55}

金鸡 tɕiᴇ^{55}kɐ^{55}

绿头□□ niɐ^{53}tɐ^{33}tsu^{53}zɿ^{0} 一种比麻雀小的、大拇指大小的鸟

□鸡 xã^{33}kɐ^{55} 一种羽毛很长的鸡

□鸡 pu^{212}kɐ^{55} 斑鸠

鸽子 kuo^{212}tsɿ^{0}

□□□ ni^{53}kuei^{35}iaŋ^{33} 杜鹃

□□□□ ua^{53}k^{h}ua^{55}tsu^{53}zɿ^{0} 猫头鹰

八八□□ pa^{212}pa^{35}tsu^{53}zɿ^{0} 八哥儿

□鹰 mu^{33}iaŋ^{33} 老鹰

岩□鹰 ŋɐ^{55}mu^{33}iaŋ^{33} 一种像老鹰的动物，生活在深山老林中，吃比较大的动物

鹰子 iaŋ^{33}tsɐ^{0} 鹞子

檐老鼠 zɛe^{212}nɔu^{33}su^{0} 蝙蝠

翅膀 tsɿ^{33}paŋ^{0}

嘴子 tɕyi^{35}tsɐ^{0} 鸟嘴

虺 fei^{35} 蛇

油□□ zɐ^{55}paŋ^{35}tuei^{212} 蜥蜴

□□ zuo^{212}sã^{33} 蜥蜴

四脚虺 ɕi^{33}ku^{53}fei^{35} 四脚蛇

菜花虺 ts^{h}ɤ^{33}xua^{33}fei^{35} 黄蛇

山猋 sɛe^{55}piɔu^{55}

□□花 tsaŋ^{55}ku^{55}xua^{0} 五步蛇

□□虺 tɕ^{h}i^{33}pa^{55}fei^{35} 眼镜蛇

□□虺 tɕi^{53}ts^{h}uo^{53}fei^{35} 金环蛇

□杆虺 ts^{h}aŋ^{33}kɛe^{53}fei^{35} 银环蛇

□□□虺 tɕiɐ^{35}tɔu^{35}tsəŋ^{55}fei^{35}

乌□杆 u^{55}su^{0}kɛe^{53} 乌蛇

黄□条 əŋ^{212}tɕi^{35}tiɔu^{212} 一种黄色的小蛇

□□□ fɤ^{35}ku^{55}dzəŋ^{212} 一种类似五步蛇的蛇

水□煺 tsu^{35}pɑ^{55}fei^{35} 水蛇

（三）鱼虾

鱼 ȵiou^{55}

鲫壳子 tɕiɛ^{53}kʰɔu^{33}tsɐ^{33} 鲫鱼

鲤鱼 ni^{35}ȵiou^{55}

草鱼 tsʰɔu^{33}ȵiou^{55}

青鱼 tɕʰi^{55}ȵiou^{55}

白鲢 pʰo^{55}niẽ^{33}

麻鲢 mo^{55}niẽ^{33} 大头鱼

鲇鱼 ȵyo^{55}ȵiou^{55}

鳜鱼 tɕyɛ^{33}ȵiou^{55}

白鱼 pʰo^{55}ȵiou^{55}

□□□ uo^{35}paŋ^{55}tuei^{212} 一种吃沙子、泥、小鱼的鱼，大部分时间都趴在石头上不动

沙鱼 suo^{55}ȵiou^{55}

红沙鱼 ʌɯ^{212}suo^{55}ȵiou^{55}

鱼秧子 ȵiou^{55}iẽ^{55}tsɐ^{55} 鱼苗

　鱼苗子 ȵiou^{55}miɔu^{55}tsɐ^{55}

鱼鸡□ ȵiou^{55}kɐ^{55}kəŋ^{0} 鱼子

鱼□ ȵiou^{55}xuo^{55} 鱼鳃

鱼泡子 ȵiou^{55}pʰɔu^{33}tsɐ^{55} 鱼泡

鱼□ ȵiou^{55}ɕi^{55} 鱼鳞

鱼刺 ȵiou^{55}tɕʰi^{33}

螃蟹 pəŋ^{212}kuo^{53}

螃蟹黄 pəŋ^{212}kuo^{53}əŋ^{212} 蟹黄

鳝鱼 tsʰɛe^{35}ȵiou^{55} 黄鳝

青鳝鱼 tɕʰi^{55}tsʰɛe^{35}ȵiou^{55} 青黄鳝

黄鳝鱼 əŋ^{212}tsʰɛe^{35}ȵiou^{55} 黄黄鳝

泥□ niɛ^{55}tɕʰiou^{0} 泥鳅

　泥□ niɛ^{55}tɕʰiaŋ^{33}

乌龟 u^{55}kuei^{55}

团鱼 təŋ^{212}ȵiou^{55} 鳖

蚌壳 paŋ^{35}kʰɔu^{33}

□蟆 vu^{212}mɔu^{53} 青蛙

癞□蟆 na^{33}vu^{212}mɔu^{53} 癞蛤蟆

（四）虫类

蛛蛛 tiou^{55}tiou^{0} 蜘蛛

蜗蜗 kua^{55}kua^{0} 螺蛳

长脚□□ dẽ^{212}ku^{53}mu^{53}ti^{0} 蚊子

□□□ fɛe^{33}mu^{53}ti^{0} 苍蝇

□□ mu^{53}ti^{0} 蚊子、苍蝇的统称

饭□□ moŋ^{55}mu^{53}ti^{0} 饭苍蝇

□□□ tɕiɛ^{55}mu^{53}ti^{0} 厕所里的苍蝇

□□□ suo^{55}mu^{53}ti^{0} 蠓虫，一种小黑虫，咬人很疼

牛□□ ŋəɯ^{55}mu^{53}ti^{0} 牛虻

□□ tsu^{55}pi^{33} 蜱虫

虱 sɐ^{53} 虱子

虱□ sɐ^{53}dzi^{35} 虱子卵

犬蚤 kʰuɛe^{35}tsɔu^{0} 跳蚤

□子 zɔu^{33}tsɐ^{0} 飞蛾

□虫 piɛ^{55}niɔu^{212} 臭虫

□□ dzɔŋ^{35}kuo^{53} 蝗虫

□□□ tɕi^{55}ia^{33}tsʰ ŋ^{0} 蝉

蜂子 fʌɯ^{55}tsɐ^{55} 蜜蜂

蜂糖 fʌɯ^{55}nəŋ^{212}

□蜂 nʌɯ^{212}fʌɯ^{55} 马蜂

□□ tsʰuo^{55}zuɛe^{35} 蚯蚓

蜈蚣 u^{33}koŋ^{55}

毛虫 mɔu^{55}niɔu^{212}

□□ mo^{212}miẽ^{35} 蚂蚁

□蟆鱼 vu^{212}mɔu^{53}ȵiou^{55} 蝌蚪

　□蟆子子 vu^{212}mɔu^{33}tsɐ^{0}tsɐ^{0}

蚂蟥 mo^{35}ŋ^{0}

□犬子 tee^{55}kʰuɛe^{55}tsɐ^{55} 蝼蛄

□头虫 tsʰu^{55}tɐ^{0}niɔu^{212} 手指粗的有很多脚的虫子

蛛蛛窠 tiou^{55}tiou^{0}kʰu^{55} 蟢子窝

□□□□ xa^{55}mo^{53}dzɔŋ^{35}kuo^{53} 大的蝗虫

夜□子 zuo^{33}mi^{55}tsɐ^{0} 萤火虫

　□□□ iou^{212}fa^{35}dɐe^{55}dɐe^{33}

密脚虫 mɛe^{53}ku^{53}niɔu^{212} 千脚虫

牛屎虫 ŋəɯ^{55}sʅ^{55}niɔu^{212} 土元虫

虫子枯 niɔu^{212}tsɐ^{0}kʰu^{55} 蚕蛹

桑叶虫子 səŋ^{55}sɤ^{53}niɔu^{212}tsɐ^{35} 蚕

□□ tɕiɔu^{212}ȵiaŋ^{212} 蜻蜓

蛆 tɕʰiou^{55}

米虫 miɛ³⁵niɔu²¹²

牛子 ŋɯ⁵⁵tsɐ⁰ 陈谷子里的虫子

□□子虫 ɕiẽ⁵⁵kuo⁵³tsɐ³³niɔu²¹² 蟑螂

□□刀刀 mo²¹²iẽ³⁵tɔu⁵⁵tɔu⁵⁵ 螳螂

七 房屋

吊脚楼 tiɔu³³ku⁵⁵nɐ⁵⁵

室 tɕi⁵³ 房子

房里 vəŋ²¹²nɐ³⁵

房 vəŋ²¹² 房间

竖室 dzɐ³³tɕi⁵³ 盖房子

正室 tsɿ³³tɕi⁰

厢房 ɕiẽ⁵⁵vəŋ⁰

厅室 tʰoŋ⁵⁵tɕi⁵⁵ 客厅

偏厦 pʰiɛ⁵⁵sua³⁵

□院 tʰɔu³³yɛ³³ 院子

楼头 nɐ⁵⁵tɐ⁰ 楼上

楼底头 nɐ⁵⁵təɯ⁵³tɐ⁰ 楼下

室□ tɕi⁵³tsʰuo⁵³ 宅基地

钉□ toŋ⁵⁵tsʌɯ²¹² 打桩

放索 fəŋ³³zuo²¹² 放线

梯 tʰɐ⁵⁵ 楼梯

板梯 pəŋ³⁵tʰɐ⁵⁵

码□ mo³⁵nəŋ⁵⁵ 台阶

亮门子 nẽ³³mɛɛ⁵⁵tsɐ³³ 窗户

　格子窗户 kɐ²¹²tsɿ⁰tsʰuɑŋ⁵⁵xu⁰

亮瓦 nẽ³³ua³⁵

大门 nu³³mɛɛ⁵⁵ 正门

　前门 tsɛɛ²¹²mɛɛ⁵⁵

偏门 pʰiɛ⁵⁵mɛɛ⁵⁵

神□ zɛɛ²¹²təŋ⁵⁵ 神龛

瓦檐 ua³⁵zɛɛ²¹² 屋檐

桁条 oŋ²¹²tiɔu²¹²

椽稿 tiɛ²¹²kɔu³⁵ 椽

　椽皮 tsuɛɛ²¹²fa²¹²

梁 nẽ⁵⁵

门闩子 mɛɛ⁵⁵soŋ⁵⁵tsɐ⁵⁵

门襻子 mɛɛ⁵⁵pʰoŋ³³tsɐ³³

扯手 dzɐ³⁵ɕiou³⁵ 大门上的门环

锁 su³⁵

钥匙 yɛ⁵³tsɛɛ⁰

磉□岩 səŋ³⁵tu²¹²ŋɐ⁵⁵ 磉墩

□□岩 su⁵⁵i⁵⁵ŋɐ⁵⁵ 磉墩下的岩石

中柱 tiɔu⁵⁵tʰiɐ³⁵

金柱 tɕiɛ⁵⁵tʰiɐ³⁵

檐柱 zɛɛ²¹²tʰiɐ³⁵

茅棚 mɔu⁵⁵pʌɯ²¹²

脊头 tɕyo⁵³tɐ⁰ 房脊

室顶头 tɕi⁵³toŋ³⁵tɐ⁰ 房顶

室柱 tɕi⁵³tʰiɐ³⁵ 屋柱子

岩□ ŋɐ⁵⁵taŋ³³ 台阶

天花板 tʰee⁵⁵xua⁵⁵pəŋ⁵⁵

楼板 nɐ⁵⁵pəŋ⁵⁵

漏雨 zɐ³³vɐ³⁵

门枋 mɛɛ⁵⁵fəŋ⁵⁵

门叶 mɛɛ⁵⁵sɤ⁵³

门□子 mɛɛ⁵⁵dziou²¹²tsɐ³⁵ 门眼

偏门 pʰiɛ⁵⁵mɛɛ⁵⁵

门肚旋 mɛɛ⁵⁵təɯ³⁵dzyɛ³³ 门轴

门角里 mɛɛ⁵⁵kuo⁵³nɐ⁰

灶房 tsɔu³³vəŋ²¹²

灶 tsɔu³³

灶菩萨 tsɔu³³bu³³sa⁰ 灶神

灶门 tsɔu³³mɛɛ⁵⁵

火塘 fa³⁵təŋ²¹² 火洞

烟筒 yɛ⁵⁵tiɔu²¹² 烟囱

烟眼 yɛ⁵⁵ŋɛɛ³⁵

通灰 tʰʌɯ⁵⁵xɤ⁵⁵

苕洞 sou³³dʌɯ³³ 地窖

门□ mɛɛ⁵⁵tɕʰiẽ⁵⁵ 门槛

天井 tʰee⁵⁵tɕi⁵⁵

上梁酒 tsʰəŋ³⁵nẽ³³tɕi⁵⁵

煞砖 sɐ⁵³tsuɛɛ⁵⁵ 煞脊

醮酒 ɕyo⁵³tɕiɐ³⁵ 祭祀时往地上倒三滴酒

园笆 zəŋ²¹²po³³ 篱笆

羊楼 zəŋ²¹²nɐ⁵⁵ 羊圈

猪院 tiou⁵⁵yɛ³³ 猪圈

　猪栏 tiou⁵⁵nəŋ⁵⁵

猪楼 tiou⁵⁵nɐ⁵⁵

猪槽 tiou⁵⁵tsɔu²¹² 猪食槽

牛栏 ŋəɯ⁵⁵nəŋ⁵⁵

犬窝 kʰuɛe³⁵u⁵⁵ 狗窝

鸡笼 kɐ⁵⁵nʌɯ⁵⁵

鸡窠 kɐ⁵⁵kʰu⁵⁵

鸭笼 u⁵³nʌɯ⁵⁵

老鼠□ nɔu³⁵su³³tʰuo²¹² 捕鼠器

老鼠笼子 nɔu³⁵su³³nʌɯ⁵⁵tsɐ⁵⁵

□窝 tsu⁵³u⁵⁵ 鸟窝

茅□ mɔu⁵⁵səŋ⁰ 厕所

土地堂 tʰɤ³⁵ti³³təŋ²¹² 摆放土地神的地方

香□碗 ɕiẽ⁵⁵noŋ³³ən³⁵ 香炉

八 器具 用品

（一）一般家具

枱 ta²¹² 桌子

儿桌子 ɲiaŋ²¹²ta²¹²tsɐ⁰ 小桌子

方枱 fəŋ⁵⁵ta²¹² 方桌

圞枱 nəŋ²¹²ta²¹² 圆桌

□ doŋ²¹² 圆柱形

饭枱 moŋ⁵⁵ta²¹² 饭桌

碗柜 ən³⁵kui⁵³

柜 kuei³⁵ 柜子

□箱 tʰiɛ⁵⁵ɕiẽ⁰ 抽屉

板子 poŋ³⁵tsʅ⁰ 凳子

板 pəŋ³⁵

长板子 dẽ²¹²poŋ³⁵tsʅ⁰ 长板凳

交椅 kɔu⁵⁵i⁵⁵ 椅子

草墩 tsʰɔu³⁵tuɛe⁵⁵

案台 ŋã³⁵ta²¹² 条案

热壶 dzɤ³⁵³vu²¹² 汤壶

热水壶 dzɤ³⁵³tsu³⁵vu²¹² 暖水瓶

澡面盆 tsɔu³⁵miɐ³³pɛe⁰ 洗脸盆

澡面水 tsɔu³⁵miɐ³³tsu³³ 洗脸水

澡面架 tsɔu³⁵miɐ³³kuo³³ 洗脸架

澡面帕 tsɔu³⁵miɐ³³pʰo³³ 毛巾

洋碱 zəŋ²¹²tɕiɐ³⁵ 肥皂

澡浴盆 tsɔu³⁵zu³³pɛe⁰ 洗澡盆

包帕 pɔu⁵⁵pʰo³³ 裹头巾

澡脚盆 tsɔu³⁵ku⁵³pɛe⁰ 洗脚盆

抹脚帕 mo⁵³ku⁵³pʰo³³ 擦脚布

担桶 toŋ⁵⁵tʰʌɯ⁵⁵ 水桶

负桶 bɐ⁵⁵tʰʌɯ³³ 用来背水的桶

火盆 fa³⁵pɛe²¹²

火烘子 fa³⁵xʌɯ⁵⁵tsɐ³³ 用来烤火的

炉子 nəɯ⁵⁵tsɐ⁰

（二）卧室用具

困床 kʰuɛe³³tsəŋ²¹²

花困床 xua⁵⁵kʰuɛe³³tsəŋ²¹²

困床禾 kʰuɛe³³tsəŋ²¹²u²¹² 用来铺床的稻秆

帐□颜子 tẽ³³naŋ⁵⁵iẽ³³tsʅ⁰ 帐颜

床□ tsəŋ²¹²tʰoŋ⁵³ 床边沿可以坐的地方

帐□ tẽ³³nɛe³³ 蚊帐

　帐□ tẽ³³naŋ⁵⁵

帐□钩 tẽ³³naŋ⁵⁵kɐ⁵⁵tɕi²¹² 蚊帐钩

绷子困床 poŋ⁵⁵tsʅ⁰kʰuɛe³³tsəŋ²¹² 棕绷

被絮 fa³⁵ɕiou³³ 被子

絮 ɕiou³³ 棉花胎

垫被 tʰɛe³⁵fa³⁵

单被 toŋ⁵⁵fa⁵⁵ 被单

正被 tsʅ³⁵fa³³

被絮面子 fa³⁵ɕiou³³miɐ³³tsɐ³³

被絮里子 fa³⁵ɕiou³³niou³⁵tsɐ⁰ 被套下面的那一块儿

索□子 zuo²¹²kuo³³tsɐ³³ 弹匠用来发线的工具

褥子 zu²¹²tsʅ⁰

困簟子 kʰuɛe³³nɛe³³tsɐ³³ 席子

枕头 tsɛe³⁵tɐ⁰

镜子 tɕiɛ³³tsɐ⁰

衣架子 i⁵⁵kuo³³tsɐ⁰

手提箱 ɕiou³⁵di³³ɕiẽ⁵⁵

马桶 mo³⁵tʰʌɯ⁵⁵

夜壶 zuo³³vu²¹²

　夜桶 zuo³³tʰʌɯ⁵⁵

肥桶 fei²¹²tʰʌɯ⁵⁵ 粪桶

尿桶 ɲiɔu³³tʰʌɯ⁵⁵ 手提的尿桶

（三）炊事用具

□底灰 tɕʰiou³³ta³⁵xɤ⁵⁵ 锅烟子

□盖 tɕʰiou³³kua³³ 锅盖

盖子 kua³³tsɐ⁰

□子 pɔu³⁵tsɐ⁰ 盖子上的蒂

收益 sɐ⁵⁵pee²¹² 杀猪盆

铇子 bɔu³³tsɐ³⁵ 用来给猪刮毛的工具

瓜柄子 kua⁵⁵poŋ³³tsɐ⁰ 瓜蒂

大□ nu³³tɕʰiou³³ 无耳的大锅

耳子铛 ȵiaŋ³⁵tsɐ⁵⁵tsʰoŋ⁵⁵ 有耳的锅

铁鼎 tʰɐ⁵³taŋ³³ 煮饭用的锅

铛架 tsʰoŋ⁵⁵kuo³³ 锅架

补铛 pu³⁵tsʰoŋ⁵⁵ 补锅

□ tɕʰiou³³ 大的锅

铛 tsʰoŋ⁵⁵ 小的锅，菜锅

柄子 poŋ³³tsɐ³³ 橱儿

甑子 tsaŋ³³tsɐ⁵⁵

菜刀 tsʰɤ³³tɔu⁰

面板 miɛ³³pəŋ³³

砧板 tuee⁵⁵pəŋ⁵⁵

蒸箅 tsaŋ⁵⁵pi³³ 蒸笼

风箱 fʌɯ⁵⁵ɕiẽ⁵⁵

烘腊肉 xʌɯ⁵⁵nuo⁵³ȵiou⁵³

铁钳 tʰɐ⁵³tɕiẽ⁰

□铲 ɕiẽ⁵⁵tsʰee⁰ 火铲

铜壶 dʌɯ²¹²vu²¹² 水壶

漏勺 nəɯ⁵³dʑyɛ³³

碗 əŋ³⁵

　岩碗 ŋɐ⁵³əŋ³⁵

裂口 dza³³kʰɐ³⁵ 碗上的裂纹

竹子碗 tɕiou⁵³tsɐ⁰əŋ³⁵ 小孩用的小碗

大□腕 nu³³ta³⁵əŋ³⁵ 最大的碗

海碗 xee⁵³əŋ³⁵

茶缸缸 tsʰuee³⁵kaŋ⁵⁵kaŋ⁰ 茶杯

酒杯 tɕiɐ³⁵pei⁵⁵

酒提子 tɕiɐ⁵⁵di³³tsɐ³³ 舀酒的竹器

酒□子 tɕiɐ³⁵niɐ³³tsɐ³³ 用来倒酒的漏斗

盘子 pəŋ²¹²tsɐ⁰

□钵头 tsɐ⁵⁵pu⁵⁵tɐ⁰ 钵

□钵 tɕiɔu⁵⁵pu⁵³ 擂钵

□辣椒 nua⁵⁵nuo⁵³tsɐ⁰ 擂辣椒

□槌 tɕiɔu⁵⁵tuei²¹² 擂槌

茶瓶 tsʰuee³⁵pi²¹² 茶壶

饭勺 moŋ⁵⁵dʑyɛ³³

筷子 kʰua³³tsʅ⁰

　箸 tiou³³

箸豆 tiou³³dɐ³³ 筷子篓

酒瓶 tɕiɐ³⁵pi²¹² 酒坛

油瓶 zɐ⁵⁵pi²¹² 装油的容器

盐瓶 zee²¹²pi²¹² 装盐的容器

瓮 ʌɯ³³ 缸

瓮子 ʌɯ³³tsɐ³³ 口朝上、不封口的坛子

水瓮 tsu³⁵ʌɯ³³ 水缸

瓶 pi²¹² 比"瓮"小的容器

罐 kuã³⁵ 比"瓶"小的容器

瓶子 biẽ³³tsɐ³³

塞子 tsuo³³tsɐ⁰

酒□ tɕiɐ³⁵pɔu³⁵ 酒坛子

□ xɤ³³ 把容器倒过来的动作

水勺 tsu³⁵dʑyɛ³³ 水瓢

竹条 tɕiou⁵³tiou²¹² 用来舀水的勺子

浇条 tɕiɔu⁵⁵tiou²¹² 用来浇水的勺子

刷把 sua³³pa⁵³ 用来刷锅的、竹子做的器具

洗碗水 tsəu³⁵əŋ³⁵tsu³⁵ 泔水

涌水桶 sɔu³⁵tsu⁵⁵tʰʌɯ⁵⁵

猪粮桶 tiou⁵⁵niaŋ³³tʰʌɯ³³ 猪食桶

□桶 tuo²¹²tʰʌɯ⁵⁵ 用来做豆腐的桶

滤豆腐 niou³³tɐ³³fu⁰

豆腐□ tɐ³³fu⁰daŋ³⁵ 豆腐袋

洋火 zəŋ²¹²fa³⁵ 火柴

□薪 pʰɔu⁵⁵ɕiɛ⁵⁵ 柴草

柴薪 tsa²¹²ɕiɛ³³ 硬的块状柴

薪稿 ɕiɛ⁵³kɔu⁵⁵ 柴火

烟头 yɛ⁵⁵tɐ⁵⁵ 没有烧完的木柴

□木灰 tsɐ³⁵mo⁵³xɤ³³ 有余温的灰

□烟子 tɕʰiou³³yɛ⁵⁵tsɐ⁰ 锅末灰

□子秆 tsu³³tsɐ³³kee⁵³ 高粱秆

（四）其他生活用具

蜡烛 nuo⁵³tɕiou⁵³

烛 tɕiou⁵³

煤油灯 mei⁵⁵zɤ⁰taŋ⁵⁵

美孚灯 mei⁵³fu³³taŋ⁵⁵

洋油灯 zəŋ²¹²zɤ⁵⁵taŋ⁵⁵

灯子 taŋ⁵⁵tsɤ³³ 灯盏

灯笼 taŋ⁵⁵noŋ⁰

马灯 mo³⁵taŋ⁵⁵

灯芯 taŋ⁵⁵ɕiɛ⁰

灯罩子 taŋ⁵⁵tsɔu³³tsɤ³³

梳 sɤ⁵⁵ 梳子

篦梳 bi³³sɤ⁵⁵

剃刀 tʰɐ³³tɔu³³

荡刀布 tʰən³³tɔu⁵⁵pu³³

挖子 ua⁵³tsɤ⁰ 挖耳

　　挖耳 ua⁵³n̠iaŋ³⁵

扇子 sɛɛ³³tsɤ³³

摇清 zɔu²¹²tɕʰi³³ 摇扇子

□棍 kuaŋ⁵³kuɛɛ³³ 拐杖

东西 tʌɯ⁵⁵ɕi⁰

（五）工匠用具

木脚 mo³⁵ku⁵³ 木马

手锯 ɕiou³⁵kəɯ³³

扯锯 dzɤ³⁵kəɯ³³ 两人拉的锯子

□锯 niɔu⁵³kəɯ³³ 用来锯大树的锯子

钢锯子 kəŋ⁵⁵kəɯ³³tsɤ⁰

刨 pʰɔu³⁵ 刨子

刨□ pʰɔu³⁵sɿ⁵⁵ 刨花儿

□□ tsa⁵³sɿ⁰ 木札儿

锯末粉 kəɯ³³mo⁵³pɛɛ³⁵ 锯末

□皮 piɔu⁵⁵fa²¹² 锯木块

墨签 mɤ⁵³tsʰɛɛ⁵⁵ 木匠用来做标记的笔

吊索 tiɔu³³zuo²¹² 吊线

角尺 kuo⁵³tsʰuo⁰

轴 tsʰəɯ⁵⁵ 转轴

夯槌 xaŋ⁵³tuei²¹²

钻花 tsəŋ³³xua³³ 钻子

螺丝 nu⁵⁵sɤ⁵⁵

锯 kəɯ³³ 锯子

凿子 tsʰu⁵⁵tsɤ⁰

墨斗 mɤ⁵³tɐ⁰

墨索 mɤ⁵³zuo²¹² 墨斗线

钉子 toŋ⁵⁵tsɤ⁰

钉锤子 toŋ⁵⁵tuei²¹²tsɤ⁰

索子 su⁵⁵tsɤ⁰ 绳子

索 su⁵³ 粗绳子

合叶 xuo²¹²iɛ⁵³

铁墩 tʰɐ⁵³tuɛɛ⁵⁵ 铁匠用来打铁的墩子

錾子 tsʰoŋ³⁵tsɤ⁰ 石匠用的凿子

荡板 tʰəŋ³³pəŋ³⁵ 抹子

砖刀 tsuɛɛ⁵⁵tɔu⁵⁵

□錾 pi³⁵tsʰoŋ³⁵ 用来把石头打平或在石头
　　上雕刻的錾子

尖錾子 tsɛɛ⁵⁵tsʰoŋ³⁵tsɤ⁰ 用来在石头上打孔
　　的錾子

用 dzʌɯ³³

麻板 mo⁵⁵pəŋ⁵⁵

摇锤 zɔu²¹²tuei²¹² 用来打大石头的锤子，把
　　手是软的

□棍 dʑiou³⁵kuɛɛ³³ 撬棍

钢钎 kəŋ⁵⁵tsʰɛɛ⁰

纸筋 tsɤ³⁵tɕiɛ⁵⁵

灰桶 xɤ³⁵tʰʌɯ⁰

生水 soŋ⁵⁵tsu⁵⁵ 用来炼铁的

饮水 aŋ⁵⁵tsu³⁵ 吃水（铁吃水增加硬度）

土砖 tʰɤ³⁵tsuɛɛ⁵⁵

砖箱子 tsuɛɛ⁵⁵ɕiɛ̃⁵⁵tsɤ⁵⁵

青砖 tɕʰi⁵⁵tsuɛɛ⁵⁵

瓦窑 ua³⁵zɔu³³

烧窑 sɔu⁵⁵zɔu³³

□泥 dzʌɯ²¹²ni⁵⁵ 踩泥

瓦桶 ua³⁵tʰʌɯ⁵⁵tsɤ³³ 做瓦的模子

弓 tɕiou³⁵ 棉花弓

弹棉花絮 dəŋ²¹²miɛ⁵⁵xua⁵⁵ɕiou³³

碾盘 nɛɛ³⁵pəŋ²¹² 做被子时用来压匀棉被的
　　工具

弹匠锥 dəŋ²¹²dʑiɛ̃³³tuei²¹²

索 zuo²¹² 线

纺车 fəŋ⁵⁵tsʰuo⁵⁵

鱼网 ȵiou⁵⁵vəŋ³⁵

□□ xuo⁵³tʰəŋ⁵⁵ 一种网鱼的工具

鱼叉 ȵiou⁵⁵tsʰuo⁵⁵

拦网 nəŋ⁵⁵vəŋ³⁵

□□豆 zəŋ²¹²pi³⁵dɐ³³ 小鱼篓

手网 ɕiou³⁵vəŋ³⁵

放网 fəŋ³³vəŋ³⁵

筲 kɐ³⁵

罾 tsʌɯ⁵⁵

□罾 pʰoŋ³³tsʌɯ⁵⁵ 扳罾

抓鱼 tsua⁵³ȵiou⁵⁵

痨鱼 nɔu⁵⁵ȵiou⁵⁵ 毒鱼

钓鱼 tiɔu³³ȵiou³³

钓鱼竿 tiɔu³³ȵiou³³kɐɛ⁵³

船老板 dzuɛɛ²¹²nɔu³⁵pəŋ³⁵

渡船 tɤ³³dzuɛɛ²¹²

□船 mɔu²¹²dzuɛɛ²¹² 划船

桨 tɕiaŋ⁵³

九　人品　亲属

（一）人品

子子 tsɐ³⁵tsɐ⁰ 男孩

女子 ȵiou³⁵tsɐ⁰ 女孩

后生家 ɐ³⁵soŋ⁵⁵kuo⁰ 小伙子

伢□ ŋuo⁵⁵zʅ⁰ 小孩儿

红花女 ʌɯ²¹²xuɑ⁵⁵ȵiou⁵⁵ 黄花闺女

红花子 ʌɯ²¹²xuɑ⁵⁵tsɐ³⁵ 童男

老人家 nɔu³⁵ŋ̍⁰kuo⁰

老婆婆 nɔu³⁵po³³po⁰ 老太婆

　老阿嬷 nɔu³⁵ɐ⁵⁵mo²¹²

老阿□ nɔu³⁵ɐ⁵⁵bu³⁵ 老大爷

同八子 dʌɯ²¹²pa⁵³tsɐ⁰ 同庚

媳妇 ɕi³³pʰɐ⁵⁵ 已婚妇女

客 kʰuo⁵³

　客人 kʰuo⁵³ŋ̍⁰

隔壁 kuo⁵³piɛ⁵³ 邻居

朋友 pʌɯ²¹²zɐ³³

害人精 xɑ³³ŋ³³tɕi⁵⁵

单身人 toŋ⁵⁵sɐɛ⁵⁵ŋ̍⁰ 光棍

老女子 nɔu³⁵ȵiou⁰tsɐ⁰ 老姑娘

□□媳妇 xuɛɛ⁵⁵xuɛɛ⁵⁵ɕi³³pʰɐ³³ 结婚前定亲
　的丈夫已经去世了的媳妇

寡嫫 kuɑ³⁵mo²¹² 寡妇

改嫁 kɑ³⁵kuo³³

二房 ŋ³³vəŋ²¹²

二道亲 ŋ³³tou³³tɕʰiɛ⁵⁵ 二婚头
　二道亲 ŋ³³sɔu³⁵tɕʰiɛ⁰

师父 sɐ⁵⁵fu³³ 老师

手艺人 ɕiou³⁵ȵiɛ³³ŋ̍⁰

□□ pu⁵³tsʌɯ⁰ 木匠

砖匠 tsuɛɛ⁵⁵dʑiɛ̃³³

铁匠 tʰɐ⁵³dʑiɛ̃³³

岩匠 ŋɐ⁵⁵dʑiɛ̃³³ 石匠

篾匠 miɛ⁵⁵dʑiɛ̃³³

瓦匠 uɑ³⁵dʑiɛ̃³³

银匠 ȵiɛ⁵⁵dʑiɛ̃³³

弹匠 dəŋ³³dʑiɛ̃³³

补锅匠 pu³⁵kuo⁵⁵dʑiɛ̃³³

裁缝 dzɤ²¹²bʌɯ²¹²

剃脑匠 tʰɐ³³nɔu³⁵dʑiɛ̃³³ 理发师

屠父 təɯ²¹²fu³⁵

担子客 toŋ⁵⁵tsɐ⁰kʰuo⁵³ 货郎

担脚 toŋ⁵⁵ku⁵³ 挑夫

□娘 mɐ⁵⁵ȵiɛ²¹² 奶妈

捡生娘 tɕiɛ⁵³sɛ⁵⁵ȵiaŋ³³ 接生婆

和尚 vu²¹²tsʰəŋ³⁵

尼姑 ȵi³³ku⁰

老□ nɔu³⁵sɑ⁵³ 道士

告花 kɔu³³xuɑ⁰ 乞丐

拐子 kuɛɛ⁵³tsʅ⁰ 小偷（扒子手）

□客 pʰiɔu³⁵kʰuo⁵³ 骗子

贼头 tsʰɤ⁵⁵tɐ⁰

药师 zyɛ³³sɐ⁰ 江湖郎中

头子 tɐ²¹²tsɐ³⁵ 头儿

当官的 toŋ⁵⁵kəŋ⁵⁵ti⁰

财主 tsa²¹²tsɐ³⁵

□子 pɛɛ⁵⁵tsʅ⁰ 跛子

□□ ȵyo⁵⁵ti⁰ 轻微的脚瘸

207

瘫□ tʰoŋ^{55}ti^{0} 瘫痪了的人

麻□ mo^{55}ti^{0} 麻子

□□ zou^{33}tɕyɛ^{55} 傻子

  □□ zɔu^{33}ti^{0}

驼□ tu^{212}ti^{0} 驼背

  驮子 do^{33}tsɿ^{0}

  驮腰 tu^{212}iɔu^{55}

瞎□ xuo^{53}ti^{0} 盲人

聋□ tsʌɯ^{55}ti^{0} 聋子

哑□ uo^{35}ti^{0} 哑巴

□□ tɕyɛ^{35}ti^{0} 结巴

(二) 亲属

阿□ ʁ^{55}pu^{33} 祖父

老阿□ nɔu^{35}ʁ^{55}pu^{33} 曾祖父

□阿□ tʰɔu^{33}ʁ^{55}pu^{33} 高祖父

□婆 tʰɔu^{33}bo^{33} 曾祖母

婆 bo^{33} 祖母

  婆 po^{213}

阿嬷 ʁ^{55}mo^{212} 祖母

家□ kuo^{55}pu^{33} 外祖父

家□ kuo^{55}maŋ^{0} 外祖母

姑婆 ku^{55}bo^{33} 姑奶奶

□□婆 uo^{212}sɿ^{0}bo^{33} 姨奶奶

□孙□ tɕi^{35}suɛɛ^{55}pu^{35} 祖孙俩（爷爷和孙子）

□婆孙 tɕi^{35}bo^{33}suɛɛ^{55} 奶奶和孙子

两□□ tsuo^{35}tɕi^{35}pu^{35} 爷俩

□娘 tɕi^{35}ɲiɛ̃^{212}zɿ^{0} 娘俩

爹 tiɐ^{55} 父亲

  老□□ nɔu^{35}pu^{55}ɐ^{55}

娘娘 ɲiaŋ^{212}ɲiaŋ^{0} 母亲（面称）

□ ɲya^{33} 母亲（背称）

  娘 ɲiɛ̃^{212}

伯伯 po^{53}po^{0}

儿伯 ɲiaŋ^{212}po^{53} 二伯伯

□□ mo^{55}mo^{55} 伯母

□□ moŋ^{35}moŋ^{0} 婶婶

□□ uo^{212}uo^{0} 叔叔

儿□□ ɲiaŋ^{212}uo^{212}uo^{0} 小叔（父亲最大的弟弟）

三□ səŋ^{55}uo^{212} 三叔

□□ ta^{55}ta^{0} 姑妈

姑□ ku^{55}tiɔu^{212} 姑父

□娘 tsəŋ^{53}ɲiaŋ^{212} 大姨妈

□□ tsəŋ^{53}tiɔu^{212} 大姨夫

□□ uo^{212}sɿ^{35} 小姨妈

□丈 uo^{212}tʰɛ̃^{35} 小姨夫

□□□ po^{53}maŋ^{0}tʰua^{33} 连襟

□舅 kuo^{212}kəɯ^{35} 舅舅

  舅舅 tɕiou^{35}tɕiou^{0}

□□ kuo^{212}maŋ^{35} 舅妈

亲家 tɕʰiɛ^{55}kuo^{0}

丈父 tʰɛ̃^{35}bu^{353} 岳父

丈□娘 tʰɛ̃^{35}maŋ^{55}ɲiɛ̃^{212} 岳母

亲家□ tɕʰiɛ^{55}kuo^{0}maŋ^{0} 亲家母

  亲家娘 tɕʰiɛ^{55}kuo^{55}ɲiɛ̃^{212}

男家 nəŋ^{55}kuo^{0} 女婿

  家 kuo^{55}

后生家 ʁ^{35}soŋ^{55}kuo^{0}

室头人 tɕi^{53}tɐ^{0}ŋ^{0} 妻子

  女家 ɲiou^{35}kuo^{55}

儿嬷 ɲiaŋ^{212}mo^{212} 小老婆

娘室头 ɲiɛ̃^{212}tɕi^{53}tɐ^{0} 娘家

嬷室头 mo^{212}tɕi^{53}tɐ^{0} 婆家

两□□ tsuo^{35}tɕi^{212}xa^{55} 夫妻

  两个□ tsuo^{35}kəɯ^{33}nɔu^{53}

女 ɲiou^{35} 女儿

子 tsɐ^{35} 儿子

幺子 iɔu^{55}tsɐ^{35} 最小的孩子

抱养子 bɔu^{33}zəŋ^{33}tsɐ^{33} 养子

继子 tɕi^{35}tsɿ^{0}

义子 ɲi^{35}tsɿ^{0}

子媳妇 tsɐ^{35}ɕi^{212}pʰɐ^{55} 儿媳妇

姊□ tɕi^{35}xa^{35} 姊妹

  姊□□ tɕi^{35}xa^{55}tʰua^{33} 兄弟姐妹

兄□ foŋ^{55}xa^{55} 弟兄

哥哥 ku^{55}ku^{0}

嫂嫂 tsʰou^{35}tsʰou^{0}

姐姐 tɕiɛ^{53}tɕiɛ^{0}

姊丈 tɕi³⁵tʰẽ³⁵ 姐夫

妹□ mei³⁵zŋ⁰ 妹妹

　妹妹 mei³⁵mei⁰

妹□家 mei³⁵zŋ⁰kuo⁵⁵ 妹夫

□□ xɑ³⁵zŋ⁰ 弟弟

□□ maŋ³⁵tsɐ⁵⁵ 弟媳

□子□□ uo²¹²tsɐ³⁵po⁵³tiou²¹² 堂哥

表姊□ piɔu³⁵tɕi³⁵xɑ⁵⁵ 表姐妹

表哥哥 piɔu³⁵ku⁵⁵ku⁰

侄女 tʰi⁵⁵ȵiou³⁵

侄子 tʰi⁵⁵tsɐ⁵⁵

孙 suɛɛ⁵⁵

　孙子 suɛɛ⁵⁵tsɐ⁵⁵

孙女 suɛɛ⁵⁵ȵiou⁵⁵

孙女家 suɛɛ⁵⁵ȵiou⁵⁵kuo⁵⁵ 孙女婿

外孙 uɛɛ³⁵suɛɛ⁵⁵ 外孙；外甥

孙媳妇 suɛɛ⁵⁵ɕi³³pʰɐ⁵⁵

重孙 tiɔu²¹²suɛɛ⁵⁵

亲戚 tɕʰiɛ⁵⁵tɕʰiɛ⁰

行亲 oŋ²¹²tɕʰiɛ⁵⁵ 走亲戚

班数 poŋ⁵⁵sɐ³³ 班辈

大班 nu³³poŋ⁵⁵ 长辈

儿班 ȵiaŋ²¹²poŋ⁵⁵ 晚辈

族 tsʰu²¹²

一房 i²¹²vəŋ²¹² 五代以内的宗族

五服 əŋ³⁵fu²¹²

出服 tsʰu⁵³fu²¹²

十　身体

身头 sɛɛ⁵⁵tɐ⁰ 身体

□□ uo⁵⁵tsʰuo⁰ 裸体

脑牯 nɔu³⁵ku⁰ 头

光脑牯 kuaŋ⁵⁵nɔu⁰ku⁰ 光头

当脑牯 təŋ⁵⁵nɔu⁰ku⁰ 头顶

　脑牯顶巅 nɔu³⁵ku⁰toŋ³⁵tɛɛ⁵⁵

后脑牯 ɐ³⁵nɔu⁰ku⁰ 后脑勺

额门头 ŋuo⁵³mẽ³⁵tɐ⁰ 额头

天门 tʰɛɛ⁵⁵mɛɛ⁵⁵ 囟门

日头窟 ŋ⁵³tɐ⁰kʰua⁵³ 太阳穴

脑毛 nɔu³⁵mo⁰ 头发

□脑毛 nu³³nɔu³⁵mo⁵⁵ 掉头发

辫子 pʰiɛ³⁵tsɐ⁵⁵

□□□ pa⁵⁵pa⁰tɕiou⁵⁵ 发髻

颜子脑毛 iɛ̃³⁵tsŋ⁰nɔu³⁵mo⁰ 刘海儿

旋 dʑyɛ³³ 头旋

眼□毛 ŋɛ³⁵nẽ⁵⁵mɔu⁰ 睫毛

眉毛 mi³³mɔu⁰

鼻□ pi³³kaŋ⁰ 鼻子

钩鼻□ kɐ³⁵pi³³kaŋ³³ 鹰钩鼻

鼻 pi³³ 鼻涕

鼻屎 pi³³sŋ³⁵

流清鼻 dʑiou²¹²tɕʰi⁵⁵pi³³ 流鼻涕水

流黄鼻 dʑiou²¹²əŋ²¹²pi³³ 流脓鼻涕

口 kʰɐ³⁵ 嘴

口皮 kʰɐ³⁵fa²¹² 嘴唇

□子 tʰiou³⁵tsŋ⁰ 唾沫

流清水 dʑiou²¹²tɕʰi⁵⁵tsu⁵⁵ 大人流口水

流□ dʑiou²¹²niou²¹² 小孩流口水

舌杆 dʑɤ³³kɛe⁰ 舌头

牙齿 ŋuo⁵⁵tsʰŋ⁵⁵

牙肉 ŋuo⁵⁵ȵiou³³

门牙 mɛɛ⁵⁵ŋuo⁰

板牙 poŋ³⁵ŋuo⁵⁵ 大牙

龅牙子 pou³³ŋuo⁵⁵tsŋ⁰

耳朵 ȵiaŋ³⁵tu⁰

耳朵窟 ȵiaŋ³⁵tu⁰kʰua⁵³ 耳朵眼

耳朵垂子 ȵiaŋ³⁵tu⁰tuei²¹²tsɐ⁰ 耳垂

喉嗓条 ɐ²¹²saŋ³⁵tiɔu⁰ 喉咙

面巴 miɛ³³po⁰ 脸

下嘴□ uo³⁵tɕyi³⁵pou⁰ 下巴

面巴骨 miɛ³⁵po⁰kua⁵³ 颧骨

胡 vu²¹² 胡子

下嘴巴胡 uo³⁵tɕyi³⁵po⁰vu²¹²

上嘴巴胡 tsʰəŋ³⁵tɕyi³⁵po⁰vu²¹²

连边胡 niɛ̃³³piɛ⁵⁵vu²¹² 络腮胡子

酒窝子 tɕiɐ³⁵u⁰tsɐ⁰ 酒窝

眼珠 ŋɛɛ³⁵tɕiou⁰ 眼睛

鸡眼珠 kɐ⁵⁵ŋɛɛ⁵⁵tɕiou⁰ 鸡眼

□眼珠 tsã³³ŋee³⁵tɕiou⁰ 斗鸡眼

鼓眼珠 ku⁵³ŋee³⁵tɕiou⁰ 鼓眼睛

眼仁子 ŋee³⁵n̩³³tsɐ³³ 眼珠

黑眼仁 kʰɤ⁵³ŋee³⁵n̩⁰

白眼仁 pʰo⁵⁵ŋee³⁵n̩⁰

眼□ ŋee³⁵kəŋ⁰ 眼泪

眼屎 ŋee³⁵sʅ⁵⁵

眼皮 ŋee³⁵fa²¹²

喉嗓痛 ɐ²¹²saŋ³⁵sʌɯ³³ 喉咙痛

颈杆 tsʅ³⁵kee⁰ 脖子

胸口 ɕiou⁵⁵kʰɐ⁵⁵

　胸口□ ɕiou⁵⁵kʰɐ³⁵du²¹²

□□ mɐ⁵⁵paŋ³³ 乳房

饮□ aŋ³⁵mɐ⁵⁵ 吃奶

肩膀 tɕiɛ⁵⁵pəŋ⁵⁵

背 pʰa³⁵ 单肩背的动作

背 bee³⁵ 动作

背心骨 pɤ³³ɕiẽ⁰kua⁵³ 脊背骨

　龙脊骨 niou⁵⁵tɕi⁵⁵kua⁵³

背心 pɤ³³ɕiẽ⁰ 脊背

背尾头 pɤ³³mee³⁵tɐ⁰ 背后

膀子 paŋ³⁵tsʅ⁰ 胳膊（肘关节以上）

手杆 ɕiou³⁵kee⁵³ 肘关节以下

□□骨 see³³tsɐ³³kua⁵³ 肩胛骨

□□骨 piɐ⁵⁵nẽ⁵⁵kua⁰ 肋骨

□□□ tsuo⁵⁵ku⁵³bʌɯ²¹² 胳肢窝

肚 təɯ³⁵ 肚子

儿肚 ɲiaŋ²¹²təɯ³⁵ 小肚子

肚旋 təɯ³⁵dʑyɛ⁰ 肚脐眼

　旋 dʑyɛ³³

肝 kəŋ⁵⁵

□心 tʰəɯ⁵⁵ɕiɛ⁵⁵ 心脏

肠子 nẽ²¹²tsɐ⁰

□子子 kəŋ³⁵tsɐ³³tsɐ⁰ 尿脬

拐子 kuee⁵³tsʅ⁰ 肘

手 ɕiou³⁵ 包括手臂和手掌

手□骨 ɕiou³⁵tɕiɐ⁵⁵kua⁵³ 手腕

左手 tsu³³ɕiou³³

　反手 fee³⁵ɕiou⁵⁵

右手 zɐ³³ɕiou³³

　顺手 zuɐ³³ɕiou³³

手板 ɕiou³⁵pəŋ⁵⁵ 手掌

手背 ɕiou³⁵pɤ³³

手指子 ɕiou³⁵tsʅ⁰tsɐ⁰ 手指

大手指子 nu³³ɕiou³⁵tsʅ⁰tsɐ⁰ 大拇指

儿手指子 ɲiaŋ²¹²ɕiou³⁵tsʅ⁰tsɐ⁰ 食指

中手指子 tiou⁵⁵ɕiou³⁵tsʅ⁰tsɐ⁰ 中指

不名手指子 pɐ²¹²mi⁵⁵ɕiou³⁵tsʅ⁰tsɐ⁰ 无名指

尾手指子 mɐɐ³⁵ɕiou³⁵tsʅ⁰tsɐ⁰ 小指

手指壳 ɕiou³⁵tsʅ⁰kʰɔu⁵³ 指甲

拳头 tɕyɛ²¹²tɐ⁵³

□拳头 ɲiɐ⁵³tɕyɛ²¹²tɐ⁰ 握拳头

敲栗□ kʰɔu³³ni²¹²tsua⁵³ 打栗暴

手印 ɕiou³⁵iɛ³³

节骨 tɕiɛ²¹²kua⁵³ 关节

巴掌 po⁵⁵tsəŋ⁵⁵

　□□ ɲiaŋ²¹²sʅ³⁵

膶 nu⁵⁵ 膶纹

箔箕 sou⁵⁵tɕi⁰ 膶纹箔箕

虎口 kʰu³⁵kʰɐ³⁵

屁股 pʰi³³ku³³

大腿 nu³³tʰua³³

脚□包 ku⁵³ɕiɛ⁵⁵pou⁵⁵ 膝盖

腿麻 tʰua³⁵mo⁵⁵

脚□肚 ku⁵³paŋ³⁵təɯ³⁵ 小腿肚子

脚 ku⁵³ 包括腿和脚

脚□ ku⁵³tɕʰiɔu³³ 腿弯里

脚板 ku⁵³paŋ³⁵

赤脚板 tsʰɤ⁵³ku⁰paŋ³⁵ 赤脚

脚趾子 ku⁵³tsʅ⁰tsɐ⁰ 脚趾头

脚印子 ku⁵³iɛ³³tsɐ⁰ 脚印

罗□骨 nu⁵⁵tɕi³³kua⁵³ 脚踝骨

脚后跟 ku⁵³ɐ³⁵kee⁰

骨头 kua⁵³tɐ⁰

汗毛 əŋ³³mɔu³³

痣子 tsʅ³³tsɐ⁰ 痣

声气 sʅ⁵⁵tɕʰi³³ 声音

茧 tɕiẽ⁵³

胎 tʰa⁵⁵ 胎记

十一　病痛　医疗

得病 tɤ⁵³foŋ³³
　着病 tʰu⁵⁵foŋ³³
病了 foŋ³³ti⁰
重病 tʰiou³⁵foŋ³³
变重病 piɛ³³tʰiou³⁵foŋ³³
病轻了 foŋ³³tɕʰiɛ⁵⁵ti⁰
　变儿病 piɛ³³n̠ian²¹²foŋ³³
儿病 n̠ian²¹²foŋ³³ 小病
病好了 foŋ³³xou³⁵ti⁰
流汁 dʑiou²¹²tsʅ⁵³ 溃脓
生疤 soŋ⁵⁵po⁵⁵
疤子 po⁵⁵tsɐ⁰
生疮 soŋ⁵⁵tsʰən⁵⁵
痔疮 tsʅ³³tsʰən⁰
冻□包 tʌɯ³³ku³³pou³³ 冻疮
废漆 fei³⁵tɕi⁵⁵ 一种皮肤病
闹疮子 nou³³tsʰən⁵⁵tsɐ⁰ 生疥疮
瘤子 niɐ⁵⁵ɐtsɐ⁰ 肉瘤
□ pʰɐ²¹² 瘊子
酒刺子 tɕiɐ³⁵tɕʰi³³tsɐ⁰ 粉刺
骚子 sou⁵⁵tsʅ⁰ 痘
□□面 kʰuɐɛ³⁵pʰi³³miɛ³³ 癣
土印 tʰɤ³⁵iɛ³³ 斑
痧菲子 suo⁵⁵fei⁵⁵tsɐ⁵⁵ 痱子
红鼻子 ʌɯ²¹²pi³³kaŋ³³
酒鼻子 tɕiɐ³⁵pi³³kaŋ³³
癫脑牯 na³³nou³⁵ku³³ 瘌痢头
虫牙 niou²¹²ŋuo⁵⁵
屙屁 u⁵⁵pʰi³³ 放屁
出麻 tsʰu⁵³mo⁵⁵ 出麻疹
出天花 tsʰu⁵³tʰɛɛ⁵⁵xua⁵⁵
出水痘 tsʰu⁵³tsu³⁵tɐ⁰
□摆子 kʰua³⁵pɐɛ⁵³tsʅ⁰ 发疟疾
□□ kʰua³⁵pʰan³⁵ 发抖
鸡□气子 kɐ⁵⁵niou⁵³tɕʰi³³tsɐ⁵⁵ 鸡皮疙瘩
起鸡□子 kʰɯ³⁵kɐ⁵⁵tɕʰi³³tsɐ³³ 起鸡皮疙瘩

痨病 nou⁵⁵foŋ³³
謦 kʰoŋ³⁵ 咳嗽
喘气 tsʰuɛɛ⁵³tɕʰi³³ 气喘
扯□ dzɐ³⁵xɐ⁵⁵ 哮喘
羊癫疯 zən²¹²tɛɛ⁵⁵fʌɯ⁵⁵ 癫痫
扯筋 dzɐ³⁵tɕiɛ⁵⁵ 抽筋
滞 tsʰʅ³⁵ 积滞
疳积 kã⁵⁵tɕi²¹²
　食积 sʅ²¹²tɕi²¹²
黄□病 ən²¹²tsou⁵⁵foŋ³³ 黄疸
脑牯晕 nou³⁵ku⁵⁵xuɐɛ⁵⁵ 头晕
脑牯痛 nou³⁵ku⁵⁵sʌɯ⁵⁵ 头疼
脑牯闷 nou³⁵ku⁵⁵mɛɛ³³
晕船 xuɐɛ⁵⁵dzuɛɛ²¹²
萝卜花 nu⁵⁵pʰɛɛ⁰xua⁰ 臀子
吐 tʰɤ³³ 干恶
　干吐 kʰən⁰tʰɤ³³
□ tʰiou³³ 呕吐
嗝气 kəɯ³⁵tɕʰi³³ 嗝气反胃
屙肚 u⁵⁵təɯ³⁵ 拉肚子
□ ɔu³⁵ 崴脚
跌伤 dɐ⁵³sən⁵⁵
□ əɯ³⁵ 淤青
火气 fa³⁵tɕʰi³³ 上火
退火 tʰa³³fa³⁵ 祛火
发□ fa⁵³doŋ²¹² 发炎
□汗 tʰɐ³³ŋ³³ 发汗
退烧 tʰa³³sou⁵⁵
□汗 mɔu³⁵ŋ³³ 捂汗
冻了 tʌɯ³⁵ti⁰ 着凉
塞鼻□ sɤ⁵³pi³³kaŋ³³ 鼻子不通
怯冻 tɕʰyɛ⁵³tʌɯ³³ 畏寒
洋子 zən²¹²tsɐ³⁵ 淋巴
洋子疼 zən²¹²tsɐ³⁵sʌɯ³³ 淋巴发炎
□□□ vu²¹²mɔu³³tsən²¹² 耳朵后边发炎
□血 ʌɯ³⁵ɕyɛ⁵³ 淤血
茅□ mɔu⁵⁵xu³³ 叶子等在衣服里弄的痒痒
　的感觉
体臊 tʰi⁵³sou⁵⁵ 狐臭

瘫 tʰoŋ⁵⁵ 瘫痪

缺口皮 tɕʰyɛ⁵³kʰɐ⁰fa²¹² 豁唇

六□手指子 niɛ⁵³pɐ⁰ɕiou³⁵tsʅ⁰tsɐ⁵³ 六指儿

左撇子 tsu³³pʰiɛ⁵³tsɐ⁰

遭瘟病了 tsɔu⁵⁵uɛɛ⁵⁵foŋ³³ti⁰ 霍乱

着□tʰu⁵³tsəŋ³³ 猪瘟

□tɐ⁵⁵ 传染

望病 məŋ³³foŋ³³ 看病

把脉 pa⁵³mɤ⁵³

开药单子 kʰa⁵⁵ʐyɛ³³toŋ⁵⁵tsɐ³³

点药 tɛɛ³⁵ʐyɛ³³ 抓药

药瓶 ʐyɛ³³pi²¹² 药罐

　舜瓶 tsʰuɛɛ³⁵pi²¹²

饮药 aŋ³⁵ʐyɛ³³ 吃药

□火瓶 kʰua³⁵fa³⁵pi²¹² 拔火罐

□银针 kʰua³⁵niɛ⁵⁵tsɛɛ⁰ 针灸

刮背 kua⁵³pɤ³³ 刮痧

□du³⁵kʰɐ³⁵ 忌口

消痰 ɕiou⁵⁵toŋ²¹² 祛痰

□tsʰʅ³³ 涂抹

□膏药 po⁵⁵kɔu⁵⁵ʐyɛ³³ 贴膏药

扯膏药 dzɐ³⁵kɔu⁵⁵ʐyɛ³³ 撕膏药

解毒 ka³⁵tu²¹²

□药 tsʰʅ⁵⁵ʐyɛ³³ 敷药

　上病□tsʰəŋ³⁵foŋ³³ti⁰

□病□pɔu²¹²foŋ³³ti⁰ 熬药

艾蒿 ŋɛɛ³⁵xɔu⁵⁵

辣□草 nuo⁵³ni⁰tsʰɔu³⁵ 红蓼

日头草 ŋ⁵³tɐ⁰tsʰɔu³⁵

紫苏 tsʅ⁵³su⁰

十二　衣服　穿戴

（一）衣服

衣服 i⁵⁵fa³⁵

　衣裤 i⁵⁵kuɛɛ⁵⁵

军衣 tɕyɛ⁵⁵i⁵⁵

大衣 nu³³i⁵⁵ 外套

棉衣 miɛ⁵⁵i⁵⁵

　絮衣 ɕiou³³i⁵⁵

棉花衣 miɛ⁵⁵xuɑ⁰i⁰

夹衣 kuo⁵³i⁵⁵

长袍子 dẽ²¹²bɔu²¹²tsʅ⁰ 棉袍

长衫子 dẽ²¹²sã⁵⁵tsʅ⁰

衬衣 tsʰoŋ³³i⁰

汗单衣 ŋ³³toŋ⁵⁵i⁰ 内衣

背单 pɤ³³toŋ⁵⁵ 坎肩

背心 pɤ³³ɕiɛ⁰

对胸衣 tua³³ɕiou⁵⁵i⁵⁵ 左右两边对称的对襟衣

□胸衣 iɛ³⁵ɕiou⁵⁵i⁵⁵ 分大小边的对襟衣

衣袖 i⁵⁵dʑiou³³

衣□i⁵⁵daŋ³³ 口袋

衣颈杆 i⁵⁵tsʅ³⁵kɛɛ⁵³ 衣领

　衣领 i⁵⁵niou³⁵

　领子 niou³⁵tsɐ⁵⁵

扣子 kʰəɯ³⁵tsɐ⁵⁵

布扣子 pu³³kʰəɯ³⁵tsɐ⁵⁵

□肩 tʰa⁵⁵tɕiɛ⁵⁵ 垫肩

里子 niou³⁵tsɐ⁰

面子 miɛ³³tsʅ⁰

裤 kuɛɛ⁵⁵ 裤子

□裤 tɕʰiɛ⁵⁵kuɛɛ⁵⁵ 短裤

内裤 nuei³⁵kuɛɛ⁵⁵ 内裤

开裆裤 kʰa⁵⁵toŋ⁵⁵kuɛɛ⁵⁵ 开裆裤

□裤 tʰa⁵⁵kuɛɛ⁵⁵ 垫裤

裤脚 kuɛɛ⁵⁵ku⁵³ 裤腿

裤腰带 kuɛɛ⁵⁵iɔu⁵⁵tu³³ 裤腰带

　鸡肠带子 kɐ⁵⁵nẽ²¹²tu³³tsɐ³³

□子 dzɤ³³tsɐ³³ 裤裆

裙 tɕyɛ²¹²

包裙 pɔu⁵⁵tɕyɛ²¹²

围□uei³³dʑiou⁰ 围裙

兜子 tɐ⁵⁵tsɐ³³ 小孩的围裙

□夹 niou²¹²kuo⁵³ 围嘴儿

尿布 niɔu³³pu³³

　尿子 niɔu³³tsɐ⁵⁵

（二）鞋帽

履 ni³⁵ 鞋子

□履 tʰiɛ⁵⁵ni³³ 拖鞋

棉花履 miɛ⁵⁵xuɑ³³ni⁰ 棉鞋
　絮履 ɕiou³³ni³³
皮履 fɑ²¹²ni³⁵ 皮鞋
布履 pu³³ni³³ 布鞋
正底鞋 tsŋ⁵⁵tɑ³⁵ni³⁵ 布鞋
□鞋 oŋ³⁵xɛe³³ 中间有筋的棉鞋
□鞋 dzou³³xɛe³³ 中间没有筋的棉鞋
襻子履 pʰoŋ³³tsɐ³³ni³³ 襻子鞋
毛履 mou⁵⁵ni⁵⁵ 带毛的鞋
尖子履 tsɛe⁵⁵tsɐ⁵⁵ni³⁵ 弓鞋
雨履 vɐ³⁵ni⁰ 雨鞋
靴 ɕyo⁵⁵ 靴子
草脚 tsʰou³⁵ku⁰ 草鞋
履底 ni³⁵tɑ³⁵ 鞋底
履面子 ni³⁵miɛ³³tsɐ³³ 鞋面
楦头 ɕyɛ³³tɐ²¹² 鞋楦子
履□子 ni³⁵kʰou³³tsɐ³³ 鞋拔子
履襻子 ni³⁵pʰoŋ³³tsɐ³³ 鞋襻子
履口□ ni³⁵kʰɐ³⁵tiou²¹² 鞋底的滚边
履□□ ni³⁵tʰɑ⁵⁵tɑ³³ 鞋垫
□壳 tsɐ⁵³kʰou⁵³ 做鞋的布壳
□底布 iɛ³³tɑ³⁵pu³³ 鞋底落脚一面的布
□底布 dɑŋ²¹²tɑ³⁵pu³³ 鞋做好以后放在鞋垫
　下的一层布
包脚 pou⁵⁵ku⁵³
袜 vɑ²¹² 袜子
袜□□ vɑ²¹²tʰɑ⁵⁵tɑ³³ 袜垫

（三）其他穿戴用品

帽子 mou³³tsɐ³³
草帽 tsʰou³⁵mou³³
蓑衣 su⁵⁵i⁰
斗笠 tɐ³⁵ni²¹²
儿斗笠 ȵiaŋ²¹²tɐ³⁵ni⁰ 用来遮太阳的斗笠
斗笠□ tɐ³⁵ni⁰tsɐ⁵⁵ 斗笠圈
斗笠顶子 tɐ³⁵ni⁰toŋ³⁵tsɐ³³
伞 səŋ³⁵
雨伞 vɐ³⁵səŋ⁵⁵
丝帕 sɐ⁵⁵pʰɑ³³ 头巾
澡面帕 tsou³⁵miɛ³³pʰɑ³³ 洗脸毛巾

手套 ɕiou³⁵tʰou³³tsɐ⁰
围巾 uei³³tɕiẽ³³
丝巾 sɐ³⁵tɕiɛ³³ 手帕
耳圈 ȵiaŋ³⁵tɕʰyɛ³³ 耳环
项圈 xaŋ³⁵tɕʰyɛ³³ 项链
箍子 ku⁵⁵tsɐ⁰ 戒指
手箍子 ɕiou³⁵ku³³tsɐ⁰ 一般的手镯
镯头 tsʰu⁵⁵tɐ⁰ 手镯
镯子 tsʰu⁵⁵tsɐ⁰ 专指玉手镯
□子 tsʌɯ⁵⁵tsɐ⁰ 簪子
长命锁 dẽ²¹²moŋ³³su³⁵
眼镜 ŋee³⁵tɕiɛ³³
手机 ɕiou³⁵kɐ⁵⁵
铰子 kou⁵⁵tsɐ⁵⁵ 剪刀
□钻子 niɛ³³tsəŋ⁵⁵tsɐ⁰ 纳鞋底用的锥子
　锥钻子 tɕyi⁵⁵tsəŋ⁵⁵tsɐ⁰
麻索子 mo⁵⁵su³⁵tsɐ³³ 做鞋的线
抵针 ti³⁵tsee³³ 顶针
锥子 tɕyi⁵⁵tsɐ³³
熨斗 yɛ³³tɐ⁰
烙铁 nuo²¹²tʰiɛ⁵³
面糊 miɛ³³vu²¹² 浆糊
澡衣□ tsou³⁵i⁵⁵piɛ⁵⁵ 洗衣槌
□□ ou²¹²kəŋ⁵⁵ 晒衣服的竹竿
晒龙袍 see³³noŋ³³bou²¹²
分龙日 fee⁵⁵niou⁵⁵ŋ³³ 五月二十六日

十三　饮食

（一）伙食

伙食 fɑ³⁵sŋ²¹²
饭 moŋ⁵⁵
早饭 tsou⁵⁵moŋ⁵⁵
晌 səŋ³⁵ 中饭
黑饭 kʰɤ⁵³moŋ⁵⁵ 晚饭
宵夜 ɕiou⁵⁵zuo³³
剩饭 zaŋ³³moŋ³³
□饭 tsuɛe³³moŋ³³ 冷饭
□饭 bi³³moŋ⁵⁵ 稀饭
□菜 tsuɛe³³tsʰɤ³³ 剩菜

焦饭 tɕiɔu⁵⁵moŋ⁵⁵ 锅巴

饭汁 moŋ⁵⁵tsʅ⁰ 米汤

淘米水 tɔu²¹²miɛ³⁵tsu³⁵

滗米汤 pi⁵³miɛ³⁵tʰəŋ⁵⁵ 煮饭过程中把多余的
　　水倒出

米汤 miɛ³⁵tʰəŋ⁵⁵

米糊 miɛ³⁵vu²¹²

面粉 miɛ³³pɛe³⁵

　麦粉 mo⁵³pɛe⁰

面 miɛ³³ 面条

□子 tua⁵⁵tsɐ⁵⁵ 汤圆，平时吃的，不是元宵

儿□子 ɲiaŋ²¹²tua⁵⁵tsɐ⁵⁵ 小汤圆

粽子 tsoŋ³⁵tsʅ⁰

臊子 sɔu³³tsɐ³³

馒头 mã³³təɯ⁰

包子 pɔu⁵⁵tsʅ⁰

油条 iou³³tiɔu⁰

饺子 tɕiɔu³⁵tsɐ⁵⁵

儿菜 ɲiaŋ²¹²tsʰɤ³³ 素菜

荤菜 xuɛɛ⁵⁵tsʰɤ³³

荤 xuɛɛ⁵⁵

斋 tsɑ⁵⁵ 素的

破鱼 pʰɤ³³ɲiou⁵⁵ 杀鱼

鱼翅 ɲiou⁵⁵tsʅ³³

鸡血 kɐ⁵⁵ɕyɛ⁵³

咸鸡□ zɛe²¹²kɐ⁵⁵kəŋ⁵⁵ 咸鸡蛋

荷包鸡□ u²¹²pɔu⁵⁵kɐ⁵⁵kəŋ⁵⁵ 荷包蛋

杂□ tsɑ²¹²kuo⁵³ 鸡杂

猪血 tiou⁵⁵ɕyɛ⁵³

猪舌根 tiou⁵⁵dzɤ³³kɛe⁵⁵ 猪舌头

板油 pəŋ³⁵/poŋ³⁵zɐ⁵⁵

肠油 nɛ̃²¹²zɐ⁵⁵

□□ niɛ̃²¹²tʰiɛ̃⁰ 猪脾

猪心 tiou⁵⁵ɕiɛ⁵⁵

猪肺 tiou⁵⁵fei³³

猪肝 tiou⁵⁵kəŋ⁵⁵

猪肚 tiou⁵⁵təɯ³⁵

猪耳朵 tiou⁵⁵ɲiaŋ³⁵tu⁰

喉圈肉 ɐ²¹²tɕʰyɛ⁵⁵ɲiou⁵³ 刀口肉

猪脑牯髓 tiou⁵⁵nɔu³⁵ku⁵⁵ɕyi³⁵ 猪脑髓

骨头髓 kua⁵³tɐ⁰ɕyi³⁵ 骨髓

猪脚 tiou⁵⁵ku⁵³

　猪蹄子 tiou⁵⁵tiɛ²¹²tsɐ⁰

腰子 iɔu⁵⁵tsɐ⁰

下水 uo³⁵tsu³⁵

　猪杂 tiou⁵⁵tsa²¹²

猪尾巴 tiou⁵⁵mɛe³⁵po⁵⁵

千层肚 tsʰɛe⁵⁵dzaŋ²¹²təɯ³⁵

牛肚 ŋɯ⁵⁵təɯ³⁵

牛筋 ŋɯ⁵⁵tɕiɛ⁵⁵

□蜂肉子 nəɯ²¹²fʌɯ⁵⁵ɲiou⁵³tsɐ⁰ 一种蜜蜂
　　的肉

豆腐 tɐ³³fu³³

□豆腐 pʰɔu³³tɐ³³fu⁰ 油榨豆腐

豆腐皮 tɐ³³fu⁰fa²¹²

豆腐脑子 tɐ³³fu⁰nɔu³⁵tsɐ⁰ 豆腐脑

豆腐干子 tɐ³³fu⁰kəŋ⁵⁵tsɐ⁰

豆腐乳 təɯ³⁵fu⁰zu⁵³

豆浆 tɐ³³tɕiɛ̃⁰

豆豉 tɐ³³sʅ³³

□菜 dʑiou²¹²tsʰɤ³³ 酸菜

肉□ ɲiou⁵³tsuo³⁵ 酸肉

鱼□ ɲiou⁵⁵tsuo³⁵ 酸鱼

盐萝卜 zɛe²¹²nu⁵⁵pʰɛe⁰ 腌萝卜

干葱 kʰəŋ⁵⁵tsʰʌɯ⁵⁵

干鱼 kʰəŋ⁵⁵ɲiou⁵⁵

干虾米 kʰəŋ⁵⁵xuo⁵⁵miɛ⁵⁵

干虾根 kʰəŋ⁵⁵xuo⁵⁵kɛe⁵⁵ 干大虾

萝卜干子 nu⁵⁵pʰɛe⁰kəŋ⁵⁵tsɐ⁵⁵ 萝卜干

盐菜 zɛɛ²¹²tsʰɤ³³ 咸菜

粉条 fɛe³⁵tiɔu²¹²

黄花 uaŋ²¹²xua⁰

青带 tɕʰiɛ̃⁵⁵tɛe⁵⁵ 海带

味 vei³⁵ 滋味

味道 mi³³tʰɔu³³

（二）油盐佐料

菜油 tsʰɤ³³zɐ⁵⁵

油麻油 zɐ⁵⁵mo⁵⁵zɐ⁵⁵ 麻油

茶油 kʰu⁵⁵zɤ⁵⁵

肉油 nɪou⁵³zɤ⁵⁵ 猪油

盐 zɛe²¹²

岩子盐 ŋɐ⁵⁵tsɤ⁵⁵zɛe²¹² 粗盐

细盐 ɕiɛ³³zɛe²¹²

酱油 tɕiẽ³³zɐ⁰

辣子酱 nuo⁵³ɐsɐ⁰tɕiẽ³³

醋 tsʰu³⁵

红糖 ʌɯ²¹²nəŋ²¹²

砂塘 suo⁵⁵nəŋ²¹²

麦芽子糖 mo⁵³ŋɐou⁵⁵tsɐ⁵⁵nəŋ²¹²

熬糖 ŋɔu⁵⁵nəŋ²¹²

八角香 pa²¹²kuo⁵³ɕiaŋ⁵⁵ 八角

香料 tɕʰiẽ⁵⁵niou³⁵ 作料

□□子 əŋ⁵³tɕi³³tsɐ⁰ 木姜子

□□子油 əŋ⁵³tɕi³³tsɐ⁰zɐ⁵⁵ 木姜子油

（三）烟、酒、茶

枯叶 kʰu⁵⁵sɤ⁵³ 茶叶

莽 tsʰuɛe³⁵ 茶

倒莽 tou³³tsʰuɛe³⁵ 沏茶

草烟 tsʰɔu³⁵yɛ⁵⁵ 旱烟

纸烟 tsɐ³⁵yɛ⁵⁵ 香烟

水烟 tsu³⁵yɛ⁵⁵

烟丝子 yɛ⁵⁵sɐ⁵⁵tsɐ³³ 烟丝

烟筒 yɛ⁵⁵tiɔu²¹² 小烟杆

烟屎 yɛ⁵⁵sŋ⁵⁵ 烟油子

烟灰 yɛ⁵⁵xɤ⁵⁵

火镰岩 fa³⁵niɛ⁵⁵ŋɐ⁵⁵ 火镰

火□纸 fa³⁵miɛ⁰tsɤ⁰ 火媒纸

烟筒脑牯 yɛ⁵⁵tiɔu²¹²nɔu³⁵ku⁵⁵ 装烟丝的

烟筒尾巴 yɛ⁵⁵tiɔu²¹²mɛe³⁵po⁵⁵ 烟嘴儿

烟壳子 yɛ⁵⁵kʰɔu⁵³tsɐ⁰ 可扔的烟盒

烟盒子 yɛ⁵⁵xuo²¹²tsɐ⁰ 重复使用的烟盒

曲 kʰɤ⁵³ 酒曲

沤酒 ɐ³³tɕiɐ³⁵ 酒发酵

蒸酒 tsaŋ⁵⁵tɕiɐ³⁵

酒糟 tɕiɐ³⁵tsɔu⁵⁵

干酒 kəŋ⁵⁵tɕiɐ³⁵ 甜酒

夫子酒 fɤ⁵⁵tsɐ⁵⁵tɕiɐ³⁵

荞糍 tɕiɔu²¹²tɕi²¹²

蒿毛糍 xɔu⁵⁵mɔu⁵⁵tɕi²¹² 蒿蒿和糯米做的糍粑

粟米糍 su⁵³miɛ³⁵tɕi²¹² 糯米糍

苞米糍 pɔu⁵⁵miɛ⁵⁵tɕi²¹² 玉米糍

桐□叶糍 dʌɯ²¹²nɐ³⁵sɤ⁵³tɕi²¹² 桐叶糍

□□叶 ɐ²¹²ni³⁵sɤ⁵³ 一种可以用来包住糍粑的叶子

十四 红白大事

（一）婚姻、生育

□桥 tuo⁵³tɕiɔu²¹² 做媒

做媒 tsɤ³³maŋ⁵⁵

媒人 maŋ⁵⁵ŋ⁰

生相 soŋ⁵⁵ɕiɛ³³ 相貌

□数 tsua³³sɐ³³ 年龄

取八字 tsʰɐ⁵³pa⁵³dzɐ³³

选日牯 ɕyɛ³⁵ŋ⁵³ku⁰ 选日子

送日牯 sʌɯ⁵³ŋ⁵³ku⁰ 送日子

□□□ tʰiɐ⁵³mɔu⁵⁵iɔu²¹² 男女双方定亲之前男方送聘礼

订婚 tẽ³⁵xuẽ⁵⁵

□女 tɤ³³nɪou³⁵ 嫁女儿

□□花 dzɔu⁵³kɔu³³xua⁵⁵

嫁妆 kuo³³tsəŋ³³

搬嫁妆 pəŋ⁵⁵kuo³³tsəŋ³³

娶亲 tsʰɐ⁵³tɕʰiɛ⁵⁵

□室头人 nɐ³³tɕi⁵³tɐ⁰ŋ⁰ 娶亲

上门 tsʰəŋ³⁵mɛe⁵⁵ 入赘

新姑□ ɕiɛ⁵⁵ku⁵⁵tiɔu²¹² 新郎

新女子 ɕiɛ⁵⁵nɪou⁵⁵tsɐ⁵⁵ 新娘

送亲嬷 sʌɯ⁵³tɕʰiɛ⁵⁵mo²¹² 伴娘

六亲 niɐ⁵³tɕʰiɛ⁵⁵

发亲 fa⁵³tɕʰiɛ⁵⁵

背亲 bɛe³⁵tɕʰiɛ⁵⁵

油客 zɐ⁵⁵kʰuo⁵³ 哭嫁的姐妹

□油 kʰua³⁵zɐ⁵⁵ 哭嫁

拜 pəŋ³³

拜堂 pa³³təŋ²¹²

拜天土 pa³³tʰɛe⁵⁵tʰɤ³³ 拜天地

拜爹娘 pa³³tyo⁵⁵nɛ̃²¹²/pa³³tiɐ⁵⁵n̩ya³³

拜祖先 pa³³tsu⁵³ɕiɛ̃⁵⁵

筛舛 sa⁵⁵tsʰuee³⁵ 倒茶

改口舛 ka³⁵kʰɐ³⁵tsʰuee³⁵ 改口茶

筛酒 sa⁵⁵tɕiɛ³⁵ 倒酒

饮酒 aŋ³⁵tɕiɛ³⁵ 吃喜酒

新房 ɕiɛ⁵⁵vəŋ²¹² 洞房

□脚履 suo⁵³ku⁵³ni³⁵ 新娘鞋

回□ vəŋ²¹²tsu⁵³ 回门

撒五谷 su⁵³u⁵³ku⁵³

□枏钱 uo⁵³ta²¹²tsɛe²¹² 压桌子钱，婚礼上女方家长给女儿的礼钱（这笔钱婚礼结束后女儿会还给娘家）

回枏 vəŋ²¹²ta²¹² 婚礼上男方根据女方家长给的礼钱数量，再回同样或者更多的钱

还盘 vəŋ²¹²pəŋ²¹² 回给女方家长的钱物等

唤客 xoŋ³³kʰuo⁵³ 婚宴上喊叫客人，客人给红包的习俗

澡面 tsou³⁵miɛ³³ 出嫁前梳妆打扮

上席 tsʰəŋ³⁵ɕi²¹²

写人情 ɕyo³⁵ŋ⁵⁵tɕi²¹² 记录人情往来

人情本 ŋ⁵⁵tɕi²¹²pee³⁵

驮肚嫲 tu²¹²təɯ³⁵mo²¹² 孕妇

驮肚 tu²¹²təɯ³⁵ 怀孕

有□□□ vɐ³⁵sɿ⁵³kəɯ⁰ti⁰ 有喜了

选口 ɕyɛ³⁵kʰɐ³⁵ 害喜

养伢 zəŋ³⁵ŋuo⁵⁵zʅ⁰ 生孩子

拾伢 tsʰʅ⁵⁵ŋuo⁵⁵zʅ⁰ 接生

月里嫲 n̩yɛ⁵³nɐ³³mo²¹² 产妇

头胎 tɐ²¹²tʰa⁵⁵

□伢□ kʰua³⁵ŋuo⁵⁵zʅ⁰ 打胎

□□ paŋ³³sɛe⁵⁵ 小产

剖肚 pʰɤ⁵⁵təɯ³⁵

一对双双 i²¹²tua³³səŋ⁵⁵səŋ⁰ 双胞胎

双双对 səŋ⁵⁵səŋ⁰tua³³

衣□ i⁵⁵pʰɔu⁰ 胎盘

胎盘 tʰa⁵⁵pəŋ²¹²

肚旋 təɯ³⁵dʑyɛ³³ 肚脐眼

□旋带 kuo⁵³dʑyɛ²¹²tu³³ 剪脐带

坐月 tɕiɛ²¹²n̩yɛ⁵³ 坐月子

满月 məŋ³⁵n̩yɛ⁵³

喂 yi³³

□□ tɤ³³mɛ⁵⁵ 喂奶

断□ tʰəŋ³⁵mɛ⁵⁵ 断奶

接□米 tɕiɛ⁵³kɐ⁵⁵miɛ⁵⁵ 小孩出生后十天办的酒席

脱毛衣 tʰu⁵³mɔu⁵⁵i⁵⁵ 外公外婆给小孩准备的衣服

认生 n̩iɛ³³soŋ⁵⁵

生日 səŋ⁵⁵ŋ⁰

过生日 ku³³səŋ⁵⁵ŋ⁰

做□□ tsɤ³³tɕʰiɛ̃⁵⁵tɕiou⁰

长尾巴 tɛ̃³⁵mɛe³⁵po⁵⁵ 12岁以前过生日的叫法

满花甲 məŋ³⁵xua⁵⁵tɕia²¹²

（二）丧葬

死□ ɕiɛ⁵⁵ti⁰ 死了

老□ nɔu³⁵ti⁰

过身□ ku³³sɛe⁵⁵ti⁰

□气 niou³⁵tɕʰi³³

□□子 xua³⁵suɛ⁵⁵tsʅ⁰ 短命

送人情 sʌɯ³³ŋ⁵⁵tɕi²¹² 有人去世了，去送人情并吃丧饭

老室 nɔu³⁵tɕi⁰ 棺材

□孝 dzɤ³³xɔu³³ 给娘家报丧

报丧 pɔu³³səŋ⁵⁵ 给一般人报丧

丧场 səŋ⁵⁵dɛ̃²¹² 灵堂

孝堂 ɕiou³⁵daŋ³³

下柳床 uo³⁵niɐ³⁵tsəŋ²¹² 移尸

吹鼓手 tɕʰyɛ⁵⁵ku³⁵ɕiou³⁵

做道场 tsɤ³³tʰɔu³⁵dɛ̃²¹²

念经 n̩i³³tɕi⁵⁵

□□灰 tsɛ³⁵mo⁵³xɤ³⁵ 放在棺材里面的灰

□老衣 tsəŋ⁵⁵nɔu³⁵i⁵⁵ 寿衣

丝帕子 sɐ⁵⁵pʰo³³tsɛ³³

□老履 tsəŋ⁵⁵nɔu³⁵ni³⁵ 寿鞋

孝帕 xɔu³³pʰo³³ 孝布

披孝 pʰɐ⁵⁵xɔu³³

孝子 xɔu³³tsɐ³³

孝女 xɔu³³n̪iou³⁵

守夜 tɕiou³⁵zuo³³ 守灵

罪人 dzuɑ³⁵ŋ⁵⁵

跪香 tɕʰyi³⁵ɕiẽ⁵⁵

入殓 zu²¹²n̪iẽ³⁵

　入木 zu²¹²mo³³

老人歌 nɔu³⁵ŋ⁵⁵ku⁵⁵ 丧歌

修老皮 ɕiɐ⁵⁵nɔu³⁵fɑ²¹² 净身

灵牌 niɛ⁵⁵pʰɑ³³

开室 kʰɑ⁵⁵tɕi⁵³ 挖坟墓

印地契 iɛ³³niɛ³³tɕʰi³³ 新坟写地契

罗盘 nu⁵⁵pəŋ²¹²

断邪气 tʰəŋ³⁵ɕiɛ³³tɕʰi³³

出丧 tsʰu⁵³səŋ⁵⁵

　出殡 tsʰu⁵³piẽ⁵⁵

送丧 sʌɯ³³səŋ⁵⁵ 送葬

抬丧 tɑ²¹²səŋ⁵⁵ 抬棺材

抬丧杠 tɑ²¹²səŋ⁵⁵kəŋ³³

喜杠 ɕi⁵³kəŋ³³ 抬棺材的龙杠

□□稿 tɕʰi³³n̪iou⁵⁵kɔu⁵³ 子杠

□□ niɛ⁵⁵tɕʰiou⁵⁵ 子杠上的棍子

逢冲 fʌɯ²¹²tsʰʌɯ⁵⁵ 犯冲

幡子 fɛɛ⁵⁵tsɐ⁵⁵

唢呐 suo⁵⁵nɐ⁰

铁炮 tʰɐ⁵³pʰɔu³³

雄竹棍 ɕiɔu²¹²tɕiou⁵³kuɐɛ³³ 赶鬼棍

下室 uo³⁵tɕi⁵³ 下葬

双股坟 səŋ⁵⁵ku³⁵fɛɛ²¹² 合葬

碑岩 pei⁵⁵ŋɐ⁵⁵ 墓碑

团坟 təŋ²¹²fɛɛ²¹² 盖土、立碑的过程

阴地 iɛ⁵⁵niɛ³³ 坟地

头七 tɐ²¹²tɕʰi⁵³

二七 ŋ³³tɕʰi⁵³

三七 səŋ⁵⁵tɕʰi⁵³

四七 ɕi³³tɕʰi⁵³

五七 əŋ³⁵tɕʰi⁵³

六七 niɐ⁵³tɕʰi⁵³

□七 pou³³tɕʰi⁵³ 做七

断七 tʰəŋ³⁵tɕʰi⁵³

坟 fɛɛ²¹²

上坟 tsʰəŋ³⁵fɛɛ²¹²

磕脑 kʰu⁵³nɔu³⁵ 磕头

挂清 kuɑ³³tɕʰi⁵⁵ 清明上坟

送冬饭 sʌɯ³³tʌɯ⁵⁵mɔŋ⁵⁵ 新坟在冬至上坟

送正饭 sʌɯ³³tsɿ³³mɔŋ⁵⁵ 除夕前三天上坟

　（三年以内的坟）

□□□ uɑ³³nɑŋ³⁵kuo²¹² 供品

对字 tuɑ³³dzɐ³³ 对联

家祈 kuo³³ɕi²¹² 神龛上方中间的横批

银灯子 niɛ⁵⁵tɑŋ³³tsɐ⁰ 摆在棺材下的灯盏

油灯 zɛ⁵⁵tɑŋ⁵⁵ 神龛上的灯

纸扎 tsɿ³⁵tsuo⁵³

烧纸 sɔu⁵⁵tsɿ³⁵ 纸钱

□房里 tuei²¹²vəŋ²¹²nɐ⁵⁵ 办红白喜事时，做
　饭的地方

饭厨 mɔŋ⁵⁵dzu³³ 办红白喜事时，负责做饭
　的人

十五　迷信

算命师父 səŋ³³mɔŋ⁰sɐ⁵⁵fu⁰

地理师父 ti³⁵ni⁵³sɐ³³fu⁰ 风水师

师娘 sɐ⁵⁵n̪iɑŋ²¹² 巫婆

□道 nu³⁵sɔu³⁵ 自杀

烧香 sɔu⁵⁵ɕiẽ⁵⁵

求签 tɕiɐ²¹²tsʰɐɛ⁵⁵

□珓 kʰuɑ³⁵kɔu³³ 打卦

珓子 kɔu³³tsɐ³³ 卦

圣珓 sẽ³⁵kɔu³³ 圣卦

阳卦 iɑŋ³³kɔu³³

　阳珓 zəŋ²¹²kɔu³³

阴珓 iẽ⁵⁵kɔu³³ 阴卦

鬼节 tɕyi³⁵tɕiɛ⁵³

请鬼 tɕʰi³³tɕɣi³⁵

送鬼 sʌɯ³³tɕyi³⁵

念咒语 n̪i³³tsəɯ³⁵yi³⁵

□子水 niɐ⁵³tsɿ⁰tsu³⁵ 念了咒语的水

　老□水 nɔu³⁵dzɐɛ⁵³tsu³⁵

怯吓着 tɕʰyɛ⁵³xuo⁵³tʰu⁵⁵

吓着了 xuo⁵³tʰu⁵⁵ti⁰

着吓了 tʰu⁵⁵xuo⁵³ti⁰ 受吓了

取吓 tsʰɐ³⁵xuo⁵³ 收魂

□□ tɤ³³koŋ⁵⁵ 比收魂更复杂的仪式，通常病情比较严重才做

□鬼 dzou⁵³tɕyi³⁵ 赶鬼

□灶 dzŋ³³tsou³³ 小年道士敬拜灶神

菩萨 bu³³sa⁰

□ ɦŋ⁵³ 木鱼

钹 po²¹²

十六　讼事

告状 kou³³tsʰəŋ³³

状纸 tsaŋ³⁵tsʅ⁵³

□官□ kʰua³⁵kəŋ⁵⁵ɕiɛ⁰ 打官司

过堂 ku³³təŋ²¹²

坐堂 tɕiɛ²¹²təŋ²¹²

退堂 tʰua³³təŋ²¹²

对质 tua³³tsʅ²¹² 对口供

刀笔 tou⁵⁵pɐ⁵³ 代写状纸的人

用刑 dzʌɯ³³ɕiẽ³³

夹手指 kuo⁵³ɕiou³⁵tsʅ⁰

豹虎板子 pou³³kʰu³³poŋ³⁵tsʅ⁰ 老虎凳

挨□ ŋɐ⁵⁵kʰua³⁵ 拷打

官印 kəŋ⁵⁵iɛ³³

盖手印 ka³³ɕiou³⁵iɛ³³ 按手印

盖印 ka³³iɛ³³ 盖章

上铐子 tsʰəŋ³⁵kʰou³³tsɐ³³ 上枷

铐子 kʰou³³tsɐ⁰ 枷锁

夹 kuo⁵³ 戴在脖子上的枷锁

戴铐子 tɤ³³kʰou³³tsɐ⁰ 戴枷锁

盖罪人 ka³³dzua³⁵ŋ⁵⁵ 押犯人

坐牢 tɕiɛ²¹²nou⁵⁵

罚铟钱 fa⁵³dee²¹²tsee⁰ 罚款

上杀场 tsʰəŋ³⁵sa⁵³dẽ²¹² 砍头

闭起来 pi³³kʰəɯ³⁵zɤ⁰ 关起来

□起来 kɐ⁵⁵kʰəɯ³⁵zɤ⁰ 捆起来

十七　日常生活

（一）衣

着衣 tu⁵³i⁵⁵ 穿衣服

解衣 ka³⁵i³⁵ 脱衣服

　脱衣 tʰu⁵³i⁵⁵

解履 ka³⁵ni³⁵ 脱鞋

□衣 ɔɯ³³i⁵⁵ 量衣服

缝衣 bʌɯ²¹²i⁵⁵ 做衣服

缲边 tɕʰiou⁵⁵piɛ⁵⁵

　绞边 tɕiou³⁵piɛ⁵⁵

纳履底 nəɯ³⁵ni³⁵ta³⁵ 纳鞋底

钉扣子 toŋ⁵⁵kʰəɯ⁰tsɐ⁰

澡衣 tsou³⁵i³³ 洗衣服

澡一水 tsou³⁵i⁰tsu³⁵ 洗一水

涮 soŋ³³ 投衣服

晒衣 sɐ³³i³³

晾衣 nəŋ³³i³³

浆衣 tɕiẽ⁵⁵i⁵⁵ 浆衣服

熨衣裈 yɛ³³i⁵⁵kuɛɛ⁵⁵ 熨衣服

□伞 tsʰuo⁵³səŋ³⁵ 打伞

（二）食

食饭 ʑiou³³moŋ⁵⁵ 吃饭

烧火 sou⁵⁵fa³⁵

□饭 nou²¹²moŋ⁵⁵ 做饭

饭熟了 moŋ⁵⁵tɕʰiou⁵⁵ti⁰

饭燃了 moŋ⁵⁵ȵiɛ⁵⁵ti⁰ 饭糊了

夹生 kuo⁵³soŋ⁵⁵

夹生饭 kuo⁵³soŋ⁵⁵moŋ³³

饭馊了 moŋ⁵⁵sɐ⁵⁵ti⁰

盛饭 dzaŋ²¹²moŋ⁵⁵

炒菜 tsʰou³⁵tsʰɤ³³

办菜 pã³⁵tsʰɤ³³ 做菜

和面 u²¹²miɛ³³

发面 fa⁵³miɛ³³

揉面 nu⁵⁵miɛ⁰ 揉面

□菜 nu³³tsʰɤ³³ 平时择菜

选菜 ɕyɛ³⁵tsʰɤ³³ 待客时择菜

夹菜 kuo⁵³tsʰɤ³³

□菜 xuo³⁵tsʰɤ³³

□汤 kʰua³⁵tʰəŋ⁵⁵ 做汤

舀汤 iou³⁵tʰəŋ⁵⁵

淘米 tou²¹²miɛ³⁵

呛死了 tɕʰiɛ̃³⁵ɕiɛ³⁵ti⁰

□□ xɐ²¹²tsɐ³³ 馋

　　□肚 tɕʰiɛ³⁵təɯ³⁵

饿了 ŋəɯ³³ti⁰

腊人 tsɔu²¹²ŋ⁵⁵ 嘴馋想吃肉

吃□了 ʑiou³³nɔu³³ti⁰ 吃厌了

吃□了 ʑiou³³nɑ³³ti⁰ 吃腻了

噎了 iɛ⁵³ti⁰ 噎着了

□饱嗝 kʰua³⁵pɔu⁵³kəɯ⁰ 打饱嗝

食胀肚了 ʑiou³³tẽ³³təɯ³⁵ti⁰ 吃撑了

口不味 kʰɐ³⁵pɐ²¹²mi³³ 口没味

不煮好 pɐ²¹²tɕiou³⁵xɔu³⁵ 没煮好

咬不动 ȵiɔu⁵³pu³³dzʌɯ³⁵

嚼不动 tɕʰiɔu²¹²pu²¹²dzʌɯ³⁵

嚼□ tɕʰiɔu²¹²ɕiɛ³³ 嚼碎

胀肚 tẽ³³təɯ³⁵ 胀肚子

使箸 sɐ³⁵tiou³³ 用筷子

　　使筷子 sɐ³⁵kʰua³³tsʅ

食早饭 ʑiou³³tsɔu³⁵mɔŋ³³ 吃早饭

食晌 ʑiou³³sɔŋ³⁵ 吃中饭

食黑饭 ʑiou³³kʰɤ⁵³mɔŋ⁰ 吃晚饭

食零散 ʑiou³³nɔŋ⁵⁵sɔŋ⁰ 吃零食

零散东西 nɔŋ⁵⁵sɔŋ⁰tʌɯ⁵⁵ɕi⁰ 零食

饮茶 aŋ³⁵tsʰuɛ³⁵ 喝茶

饮烟 aŋ³⁵yɛ⁵⁵ 抽烟

饮酒 aŋ³⁵tɕiɛ³⁵ 喝酒

口渴 kʰɐ³⁵kʰu⁵³

（三）住

点火 tee³⁵fa³⁵

点亮 tee³⁵nẽ³³ 点灯

吹灯 tɕʰyɛ⁵⁵taŋ⁵⁵

　　吹亮 tɕʰyɛ⁵⁵nẽ³³

吹□ tɕʰyɛ⁵⁵i³³ 吹灭

闭灯 pi³³taŋ⁵⁵ 关灯

□□□ kʰua³⁵xuo⁵⁵ɕi⁰ 打哈欠

脑乏了 nɔu³⁵fa³⁵ti⁰ 困了

□□ tsʰua²¹²tɕʰyi²¹² 打盹

歇□ ɕiɛ⁵³kɑ⁰ 休息一会儿

困中觉 kʰuɛ³³tsɔŋ⁵⁵kɔu⁵⁵ 睡午觉

铺困床 pʰu⁵⁵kʰuɛ³³tsəŋ²¹² 铺床

困了 kʰuɛ³³ti⁰ 躺下了

□倒困 fee³⁵tɔu⁵⁵kʰuɛ³³ 仰面睡

□倒困 naŋ⁵⁵tɔu⁵⁵kʰuɛ³³ 侧着睡

□倒困 bo³⁵tɔu⁵⁵kʰuɛ³³ 趴着睡

□□了 kʰua³⁵tɕʰyi²¹²ti⁰ 睡醒了

困着了 kʰuɛ³³tʰuo⁵⁵ti⁰ 睡着了

□□□ kʰua³⁵bu³³xoŋ⁰ 打呼噜

做梦 tsɤ³³maŋ³³

讲梦事 kaŋ³⁵maŋ³³tsɐ⁰ 讲梦话

□□□了 sɔŋ⁵⁵uɛ²¹²tsʰuɛ⁵³ti⁰ 梦魇

落枕 nuo³³tsee³⁵

坐夜 tɕiɛ²¹²zuo³³ 熬夜

　　开夜车 kʰa⁵⁵zuo³³tsʰuo⁰

困不着 kʰuɛ³³pu⁰tʰu⁵⁵ 睡不着

□起 dou²¹²kʰəɯ³⁵ 起床

澡手 tsɔu³⁵ɕiou³⁵ 洗手

澡面 tsɔu³⁵miɛ³³ 洗脸

澡浴 tsɔu³⁵zu³³ 洗澡

　　澡身头 tsɔu³⁵sɐɛ⁵⁵tɐ⁰

抹身头 mo⁵³sɐɛ⁵⁵tɐ⁰ 擦澡

澡脑牯 tsɔu³⁵nɔu³³ku⁵⁵ 洗头

涮口 sɔŋ³³kʰɐ³⁵ 漱口、刷牙

梳脑牯 sɤ⁵⁵nou⁰ku⁵⁵ 梳头

梳辫子 sɤ⁵⁵pʰiɛ⁰tsɐ

铰手指壳 kɔu⁵⁵ɕiou³⁵tsʅ⁰kʰɔu⁵³ 剪指甲

　　□手指壳 kuo⁵³ɕiou³⁵tsʅ⁵³kʰɔu⁵³

射尿 dza²¹²ȵiou³³ 尿床

□尿 dzɐ³⁵ȵiou³³ 尿床

屙尿 u⁵⁵ȵiou³³ 小便

　　解儿手 ka³⁵nian²¹²ɕiou³⁵

屙屎 u⁵⁵sʅ³⁵ 大便

解大手 ka³⁵nu³³ɕiou³³ 大便

腥臭□ ɕi⁵⁵tsʰou³³tsʰəɯ⁰ 腥味

臭骚 tsʰou³³sou⁵⁵ 臭味

219

香骚 tɕʰiɛ̃⁵⁵sɔu⁵⁵ 香味

□尿骚 pʰaŋ⁵⁵n̠iɔu³⁵sɔu⁵⁵ 尿骚味

□耳屎 kʰɐ²¹²n̠iaŋ⁰sʅ⁵⁵ 挖耳屎

歇清 ɕiɛ⁵³tɕʰi³³ 歇凉

晒日头 sɐ³³ŋ⁵³tɐ⁰ 晒太阳

炙火 tsuo⁵³fa³⁵ 烤火

炕 kʰəŋ³³ 烘烤

十八　交际

请客 tɕʰi³⁵kʰuo⁵³

做客 tsɤ³³kʰuo⁵³

摆酒席 pa³⁵tɕiɐ³⁵ɕi⁰

帖 tʰiɛ⁵³ 请帖

□发 kʰua³⁵fa²¹² 打发，给客人回礼

晏了 əŋ³³ti⁰ 晚了

倒酒 tou³³tɕiɐ³⁵ 斟酒

劝酒 tɕʰyɛ³³tɕiɐ³⁵

望得起 məŋ³³tɤ⁰kʰəɯ³⁵ 看得起

望不起 məŋ³³pu⁰kʰəɯ³⁵ 看不起

出去 tsʰu⁵³kʰəɯ³³

□室 əŋ³⁵tɕi⁵³ 回家

旋街 dʑɤɛ²¹²ka⁵⁵ 逛街

旋家 dʑɤɛ²¹²kuo⁵⁵ 串门

行街 oŋ²¹²ka³³ 散步

装□ tsəŋ⁵⁵sou³³ 装傻

撂人 niɔu³³ŋ³³ 丢人

做队 tsɤ³³tʰua⁵⁵ 做伴儿

扯伙 dzɐ³⁵xu³⁵ 合伙

□□ əŋ³⁵niɛ²¹² 不合

□不来 xua³³pu²¹²zɤ²¹² 合不来

认不到 niɛ³³pu²¹²tou³⁵ 不认识

□ tsʰʅ⁵³ 理睬

扯淡 dzɐ³⁵dã³⁵ 聊天

讲□事 kaŋ³⁵kua³⁵tsɐ³³ 吹牛

乱讲 dzəŋ³³kaŋ³⁵ 瞎扯

讲事 kaŋ³⁵tsɐ³³ 说话

多事 tiɛ⁵⁵tsɐ³³ 插嘴

　插口 tsʰa⁵³kʰɐ³⁵

讲理 kaŋ³⁵niou³⁵

□□ tɐ³³poŋ³³ 学舌

笑事 sɔu³³tsɐ³³ 笑话

不做声 pu²¹²tsɤ³³sʅ³³ 不说话

□ tuaŋ⁵³ 答应

□闹 ɕi²¹²nɔu³³ 吵架

□人 ɕiɛ³⁵ŋ⁵⁵ 骂人

扯皮 dzɐ³⁵fa³⁵

□□ ɕi²¹²kʰua³⁵ 打架

□□ kʰua³⁵tsɐɛ³⁵ 打仗

不要紧 pɐ²¹²iɔu³³tɕiɛ³⁵

□□ kʰua³⁵pʰɔu⁵⁵ 小孩在地上撒泼打滚

□□ tɕiɔu²¹²tɕiɛ⁵⁵ 小孩不听话

□□ tiɔu⁵⁵uɐɛ⁵⁵ 撒娇

难□ nəŋ⁵⁵uo²¹² 谢谢

十九　商业

□场 dzou⁵³dɐ̃²¹² 赶集

铺子 pʰu³³tsɐ³³ 店铺

开铺 kʰa⁵⁵pʰu³³

柜台 kuei³⁵dɐɛ³³

做买卖 tsɤ³³mɐɛ³⁵mɐɛ³³

坐□ tɕiɛ²¹²zuo³³

摆摊子 pa³⁵tʰəŋ⁵⁵tsɐ³³ 摆摊

当铺 təŋ³³pʰu⁰

油坊 zɐ⁵⁵fəŋ⁰

交□ tɕiɔu⁵⁵su³³ 交税

□□ tua³³su³³ 完税

开张 kʰa⁵⁵tsaŋ⁵⁵

闭门 pi³³mɐɛ⁵⁵ 关门

盘底 pəŋ²¹²ta³⁵ 盘点

秤 tsʰaŋ³³

秤杆 tsʰaŋ³³kɐɛ⁵³

秤盘 tsʰaŋ³³pəŋ²¹²

秤星 tsʰaŋ³³ɕi⁵⁵

秤钩 □ tsʰaŋ³³kɐ⁵⁵tɕi⁰ 秤钩

秤砣 tsʰaŋ³³tu²¹²

秤耳子 tsʰaŋ³³n̠iaŋ³⁵tsɐ⁰ 秤毫

旺 uaŋ³⁵ 秤尾高

□ miɐ̃³³ 秤尾低

头耳 te²¹²ȵiaŋ³⁵ 用来称重物时的提手

二耳 ŋ³³ȵiaŋ³⁵ 用来称轻物时的提手

戥子秤 toŋ³⁵tse³³tsʰaŋ³³

磅秤 pəŋ³⁵tsʰaŋ³³

□ mu⁵³ 估计（重量）

称 tsʰaŋ⁵⁵

称轻重 tsʰaŋ⁵⁵tɕʰi⁵⁵tʰiɔu⁵⁵

除皮 dzu³³fa²¹²

净重 tɕʰi³³tʰiɔu³³

毛重 mɔu⁵⁵tʰiɔu⁵⁵

算盘 sən³³pəŋ³³

钿钱 dee²¹²tsee²¹² 钱

使钿钱 se³⁵dee²¹²tsee²¹² 用钱

□钿钱 kee⁵³dee²¹²tsee²¹² 整钱

零散钿钱 noŋ⁵⁵soŋ⁰dee²¹²tsee²¹² 零钱

一分 i²¹²fee⁵⁵

一角 i²¹²ku⁵³

一块 i²¹²kʰua³³

硬壳子 ŋoŋ³³kʰɔu⁵³tsɐ⁰ 硬币

银壳子 ȵiɛ⁵⁵kʰɔu³³tsɐ⁰

铜壳子 dʌɯ²¹²kʰɔu⁵³tsɐ⁰ 没有眼的铜板

光洋 kəŋ⁵⁵zəŋ²¹² 带袁大头、孙中山头像的银元

眼子钿钱 ŋee³⁵tsɐ⁰dee²¹²tsee⁰ 有眼儿的铜钱

账本 tẽ³³pee³⁵

开销 kʰa⁵⁵ɕiɔu⁵⁵

赚钿钱 tyɛ³³dee²¹²tsee²¹² 赚钱

亏本 kʰuei⁵⁵pee³⁵

保本 pɔu³⁵pee³⁵

扳本 pəŋ⁵⁵pee³⁵

进账 əŋ³⁵tẽ³³

出账 tsʰu⁵³tẽ³³

赖账 na³³tẽ³³

□账 nɐ³³tẽ³³ 讨账

腐账 fɐ³⁵tẽ³³ 烂账

差账 tsʰuo⁵⁵tẽ³³

欠 tɕʰiɛ̃³⁵

着你还 tʰu⁵⁵ȵi³⁵vəŋ²¹² 该你还

讲价 kaŋ³⁵kuo³³

还价 vəŋ²¹²kuo³³

□买了 kee⁵³mee³⁵ti⁰ 包圆儿

利息 ni³⁵ɕi²¹²

押钿钱 ŋuo⁵³dɐɛ²¹²tsɐɛ⁰ 押金

本钱 pee³⁵tsee²¹²

碾□棚 nee³⁵tɐ³⁵pʌɯ²¹² 碾米房

修猪 ɕiɐ⁵⁵tiou⁵⁵ 杀猪

屠枱 təɯ²¹²ta²¹² 屠桌

剃胡 tʰɐ³³vu²¹²

□耳朵 kʰɐ²¹²ȵiaŋ³⁵tu⁰ 掏耳朵

货架子 xu³³kuo³³tsɐ⁰

契 tɕʰi³³

办□事 pã³⁵kuo²¹²sʅ³⁵ 签完契后吃饭（一种仪式）

中间人 tiou⁵⁵kəŋ⁰ŋ⁵⁵ 证人

□ dzəŋ²¹² 买米；卖米

二十　文化　教育

学堂 ou³³təŋ⁰

学生 ou³³soŋ⁵⁵

书包 tɕiou⁵⁵pou⁵⁵

书包□ tɕiou⁵⁵pou⁰taŋ³³ 书包袋

学价钱 ou³³kuo³³tsee²¹² 学费

上学 tsʰəŋ³⁵ou³³

读书 nəɯ³³tɕiou⁵⁵

上课 tsʰəŋ³⁵kʰuo³⁵

学会了 vu²¹²xɐ³⁵ti⁰

放学 fəŋ³³ou³³

放假 fəŋ³³tɕiɐ⁵³

点名册 tee³⁵mi⁵⁵tsʰɐ²¹²

名单 mi⁵⁵toŋ⁵⁵

名字 mi⁵⁵dzɐ³³

黑板 xɐ²¹²pã⁵³

米搭尺 mi⁵³ta⁵³tsʰʅ⁰ 戒尺

描红本 miɔu⁵⁵ʌɯ²¹²pee³⁵ 临摹本

砚碗 ȵiɐ³³əŋ³⁵ 砚台

笔筒子 pɐ⁵³tiou²¹²tsɐ³⁵

铅笔 yɛ̃²¹²pɐ⁵³

毛笔 mɔu⁵⁵pɐ⁵³

磨墨 mu⁵⁵mɤ⁵³
捵墨 tʰɛe³⁵mɤ⁵³ 捵笔
认字 ȵiɛ³³dzɐ³³
写字 ɕyo³⁵dzɐ³³
写白字 ɕyo³⁵pʰo⁵⁵dzɐ³³
倒笔画 tou³³pɐ⁵³xuɐ²¹²
背 pʰa³⁵ 背诵
满分 məŋ³⁵fɛe⁵⁵
鸡□ kɐ⁵⁵kəŋ⁵⁵ 零分
□尾头 tsʰuo⁵³mɛe³⁵tɐ⁰ 最后一名

二十一　游戏

木脑壳戏 mu³³nou³⁵kʰuo⁰ɕi³⁵ 木偶戏
交腔 kou⁵⁵tɕʰiaŋ⁵⁵ 本地地方戏
□□ xɑ³³nɐ⁵⁵ 玩耍
划拳 xuɑ³⁵dʑyẽ²¹²
风□ fʌɯ⁵⁵kɐ⁰ 风筝
　风筝 fʌɯ⁵⁵tsee⁵⁵
□□□□□ tɕʰyo³³ku⁵⁵ku⁰nu³⁵ 捉迷藏
□鹰□鸡 mu³³iaŋ³³pʰɤ⁵³kɐ⁵⁵ 老鹰抓小鸡
□房子 dou²¹²faŋ³³tsʅ⁰ 跳房子
坐马 tɕiɛ²¹²mo³⁵ 骑马
挑花 tʰiou⁵⁵xuɑ⁵⁵ 翻绳
　翻花 fee⁵⁵xuɑ⁵⁵
□子 dɐ³⁵³tsɐ³⁵ 抓子儿
翻筋□ fee³⁵tɕiɛ⁵⁵tou³³ 翻跟斗
　□筋□ tiɐ⁵³tɕiɛ⁵⁵tou³³
□水漂 kʰuɑ³⁵tsu³⁵pʰiou³³ 打水漂
出谜 tsʰu⁵³mi³³
猜谜 tsʰa⁵⁵mi³³
炮仗 pʰou³³tsaŋ⁰
泅浴 tɕiɛ²¹²zu³³ 游泳
□□□ kʰuɑ³⁵mi³⁵daŋ³³ 潜水
翻倒泅 fee⁵⁵tou³⁵dzɐ²¹² 仰泳
　□倒泅 buo³⁵tou³⁵dzɐ²¹²
□□□ tiɐ⁵³mi³³doŋ³⁵ 扎猛子
坐庄 tɕiɛ²¹²tsaŋ⁵⁵
□牌 uɑ³³pa²¹² 抓牌
色子 sɐ⁵³tsɐ⁰

□手劲 ou³⁵ɕiou³⁵tɕiẽ⁵³ 扳手劲
耍螺陀 suɑ⁵³nuo²¹²duo³³ 玩陀螺
□□□脚 dou²¹²pɛe⁵⁵pee⁰ku⁵³ 单脚站立，双
　手抱住另一条腿，用膝盖对撞的游戏
□□□ tsʰuɛe⁵³bo²¹²iaŋ³³ 摔跤
□远 dou²¹²vɐɣ³⁵ 跳远

二十二　动作

倒竖 tou³³dzɐ³³ 倒立
□□起 nuo²¹²dou²¹²kʰɯ³⁵ 爬起来
竖 dzɐ³³ 站
□ nuo²¹² 爬
□ dəɯ²¹² 蹲
跌了 dɐ³⁵³tiᵒ 跌倒了
踢 tʰiɛ⁵³
踮脚 tee³³ku⁵³
□脚 tʰʌɯ⁵³ku⁵³
□脚 tʰou⁵⁵ku⁵³ 绊脚
动手 dzʌɯ³⁵ɕiou³⁵
松手 sʌɯ⁵⁵ɕiou³⁵
摇手 zou²¹²ɕiou³⁵
抱 bou³³ 双手相抱
掐 kʰuo⁵³
撞 tsəŋ³⁵
杵 tsʰu⁵³ 顶撞
□ dʑyo³³ 跨
行 oŋ²¹² 走
□ tʰuɑ⁵⁵ 跑
放 fəŋ³³
提 di³³
拾 tsʅ⁵⁵ 捡
码 mo³⁵
□ kʌɯ⁵⁵ 钻
□ tɕiɐ³³ 拧
挤 tɕi⁵³
□ tɕʰyo⁵⁵ 躲
□ tɕʰiɐu³³
□ dʑyɛ³⁵ 剁
堆 tuɑ⁵⁵ 摞

□ vu³⁵ 扔、丢弃

□ niou³⁵ 丢

扶 fɤ²¹²

□ tiɐ⁵³ 戳

□ nəɯ⁵³ 捞

扽 tuɐ³³

□ kɐ⁵⁵ 押解犯人或赶畜牲的动作

铰 kɔu⁵⁵ 剪

□ piɐ⁵³ 管子等堵住了

□ tʰiɐ³³ 换

捋 nu⁵⁵

□ tsuo⁵³ 挽

唱喏 tsʰəŋ³³dzuo³⁵ 作揖

剐 kua³⁵

讲 kaŋ³⁵

□ ɕiɐ³⁵ 骂

话 ua³³ 告诉

□ 脑 tuo⁵⁵nɔu³⁵ 抬头

点脑牯 tɐe³⁵nɔu³⁵ku⁰ 点头

□ 脑 bɤ²¹²nɔu³⁵ 低头（幅度大）

□ 脑 kɐ²¹²nɔu³⁵ 低头（幅度小）

转脑牯 tyɐ³³nɔu³³ku⁰ 转头

摆脑牯 pa³⁵nɔu⁰ku⁰ 摇头

□ 头 vəŋ³⁵tɐ⁰ 回头

奓口 tsuo⁵⁵kʰɐ³⁵ 张嘴

闭口 pi³³kʰɐ³⁵ 闭嘴

翘嘴巴 tɕʰiou³³tɕyi³⁵po⁵⁵ 撅嘴巴

□ pʰaŋ³⁵ 抖动（身体、脚）

□ 腰 bɤ²¹²iɔu⁵⁵ 弯腰

　弯腰 oŋ⁵⁵iɔu⁵⁵

□ 懒腰 tʰiɐ⁵⁵dzəŋ³⁵iɔu⁵⁵ 伸懒腰

撅尿 tsʰɐ⁵⁵ȵiɔu³³ 把尿

撅屎 tsʰɐ⁵⁵sʅ³⁵ 把屎

擤鼻 xaŋ⁵³pi³³ 擤鼻涕

□ 鼻 dzɐ³⁵pi³³ 吸溜鼻涕

□ 喷嚏 kʰua³⁵fee³³tʰiɐ⁰ 打喷嚏

流眼□ dʑiou²¹²ŋee³⁵kəŋ⁰ 流眼泪

转圈子 tyɐ³³tɕʰyɐ⁵⁵tsɐ⁰ 转圈儿

□ tʰaŋ⁵³ 遮

啼 tiɐ²¹² 鸡叫

望 məŋ³³ 看

闻 vee⁵⁵

咬 ȵiou⁵³

□ zɐ⁵³ 老鼠啃

试□ sʅ²¹²ka⁰ 尝

□ fu⁵⁵ 抿

吞 tʰua⁵⁵

咽 uee³³

难咽 nəŋ⁵⁵uee⁵⁵

噎 iɐ⁵³ 哽住

啼 niɐ²¹² 哭

想 ɕiẽ³⁵

字 dzɐ³³ 羡慕、馋

想□子 ɕiẽ³⁵ka³³tsɐ³³ 考虑

怯 tɕʰyɐ⁵³ 怕

□ 忘 əɯ⁵³məŋ³³ 忘记

晓得 ɕiou³⁵tɤ⁵³

猜□ tsʰa⁵⁵dʑiaŋ³³ 怀疑

挂牵 kua³³tɕʰiɐ⁰ 牵挂

有气 vɐ³⁵tɕʰi³³ 生气

想到了 ɕiẽ⁵⁵tɔu³⁵ti⁰ 想起来了

心痛 ɕiẽ⁵⁵sʌɯ³³

挨□ ŋɐ⁵⁵ɕiɐ³⁵ 挨骂

服侍 fu⁵³sɐ⁵³ 照顾

收拾 sɐ⁵⁵sʅ⁰

着急 tʰu⁵⁵kɤ⁵³

装病 tsəŋ⁵⁵foŋ³³

望风 məŋ³³fʌɯ⁵⁵

□ tuei³³ 重重地放

撞着 tsəŋ³⁵tʰu⁰ 碰见

二十三　位置

溆浦 tɕyi³⁵pʰu⁰

古树坪 ku³⁵tsɐ⁵³foŋ²¹² 古丈

沅陵 ȵiɐ⁵⁵nin²¹²

莲花□ niɐ⁵⁵xua⁵⁵tiɔu²¹² 莲花池

城里 tsʅ²¹²nɐ⁰

城门 tsʅ²¹²mɛe⁵⁵

街巷 kɑ⁵⁵ʌɯ³³ 街道　　河头 u²¹²tɐ⁰ 河里

街里 kɑ⁵⁵nɐ⁰ 街上　　室头 tɕi⁵³tɐ⁰ 家里

乡里 ɕiẽ⁵⁵nɐ⁰　　　　室□头 tɕi⁵³nin⁵³tɐ⁰

巷 ʌɯ³³ 巷子　　学堂头 fiɔu⁵⁵təŋ²¹²tɐ⁰ 学校里

村房 tsʰee⁵⁵vəŋ²¹² 村子　　碗里 əŋ³⁵nɐ⁰

行道 oŋ²¹²sɔu³⁵ 走路　　碗□头 əŋ³⁵nin⁵³tɐ⁰

高头 kɔu⁵⁵tɐ⁰ 上面（可以接触，也可以不　　杯子□里 pei⁵⁵tsɐ⁰nin⁵³tɐ⁰ 杯子里
　接触）　　山里 see⁵⁵nɐ⁰

□□ fɤ²¹²tɐ⁰ 上面（没有接触）　　□里 dɑŋ³³nɐ⁵⁵ 口袋里

土头 tʰɤ³⁵tɐ⁰ 地上　　□□头 dɑŋ³³nin⁵³tɐ⁰

天头 tʰee⁵⁵tɐ⁰ 天上　　履□头 ni³⁵nin⁵³tɐ⁰ 鞋子里

山里 see⁵⁵nɐ⁰ 山上　　衣□头 i⁵⁵nin⁵³tɐ⁰ 衣服里

道里 sɔu³⁵nɐ⁰ 路上　　口里 kʰɐ³⁵nɐ⁰

墙头 tɕiẽ²¹²tɐ⁰ 墙上　　桶里 tʰʌɯ⁵⁵nɐ⁰

街里 kɑ⁵⁵nɐ⁰ 街上　　桶□头 tʰʌɯ⁵⁵nin⁵³tɐ⁰

门高头 mee⁵⁵kɔu⁵⁵tɐ⁰ 门上（不是门的上方）　　耳朵□头 ȵiɑŋ³⁵tu⁰nin⁵³tɐ⁰ 耳朵里

困床（高）头 kʰuee³³tsəŋ²¹²（kɔu⁵⁵）tɐ⁰ 床上　　手机□头 ɕiou³⁵kɐ⁵⁵nin⁵³tɐ⁰ 手机里

枱高头 ta²¹²kɔu⁵⁵tɐ⁰ 桌上　　山前 see⁵⁵tsee⁰

交椅高头 kɔu⁵⁵i⁵³kɔu⁰tɐ⁰ 椅子上　　山尾 see⁵⁵mee³⁵ 山后

底头 təɯ⁵³tɐ⁰ 下面；底下　　室尾头 tɕi⁵³mee³⁵tɐ⁰ 房子后面

脚底头 ku³⁵təɯ⁵³tɐ⁰ 脚底下　　背尾 pɤ³³mee³⁵ 背后

碗底子 əŋ³⁵tɐ⁰tsɐ⁵⁵ 碗底　　背尾头 pɤ³³mee³⁵tɐ⁰

□底 tɕʰiou⁵⁵ta³⁵ 锅底　　当面 təŋ⁵⁵miɛ³³

水底头 tsu³⁵ta³⁵tɐ⁰ 水底　　道边里 sɔu³⁵piɛ³³nɐ⁰ 路边

困床脚头 kʰuee³³tsəŋ²¹²ku⁵³tɐ⁰ 床底下　　边里 piɛ³³nɐ⁰ 旁边

脚底下 ku⁵³təɯ⁵³tɐ⁰　　近边头 tɕʰiɛ³⁵piɛ³³tɐ⁰ 附近

□□ təŋ⁵⁵mee⁵⁵ 外面　　左面 tsu⁵³miɛ³³

大门□□ nu³³mee⁵⁵təŋ⁵⁵mee⁰ 大门外　　右面 zɐ³³miɛ³³

车□□ tsʰuo⁵⁵təŋ⁵⁵mee⁰ 车子外面　　头□ tɐ²¹²pi³⁵ 前边

墙□□ tɕiẽ²¹²təŋ⁵⁵mee⁰ 墙外面　　尾头 mee³⁵tɐ⁰ 后边

里头 ni⁵³tɐ⁰ 里面　　当中 təŋ⁵⁵tiou⁵⁵ 中间

□头 nin⁵³tɐ⁰　　中间 tiou⁵⁵kəŋ⁵⁵

手里 ɕiou³⁵nɐ⁰　　东 tʌɯ⁵⁵

肚里 təɯ³⁵nɐ⁰　　西 ɕi⁵⁵

心里 ɕiɛ⁵⁵nɐ⁰　　南 noŋ⁵⁵

岸头 ŋ³³tɐ⁰ 岸边　　北 pɤ⁵³

河边里 u²¹²piɛ⁵⁵nɐ⁰ 河滩　　□边 tɕʰiou⁵⁵piɛ⁵⁵ 锅沿

溪里 kʰɐ⁵⁵nɐ⁰　　碗口 əŋ³⁵kʰɐ³⁵

往东方头行 uaŋ³⁵tʌɯ⁵⁵fəŋ⁵⁵ɐ̃⁰oŋ²¹² 往东走

之内 tsŋ⁵⁵nuei³⁵

二十四　代词等

我 u³⁵

你 ȵi³⁵

□ zɤ³³ 他

□ ɑ²¹² 我们

□ ȵiɛ²¹² 你们

□□ zaŋ³⁵³xaŋ⁰ 他们；别人；人家

大势 nu³³sŋ⁰ 大家

□□ tɕʰiɛ̃⁵⁵kaŋ⁰ 自己

何个 uo²¹²kɯ³³ 谁

我的 u³⁵ti⁰

你的 ȵi³⁵ti⁰

□的 zɤ³³ti⁰ 他的

我爹 ɑ²¹²tiɐ⁵⁵

你爹 ȵiɛ²¹²tiɐ⁵⁵

□爹 zɤ³³tiɐ⁵⁵ 他父亲

□□ ɛe⁵⁵pɐ⁰ 这个

□□ oŋ⁵⁵pɐ⁰ 那个

何□ uo²¹²pɐ⁰ 哪个

□□ ɛe⁵⁵ni⁰ 这里

□□ oŋ⁵⁵ni⁰ 那里

何里 uo²¹²ni³⁵ 哪里

什个 sŋ⁵³kɯ⁰ 什么

□□□ ɛe⁵⁵ȵiaŋ³⁵faɪ²¹² 这时候

□□□□ oŋ⁵⁵ɛe⁵⁵ȵiaŋ³⁵faɪ²¹² 那时候
　□□ oŋ⁵⁵tɕʰi³³

□□ ɛe⁵⁵bi⁰ 这么（多）

□□ oŋ⁵⁵bi⁰ 那么（多）

□□做 bi³³naŋ³³tsɤ³³ 这么做

□□□做 oŋ⁵⁵bi²¹²naŋ³³tsɤ³³ 那么做

□□ ɛe⁵⁵pʰo³³ 这次

□□ oŋ⁵⁵pʰo³³ 那次

□面 ɛe⁵⁵miɛ⁰ 这边

□面 oŋ⁵⁵miɛ⁰ 那边

□□ mi⁵³tɕi⁰ 怎么（做）；为什么

□□做 mi⁵³tɕi⁰tsɤ³³ 怎么办

什个时候 sŋ⁵³kɯ³³zŋ²¹²xɯ⁰ 什么时候

什个□□ sŋ⁵³kɯ³³kʰaŋ³⁵xaŋ⁰ 什么地方

为什个 yi³³sŋ⁵³kɯ⁰ 为什么

好多 xɔu³⁵tiɛ⁵⁵ 多少

好 xɔu³⁵ 多（重）

□□样 mi⁵³tɕi²¹²zəŋ³³ 怎么样

二十五　形容词

长 dẽ²¹²

□ tɕʰiɛ⁵⁵ 短

阔 kʰu⁵³ 宽

狭 uo³³ 窄

厚 ɐ³⁵

薄 bu³³

陡 tɐ³⁵

咸 dʑiɛ²¹²

淡 dəŋ³³

干 kəŋ⁵⁵ 甜

直 tʰiou⁵⁵

弯 oŋ⁵⁵
　□ tɕʰiou³³

多 tiɛ⁵⁵

少 tsɔu³⁵

好 xɔu³⁵

差 tsʰuo⁵⁵

乖 kua⁵⁵ 漂亮，主要用于人

矮 a³⁵

□ zɔu³³ 丑

斜 dʑyo²¹²

恶 u⁵³

脆 tɕʰyɛ³³

□ bi³⁵ 稀

浓 ȵiou⁵⁵ 稠（液体的浓度）

肥 fei²¹² 可以用于人和动物

瘦 ɕiou³³

懒 dzəŋ³⁵

燃 ȵiɛ⁵⁵ 糊

深 sɛe⁵⁵

浅 tsʰɛe³⁵

腐 fɤ³⁵ 烂

乱 dzəŋ³³

□ dɛe³⁵ 凹

□ koŋ⁵³ 凸

圝的 nəŋ²¹²ti⁰ 圆的

扁 pi³⁵

方的 fəŋ⁵⁵ti⁰

尖的 tsɛe⁵⁵ti⁰

勤□ tɕiɛ²¹²dʑiɛ⁰ 勤快

蠢 tsʰuɛe⁵³ 笨

远 vɛe³⁵

近 tɕʰiɛ³⁵

空 kʰʌɯ⁵⁵

穷 tɕiou²¹²

活 xu²¹²

香 tɕʰiẽ⁵⁵

横 uɛe²¹²

竖 dʐʯ³³

干 kʰəŋ⁵⁵

湿 dʑi³³

快 kʰua³³

迟 niɛ²¹²/ni²¹²

□ ŋu⁵⁵ 钝

干净 kʰəŋ⁵⁵tɕʰi⁵⁵

□□ pʰa³³na⁰ 脏

热闹 dzɤ³⁵³nɔu⁰

硬 ŋoŋ³³tɕʰiẽ⁰ 食物还比较硬，煮的不够烂；老人身体比较结实

扎实 tsa²¹²sʯ⁰ 经久耐用

听事 tʰoŋ⁵⁵tsɤ³³ 乖

□□ ɕiou³³tʰaŋ³³ 小心

禁□□ tɕiɛ⁵⁵uo²¹²tsʰuo⁵³ 耐脏

明白 miɛ⁵⁵pʰo⁰

清快 tɕʰi³³kʰua³³ 凉快

清甘 tɕʰi⁵⁵kəŋ⁵⁵ 清甜

笔直 pɤ⁵³tʰiou⁵⁵

□□ sʌɯ⁵³səɯ⁵³ 大方

小气 ɕiəu⁵³tɕʰi³³

心灵不好 ɕiɛ⁵⁵nẽ³³pu²¹²xɔu⁰ 缺德

齐 dʑiɛ²¹² 整齐

□心 ɕyi³⁵ɕiɛ⁵⁵ 称心

难过 nəŋ⁵⁵ku³³

偏心 pʰiɛ⁵⁵ɕiɛ⁵⁵

欢喜 xəŋ⁵⁵kʰəɯ⁵⁵ 高兴

怯□ tɕʰyɛ⁵³zɔu³³ 害羞

□□ tɕiou²¹²tɕiɛ⁵⁵ 顽皮

喷香 pʰɛe³³tɕʰiẽ⁵⁵

焦湿 tɕiou⁵⁵dʑi³³ 很湿

焦干 tɕiou⁵⁵kʰəŋ⁵⁵ 很干

回潮 vəŋ²¹²dzɔu²¹² 受潮

梆硬 paŋ⁵⁵ŋoŋ³³ 很硬

便□ piɛ²¹²niaŋ⁰ 便宜

值钱 tʰiou⁵⁵tsɛe²¹²

造孽 tsɔu³³ȵiɛ²¹² 可怜

经饿 tɕiɛ⁵⁵ŋəɯ³³

经着 tɕiɛ⁵⁵tu⁵³ 经穿

干□ kʰəŋ⁵⁵səŋ³⁵ 干燥

滚□ kuɛe³⁵po⁵⁵ 滚烫

□ xɑ⁵³ 憨厚

稳当 uɛe³⁵təŋ⁵⁵

难苦 nəŋ⁵⁵kʰu⁵⁵

□□ tɕiaŋ⁵⁵xu²¹² 用来形容东西漂亮

要紧 iɔu³³tɕiɛ³⁵

□了 ɤ²¹²ti⁰ 蔫儿了，形容人精神不好

脑乏 nɔu³⁵fa³⁵ 疲倦

结实 tɕiɛ³⁵tsʰʌɯ⁰ 结实

□手□脚 tɕya²¹²ɕiou³⁵tɕya²¹²ku⁵³ 笨手笨脚

冻 tʌɯ³³ 冷

热和 dzɤ³⁵³xuo⁰ 暖和

新鲜 ɕiɛ⁵⁵ɕiɛ⁰

生霉 soŋ⁵⁵mei⁵⁵ 发霉

□□ tɕʰi⁵⁵tsʰɛe⁵⁵ 安静

均匀 tɕyɛ⁵⁵zuɛe²¹²

黢黑 tɕʰyi²¹²kʰɤ⁵³

黑 kʰɤ⁵³

青 tɕʰi⁵⁵ （头发）黑

蓝色 noŋ⁵⁵sɤ²¹²

□□□色 əŋ²¹²bi³³ɤ²¹²sɤ²¹² 苍白

雪白 ɕyɛ⁵³pʰo⁵⁵

绯红 fei⁵⁵ʌɯ²¹²

绯□红 fei⁵⁵kaŋ³³ʌɯ²¹² 通红

好有 xɔu³⁵vɐ³⁵ 很富

□□□ tɕiɔu³³sʌɯ²¹²ɕiẽ²¹² 能干

□□ tɕiɐ³³tɕiɛ⁵⁵ 固执

二十六　副词、介词等

□用 pɐ²¹²zʌɯ³³ 没有用

□去 pɐ²¹²kʰəɯ³³ 不去；没有去

莫 mo³⁵ 不要；别

通 tʰʌɯ⁵⁵ 都

还 ɐ²¹²

尽 tɕʰiɛ³⁵

才 dzee³³

又 iou³⁵

只 tsɿ²¹²

从 dzoŋ²¹²

跟 kɛe⁵⁵

跟儿 kɛe⁵⁵ȵiaŋ²¹² 从小

□…唤 paŋ⁵⁵…xoŋ³³ 管…叫

□我□十块钿钱 paŋ⁵⁵u³⁵tɤ³³tsɿ⁵⁵kʰua³³dɛe²¹² tsee⁰ 给我十块钱

□我 十块钿钱 tɤ³³u³⁵tsɿ⁵⁵kʰua³³dɛe²¹² tsee⁰ 还我十块钱

顺着 zuɛe³³tuɐ³³

　　跟着 kɛe⁵⁵tɔu³³

和 xuo²¹²

　　跟 kɛe⁵⁵

□ dʑiɛ²¹² 从

到 tɔu³³

对 tua³³

把门闭到 pa⁵³mɛe⁵⁵pi³³tuɐ³³ 把门关了

□到水头 vu²¹²tuɐ³³tsu³⁵tɐ⁰ 扔到水里

□是家 zɤ³³tsʰɤ³⁵kuo⁵⁵ 他在家

着 tʰu⁵⁵ 被动介词

朝黑 tiɔu⁵⁵kʰɤ⁵³ 早晚（要后悔）

一道 i²¹²sɔu³⁵ 一直

一共 i²¹²kʌɯ³⁵ 总共

二十七　量词

□ pɐ⁵³ 粒，一～桃子、一～米

床 tsəŋ²¹² 一～席子、一～蚊帐

座 tsuo³⁵ 一～桥

兜 tɐ⁵⁵ 一～树

□ nɔu²¹² 条，一～路、一～头发、一～绳子

串 tsʰuɛe³³ 一～葡萄

顶 toŋ³⁵ 一～帽子

副 fu²¹² 一～中药

幅 fu²¹² 一～画

堆 dua³³ 一～人

窝 u⁵⁵ 一～蜂

本 pɛe³⁵ 一～书

瓶 biẽ³³ 一～墨水

□ kuɛe³⁵ 桄，一～电线

件 tɕʰiɐ³⁵ 一～衣服

套 tʰɔu³³ 一～衣服

□ kʰʌɯ³³ 间，一～房子

扇 see³³ 堵，一～墙

块 kʰua³³ 扇，一～门

□ dɐ²¹² 门，一～亲事

条 diɔu²¹² 一～坟、一～房子、一～狗

枰 ta²¹² 桌，一～菜

盘 pəŋ²¹² 一～棋

盆 pɛe²¹² 一～水

瓮 ʌɯ³³ 缸，一～米

盒 xuo²¹² 一～火柴

□ pi²¹²/bʌɯ³⁵ 坛，一～酒

杯 pei⁵⁵ 一～茶

壶 vu²¹² 一～茶

□ tɕʰiou⁵⁵ 锅，一～饭

铛 tsʰaŋ⁵⁵ 锅，一～菜

笼 nʌɯ⁵⁵ 一～包子

碗 əŋ³⁵ 一～饭

部 pu³⁵ 一～车子

担 toŋ³³ 一～水

卷 tɕyɛ³⁵ 一～纸

坵 tɕʰiɐ⁵⁵ 一～田

窑 zɔu³³ 一～瓦

团 təŋ²¹² 一～泥巴

滴 ti⁵⁵ 一～水

口 kʰɐ³⁵ 句，一～话

张 tẽ⁵⁵ 一～纸

批 pʰi⁵⁵ 一～货

笔 pi²¹² 一～钱

分 fɛe⁵⁵ 一～钱

个 kɯ³³ 一～人

支 tsɤ⁵⁵ 一～笔

把 po³⁵ 一～刀

层 dzaŋ²¹² 一～砖

匹 fa²¹² 一～马

只 tsɤ⁵³ 一～鸡

头 tɐ²¹² 一～骡子

手 ɕiou³⁵ 一～米

□ dzəŋ³³ 双，一～鞋子

双 səŋ⁵⁵ 一～手

把 po³⁵ 一～椅子、一～秤

顿 tuɐe³³ 一～饭

朵 tu⁵⁵ 一～花

沓 tʰuo²¹² 一～钱

行 xaŋ²¹² 一～字

□ ɲi⁰ 点儿，买～东西

□ sa²¹² 些

□ ka³³ 一下，歇～

一头 i²¹²tɐ²¹² 一趟

一遍 i²¹²piɐ³³ 一次

□ naŋ³³ 几遍

二十八　数字等

一 i²¹²

两 tsuo³⁵

三 suo⁵⁵

四 ɕi³³

五 əŋ³⁵

六 niɐ⁵³

七 tɕʰi⁵³

八 pa⁵³

九 tɕiɐ³⁵

十 tsʰʅ⁵⁵

二十 ŋ³³tsʰʅ⁵⁵

三十 səŋ⁵⁵tsʰʅ⁵⁵

十二 tsʰʅ⁵⁵ŋ³³

十三 tsʰʅ⁵⁵səŋ⁵⁵

二百 ŋ³³po⁵³

一百一 i²¹²po⁵³i⁵³

十一 tsʰʅ⁵⁵i⁵³

三千 suo⁵⁵tsʰɛe⁵⁵

三百 səŋ⁵⁵po⁵³

三万 suo⁵⁵mɛe³³

两万 tsuo³⁵mɛe³³

两千 tsuo³⁵tsʰɛe⁵⁵

二百二 ŋ³³po⁵³ŋ³³

三百三 səŋ⁵⁵po⁵³səŋ⁵⁵

三万三 suo⁵⁵mɛe³³suo⁵⁵

三千三 suo⁵⁵tsʰɛe⁵⁵suo⁵⁵

三万零三百 suo⁵⁵mɛe³³noŋ⁵⁵səŋ⁵⁵po⁵³

两万零两百 tsuo³⁵mɛe³³noŋ⁵⁵tsuo³⁵po⁵³

两斤 tsuo³⁵tɕiɛ⁵⁵

二两 ŋ³³nẽ³⁵

两厘 tsuo³⁵ni²¹²

两尺 tsuo³⁵tsʰuo⁵³

两里道 tsuo³⁵dziɛ⁵³sɔu³⁵ 两里路

两年 tsuo³⁵nɛe⁵⁵

两升 tsuo³⁵tsaŋ⁵⁵

两斗 tsuo³⁵tɐ³⁵

两丈 tsuo³⁵tʰẽ³⁵

三丈 suo³³tʰẽ³⁵

两万两千二百二十二块两角两 tsuo³⁵mɛe³³
　　tsuo³⁵tsʰɛe⁵⁵ŋ³³po⁵³ŋ³³tsʰʅ⁵⁵ŋ³³kʰua³³tsuo³⁵
　　ku⁵³tsuo³⁵

两□ tsuo³⁵pɐ⁵³ 两个

初三 tsʰɤ⁵⁵səŋ⁵⁵

三个 suo⁵⁵kɯ³³

三号 sã⁵⁵xɔu³⁵

老三 nɔu³⁵sã⁵⁵

三哥 səŋ⁵⁵ku⁵⁵

第三 ti³⁵səŋ⁵⁵

十几□ tsʰ֊⁵⁵tɕi³⁵pɐ⁰ 十几个

一百多□ i²¹²po⁵³tiɛ⁵⁵pɐ⁰ 一百多个

□把个 pʰou³³pɑ⁵³kəɯ³³ 十来个

半个 pəŋ³³kəɯ³³

一□ i²¹²vɛe³³ 一半

两□ tsuo³⁵kʰuɑ²¹² 两半

一多□ i²¹²tiɛ⁵⁵vɛe³³ 一大半

一个半 i²¹²kəɯ³³pəŋ³³

初十 tsʰɤ⁵⁵tsʰ֊⁵⁵

三成 suo⁵⁵dzaŋ²¹²

□□ tiou⁵⁵dʑiou⁵³ 大拇指与中指的距离

一□ i²¹²dʑiou⁵³ 大拇指与食指之间的距离

一□ i²¹²pʰɑ³⁵ 两手臂伸开之间的距离